中国玉器年鉴

（2013）

于　明/主编

科学出版社
北　京

内容简介

本书从事件到人物、从文化到理论、从作品到审美、从材料到价格、从企业到市场，全方位、多角度、系统地总结了2012年中国玉器行业的全貌。为读者提供了2012年中国玉器行业的整体状况，并提供了详实的参考资料，是国内外玉器玉文化研究者、玉界从业人员、艺术品投资人士和广大玉器爱好者必备的工具书。

图书在版编目（CIP）数据

中国玉器年鉴. 2013 / 于明主编. --北京：科学出版社，2013. 6

ISBN 978-7-03-037796-8

Ⅰ.①中… Ⅱ.①于… Ⅲ.①玉器-中国-2013-年鉴 Ⅳ.①K876. 8-54

中国版本图书馆CIP数据核字（2013）第125409号

责任编辑：闫向东 孙 莉/责任印制：赵德静

封面设计：陈平贺

科学出版社 出版

北京东黄城根北街16号

邮政编码：100717

http://www.sciencep.com

文物出版社印刷厂印刷

科学出版社发行 各地新华书店经销

*

2013年6月第 一 版　　开本：889×1194 1/16

2013年6月第一次印刷　　印张：25

字数：500 000

定价：428.00元

（如有印装质量问题，我社负责调换）

《中国玉器年鉴（2013）》编委会

图文制作　北京辉煌前程图书公司（www.hhqcbook.com）

信息网站　当代和田玉网（www.ddhty.com）

信息热线　010-63973153　63973152（传真）

前　言

《中国玉器年鉴（2013）》终于问世，它是中国当代玉界2012年历程的真实记录。

2012年，中国当代玉界走过了风风雨雨的历程，有欢喜，也有痛苦，甜酸苦辣尽在其中，回读它们，充满了对这段日子的感恩与尊敬。《中国玉器年鉴（2013）》的记录，并不是简单地将这些事件进行文字整理，而是力图将这一年宝贵的历程记录下来，让历史在这一刻永恒，给大家一个永远无法忘却的记忆蓝本。

我们今天迎来了中国玉器史上最好的年华，无数玉界英豪舞刀弄笔，以砣为笔，以石为纸，书写着中国玉文化的新华章，他们的点点滴滴，汇聚成当代中国玉文化的大海。俯瞰大海，辽阔而深湛，但多数人面对这大海，却不知从何处了解。《中国玉器年鉴（2013）》就为你了解玉器海洋提供了金色钥匙：大事记载篇，留下了2012年玉界的历史珍藏；大师风采篇，提炼出当代中国玉器界的领军人物；杰出人物篇，讲述几位玉界人物的真实人生；佳作赏析篇，邀您共赏玉器之美；美学探讨篇，则在探讨玉器美学标准；价格走势篇，为您提供玉器定价思路；市场概况篇，介绍玉器市场全貌；材料供给篇，助您掌握玉石材料量价动态；拍卖记录篇，帮您保存上一年玉器拍卖的价格数据库……

《中国玉器年鉴（2013）》，记录着当代玉器界的重大事件，见证着玉雕界领军人物的鬼斧神工，记载着玉雕企业的成长壮大。在这段岁月中，作为编者的我们，和玉界的朋友们同欢乐共呼吸，我们拥有同一个梦想——将当代玉器发扬光大，走向辉煌的明天。

《中国玉器年鉴（2013）》，是一部当代中国玉器史的开篇，它将为中国玉器、中国玉文化乃至中国文明留下深刻的印记，我们希望这印记将成为中国玉文化前进的脚印。中国玉文化将在这一步步的脚印中走向未来。未来多美好，未来会更好。

过去的一年，《中国玉器年鉴（2013）》撷取的吉光片羽，能否体现出玉石行业的史志精髓，我们不敢妄言。但是，我们真诚地希望广大读者、作者继续给予更多的关注和支持，随时指出我们的得与失。我们将与您一起，共同把《中国玉器年鉴》办得更好。

冬雪夏雨，品一壶清茗，赏一件玉器，人生快事。

晨钟暮鼓，喝一杯咖啡，读玉器年鉴，人生乐趣！

《中国玉器年鉴》编委会

目　录

前言

大事记载

大师风采

目　录

目　录

目　录

大事记载

在这个世界上，总有一些字眼，令你魂牵梦绕。

美如冠玉、金麒玉麟、冰心玉壶、琼楼玉宇……

人们用“玉”字组成不计其数的词来表达自己所喜爱的事物，古往今来，“玉”字在人们心中都是一个美丽而高尚的字眼。玉石的使用在我国已有数千年的历史，在古代的众多艺术品中，美轮美奂、历尽沧桑而光彩不改者，莫过于玉器。中国人敬玉、爱玉、赞玉、赏玉、戴玉、藏玉之风经久不衰，玉在世人心目中有着无比美好的形象、有着非同寻常的分量，它穿越了无涯的时间荒漠，带着你回到那梦一样的国度，轻抚历史的痕迹。

大地孕育了玉石，地质岁月的磨砺使她圆润而细腻。艺术家们开始只是朝着那璀璨的温润投去一瞥，就纷纷被迷住，进而把这些珍稀玉石折射成完美画面。

2012年玉石行业“大事记载”记录了本年度本行业的风云际会，它积淀的历史是永恒的；总结了一个阶段的成绩，它提供的借鉴是宝贵的。本年大事记收录了2012年在玉石行业发生的重大事件，每一篇都是滴滴心血的凝结。事件的整理与留存，并不是简单的文字收集与串连，而将是中国玉器史上辉煌的一页。

在路上。《中国玉器年鉴》将一直在路上。因为我们要前行，所以我们需要回顾走过的路。回顾之间，我们审视，我们取舍，我们矫正。身后路程上的点点足迹，延伸着面前的长长征途。

在路上。让我们悟知艺术的历程容不得半点空虚；举手凝玉，便会有阳光包裹心胸，使我们感知自然的天物是那么灿烂可握，内涵又是那么高尚深邃。

过去的一年，《中国玉器年鉴》撷取的吉光片羽，能否体现出玉石行业的史志精髓，我们不敢妄言。但是，我们真诚地希望广大读者、作者继续给予关注和支持，随时指出我们的得与失。我们将与您一起，共同把《中国玉器年鉴》办得更好。

讲述历史与文化、玉石与艺术，这也许是一种有许多目标的长途旅行，包括有关艺术的欣赏和创作，以及玉雕发展道路上的理想与努力。我们穿越了时光，不仅仅只是为了心底里搬不走的那块璀璨的石头。让我们用生态的双眼直视自然，用艺术的眼光审视目标；让我们认真地投入，认真地付出，让我们不曾真正地遗忘。

太平盛世玉生辉。多少人拥有了美玉，生命便有了诗意，在生活面前从容不迫，使生命在一次次的洗礼中愈加明亮和清澈，找寻到了生命本真的快乐。藏玉显真情，佩玉升情操。衷心地祝愿广大读者都找到属于自己的美石！让美石之光闪耀人生！

（吴颖）

2012年玉石行业大事记载

□ 吴 颖

1月

高质量和田玉籽料珍品展出

2011年12月30日至2012年1月7日，在新疆历代和田玉博物馆主办的“和田玉珍宝世界巡展”重庆站中，100块和田玉籽料珍品在三峡博物馆展出，其中的一些珍品系首次出现在公众的视线中。新疆历代和田玉博物馆馆长池宝嘉表示：此展览使收藏者亲眼目睹了真正的和田玉籽料，并希望为世界范围内每一个有文化追求的都市的玉文化和玉器市场树立一个统一标杆。

缅甸著名玉石产地帕敢停产

缅甸克钦邦境内帕敢矿区所产的翡翠几乎占全世界宝石级翡翠产量的百分之百。据曼德勒和仰光的玉石商人透露，帕敢矿区的采矿公司自1月3日起由于克钦邦局势不稳而已全部停产。

苏帮玉雕大师精品在南京拍卖

1月6日，在南京举办了一场由众多苏帮玉雕大师创作的精品作品的拍卖会。此次拍卖的苏帮玉雕大师百余件获奖作品，件件精美绝伦，令人目不暇接，展现了玉器的历史底蕴和现代理念。

波兰琥珀亮相潘家园

1月20日，在北京潘家园举行了“第四届春节交易会波兰琥珀展”。此次展览由波兰琥珀协会支持，展出了包括1200克琥珀老蜜蜡、800多克血珀及博物馆收藏级的虫珀在内的3000余件波兰琥珀。

第四届春节交易会波兰琥珀展部分展品

台山玉亮相江门

1月25日至2月25日，在广东省江门市新会区冈州画院举办了为期一个月的台山玉专题展览。100多名台山玉藏家携带200多款台山玉参展，其中大部分为省、市级工艺美术大师的作品，作品题材涉及山水、人物、花鸟等，吸引了来自珠三角的江门、东莞、佛山、广州等地的几千名玉器爱好者前来参观。

扬州玉器厂入选国家级非遗保护示范基地

1月31日，文化部在北京举行“国家级非遗生产性保护示范基地”授牌仪式，正式公布首批“国家级非遗生产性保护示范基地”企业及单位名称和特色，扬州玉器厂获授国家级非物质文化遗产生产性保护示范基地企业，扬州玉雕成这一基地的特色。

2月

南阳举办第九届玉雕节暨国际玉文化博览会

2月7日，“中国南阳第九届玉雕节暨国际玉文化博览会”开幕，共有1500件玉雕作品参展，有独玉、翠玉、新疆和田玉等20多个种类，美玉精品荟萃，令观众眼花心醉。

玉文化论坛讲座是玉博会的一大亮点。玉雕大师专家学者聚首，共商独山玉雕刻艺术大计，来宾盛赞河南省南阳市活跃着一支庞大的玉雕大军，为社会奉献出无数个精美的玉雕作品。

泰山玉石开发研讨会召开

2月8日,泰山玉石开发研讨会在济南召开。此次研讨会由泰安市政协组织，泰安市国土局、泰安市矿产资源储备开发中心参加，就泰山玉的品质定位、开采管理、市场研发、包装宣传等进行了广泛的研讨。

云南将建中国翡翠交易所

2月9日，以“政策护航共谋翡翠产业可持续发展之路”为主题的“2012中国翡翠高端论坛”在云南昆明隆重举行，该论坛由中国珠宝玉石首饰行业协会、国家珠宝玉石质量监督检验中心和云南省珠宝玉石首饰行业协会联合主办。众多专家和业界人士根据当前社会消费环境对云南乃至中国翡翠产业的可持续发展展开了讨论、献计献策，一致认为要对翡翠原料半成品实行集中管理，确保政策的统一，同时对翡翠免征进口关税，其中超过4%的关税由海关即征即退，可及时调整产品结构。

重达24吨世界上最大翡翠毛石获确认

2月20日，“世界最大翡翠毛石”在腾冲经过世界纪录协会一系列严格复杂的认证，并最终给予确认。认证书中介绍，该毛石最大长度3.4米、最大宽度2.9米、最大高度2.3米、重24750千克。

两岸玉雕文化交流群英会在台北举行

2月26日—3月1日，在台北市孙中山纪念馆德明艺廊举行了“2012两岸玉雕文化交流群英会”。此次交流会由台湾宝石协会和珠宝世界杂志、大陆珠宝玉石首饰行业协会玉石分会联合主办，以玉雕艺术创作为主题，展出了两岸当代玉雕大师的佳作以及众多收藏家的藏品。

3月

国家博物馆首办寿山石雕个展

3月2日，在中国国家博物馆举办了主题为“志归完璞——陈礼忠寿山石雕艺术展”的寿山石雕个展，展出了陈礼忠大师的百余件寿山石雕作品，包括曾在上海世博会福建馆展出的寿山石雕《春声赋》。陈礼忠将参展的10件寿山石雕作品捐赠给了中国国家博物馆。

内蒙古巴林石标准通过专家审定

3月3日，在内蒙古赤峰市由内蒙古自治区质量技术监督局牵头，巴林石行业协会起草编写的《巴林石标准》修订和《巴林石鉴定标准》编制审定会议召开。出席会议的有内蒙古自治区、赤峰市、巴林右旗三级质量技术监督局的领导，地质矿产、科学技术、文化艺术方面的专家，巴林石集团公司及巴林石协会的领导。与会专家听取了标准起草单位对标准修订、编制情况的介绍，逐章逐条地对标准文本进行讨论，并对存在的部分细节问题提出了修改建议，最终一致同意通过审定。新修订的《巴林石标准》和《巴林石鉴定标准》的出台将进一步规范巴林石产品名称、生产、加工、包装、运输和储存方法，并且对巴林石的准确鉴定等方面做到有章可循，同时也为广大巴林石爱好者在欣赏、收藏、评判巴林石等方面确立了依据。通过《巴林石标准》及《巴林石鉴定标准》的颁布实施，将会对巴林石的发展起到重要的作用。

柳州赏石春季交易会开幕

3月3日，“柳州赏石春季交易会”在广西柳州隆重开幕，汇集了来自国内外上千家参展商。交易会当天下午，柳州赏石文化创新及产业升级论坛暨玉石雕件推介周研讨会隆重举行。本次研讨会首次重点讨论了如何发展柳州的奇石玉雕，这将对丰富奇石文化，繁荣柳州奇石市场具有重要意义。

石家庄奇石玉器文化博览会开幕

3月3日—11日，在河北省石家庄市方北路的育才街和体育大街路段举行了为期9天的石家庄奇石玉器文化博览会。本届奇石玉器博览会由河北省文化传媒协会主办，汇集了多地的参展商，展出了栩栩如生的奇石美玉。

阿拉善召开玛瑙宝玉石产业发展研讨会

3月15日，阿拉善玛瑙宝玉石产业发展研讨会在北京召开，旨在打造阿拉善宝石产业品牌，科学规划，搭建平台，培植壮大阿拉善宝玉石文化产业。与会的宝玉石产业相关专家进行了相关讨论，就阿盟宝玉石文化产业发展规划提出了相关建议，并对阿拉善宝玉石给予了高度评价，对产业发展前景给予了充分肯定。

珍稀材料的保护性开发艺术研讨会举行

3月23日，由清华大学美术学院当代艺术研究所召集，由著名艺术家杜大恺先生主持的“祭起艺术精品大旗，打造新时期国宝——关于珍稀材料的保护性开发”艺术研讨会在北京召开。此次研讨会围绕一件贵重翡翠原材料的创研，就我国工艺美术领域珍稀原材料的开发，提高此类材料的艺术价值等问题进行了研讨，呼吁所有美术行业要重视合理开发不可再生的珍稀原材料，减少由于大量低端开发而造成的浪费。美术行业应集中美术创作、美术理论研究、工艺美术创研等相关领域资源，实现珍稀材料开发与当代审美的有效结合，提升整个行业的文化和艺术含量。与会专家还就如何解决突破传统的珠宝玉器行业所面临的问题进行了探讨。此次会议将为推进我国工艺美术行业的发展、转型，并提高行业标准做出积极的贡献。

中宝协举办“翠钻珠宝高端鉴赏会”

3月23日—26日，中国珠宝玉石首饰行业协会首次在北京国际贸易中心举行了针对高端珠宝玉石首饰和高端买家的“翠钻珠宝高端鉴赏会”，鉴赏会邀请了国内最资深的珠宝鉴定、评估及收藏专家，为高端客户安排“高端珠宝玉石的收藏与鉴赏”专场讲座，讲解珠宝的鉴赏、挑选、收藏、投资方面的知识。

中墨古代玉器展在墨西哥举行

3月30日，由中国故宫博物院和墨西哥国家文物局、国家人类学博物馆联合举办的“天之石——玉石文明”联展开幕式在墨西哥国家人类学博物馆拉开帷幕。该展览集中展示了北京故宫的镇馆之宝以及墨西哥多个重量级博物馆的珍品共220件。故宫博物院副院长李文儒表示，此次展览展出的120件中国古代玉器珍宝，是从馆藏自新石器时代至清代的3万余件中国古代玉石器中挑选出来的，包括玉玺、佩饰、文房用品、日用器具和室内陈设等。而墨方则是从10个博物馆挑选出100件藏品，进行展览。据墨西哥国家人类学博物馆馆长迪阿娜•科尔佩尔介绍，在墨西哥，玉与金银等充当货币的贵金属不同，更多体现的是精神层面的价值，这与玉在中国的文化内涵不谋而合。中国驻墨西哥大使曾钢在开幕致辞中表示，中墨两国虽然相距遥远，但文化和文明之间却有着相通之处。此次展览将持续3个月，于6月结束，随后移师北京。此次玉石文明联展体现了玉在中美洲文明和中国文化中的重要地位，开创了两国文化交流的新形式，用文化和文明的瑰宝在相隔万里的两个国度之间架起了一座友谊之桥。

4月

东南亚最大的玉石交易中心开业

4月5日，东南亚最大的玉石交易中心——“大理东盟玉石城”正式对外开业运营。

云南是我国五大宝石主产地之一，宝玉石资源储量大，品种丰富，是业内人士公认的“翡翠之乡”。大理东盟玉石城距大理古城东门500米，整体建筑占地面积约1.38万平方米，建筑总高五层，是目前东南亚最大的玉石翡翠交易中心，也是大理国际珠宝玉石文化展示中心和东南亚最大的翡翠文化展览馆。玉石城一至二楼主营中高档翡翠饰品、挂件、手镯等玉器，三楼主要为精品翡翠展示区、高档礼品商贸区。

大理东盟玉石城，和传统的三月街遥相呼应，为大理旅游注入新的活力，并把大理打造成为国际重要的珠宝玉石集散区。

镇平玉雕亮相北大论坛

4月8日，首届中华玉都“醒石杯”海内外玉文化征文大赛颁奖典礼、国际玉文化交流论坛暨中国（镇平）玉雕作品北大展在北京大学图书馆举行。

首届中华玉都“醒石杯”海内外玉文化征文活动由镇平县委、县政府主办，得到中国国际投资促进会文化创意产业联盟、中国珠宝玉石行业协会玉石分会、北京大学青年研究中心的支持，旨在弘扬8000年玉文化，深度挖掘中华民族文化精华，加强海内外玉文化交流。

河南首届玉文化高峰论坛开幕

4月13日，由河南省古玩商会、河南省珠宝玉石首饰行业协会、河南省工艺美术行业协会主办的“河南省首届玉文化高峰论坛”在郑州举行。来自北京、江苏、广东、河南四个中国最为重要的玉雕产区的30多位玉雕大师、专家、学者汇聚一堂，对河南玉雕业在全国的地位给予高度肯定。同时，专家们对中国第一规模玉雕大省河南如何在中原经济区框架下实现传承创新展开热烈而富有成效的讲述与讨论。

英国18件中国文物被窃

4月13日晚，英国剑桥大学的费茨威廉博物馆（Fitzwilliam Museum）被盗，共18件中国文物遭窃。据悉，被盗的古董都是博物馆的永久馆藏，其中有6件明代文物，包括一件16世纪玉雕水牛，一件17世纪的玉雕骏马和两件绿棕色的玉雕大象。此外还有8件清朝文物，包括一副乾隆年间的台屏和一只18世纪的花瓶。另外被窃的还有一只刻有青铜花纹的玉制花瓶及一件玉笔洗。这些都是14—18世纪的中国文物。

沈阳故宫举办台湾翡翠与清代玉器联展

4月20日至5月5日，由沈阳故宫博物院与台北莹玮艺术博物馆共同举办的“翠与玉——现代与古代的对话”艺术展在沈阳故宫博物院举行。

本次展览展出近100件古今玉器艺术作品，其中不仅包括沈阳故宫博物院珍藏的清代宫廷玉器，也有台北莹玮艺术博物馆当代翡翠艺术大师胡焱荣的代表作品等。艺术展上，包括清朝末代皇帝溥仪及其后妃们使用过的玉器以及清代宫廷的玉制品给观众带来了古老玉文化的传承感，而来自台湾通透晶莹的翡翠艺术品，更是以“海阔天空”“日日茂盛”“根柢风流”等不同题材，展现了翡翠的玲珑之美。

“翡翠的故事”文化之旅展亮相国博

4月22日至5月17日，由全国政协教科文卫体委员会、云南省政协等单位主办的“玉出云南•翠誉中华——翡翠的故事”文化之旅展在北京国家博物馆举办。

本次展览分原石展、历史展、制作工艺展和精品展四部分。其中，原石展区呈现了缅甸八大翡翠原产地的原石，制作工艺展区展示了翡翠制作的7件古代琢玉工具，精品展区展现了16件清代翡翠真品和8件具有代表性的当代饰品。展览将玉雕技艺与翡翠文化结合起来，使人们了解了翡翠发展的脉络和基本知识，同时也获得了美的享受。

北京博观当代玉雕精品无底价拍卖登场

4月28日，北京博观拍卖当代玉雕无底价拍卖会在北京天安天地珠宝城举行。这次的拍卖会以小精品为特色，以无底价的形式进行拍卖，让新老藏家们在轻松的氛围中淘得心仪的宝贝，这批玉雕作品大部分出自名家之手，吸引了大批的玉石爱好者前来参与。

5月

中俄边境口岸成立珠宝玉石鉴定中心

5月4日，黑龙江出入境检验检疫局珠宝玉石检测鉴定中心在东宁揭牌成立，标志着中国北方沿边首个珠宝玉石检测鉴定中心的成立。东宁口岸具备宝玉石的验证、检验能力，其主要职责是承担黑龙江省口岸珠宝玉石检测鉴定业务及其科研与技术开发和服务，并提供法定检测鉴定和委托检测鉴定业务。

俄罗斯是世界重要的钻石出产国和宝玉石产地，而中国是世界第五大毛坯钻石贸易国。中俄边境口岸珠宝玉石检测鉴定中心的成立对于丰富对俄贸易品种、优化对俄贸易结构、繁荣口岸经济等方面发挥着积极的促进作用。

英博物馆两件中国古董被盗

当地时间5月5日22时40分左右，英国达勒姆大学东方博物馆马尔科姆•麦克唐纳陈列室内两件中国文物被盗，文物价值200万英镑（约合1994万元人民币）。

被盗文物是一只玉碗和一件瓷雕，均为中国清代艺术品。据介绍，被盗玉碗完成于1769年，用一整块玉石制成，上面的图案是双龙出海，先前藏主为英国玉器收藏家查尔斯•哈丁，后由达勒姆大学东方博物馆馆藏。被盗的瓷雕是一只瓷船，产自中国福建省德化县，主题是七仙女乘船，表面覆有乳白色釉料，长和高均为30厘米。博物馆馆长克雷格•巴克利说，被盗文物具有很高的艺术价值，“这两件展品非常珍贵，它们是清朝瓷器和玉石工艺品的代表作”。

陕西梁带村墓葬出土精品文物亮相上海

梁带村墓葬出土文物精品展
（薛皓冰摄影）

5月8日，由陕西省考古研究院、韩城市人民政府、上海博物馆联合主办的“金玉华年——陕西韩城出土周代芮国文物珍品展”在上海与观众见面。

韩城梁带村周代芮国墓地的发现，是近年来中国考古工作的重大收获，现已发现两周墓葬1300余座、车马坑64座，其中诸侯级大墓7座。本次展览从梁带村墓葬出土的上万件文物中精心遴选出143件(组)展品，涵盖了青铜器、玉器、金器三大门类,较为全面地反映了周代贵族的器用制度。除了出土器物外，此次展览还吸收最新研究成果，为梁带村大墓棺椁结构制作示意模型，其中对棺饰与荒帷的形态、铜翣与棺环使用情况的复原展示有效地弥补了史书记载的不足。

中缅翡翠玉石合作研讨会召开

5月15日，中缅翡翠玉石合作研讨会在广东省揭阳市召开。此次中缅翡翠玉石合作研讨会由缅甸联邦共和国驻北京大使馆、北方矿业有限公司、揭阳市珠宝玉器商会联合主办，广东省揭阳市阳美集团承办，旨在促进中缅双方在翡翠玉石贸易方面的交流与合作，了解彼此需求，深化双方合作，实现互惠双赢。研讨会使中缅双方在共同发展上达成了许多共识，为进一步增强中缅两国友谊、拓展中缅合作发展提供了良好的机会。

中国玉石文化专题研讨会召开

5月16日，“2012中国玉石文化研讨会”在北京饭店举行。研讨会由国家部委、地方政府和行业主管机构参与，汇聚国际、国内玉石行业最高级专家、学者，集权威性、学术性、拓展性为一体，从国家“十二•五”文化产业大发展背景下，聚焦“中国玉石行业的规范与产业持续发展”等内容，共同剖析中国玉石行业发展趋势，探索中国玉石行业发展出路。

6月

缅甸矿业部关闭翡翠矿

自2012年6月起，缅甸矿业部宣布关闭帕敢等缅北地区大部分翡翠矿。据了解，缅甸的翡翠矿石主要集中产于缅甸北部的密支那地区，缅甸翡翠玉石矿床，主要分布在龙肯场区、帕敢场区、香洞场区、达木坎场区、会卡场区、后江场区、雷打场区、南其—小场场区8个区。关闭缅北地区大部分翡翠矿，意味着缅甸几乎关闭了大部分翡翠矿区。

竹山绿松石回归中国名玉

6月3日，湖北省十堰竹山县国际绿松石城正式申报湖北省第三批文化产业示范基地。该项目获批后，竹山将成为十堰市首个省级文化产业基地。

竹山拥有绿松石储量5万吨，占世界总储量的70%，被誉为“中国绿松石之乡”。竹山县有绿松石开采、加工企业（经销户）200多家，每年加工绿松石110吨，销售额近4亿元。70%以上产品出口到美国、新加坡、尼泊尔、泰国、印度等30多个国家和地区，产品产销量居全国乃至全世界之首。竹山绿松石因稀有、质美而蜚声中外，曾与和田玉、独山玉、岫玉并称“中国四大名玉”。2009年，“竹山绿松石”获得国家地理标志保护。

沂水春秋古墓墓主腹部有大量玉器

2012年初，山东省沂水县纪王崮发现一约有2600年历史的大型春秋古墓，经国家文物局批准，山东省文物局、临沂市对这一古墓实施抢救性发掘。

纪王崮春秋古墓位于纪王崮的崮顶，海拔577.2米。3月初发掘工作开始进行，6月11日已进入文物提取阶段，共出土200多件青铜器，60件玉器，10多件陶器。其中主棺室内有大型玉器20多件，串珠多达30多个。墓主人头部有大量的串珠，胸部有玉琮、玉璜等，腰部有玉觿和饰件，腿部和脚下有玉排。考古人员共提取出玉琮、玉璜、玉戈等大型玉器以及玉玦等小型玉器40多件，每类玉器都是成对出现，玉器之多非常罕见。

该墓葬规模较大，结构特殊，出土遗物规格较高。古墓的结构、配置七鼎等特征显示，墓主应是诸侯或是其夫人之墓，这是山东近年来考古最重要的发现之一。同时在古墓南侧确定发现了另一座大墓，且其古墓规格、墓室面积都可能会远远超过目前发掘的春秋古墓。

玉石雕刻“玉星奖”颁奖

6月17日傍晚，全国玉石雕刻“玉星奖”在“中国玉都”辽宁岫岩满族自治县揭晓。全国玉石雕刻“玉星奖”是权威玉雕评选活动，评选注重创意、创新和工艺，兼顾材料的利用，并以培养和发现优秀中青年玉雕人才为目的。会上，评委、专家学者及玉石雕刻大师就玉石雕塑技法等相关问题对部分作品点评，并与青年玉石雕刻人才深入交流。

扬州领衔玉器国标将公布

6月，由扬州玉器厂领衔起草、全国多家玉器企业参与的《玉器雕琢通用技术要求》正在北京申请国家标准。目前已通过专家评审，并上报国标委，近期将备案公布，成为目前全国唯一玉器“国标”。

据悉，该标准将玉器的传统造型划分为人物、花草、雀鸟、炉瓶、走兽、山子雕、插牌、饰品、把玩九大类。玉器国标的出台，将进一步规范和引导整个玉器行业的发展。

徐州市白云山32中学教学楼工地出土玉器

6月25日，徐州市博物馆考古人员在徐州市白云山第32中学教学综合楼工地发现西汉早期墓葬，并进行了抢救性挖掘。考古人员在工地清理出一处石坑竖穴石椁墓和一处石坑竖穴墓，出土一批随葬的陶器和玉器，其中有玉璧、玉环等。

厦门鼓浪屿观复博物馆推出古代玉器展

6月28日，厦门鼓浪屿观复博物馆推出了“瑞玉——中国古代玉器展”。此次展览以中国古代玉器为主题，共精选从战国贯穿到明清的精美玉器40余件，丰富的造型和高超的工艺体现了我国传统文化的博大精深。

中原玉文化鉴赏交流研讨会在河南汝州举行

6月30日，中原玉文化鉴赏交流研讨会在河南省汝州市召开，多位玉雕专家、玉文化学者和地质工作者参加了会议。会议通过研讨的形式，深入揭示了中国玉文化的丰富内涵，展现玉文化蕴含的独特魅力，传承与弘扬悠久的玉文化传统，深度挖掘中华民族文化精华，加强了南阳与汝州之间的玉文化交流。

7月

西周贵族墓两件珍贵玉器出土

7月1日，考古人员在宝鸡石鼓山西周贵族墓中首次发现了玉器。值得一提的是，自宝鸡石鼓山西周贵族墓发掘以来，已陆续出土20多件大型青铜器，但整个发掘过程中，始终没发现一件玉器。7月1日下午，考古人员在墓室底部清理出的两件玉器具有十分重要的历史意义。据文献记载，玉一直是权力和地位的象征。尤其是周代，玉饰组佩是贵族身份在服饰上的体现，身份愈高，玉饰组佩就愈长愈复杂。

经过考古人员确认，呈弧形的器物是玉璜，而呈环形的是玉璧。据现场工作人员测量，这件“璜”直径为11.5厘米，“璧”外径为8厘米。

红山文化玉器精品展在无锡博物院开幕

7月5日，由无锡博物院和辽宁省文物考古研究所主办的“从远古走来系列展——红山文化玉器精品展”在无锡博物院开幕。

展出首日就吸引了众多古玉爱好者前来观赏，他们不仅能够感受到红山文化玉器的外在特征，而且能够了解红山文化玉器所反映的精神内涵。

红山文化距今约6500—5000年，是我国北方地区一支重要的考古学文化，主要分布于辽宁西部、内蒙古东南部和河北北部。它以女神庙、祭坛、积石冢和独具特色的玉石遗物为特征，以不同规模的聚落形式构成比较复杂的社会结构，是中华文明起源的一个重要源头。

芙蓉石亮相第七届海峡艺交会

由福建海峡文化产权交易所推出的第七届海峡艺术品交流会寿山石专场于7月7日举办。此次艺交会不仅有众多名家作品，而且在此次亮相的170件寿山石作品中，芙蓉石藏品60多件，占了三分之一。

石卯玉器鉴赏会召开

7月19日—21日，来自全国各地的近40位文物专家学者汇聚陕西神木，出席了在神木县召开的石卯玉器鉴赏会。会议重点讨论了石卯玉器在石卯文化中的地位，共同研究鉴赏了石峁玉器，这次会议为推动石卯文化的深入研究起到了重要的作用。

安徽霍山打造黄玉之城

7月17日前后，国家珠宝玉石质量监督检验中心在安徽省霍山县就霍山玉储量展开调查，并就进一步开发和保护霍山玉进行规划。霍山县已着手建设总投资10亿元的玉石产业园，致力于打造立足华东、面向全国的中国黄玉之城。

经国土资源部合肥矿产资源监督检测中心、安徽省地质实验研究所岩矿鉴定，霍山玉玉髓含量大于99%，隐晶结构、块状构造，均匀黄色，结构细腻，摩氏硬度为7以上，油脂光泽，是优质的玉饰品加工原料。霍山玉与其他黄玉相比，无论是储量还是质地都具有一定优势，特别是霍山玉具有温润、色泽丰富等明显优势。

近年来，霍山玉石产业从无到有、从小到大，已粗具规模。霍山县文化产业发展办公室主任刘自力介绍，县城商业区的霍山玉石文化街生产经营面积达1万多平方米，已投入5000万元，全县玉石经营企业达100多家，年交易额2亿元以上。

2011年底，霍山县与国家珠宝玉石质量监督检验中心合作，共同开展霍山玉石产业的科研、培训、评估、宣传、推介和产业园建设，从而奠定了霍山玉石资源保护和开发利用的基础框架。

云南省试点翡翠品质分级

7月19日，云南省珠宝玉石质量监督检验研究院宣布，在机场店内经营的标价3000元及以上的翡翠饰品，全部统一采用云南省珠宝质检研究院依据云南省地方标准《翡翠饰品质量等级评价》研究制定的《翡翠饰品质量等级评价与价格指数》，这也标志着云南翡翠消费开始步入翡翠饰品品质分级新时代。

云南省珠宝质检研究院推出的翡翠品质分级标准，分为“极好”、“很好”、“好”、“一般”、“差”5个等级。而判断处于何种等级，主要从其自然属性和人文属性两方面来判断：自然属性方面，则从质地(种)、透明度(水)、颜色(色)、净度(瑕疵)4个方面来鉴定；人文属性方面，则判断两个因素——工艺和综合印象。

中华玉雕精品展于北京展出

7月27日，中华玉雕精品展在北京中国地质博物馆展出，480件玉雕展品囊括了马进贵、赵敏、冯志文、赵国安等玉雕大师的精心之作。展品中的玉石材质种类丰富，涵盖翡翠、和田玉、独山玉、密玉、玛瑙、水晶等。常世琪是中国非物质文化遗产微雕大师，本次展览特别设立了常世琪大师玉石微雕精品展区，大师用玉石微雕刻出经书、古诗、鲁迅头像、《西游记》人物图等，展示了中国微雕艺术高超技艺。

8月

珠宝玉器收藏展在西安开幕

8月2日，“2012西安珠宝玉器艺术收藏品博览会”在陕西省国际展览中心隆重开幕，精美的珠宝玉石竞相亮相，吸引了成百上千的市民，一边参观一边了解玉石收藏文化。随着珠宝玉石收藏热潮的掀起，人们对于相关的收藏文化也越来越感兴趣，而此次展会的主旨也是希望借展览提高大众对珠宝玉石的认知度，了解更多鉴赏与鉴别的专业知识，让收藏的眼光借着展会得到新的提升。

国际黄金珠宝玉石艺术展于武汉开幕

8月3日—6日，为提升武汉地区艺术品收藏爱好者的鉴赏水准，由湖北省珠宝玉石首饰行业协会、武汉市文化遗产协会等联合举办的“2012中国(武汉)国际黄金珠宝玉石艺术展”在武汉国际会展中心开展。

该展汇聚国内外知名的珠宝玉石收藏机构300余家、10多个国家和地区的400个商家参展，是武汉地区规模最大的珠宝艺术行业盛会。此次展览有大溪地黑珍珠、南洋金珠和缅甸的翡翠原石，还有价值千万的翡翠精品、翡翠珠链等，为江城市民献上了一场珠宝视觉盛宴。

云南省龙陵第三届“玉满乾”杯黄龙玉雕刻大赛开幕

8月11日，云南省龙陵第三届“玉满乾”杯黄龙玉雕刻大赛开幕，来自全国20多个省市的众多黄龙玉雕刻大师汇聚龙陵竞技耍宝，助黄龙玉产业发展。

蚌埠启建中国最大玉器产业基地

8月15日，位于蚌埠市淮上区的蚌埠玉文化创意产业园正式奠基开工，该项目将分散的蚌埠市玉器生产资源打造成产业优势，作为玉器上游产业，与蚌埠光彩大市场形成功能互补和业态对接之势，形成全国行业集聚效应和示范平台。

中墨古代玉器联展移师北京

8月15日至11月11日，在故宫午门展厅举行了“山川菁英——中国与墨西哥古代玉石文明展”。该展览可谓是世界上两个最古老的玉文化板块之间的第一次碰撞与对话，此次联展于今年3月至6月在墨西哥国家人类学博物馆举办，结束后移师中国北京。故宫博物院从收藏的3万余件玉石器中遴选出100件（套）展品，涵盖从新石器时代至明清时期有代表性的精美玉器，时间跨度为八千年；墨方则从全国多个

中墨古代玉器联展场景

博物馆中遴选出100件（套）玉石文物展品，涵盖中美洲著名的奥尔梅加文化、玛雅文化及墨西加文化的玉石器，穿越了墨西哥三千多年的历史文化时空。

这次展览的中方策展人徐琳表示，此前民众一直认为故宫博物院只是明清文物的集大成者，其实故宫馆藏玉器从新石器时代到清代从未间断，这在全世界博物馆都很罕见。此次亮相的馆藏玉器八成以上都是明代以前的玉器，而且很多都是首次公开展出。譬如红山文化的“玉龙”是目前所见同类器中最大的一件，同期的“玉巫人”则是海内外仅存的孤品；墨西加文化的绿石二重人像、翡翠面具则是从墨西哥远道而来的珍宝。她认为，虽然中国与墨西哥地处太平洋两岸，但考古发掘所获得的资料表明，早在远古时期，两国人民可能就已通过各种方式进行过交流。此次展览选取各自文化中一个共有的载体——玉石器来进行展示，可以看出两个文明对玉的概念和所指范围并不相同，但在对玉的加工及珍视程度、用玉的审美倾向及玉的礼仪性功能的理解、祭祀丧葬礼仪中玉石器所表达的复杂精神含义等方面均有较强相似性。

世界首家软硬玉微雕艺术馆在厦门诞生

8月16日，世界首家软硬玉微雕艺术馆在厦门正式开门迎客，展示中国著名微雕艺术大师许通海近40年的心血之作和精妙收藏。馆方表示，未来几年内，这里将聚集全球各种风格、神奇精彩的微雕、微刻、微书、微画等艺术作品，成为世界级的微雕艺术博物馆。

云南首家宝石及矿物博物馆开馆

8月17日，位于昆明书林街的“中国•云南阿诗玛珠宝荟”的云南宝石及矿物博物馆正式开馆。当前云南宝玉石翡翠产业正迎来一个难得的发展机遇，该博物馆的开放有利于打造完整的珠宝产业链，全面提升云南珠宝的地位。

当代玉雕无底价拍卖会再拍

8月23日，北京博观当代玉雕无底价拍卖会在北京开场，此次拍卖会在26日下午开拍。北京博观拍卖以当代玉雕作品的拍卖为主要项目，博观拍卖以其不可多得的专业性和拍卖界难得的保真承诺赢得了行业内外的好评，业内逐渐以博观拍卖的成交结果作为行业发展的风向标，业外人士也以博观拍卖所推荐的作品为收藏首要参考。

第九届和田玉石文化旅游节开幕

8月28日，“第九届和田玉石文化旅游节暨手工羊毛地毯博览会”在新疆和田地区开幕。和田玉在中华文明的悠久历史中，已不仅仅是一种重要的矿产资源，更成为了一种文化。和田地区以这种文化为载体举办了多次和田玉石文化旅游节，为当地的经济发展和招商引资带来了显著的成效。这次玉石节期间举办了和田玉文化研讨会，分别就“玉雕技艺与玉雕文化的表现”“弘扬和田玉石文化为构建和谐社会服务”“浅谈中国和田玉文化与玉雕工艺”“中国玉文化浅析”等问题举行了探讨，并邀请了3名玉雕大师进行了表演，这都为提升和田地区玉文化起到了积极作用。

辽宁发现38.7吨重水草玛瑙

8月29日，在辽宁阜新蒙古族自治县十家子镇玛瑙园区，发现了一件重达38.7吨的水草玛瑙原石。

9月

苏派玉雕精品在和田开展

9月5日，“2012年苏州当代玉雕名家展”在新疆历代和田玉博物馆开展。作为第二届中国—亚欧博览会的分会场，这100件苏州玉雕大师的精美作品，给盛会增添了一道高雅的玉雕艺术大餐，引来众多中外客商前往参观。

这些作品出自于16位苏派玉雕名家之手，都是他们近期创作完成并荣获了全国玉雕大奖的作品，而且首次在国内市场露面。当天展出的苏州玉雕大师作品，在保留传统的基础上，融入了许多创新元素，目前已得到国内外收藏家和艺术品拍卖市场的高度关注。

新疆玛纳斯建中华碧玉园

9月11日，“中华碧玉园”全国品牌联盟签约仪式在乌鲁木齐举行。中华碧玉园全国品牌联盟签约是新疆玉石行业档次最高、规模最大的一次盛会，力促新疆玉石行业开拓全国市场。中华碧玉园位于天山山系北坡中段乌鲁木齐的“西大门”——玛纳斯县地南部，总占地面积2000余亩。近年来新疆玛纳斯县一直把旅游产业作为战略性支柱产业来培育，成功包装了碧玉、湿地、葡萄酒等名片。

河南省召开珠宝行业发展研讨会

9月11日，河南省珠宝行业发展研讨会在郑州召开。此次研讨会共同探讨河南珠宝业目前的格局现状、消费需求、如何快速发展等问题。

第七届中国玛瑙博览会在阜新召开

9月12日—18日，由中宝协参与主办的第七届中国阜新玛瑙博览会在阜新召开。中宝协名誉会长陈洲其等出席开幕典礼。

首届当代玉文化高层论坛在上海召开

9月13日，首届当代玉文化高层论坛在上海召开。本届论坛由上海雅园艺术品有限公司主办。来自全国的玉文化研究专家学者、玉雕师、玉商、玉器行业从业人员等出席了会议。会议围绕着“中国当代玉器行业的现状”“如何迎接中国当代玉器艺术化时代的来临”“中国当代玉器艺术化与商业化的区别”等话题展开了研讨和交流。与会人员希望通过本次会议，对未来玉器的艺术方向、艺术形式、艺术语言和玉器的形态、玉器的价值趋向、玉器的文化地位等相关课题进行研究。这次会议将对当代玉器文化产生重要而深远的影响。

云南玉雕大师作品展在昆明开幕

9月14日，“云南玉雕大师作品展”在昆明泛亚联合产权交易所开幕。玉雕大师作品展是云南最具影响力的玉雕盛会，旨在培养云南玉雕技艺人才，促进云南珠宝文化产业发展。本届作品展以“艺术造就品味•文化成就未来”为主题，历时7天，期间还举办了作品展、玉雕文化论坛、玉雕大师与国画大师对话、玉雕艺术品金融合作研讨会、“彩云杯”云南优秀玉雕作品评选、翡翠精品展销等活动。

玉雕艺术品金融合作研讨会在昆明召开

9月14日—20日，玉雕艺术品金融合作研讨会在昆明召开。研讨会以“玉雕”文化为核心，此次研讨会弘扬了云南玉雕文化、促进滇派玉雕文化的创新，旨在培养云南省玉雕技艺人才，促进云南省珠宝文化产业发展。

《和田玉实物标准样品》出台

9月17日，《和田玉实物标准样品》发布实施。同时发布实施的还有新疆和田玉市场信息联盟编制的《新疆和田玉(白玉)籽料分等定级细则》。此标准是新疆产品质量监督检验研究院在国家珠宝玉石文字性标准的基础上，出台的和田玉实物标准样品，这一标准有望解决和田玉难以分级定值的问题。

目前国内外玉石市场一直缺乏统一的通行标准，无法像钻石一样采用国际普遍通行的4C标准来决定价格，给整个玉石行业造成了混乱。因此为了规范玉石市场就急需一个行业标准使得整个玉石行业向着良性方向发展。该标准把细腻度、光泽度、白度、皮色和形状，作为和田玉的五个重要的标准指标进行分类定级。这五个维度分别达到某一个标准的时候，它就是相应的等级标准，出台玉石标准的目的是给广大投资者和消费者有一定的价值参考的范围，促进和田玉经营者更加诚信地、规范地经营。

台北故宫镇馆之宝翠玉白菜亮相南京

9月20日起，台北故宫镇馆之宝“翠玉白菜”到南京展出。在南京古色古香的晨光1865凡德艺术街区，翠玉白菜、毛公鼎等台北故宫镇馆之宝一一呈现在大陆观众的面前。

中国海派玉雕艺术大展开幕

9月21日，主题为“神工玉韵海纳百川”的“2012中国海派玉雕艺术大展暨第五届神工奖”在上海展览中心开幕，来自全国各地的400余名工艺师的近千件作品在展会上展出。

中国——东盟博览会专题推介珠宝玉器

9月21日—25日，第九届“中国——东盟博览会”在南宁举办，缅甸为此次博览会的主题国。本届博览会期间，缅甸首次举办珠宝玉器专题推介会，邀请缅甸矿业部代表、缅甸珠宝协会代表等珠宝玉器专家向中国珠宝行业企业及其他珠宝玉器爱好者介绍缅甸珠宝玉器市场情况、缅甸玉器鉴赏知识等，促进中缅珠宝行业的交流与合作。

自2004年以来，中国——东盟博览会已成功举办8届，搭建了中国——东盟友好交流、经贸促进和多领域合作的重要平台。

广东举办首届“玉魂奖”

9月21日—26日，广东省首届玉雕作品“玉魂奖”评选活动举行并取得了圆满成功。“玉魂奖”评选活动是由广东省珠宝玉石首饰行业协会、广东省文化馆、广东省非物质文化遗产中心、广东省珠宝玉石标准化技术委员会联合主办的。自2012年起，该项评选活动将每年举办一届。

此次评选中已有360余件玉雕作品经过初选入围。据了解，已经入围的360余件玉雕作品来自广州、深圳、揭阳、四会、平洲、广宁等广东几大玉器产业聚集地，玉种则包含翡翠、和田玉、广绿玉和台山玉等。评选活动期间，360余件玉雕作品在广州市越秀区文化艺术中心进行展出，最终经由专家评选出广东玉雕作品的最高奖“玉魂奖”，分别授予金、银、铜奖，同时颁发最佳创意奖、最佳工艺奖和优秀组织奖。

中国玉雕论坛在上海召开

9月23日，中国玉雕论坛在上海召开，本届论坛以“当代玉雕的价值审视”为母题，围绕当代玉雕的价值构成和取向，从玉料、工艺、艺术、创新、大师、文化、收藏、批评等不同视角、不同层面切入展开研讨，交流看法，发表主张。

天价翡翠亮相巴黎古董双年展

9月23日，两年一度的第26届巴黎古董双年展在巴黎大皇宫拉开帷幕，来自国际的顶级珠宝品牌和古董商呈现了15类至尊臻品。随着近些年亚洲古董市场的持续升温，法国古董商将其目光投向了亚洲，香港知名珠宝艺术家Wallace Chan（陈世英）作为双年展史上首度受邀的亚洲艺术家和参展商，携带其价值5.6亿港元的天价翡翠珠宝作品参展。

玉石精品荟萃苏州

9月24日，2012中国(苏州)“子冈杯玉石雕精品博览会”落幕，以明清件、仿古件、牌挂件闻名全国的“苏作”玉雕，在本届博览会上凸显出重构思、重设计、重创意的时代特征。来自全国各地玉雕大师们的600余件力作在展出的这两天吸引了上万名玉石爱好者前来欣赏。此次博览会上，极富吴地特色的“苏作”玉雕作品赚尽眼球，并以鬼斧神工的雕工得到高度评价。

阿拉善玉·奇石旅游文化节开幕

9月30日，阿拉善玉•奇石文化旅游节在内蒙古阿拉善盟巴彦浩特体育场开幕。本次活动由阿左旗人民政府、中国玉雕艺术协会、阿拉善奇石协会共同主办。阿拉善盟委委员、宣传部部长萨仁图雅，盟人大工委副主任郭秀珍，副盟长田德志，盟政协副主席陈文斌，中国观赏石协会秘书长高谊明，中国玉雕艺术协会执行会长刘元生及来自全国各地的工艺美术大师、玉雕大师参加了开幕式。

天津博物馆举办“聚赏珍玉——中国古代玉器陈列”

9月30日，天津博物馆的8个文物艺术品陈列正式向公众开放，其中展出了以重点突出天津博物馆收藏特色和优势项目的古代艺术品专题陈列——“聚赏珍玉——中国古代玉器陈列”。陈列内容共分七个部分，包括：①玉蕴神奇——新石器时代玉器；②玉炫王权——商代玉器；③以玉从礼——周代玉器；④玉兆祯祥——汉代玉器；⑤玉之新韵——魏晋南北朝玉器；⑥美玉纷繁——唐宋辽金玉器；⑦玉之大成——明清玉器。每个部分有若干个专题，共33个专题。如史前时期的神话与宗教、汉代吉祥文化、唐玉中的佛教、宋元阿拉伯文字、清代的痕都斯坦玉。此次展览通过陈列中国古代玉器，来体现古人在玉文化中的地位和作用，以及他们对玉器的审美视点与价值观点，更加深入地挖掘玉文化的深度和涵义，来展现中国古代玉器和玉文化的多种成就。此陈列是以天津博物馆馆藏玉器为主体展品，附加必要的辅助展品，加强对玉器的审美提示和鉴赏提示，来引导观众对古代玉器及玉文化知识的感悟度、审美水平和鉴赏能力，使其对中国古代玉器及玉文化有一个完整的认识。

10月

第二届“玉满乾”杯黄龙玉雕刻大赛举办

10月9日—15日，由中宝协与云南省珠宝玉石首饰行业协会、中共龙陵县委、龙陵县人民政府共同举办的第四届中国黄龙玉高峰论坛、第二届“玉满乾”杯黄龙玉雕刻大赛在龙陵县成功举办。

北京玉器厂重回工美集团麾下

10月10日，北京市玉器厂有限责任公司成为1999年工美集团将下属37家生产企业下放到各区县“自谋生路”以来第一家回归工美的企业。玉石雕刻，最重要的是原材料供应。目前北京工美珠宝已经与俄罗斯、加拿大、新西兰、澳大利亚、马达加斯加的多家国外矿产品公司形成国际战略合作伙伴关系。工美集团将建设珠宝玉石创意产业园，吸引在京及全国珠宝玉石行业企业入园，使园区逐渐成为中国珠宝玉石产品的研发、设计、制造、交易基地，以及北方乃至全国最大珠宝玉石集散交易中心。

西泠印社举行中国当代玉雕大师作品专拍

10月21日，西泠拍卖在中国良渚玉文化园举行中国当代玉雕大师作品专场拍卖会。本场拍卖集吴德昇、杨曦、洪新华、崔磊、瞿利军、于雪涛、范同生、吴金星等数十位大师的200余件玉雕佳作于一堂，其中约有150件精工小品将以无底价起拍，为更多民众进入收藏领域拓宽了准入门径，使玉雕收藏爱好者能深入体味藏玉赏玉的快乐。

国际玉文化博览会落户河南郑州

10月25日—29日，由河南日报报业集团、云南省石产业联系会议办公室、云南省国土资源厅主办，大河报社、昆明国际会展中心有限公司、千秋展览策划有限公司承办的“2012昆明泛亚石博览会郑州展暨郑州国际玉文化博览会”在郑州举行。

郑州雄踞中原腹地，中华玉文化发源于中原，中原玉文化是中华玉文化的缩影，代表了中国玉文化的精髓。此次在郑州举行的玉博会将被打造成中西部地区最大的翡翠珠宝业盛会。

圆明园流失文物英国拍卖流产

10月25日，英国邦瀚斯拍卖行宣布将于11月8日在一场中国艺术品的拍卖会上，拍卖“清嘉庆白玉镂雕凤纹长宜子孙牌”和“清乾隆青玉雕仿古兽面纹提梁卣”两件玉器。

拍卖行还附上了“出身证明”，明确记载文物由英军第六十七兵团的上尉军官阿瑟·朱尔斯·罗伯森1860年“从中国夏宫带出”。

国家文物局有关负责人表示，反对国际拍卖行拍卖通过非法途径带离中国的（包括于战争期间被掠走）文物，并敦促海外拍卖行遵守国际公约，尊重原文物归属国人民的感情。英国邦瀚斯拍卖行11月2日通过电子邮件宣布，两件圆明园流失文物已被所有者收回，不参与邦瀚斯将于11月8日举行的中国艺术品拍卖会。两件将要拍卖的玉器拍卖流产。

寿山石雕秋拍

10月28日，福建东南秋季艺术品拍卖会开槌，预展时呈现包括当代工艺精品专场、乔十光漆画专场、寿山石雕精品专场、寿山石雕珍品夜场以及田黄珍品专场在内的5个专场，共计341件艺术精品。其中，寿山石雕珍品夜场是福建东南拍卖的品牌专场，历年来这一专场所展现的石雕珍品，几乎完美呈现了寿山石雕刻艺术的当代风采。而本季秋拍，主办方别出心裁，以专题的形式呈献31件寿山石雕的经典佳作，如掌中逸趣把玩专题、佛性禅心佛造像专题、印纽雕刻以及薄意雕刻等主题拍品。

在本季东南寿山石雕珍品专场中，寿山石雕佛造像艺术被单独列为一个专题，称为“佛性禅心”。明清时期，寿山石就被广泛用于佛教造像艺术，且风格多以应堂或书房陈设的形式为主，寿山石雕佛像的创作风格和表达形式演变至今，具有十分鲜明的当代风格。寿山石雕佛造像作为文房陈设，以清寂文雅的风格为基调，相比其他品类，寿山石雕在细节上更胜一筹。

国博展出新西兰毛利碧玉

10月31日，为庆祝中国和新西兰建交40周年，由中国国家博物馆与新西兰国家博物馆合作推出的展览“毛利碧玉：新西兰的传世珍宝”，在中国国家博物馆开幕。中国国家博物馆馆长吕章申、新西兰驻华大使伍开文、新西兰国家博物馆馆长迈克•胡历瀚等出席开幕式。开幕式后，一同到访的新西兰毛利族长老在展厅举行了毛利族特有的祈福仪式，还与中国国家博物馆工作人员共同演绎了毛利族的著名歌曲。

据了解，新西兰碧玉拥有悠久历史和神圣地位，几个世纪以来，一直被毛利人奉为珍宝。“毛利碧玉：新西兰的传世珍宝”共展出216件展品，包括碧玉石料、饰品、生产工具和武器等，每件碧玉制品都讲述着毛利人的历史文化，并联结着毛利人与其祖先的精神世界。这次展览诠释了新西兰毛利人独特的文化底蕴。

11月

刘忠荣玉雕艺术作品展在沪亮相

11月17日，“峥嵘岁月——中国工艺美术大师、中国玉石雕刻大师刘忠荣玉雕精品个展”在上海工艺美术博物馆隆重开启。“峥嵘岁月”是刘忠荣大师的一次个人玉雕精品回顾展，所展出的作品堪称大师各个时期、各种风格的范例，时间跨度达数十年之久，题材包含山水、佛像、仕女等门类。此次展览作品每一件都经过仔细遴选，是大师玉雕艺术最精准、最具代表性的呈现。

第四届中国苏州玉石文化节开幕

第四届中国苏州玉石文化节开幕式现场

11月23日，“中国•苏州第四届玉石文化节”在苏州举行。本次玉石文化节上，举行了《陆子冈和苏作玉雕艺术》主题研讨会，台湾故宫博物院玉器专家邓淑苹、江苏玉器专家殷志强、故宫博物院玉器专家徐琳等就玉器制作技艺、审美鉴赏等主题做了发言。

秉承苏州“崇文、融合、创新、致远”的城市精神，苏州市玉石文化行业协会连续成功举办了三届中国苏州玉石文化节，并于去年开始，创立了中国玉石雕“陆子冈”杯玉器精品评比展。文化节和展览把全国的玉器名家、新人带到苏州，既展示中国当代玉器的发展进程与风貌，又在更高更广的层面上推广“陆子冈”这一苏州乃至全国最具影响力的玉器品牌。随着“陆子冈”商标的成功注册，已有越来越多的玉雕专业人士加入到中国苏州玉石文化节和中国玉石雕“陆子冈”杯玉器精品展的队伍中来，本次赛事共有700件作品参与评比，由多位顶级专家组成的评审委员会对这些精彩作品逐一作了评审。

第二届中国（揭阳）玉文化节开幕

11月24日至12月2日，“第二届中国（揭阳）玉文化节暨第十一届中国（揭阳）玉器节”在北京举行。这次会议由中国轻工业联合会、广东省文化厅、广东省揭阳市人民政府等联合举办。同时，第二届中国（揭阳）玉文化节暨第十一届中国（揭阳）玉器节北京系列活动之一的玉雕精品展也在北京中国国家博物馆开幕。此次参展作品来自揭阳市，均为国内顶级翡翠珍品。

展览期间举办了中国玉文化创意产业研讨会，会上，探讨了玉石文化创意产业的发展大计，为中国玉都的发展前景和揭阳玉器产业的腾飞出谋献策。举办玉石文化创意产业研讨会的意义在于交流并探讨中华玉石文化创意产业发展大计，促进玉石文化创意产业的转型升级和可持续发展，为“中国玉都、亚洲玉都”的蓬勃发展注入新动力。

中华宝玉石文化产业化高层论坛召开

11月29日至12月1日，亚洲珠宝联合会中华宝玉石文化研究会与清华大学中国文化创意产业研究中心联合举办了“中华宝玉石文化产业化高层论坛”会议，开幕式在北京大学英杰会议中心召开，其他会议在北京邮电会议中心举行。

12月

清乾隆御制翡翠雕辟邪水丞高价成交

12月4日，北京保利2012秋季拍卖会中的摩根旧藏翡翠辟邪水丞，以2800万起拍，经过激烈的争夺，最终以4945万元成交。

这件宫廷文房陈设重器于清代末年遗散出宫并散失海外，20世纪初期被当时的美国巨富J. P. Morgan收藏，并历经其家族先后五代近一个世纪秘藏至今，在1914年编订完成的J. P. Morgan官方资产名录里对此件翡翠辟邪有着明确的记载。如今的收藏者直接得自于美国马萨诸塞州J. P. Morgan之子J. P. Morgan, Jr. (1867-1943)的曾外孙Walter H. Page. Jr. 之手。

此件辟邪造型生动，形神兼备，外形仿汉，同时又得六朝石雕辟邪之神髓。昂首作伏卧状，背部脊线隆起，长尾上卷高扬；口鼻部突出，腮部圆润，口微闭，唇廓隆起，口角上扬，颔下有须，鼻呈如意云头状；眼窝深陷，眉突出如卧蚕，双目圆凸，目光如炬；卷耳，头顶中部有一角，颈部粗壮，生有鬣鬃；四爪踞地伏卧，脚爪尖部回扣，脚趾及掌背拱起，腿部肌肉强健紧绷，肩胛处有火焰状云纹装饰；身形矫健，全身肌肉线条饱满，圆润流畅，造型既富神性又憨态可人。周身未雕琢繁杂纹饰，基本光素留白，并保留了一些玉石原本的璞皮质色，目的在于尽显玉材质地温润之美。磨工细致，表面的光润感觉与乾隆及嘉庆时期宫廷玉器雕件相一致，其含蓄内敛的温润之感与晚清玉雕的粗放和生硬的光感大不相同，以翡翠的硬度其打磨一关所下功夫可想而知。更为难得的是其腹部阴刻有“乾隆年制”四字篆书款，其字体及工艺与多件馆藏乾隆玉雕及料器的款识一致，明确地表明了其制作的年代。

北京·中国文物国际博览会举行

12月8日—11日，北京•中国文物国际博览会在北京全国农业展览馆新馆举行。来自全国各地、港、澳、台及欧美地区的83家收藏机构、古玩商、行业协会及国内34家国有文物商店携手带来众多精品器物参加了博览会。此次博览会名为文物博览会，实际上有三分之二的展位，或以玉器为主，或以玉器为辅，这说明玉器在当今的文物市场中占有重要比重。

中国国际珠宝展开幕

12月12日，“2012中国国际珠宝展”在北京隆重开幕，本届展会面积达58 000平方米，设2700个展位，有来自22个国家和地区的1267家参展商参展。作为中国内地珠宝界最大的展览盛会，中国国际珠宝展的盛况吸引了国内外展商和媒体的极大关注。

第十一届中国玉雕石雕作品“天工奖”颁奖典礼举行

12月13日，第十一届中国玉雕石雕作品“天工奖”颁奖典礼在北京五洲皇冠酒店隆重举行。来自全国各地的玉雕大师、石雕精英、年轻新锐齐聚一堂。中宝协会长徐德明、秘书长孙凤民等出席颁奖仪式，并为获奖者颁奖。第十一届“天工奖”评选活动报名作品超过3000件，最终有400余件作品入围。其中奖项包括金奖、银奖、铜奖、最佳工艺奖和最佳创意奖。本次颁奖典礼启用了专门为天工奖设计的玉琮型奖杯，希望通过不断完善的细致工作，进一步提升天工奖的专业地位和影响力。

珠宝玉石首饰质检研讨会在京召开

12月13日，国家珠宝玉石质量监督检验中心（NGTC)组织的2012年珠宝玉石首饰质检研讨会在北京召开。本次研讨会主要针对2012年中国珠宝玉石首饰市场及各实验室具体检测工作中遇到的主要问题，在今年以来NGTC组织的各项活动基础上，组织全国主要珠宝首饰实验室质检机构进行相关研讨。

故宫珍藏清代玉器亮相澳门

12月14日，澳门民政总署辖下澳门艺术博物馆与故宫博物院合办的专题文物特展在澳门开幕，此展为澳门每年一度的文化盛事。本年艺博馆继续与故宫博物院携手，联同澳门基金会、澳门特别行政区政府旅游局、澳门日报合办的“君子比德——故宫珍藏清代玉器精品展”，展出的134件玉器均为弥足珍贵的精品。

玉雕大师精品拍卖会成功举办

12月14日、17日，由北京博观拍卖举办的第五届“大玩家”——中国玉雕大师艺术精品无底价拍卖会和第三届“如日方升”——实力派青年名家玉雕精品无底价拍卖会在北京开拍并取得成功。

圆明园乾隆玉玺在法取消成交

12月17日，一枚中国清朝乾隆玉玺在法国的艾德拍卖行以110万欧元的价格成交，而后因欧洲保护中华艺术协会的抗议而取消成交。

第二届中国蚌埠玉文化节开幕

12月22日，“第二届中国玉文化节暨第七届安徽(蚌埠)玉器奇石古玩盆景博览会”在安徽省蚌埠市光彩玉器城盛大开幕。

大师风采

中国拥有五千年的文明史，在悠久漫长的历史中，中国玉石文化在其中有着举足轻重的地位。作为其载体的中国玉石雕刻艺术从近万年的新石器时代沿续至今，创作出无数恢弘瑰丽的玉石雕刻艺术精品，令世人惊叹！中国改革开放后，伴随着国泰民安，中国玉石雕刻业得到了长足的发展，涌现出一大批玉石雕刻的优秀人才，他们在继承和发扬民族传统技艺的基础上大胆创新，融入新的美学元素和时代特色，带动了中国玉石雕刻艺术创作走向更广阔的领域。

为了鼓励优秀玉石雕人才不断进取，扶植玉石雕刻人才成长，促进具有时代特色的玉石雕刻文化的发展，中国珠宝玉石首饰行业协会自2004年开始，在整个行业内开展了“中国玉石雕刻大师”荣誉称号的评定工作。截止2011年，共组织了4届评审，在全国范围内评选中国玉石雕刻大师146位。这项工作的启动，对中国玉石雕刻产业的健康发展具有极大的推动作用，也具有极高的示范效应。特别是在不拘一格选拔人才和严谨公证方面成为业内公认的有影响力的权威评审活动。

历届玉石雕刻大师名单

（以拼音为序）

第一届“中国玉石雕刻大师”名单

柴德学　常世琪　崔奇铭　冯道明　冯久和　高　祥　高毅进　顾永骏　郭功森　郭懋介
郭石林　郭祥忍　华　萍　江春源　姜文斌　李博生　林　飞　林　东　林伯正　林发述
林福照　林观博　林亨云　林如奎　刘林阁　刘忠荣　马学武　孟庆东　倪东方　倪伟滨
牛克思　钱高潮　沈建元　施秉谋　宋建国　宋世义　汪德海　王　平　王希伟　王耀棠
王祖光　蔚长海　魏玉忠　吴德昇　仵应汶　薛春梅　杨世昌　易少勇　袁嘉骐　张爱光
张爱廷　张伟良　张玉珍　张志平　周金甫

第二届“中国玉石雕刻大师”名单

车绍国　陈敬祥　陈小甫　董毓庆　郭海军　胡毓昆　黄　鸿　姜栓兰　蒋　喜　李矛矛
连青云　林爱平　马进贵　裘良军　邵景兴　沈德盛　宋鸣放　苏　然　王俊懿　王一帆
翁伟民　翁祝红　谢　华　颜桂明　杨　曦　杨克全　叶品勇　尤志光　于　泾　张海政
张铁成

第三届“中国玉石雕刻大师”名单

陈　江　陈国良　崔　磊　樊军民　洪新华　黄罕勇　瞿惠中　李　德　李福生　李海奇
李铁光　林金波　刘宝玮　刘国兰　潘成松　潘锡存　邵城鑫　陶　虎　陶　巍　杨传烈
喻朝光　翟倚卫　张保国　张春明　张红哲　赵　琦　赵国安　周雁明　卓乃枢　邹小林

第四届“中国玉石雕刻大师”名单

陈东平　陈建毅　杜立华　范同生　葛　洪　蒋宏利　瞿利军　林劭川　刘剑刚　刘月川
邱中平　沈水富　苏　伟　唐书涛　王　磊　王冠军　吴金星　吴灶发　仵孟超　杨文双
叶品然　叶志伟　俞　艇　张克钊　张清雷　张晓玲　赵　敏　赵显志　郑　继　郑道全
朱仁尊

中国玉器源远流长，已有八千年的辉煌历史，玉已深深地融合在中国传统文化之中，充当着特殊的角色，发挥着其他工艺美术品不能替代的作用。无数的能工巧匠对其精雕细琢，玉雕技艺随着时间而成熟，经过几千年的历练，铸就了中国玉雕的独特性。由于中国地域的广阔，玉雕渐渐形成了多种流派，虽然同属于一个民族，但由于各地区风俗习惯的差异，玉雕在每个地区的发展也各不相同，所属不同地域的玉雕在技法和表现形式上有着各自的特点，在各自风格中，又能够与其他风格进行借鉴和融合，呈现一片百花齐放的盛况。

纵观各地玉雕流派：北京玉雕，雄浑霸气，洋溢着皇家风范，既有江南的婉约，又有北方的大气，雕琢细腻、讲究，大气磅礴；上海玉雕，风格前卫，线条柔美，干净利落，写实与抽象并存，清朗俊逸；苏州玉雕，风格清新雅致，工艺玲珑剔透，玉器风格中饱含了江南水乡的恬静与美好；扬州玉雕，器型大气、造型丰满、雕工精致，无论是山水园林还是诗词歌赋，都可以成为扬州玉雕的素材，不愧有“和田玉、扬州工”之美誉；河南玉雕，风格粗犷豪放，体现出了中原人的豪爽与热情，玉雕作品题材丰富，创意无限。

中国玉雕目前派别纷呈，北雄南秀，百家争鸣。它传承了祖国各地的人文气息，表现了人们心中对美好生活的向往，同为当今的盛世谱写着优美的华章。中国玉雕大师们，承载着中华文化的深厚底蕴，用双手制作出了一件件巧夺天工、令人叹为观止的绝美玉器艺术品。让我们欣赏他们的作品，感悟玉雕艺术之美，在艺术文化的长廊里徜徉！

（刘璐璐）

部分玉石雕刻大师介绍

□ 黄雪蓉　刘璐璐

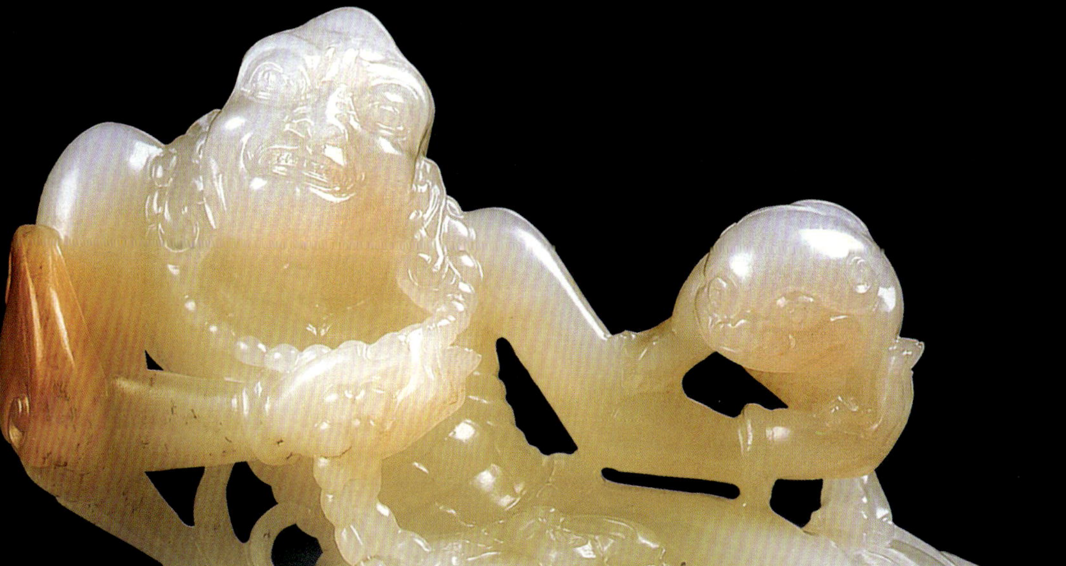

刘忠荣

刘忠荣 ，中国工艺美术大师，中国玉石雕刻大师。作品被征集为中国工艺美术珍品，收藏于中国工艺美术馆。2004年被上海市人民政府授予“上海市工艺美术大师”荣誉称号。2006年被国家发展和改革委员会授予第五届“中国工艺美术大师”荣誉称号。2011年获“上海特级玉石雕刻（终身）大师”称号。

作品风格

刘忠荣大师在继承古人传统技艺的基础上不断创新与发展，其作品主线分明、刚柔相济、深浅互间、层次丰富。在布局与表现方式上多有创新，一些作品在空间上呈现的视觉效果已超过了玉雕的范畴。作品的造型具有强烈的流动感，并能在非常浅的范围内，形成多层次的内容，达到立体的效果，空间变化极为丰富，他的技艺已达到炉火纯青的地步。

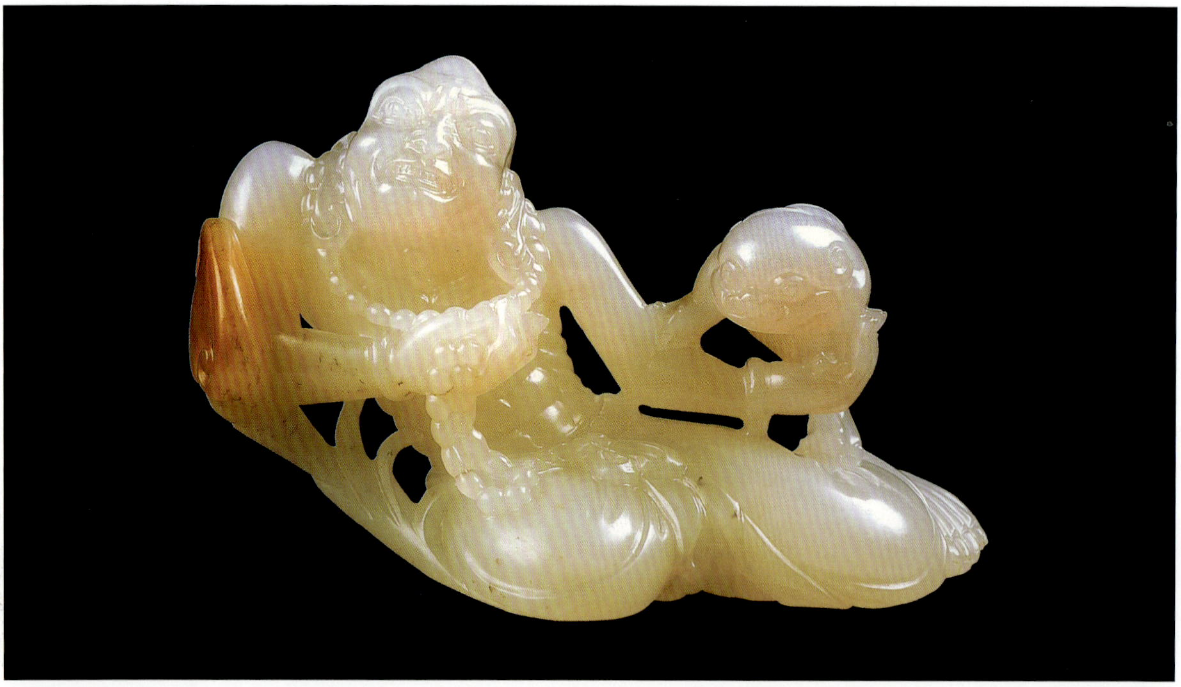

刘海戏金蟾

华藏世界海插牌

吴德昇

吴德昇，中国工艺美术大师，中国玉石雕刻大师。1961年出生于上海，1978年从上海玉石雕刻工业中学毕业后进入上海玉石雕刻厂工作。1993年于上海成立“德昇琢玉工作室”。2010年当选为中国生产力学会常务理事，2011年获“上海特级玉石雕刻（终身）大师”称号。

秋　风

作品风格

吴德昇大师的作品以中华传统玉雕为基础，吸取西方雕刻大师米开朗基罗、罗丹等人作品的艺术精华，创造出中国玉雕人物的新形象。他的作品灵活剔透，人物的比例较为夸张，但结构准确、层次分明、形象生动。在创作的思维上，即使采用传统的题材，也能创作出具有强烈时代感的作品，特别是他创造的玉雕裸女艺术作品将西方艺术的精髓融汇进东方艺术创作之中，恰到好处的艺术夸张，让抽象与写实交替体现出艺术大师丰富的人文思想，在玉雕界产生了巨大的影响力。同时他对工具的运用能力极强，能够充分运用它们，熟练地发挥各种技巧，将作品中需要表现玉质细腻质感的地方挥洒得淋漓尽致。

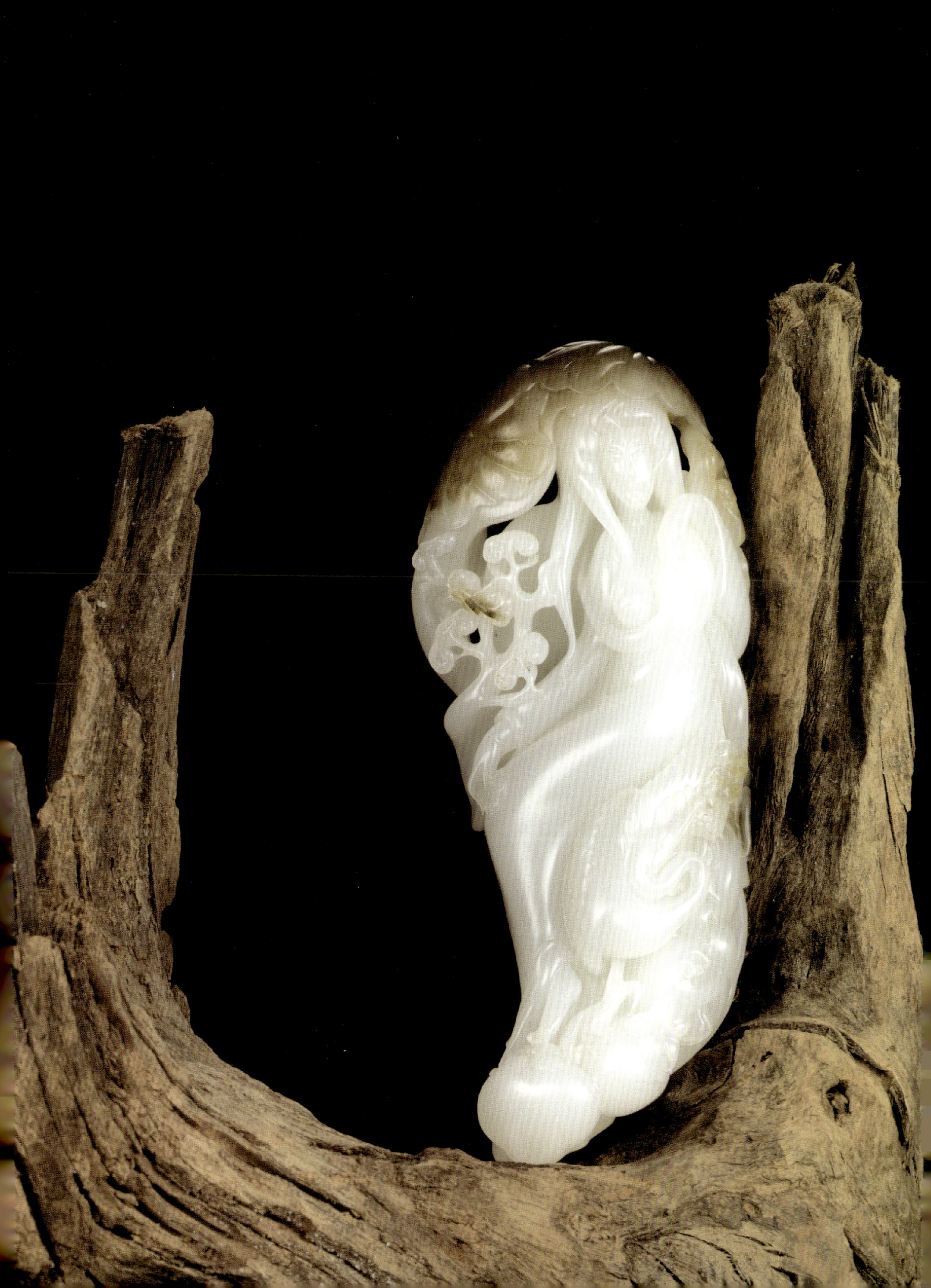

洪新华

洪新华，中国玉石雕刻大师，上海市非物质文化遗产项目代表性传承人，海派玉雕特级大师，上海市工艺美术大师，上海海派玉雕文化协会副会长。1959年出生于上海，1976年进入上海玉石雕刻厂工作。近些年获得了“百花奖”“天工奖”“神工奖”等业界大奖。

摆　件

作品风格

洪新华大师最擅长雕琢人物作品，他雕刻的罗汉生动别致、巧夺天工。在默默耕耘了30年后，他所创作的“弥勒”“罗汉”“刘海”“童子”等题材作品，为海派玉雕增添了一个标志性的特色。同时，他创作的题材又十分宽泛，花卉、动物、山水、器皿等中国玉雕的传统题材无所不通。他在传统题材中寻找灵感，以现代审美加以提升、夸张、强调，并配以到位的工艺手法和融会贯通的技巧，最终形成自己的艺术个性。

摆 件

袁新根

袁新根，中国玉石雕刻大师，海派玉雕特级大师，上海市非物质文化遗产项目代表性传承人，上海市工艺美术大师，上海市高级工艺美术师。1954年出生于上海，从小对绘画和雕刻特别感兴趣，中学毕业后便进入上海玉雕厂学习玉雕。在业界享有巧雕大王“虾圣”的美誉。近些年获得“百花奖”“天工奖”“神工奖”等业界大奖。

作品风格

袁新根大师被誉为“花鸟之王”“巧雕大师”，擅长翡翠俏色巧雕。他的玉雕作品造型准确、栩栩如生、风格独特、现代感强、雅俗共赏，代表了中国当代玉雕艺术的发展水平和方向，受到海内外收藏家的青睐。他突破了从清初至当代翡翠绿色以外颜色一直被人们视作鸡肋的传统规律，以多姿多彩的造型和鬼斧神工般的技艺体现了翡翠应有的价值，并流露出浓浓的传统文化气息和时代创新精神，深深地折服了世界最高层次的收藏家，作品屡次在国际大型艺术品拍卖会高价成交，并得到了“鱼鸟三圣”的美誉。

翡翠全家福

百花蓝

易少勇

易少勇，中国玉石雕刻大师。1961年出生于上海，1978年就学于上海玉石雕刻厂技专学校，学习炉瓶雕刻技术，对造型、平面、弧面的处理经受了严格的锤炼。1991年开始从事白玉牌研究制作，被誉为玉雕界“文人牌第一人”。作品多次获得中国玉器最高奖“百花奖”金奖和“天工奖”金奖。

作品风格

易少勇大师以玉牌见长。以玉为纸、以琢代书，方寸之间刻画文化、雕琢历史。其作品无论从玉牌的形状构思，到画面的构图，再到雕工的细腻，线条的遒劲变化，技法的娴熟，都可以说是玉牌雕刻的上乘之作，形成了独有的表现手法与艺术韵味，造就了集书法与玉雕相融合的“天蜀牌”的概念与风格，填补了中国玉雕史上阴刻玉牌的空白。他的玉雕作品充满文人之气、书卷之气。观赏其作品，一股清新淡雅、诗情画意之风扑面而来，让人赏心悦目。

玉牌（两件）

般若波羅蜜多心經

提薩埵依般若波羅蜜多故心無罣
礙無罣礙故無有恐怖遠離一切顛
倒夢想究竟涅槃三世諸佛依般若
波羅蜜多故得阿耨多羅三藐三菩
提故知般若波羅蜜多是大神咒是
大明咒是無上咒是無等等咒能除
一切苦真實不虛故說般若波羅蜜
多咒即說咒曰揭諦揭諦波羅揭諦
波羅僧揭諦菩提薩婆訶
唐三藏法師玄奘譯己卯天蜀

觀自在菩薩行深般若波羅蜜多時
照見五蘊皆空度一切苦厄舍利子
色不異空空不異色色即是空空即
是色受想行識亦復如是舍利子是
諸法空相不生不滅不垢不淨不增
不減是故空中無色無受想行識無
眼耳鼻舌身意無色聲香味觸法無
眼界乃至無意識界無無明亦無無
明盡乃至無老死亦無老死盡無苦
集滅道無智亦無得以無所得故菩

于 泾

于泾，中国玉石雕刻大师。1959年出生于上海，1976年毕业于上海玉雕厂技术学校；1985年于上海工艺美术学校进修。从事玉雕艺术创作三十余年，在博大精深的中国传统玉雕技法及艺术表现方面锐意创新，屡获佳绩。作品多次获得中国玉器最高奖“百花奖”金奖和“天工奖”金奖。

作品风格

于泾大师作品的整体艺术风格温润圆融、典雅飘逸、细腻柔美，无论是大块面的处理，还是形体的细微转折都能精准把握，同时形体的夸张也显得自然而适度。在他的诸多人物作品中，充分显示了明代的简约风格。他始终以材质为基，从玉材的质地和形状特点出发，有节制地运用精细巧饰的线刻来装饰形象的细部，在有限的空间中运用粗细、大小、深浅、厚薄之间的对比关系，使得大块空间和细腻刻画相得益彰，晶莹剔透的玉质更显华贵柔美。作品最终呈现出圆厚、浑穆、滑润的韵味和光彩。为了在玉石雕刻技法与题材上推陈出新，他深入了解、悉心钻研中华民族的多类传统艺术，从中汲取丰富的知识养料，广采博纳、厚积薄发，以简练、抒放的雕刻技法，尽善尽美地表现各种题材的作品，形成了秀美典雅、疏密有致、玲珑剔透、虚实有度的艺术风格。

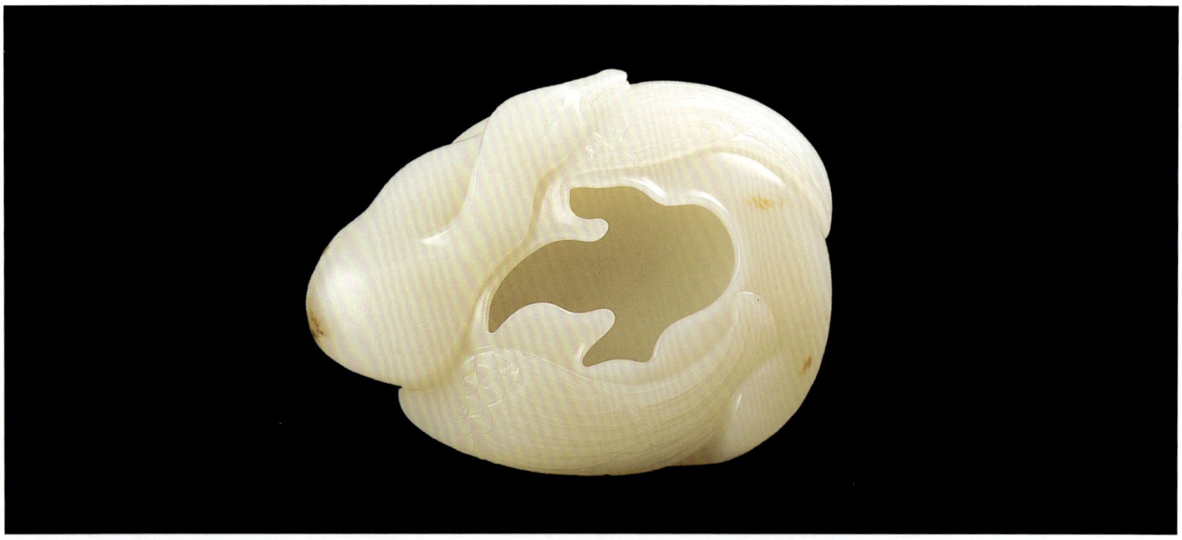

海东青水洗

举案齐眉

王　平

王平，中国玉石雕刻大师。1984年进入上海玉石雕刻厂从事人物雕刻工作，1994年进入“雅园玉雕艺术工作室”，2002年自己成立“王平玉雕工作室”，2012年被授予“上海特级玉石雕刻大师”称号。其作品多次获得中国玉器最高奖“百花奖”金奖和“天工奖”金奖。

和合二仙（图片提供：博观广告）

作品风格

王平大师的作品对中国传统文化要素进行了当代艺术审美的处理，使之简约、准确，作品在构图上主次分明、主体突出。作品主体多用写实手法精细立体，其余部分则力求线条简、捷、柔、顺，突出主体。其作品的人物比例适中，体态丰腴柔美，线条顺畅平滑，主题突出，高贵典雅，充满浓郁的传统文化气息和现代美感。

和合二仙（图片提供：博观广告）

翟倚卫

翟倚卫，又名翟念卫，中国玉石雕刻大师。1961年生于上海。上海玉石雕刻厂工业中学毕业，先后至日本、瑞典留学进修。翟倚卫的玉牌风格迥异、构思独特。在海派玉雕界中，他是为数不多的将玉牌这种形制作为主要艺术表现方式的艺术家。2010年被评为海派玉雕非物质文化遗产（上海市）传承人，作品多次获得中国玉器最高奖“百花奖”金奖和“天工奖”金奖。

作品风格

翟倚卫大师玉器作品的主要形式是玉牌，题材新、构图新是其玉器艺术的特点。在玉牌的形制和雕刻手法上，他继承了传统“子冈牌”的表现手法，承袭了以阳刻浮雕为主的艺术模式，将人与物用写实变化的方法加以处理，追求中国文化意境的诗意表达和“意在画外”的中国美学思想。同时吸收西方现代造型艺术的表现方式，从各类绘画、雕刻乃至当代艺术中汲取营养，中西结合，将透视、立体架构引入以表达平面画面为主的玉牌雕刻中，从而确立了自己独特的艺术风格。

倩影（图片提供：博观广告）

三国之刘备（图片提供：博观广告）

崔 磊

崔磊，中国玉石雕刻大师。1992年天津市工艺美术学院毕业，进入天津市特种工艺品厂从事玉雕工作。1993年到上海，拜中国玉雕大师洪新华为师，后于上海创立“青藤玉舍”。近些年获得了“百花奖”“天工奖”“神工奖”等业界金奖。因包揽全国几乎所有的工艺美术奖项而被称为最有能量的玉雕大师。

神荼郁儡（图片提供：博观广告）

作品风格

崔磊大师的作品在用料、施艺、立题、喻意等方面博采众长，借鉴古今中外多种艺术形式，常常蹊径独辟、出人意料。尤其在独创的“破形牌”上，结合深浮雕、高浮雕、透雕技艺，进行大胆尝试。其代表作品《观喜》荣获2008年中国玉石雕刻“百花奖”金奖。该作品的创作理念源于传统的皮影戏和台湾的木偶形象，大胆地采用直线棱角造型，无论是形象还是创作手法都打破了传统规范，得到了社会的认可和好评。

观喜（图片提供：博观广告）

宋鸣放

宋鸣放，中国玉石雕刻大师。1957年生于上海，1972年入上海玉石雕刻厂工业中学学习，1975年在上海玉石雕刻厂从事炉瓶雕刻工作，1980年获全国青工玉雕比赛炉瓶器皿类产品第一名。现为上海市非物质文化遗产项目代表性传承人，海派玉雕特级大师，河南省玉雕大师，上海工艺美术学会玉文化专业委员会首席专家委员，上海海派玉雕文化协会副会长。近些年作品多次获得了“百花奖”“天工奖”“神工奖”等业界大奖。

作品风格

宋鸣放大师专长炉瓶器皿类作品，以创意精巧、琢技精湛享誉国内外。他善于运用各类玉石的天然形状和不同色泽，因料设计、因材施艺，汲古而不泥古，作品以“巧思、细腻、精致”的独特风格淋漓展现玉石之温、纯、柔、雅的品质。在三十多年的创作实践中，宋鸣放广泛汲取古今艺术素材，积累了丰富的风格底蕴，磨炼出高超精湛的雕琢技艺。每一件作品，都能体现该时期最新的设计理念、最新技艺水平及当下的审美风格，是一位能真正做到与时俱进的大师。

白玉竹编壶

白玉如意瓜棱瓶

杨　曦

杨曦，号南石，中国玉石雕刻大师。出生于20世纪60年代，毕业于苏州工艺美术专业学校，1983年进入苏州玉石雕刻厂担任设计雕刻工作，1992年成立个人工作室。现为国家非物质文化遗产项目（苏州玉雕）代表性传承人、研究员级高级工艺美术师、江苏省工艺美术大师、第一届苏州市工艺美术大师、苏州市民间工艺家，2010年被江苏省人民政府授予江苏省“突出贡献中青年专家”称号，2012年获苏州市人民政府授予姑苏文化创新重点人才奖。

作品风格

杨曦大师的作品秉承继承与创新的理念，在继承传统玉雕精华的同时，开创了玉雕的新式表现技法——“虚实结合法”。他的作品既巧妙地运用了传统题材，展现了古老的东方文化，设计创意有着强烈浓郁的文化内涵，又摆脱了固有的程式化局限，以创新的手法，将传统题材与现代审美相结合，创造出新的审美形式。他的创新是在继承传统文化基础上的创新，有着全新的设计理念，符合现代人的审美意识。他的雕琢新颖，强调意韵的内涵与丰富；轻巧，感觉意境的自由与舒适；自然，抒发作品的童心与情趣。

千手观音（图片提供：博观广告）

逢雪夜归（图片提供：博观广告）

蒋 喜

蒋喜，中国玉石雕刻大师。1964年出生，1981年进入苏州玉雕厂从事玉雕工作，2002年创办了“蒋喜美石坊玉雕工作室”。现为苏州市工艺美术大师，中国白玉研究会江苏分会副会长，苏州收藏家协会玉器分会会长、江苏省茶文化学会副会长，国家非物质文化遗产项目（苏州玉雕）代表性传承人，玉器鉴定家。近些年获得了中国玉雕“天工奖”“百花奖”等多项业界金奖。

作品风格

蒋喜大师对于古玉有着相当深刻的理解，对殷商、西周、战汉风格的高古玉器的雕刻技法及造型风格颇有研究，对明清古玉的理解也有相当的深度，善于将古代的玉文化元素融合在当代审美观念及设计理念中，创造出现代玉雕作品，形成了他自己独有的古韵玉器风格。因而，他的作品古韵十足，师古而不泥古，已经达到通古达今的境界。

青玉茶具（图片提供：博观广告）

翁仲（图片提供：博观广告）

俞　艇

俞艇，1973年生于苏州，中国玉石雕刻大师，高级工艺美术师。现任中国珠宝首饰行业协会理事，中国工艺美术学会会员，江苏省工艺美术学会理事，苏州工艺美术学会理事，苏州市玉雕专业委员会副会长，苏州高新区东渚镇工艺美术行业协会副会长，苏州高新区东渚镇工艺美术行业协会玉雕分会会长。第五届江苏省工艺美术大师，江苏省优秀青年民间文艺人才，第一届苏州市工艺美术大师，第二届苏州市民间工艺家，苏州市非物质文化遗产传承人，苏州高新区政协委员。

作品风格

俞艇大师的作品形制规整，文气十足，以薄胎器皿为主，胎薄如纸，工艺精湛高超，纹饰细腻丰富，并汲取青铜器和瓷器上的纹饰，在其玉器上进行创新尝试。他的作品通体明亮，有昂扬的色彩，一路走来，并未因尘世俗事而染上暮气，始终有着一股清新之气。作品上偶然可见书法绘画，书法流畅、绘画清新。他主攻薄胎器皿创作，完成了大量的壶、瓶、碗等作品，代表了国内薄胎玉雕工艺的最高水平。其设计创作的玉雕器皿类作品曾在多次国家级博览会上荣获大奖。

青玉“吉祥如意”薄胎餐具（图片提供：博观广告）

天宫双耳炉（图片提供：博观广告）

葛　洪

葛洪，中国玉石雕刻大师。1970年出生于苏州，1987年入苏州玉雕厂做雕刻师，2003年创建“葛洪玉雕工作室”。现为高级工艺美术师，苏州市玉石文化行业协会副会长，苏州市工艺美术学会玉雕专业委员会副会长。近些年获得了“百花奖”“天工奖”等多项业界金奖。

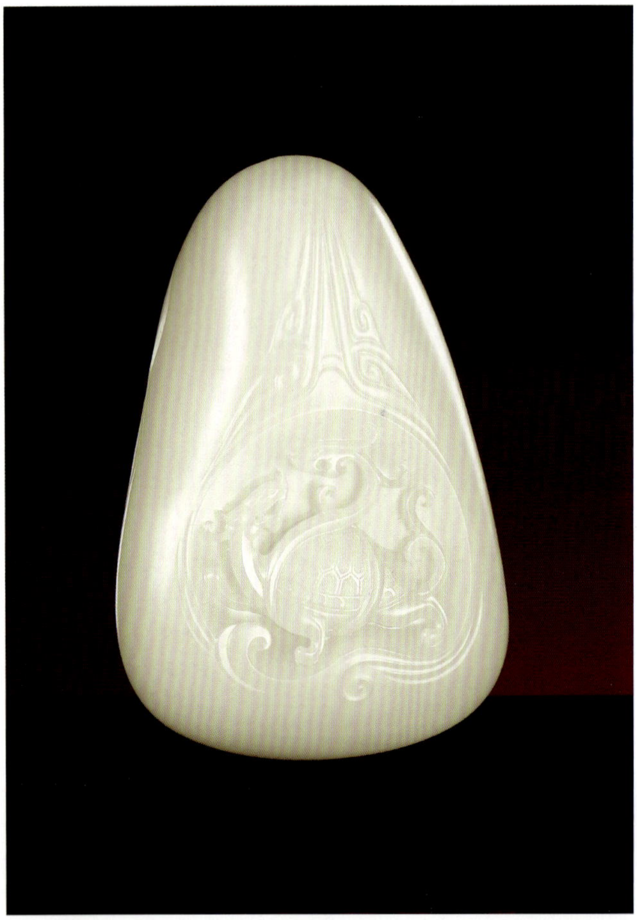

和田玉籽料玄武（图片提供：博观广告）

作品风格

葛洪大师的作品把仿古和现代相结合，题材还是传统的题材，但是布局和设计已加入现代化元素。他广泛吸收西方雕塑的技法和布局并加以灵活运用。他强调国画和文化的底蕴，但不惟古，也不一味求新。他的设计巧妙，不惜料而惜美，不惟料而惟艺。其作品以苏州小型山子及仿古件作品见长，以情带意、出古入新，将艺术的匠心与美玉的天成融为一体。内涵丰沛，清新自然，颇具文人画意，兼具园林之妙。盈寸天地，山朗水阔，别有气象。

怀古溯宗（图片提供：博观广告）

顾永骏

顾永骏，中国玉石雕刻大师、中国工艺美术大师。他出生于艺术世家，1962年进入扬州玉器厂从事玉雕创作设计。现为研究员级高级工艺美术师，特级中华玉雕艺术大师，国家级非物质文化遗产玉雕传承人，享受国家级政府特殊津贴，并连续当选为第七届、第八届全国人大代表。他的多件作品曾获“百花奖”“天工奖”等业界金奖。大型碧玉山子雕《聚珍图》，被中国工艺美术博物馆作为国家珍品收藏。

瑶台步月

作品风格

顾永骏大师具有很高的艺术素养和扎实的基本功底，他博采中国画、牙雕、石雕、木雕等姐妹艺术之长，广泛阅读历史文学名著和古诗词，并将玉雕技艺与之糅合，在继承传统的基础上又在题材、结构、技法上不断创新。作品构思新颖，造型优美，形成了儒雅灵秀、浑厚古朴的艺术特色。他潜心钻研，开拓和完善了扬州明清的玉雕名品“山子雕”，为扬州玉器形成自己的特色和风格做出了积极努力，得到了同行专家的一致赞誉，被誉为玉雕名品“山子雕”第一人。

柏子图

薛春梅

薛春梅，女，江苏扬州人。1980年毕业于扬州玉器学校，而后进入扬州玉器厂工作。现为中国玉石雕刻大师，中国工艺美术大师，江苏省劳模，省级非物质文化遗产代表性传承人。作品近些年获得了“百花奖”“天工奖”等多项业界金奖。

作品风格

薛春梅大师从事玉雕创作研究三十余载，在题材、表现技法等方面秉承师承、善于创新，形成了清新婉约、细腻隽秀的个人艺术风格。擅长玉器人物、山子及大型玉雕的设计和雕刻，尤其在表现孩童的神态、动态上独具匠心，人物刻画惟妙惟肖，博采众家之长形成了独特的艺术风格。其创作构思新颖，布局精巧，意境含蓄深遂，如梦如幻，充分展现了形神兼备的艺术特色。

人参福娃

罗汉图

汪德海

汪德海，中国玉石雕刻大师。师从中国工艺美术大师顾永骏，学徒时他跟随大师学会了玉器雕刻基本技法，特别擅长“扬州工”中久负盛名的“山子雕”。1996年作品大型白玉山子《观音山》被澳门葡京玉器展览中心珍藏，近些年获得了“百花奖”“天工奖”等多项业界金奖。

作品风格

汪德海大师以儒雅大气、意境清秀的玉雕风格著称，作品具有明显的个人艺术特点，在山子的设计和高难度的雕刻技法方面有重大的突破。其作品中的人物造型优美、制作精巧、秀丽文雅、潇洒飘逸，打破了古代仕女的传统形象和单调的构图布局，创造了主题与景物相结合的多层次的画面效果，烘托了人物的内在情感，使人物更加栩栩如生。其山子雕巧妙地利用了玉石自然优美的形态，因色设物、随形施艺，把人物山水、花鸟鱼虫、珍禽异兽、亭台楼阁和谐统一在一个画面上，层次无穷，意境深远。

羽鹤仙踪

女娲补天

高毅进

高毅进，1964年生于江苏省扬州市，1980年毕业于扬州玉器学校，2009年任扬州玉器厂总工艺师。现为中国工艺美术大师，高级工艺美术师，中国玉石雕刻大师，扬州玉器厂总工艺师，第十一届全国人大代表。近些年获得了“百花奖”“天工奖”等多项业界金奖。

作品风格

高毅进大师自1980年从事玉雕设计制作以来，刻苦钻研、成果显著。他擅长玉器器皿、仿古、走兽、杂件的设计制作，并潜心中国古代器皿造型的研究，在青铜器等传统造型基础上推陈出新，走出了新路子，取得了较大的成果。他的玉雕佩饰件题材新颖，玉艺俱佳令人爱不释手。其作品的工艺特点是：精致、圆润、浑厚、大气。他在创作上求新求变，处理手法上追求简约、朴实、明快，雕琢工艺上讲究纯净、流畅、精致。

五子登科（鸡篓）

荷塘情趣

宋世义

宋世义，中国工艺美术大师，中国玉石雕刻大师，高级工艺美术师，国家级非物质文化遗产玉雕传承人。1942年生于北京，从20世纪60年代开始步入玉雕行业，师从王树森等前辈玉雕艺人。曾先后在清华大学美术学院、中央美术学院学习进修。在长期的刻苦钻研和不断的探索中，具备了较高的文化理论修养、扎实的雕塑绘画基础、丰富的生产实践经验。在生产制作、创意设计、授艺课徒、理论教学、绘图撰文等领域展现了多方面的艺术才华。近些年获得了“百花奖”“天工奖”等多项业界金奖。

作品风格

宋世义大师从业几十年，具有较高的文化艺术修养，绘画和雕塑基本功扎实，作品题材广泛，技艺全面、形式多变。他的玉雕作品兼收并蓄、博取众长、材料多样，翡翠、白玉、玛瑙、珊瑚、松石、水晶等原料都有独到的处理手法。他的作品从巨制到小品、从圆雕到浮雕、从山水到人物、从传统到现代无不涉足。格调高雅、构思严谨、章法合理、工艺细腻是他的艺术风格和追求。他的作品有很高的艺术品位和深厚的文化内涵，深受国内外收藏家的喜爱，在玉雕界有“南顾北宋”之雅称。

翡翠自在观音(图片提供：博观广告)

珊瑚丝路花雨(图片提供：博观广告)

苏　然

苏然，女，中国玉石雕刻大师，中国高级玉雕设计师，全国青年优秀工艺美术家，中国青年玉石雕艺术家，当选中国宝玉石协会理事、北京工美学会常务理事、政协北京市东城区委员、北京青联委员，并成为享受政府特殊津贴的年轻玉雕专家。现为北京中鼎元珠宝有限公司总设计师兼总工艺师，被誉为“宫廷玉雕的新一代传人”。全国多家重要报刊、杂志报道过大师其人其事；她还曾在《中国收藏》《名作欣赏》等核心期刊发表过多篇文章。

北京市苏然玉雕首席技师工作室成立于2012年，由苏然选拔中鼎元公司25名技术骨干，形成了一个高水平的设计制作团队。苏然尊重每个学徒的个性特色，定期组织学习绘画、造型基础知识，提高学徒的自主创新能力，为当代玉雕培养出一大批优秀的传承人，作品多年来在“百花奖”/“天工奖”等全国各大奖项评比中屡折桂冠。

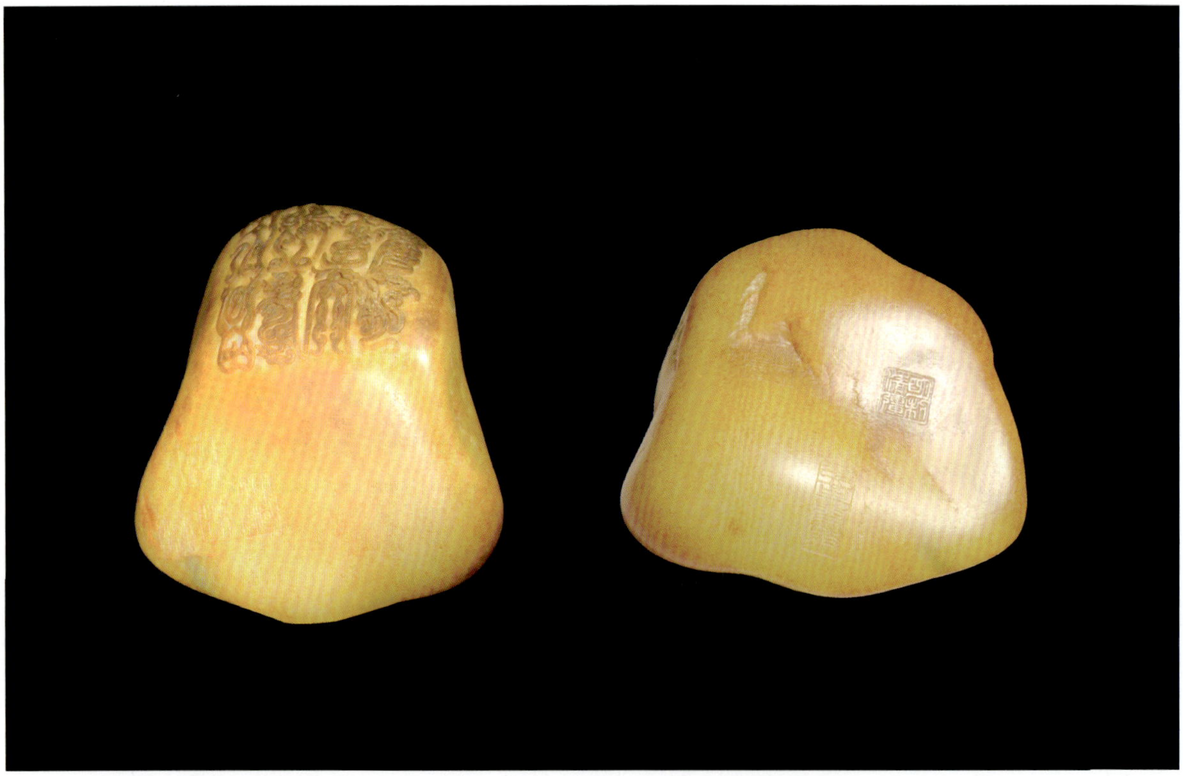

复兴石（图片提供：博观广告）

作品风格

作为当代玉雕界为数不多的女性国家级大师，苏然始终秉持“自然、简洁、合理、创新”的设计理念，坚守“弘扬真善美好，讴歌繁荣盛世，引导人们健康向上”的设计思路和方向，尊重原料自然属性，注重作品的思想性、文化性、艺术性、独特性。对和田玉的俏色巧用，尤其是对“浆石巧雕”的成熟运用，拓宽了和田玉雕刻艺术的表现形式，化腐朽为神奇；将经典传统文化有机融合于和田玉创作，精制“国学系列作品”，弘扬传统美德，寓教于玉，以玉言德，提升了和田玉作品的文化内涵和艺术品位；创作歌颂大好时代和壮丽河山的创新之作，表达对伟大祖国的崇敬与热爱；将恢弘大气、中正典雅的“宫廷风格”推向全国并达到了一个新的高度。其作品题材广泛，品类多样，造型完美，品位高雅。在当今最具影响力的十几位实力派玉雕大师之中，她以其作品风格鲜明、设计精妙、用料讲究、内涵丰富、做工精湛而名列其中，受专家、藏家、商家、玩家的广泛认可。

天人合一璧（图片提供：博观广告）

蔚长海

蔚长海，中国玉石雕刻大师，中国工艺美术大师。1941年出生，河北省人。于1956年进入北京第三玉器生产合作社做学徒，师从著名老艺人李焕亭和许茂林。他是“四件国宝”的制作指导，是《含香聚瑞熏》的设计者之一。近年来作品多次获奖。

含香聚瑞（图片提供：博观广告）

作品风格

蔚长海大师的作品用料严谨、做工精细、雕琢柔润、因材施艺，其作品富丽堂皇、厚重古朴、稳重大方、浑然一体、简练典雅。尤其擅长玉器器皿的创作，他创作的炉、瓶、熏、兽类精品众多，特别是薄胎和“金镶玉”技艺独具特色。逐步形成了设计构思巧妙，造型新颖别致，装饰布局大方、艳美、协调，重于神韵表现、工艺精致细腻的艺术风格。

奥运徽宝（图片提供：博观广告）

宋建国

宋建国，中国工艺美术大师，中国玉石雕刻大师。河北辛集人，自幼爱好绘画艺术，1968年参军，入伍前后接触拜访过黄胄、苏光等一些著名国画家。直接受业于国画名家李东旭、全太安。玉雕琢艺启蒙于北玉潘秉衡老艺人的制玉理念，1979年玉行入道学习研究，1997年创办玉雕研究所。以刀砣代画笔，以玉石为载体，在发挥玉雕创作的博雅情怀和文人意趣、沟通玉雕艺术与传统中国画艺术神韵方面进行了诸多具有开创意义的尝试，取得了令人振奋的成就。多件作品获“百花奖”“天工奖”等业界金奖殊荣。

玉摆件

作品风格

在中国玉雕艺术家中，擅长绘画、艺通丹青的人不在少数。但从画家转身成为玉雕艺术家的人却不多，宋建国大师就是其中的一位。从艺五十年，三十年伴玉为生，致力于将水墨写意绘画研究与玉雕创作融为一体。把儒、道、禅佛理念以“天人合一”的思想融入到笔墨意象造型中，开创了玉雕琢艺立体国画的研究和写意人物在玉石上的塑造，创立了玉雕立体国画流派，成为河北玉雕的风格和特点，被业内名家推为北方玉雕山子和玉雕写意人物的代表。他提出“融国学为本，意象为念，多元澄怀”。追求“天人合一” 的完美思想。把意象画语在笔墨感悟中升华到玉雕作品中，让诗情画意愉悦身心，让自然魅力感动天地。在学术上创立了“意象空间透视”在大型玉雕艺术作品上的应用，克服玉雕特大件作品的堆砌之感 ，解决了虚实量化和贵重玉料复杂多变的随形妙理，使理念与实践得到完美的统一。

马学武

马学武，回族，中国玉石雕刻大师。1957年出生，1972年进入新疆玉雕厂工作，1983年在北京学习京派宫廷玉雕技艺并任北京玉雕加工厂厂长。随后几年在扬州、上海学习玉雕技艺并任上海玉雕加工厂厂长。现任新疆白玉城民族玉雕工艺品开发有限公司董事长兼总设计师，新疆和田玉玉雕技术培训学校校长，新疆和田玉文化艺术研究院院长，新疆和田玉博物馆馆长，新疆宝玉石协会副会长，新疆维吾尔自治区工艺美术协会副理事长。

作品风格

马学武大师的作品有着北方玉雕技艺的豪迈大气、线条分明、构思巧妙的传统工艺特点，同时又吸取了南方玉雕细腻、圆润的雕刻技巧。兼收并蓄、博采众长，逐步形成了自身独特的工艺风格。他认为和田玉在创作思维上应有三七定律，即：三分雕，七分玉；三分文化，七分玉体；三分细腻，七分流畅；三分继承，七分发扬。并且在和田玉的雕琢手法上要“讲究”而不能“将就”。琢其灵魂、雕其玉体，“雕”是手段，是物质的表象，而“琢”是挖掘精神层面的东西。“玉不琢不成器”，只有细细“琢”出来的玉雕作品才有灵魂，才有生命力，才能称其为艺术品。

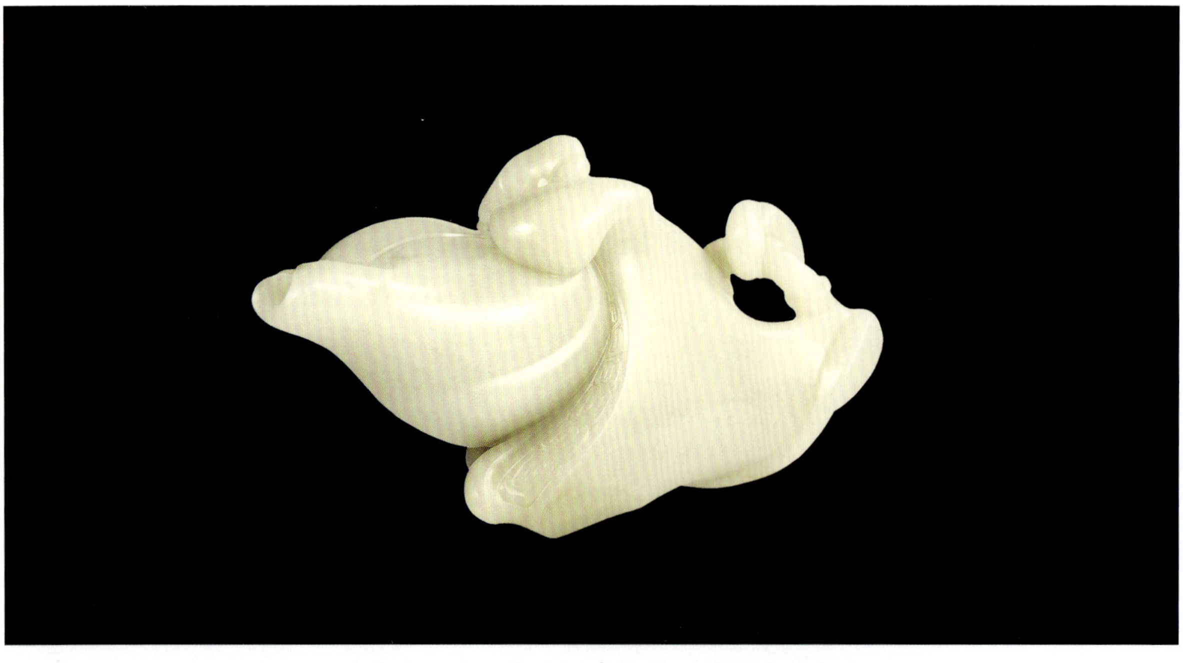

承前启后白玉壶（图片提供：博观广告）

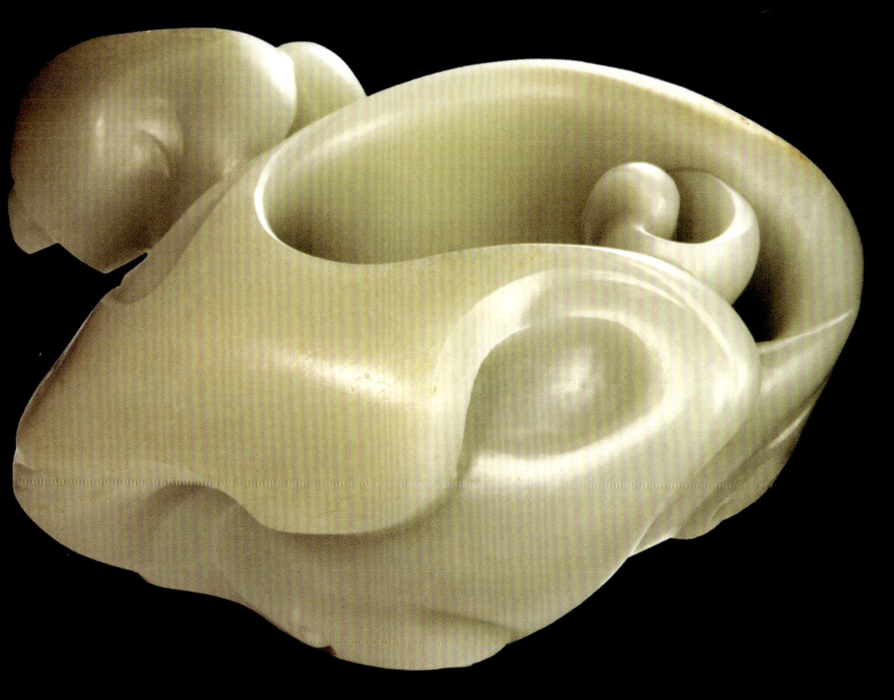

大象无形（图片提供：博观广告）

马进贵

马进贵，中国玉石雕刻大师，中国工艺美术大师。现任新疆宝玉石协会副会长、新疆宝玉石商会常务副会长、乌鲁木齐玉沅珠宝有限公司总经理。于1964年进入新疆玉雕厂工作，1966年被派往上海玉雕厂学习，1970年又被派往北京玉器厂深造，在制作玉雕器皿方面打下了坚实的基础。作品获玉器界多项大奖。

作品风格

马进贵大师的作品具有浓郁的西域伊斯兰文化风格，作品造型以中国传统器皿造型为主，在洁白的玉质上，饰以伊斯兰特色花纹图案，嵌金丝、金片、宝石等，将艳丽的宝石、灿烂的金丝、优美的器形、流畅的纹饰有机地结合在一起，形成了鲜明的伊斯兰文化艺术风格，使其作品独树一帜，开创了中国当代“西域派”玉雕形式。他充分运用了现代玉雕工具，将其发挥到极致，其作品集高难度技艺于一体，加之华丽的伊斯兰风格的装饰，使其视觉美达到了新的境界。

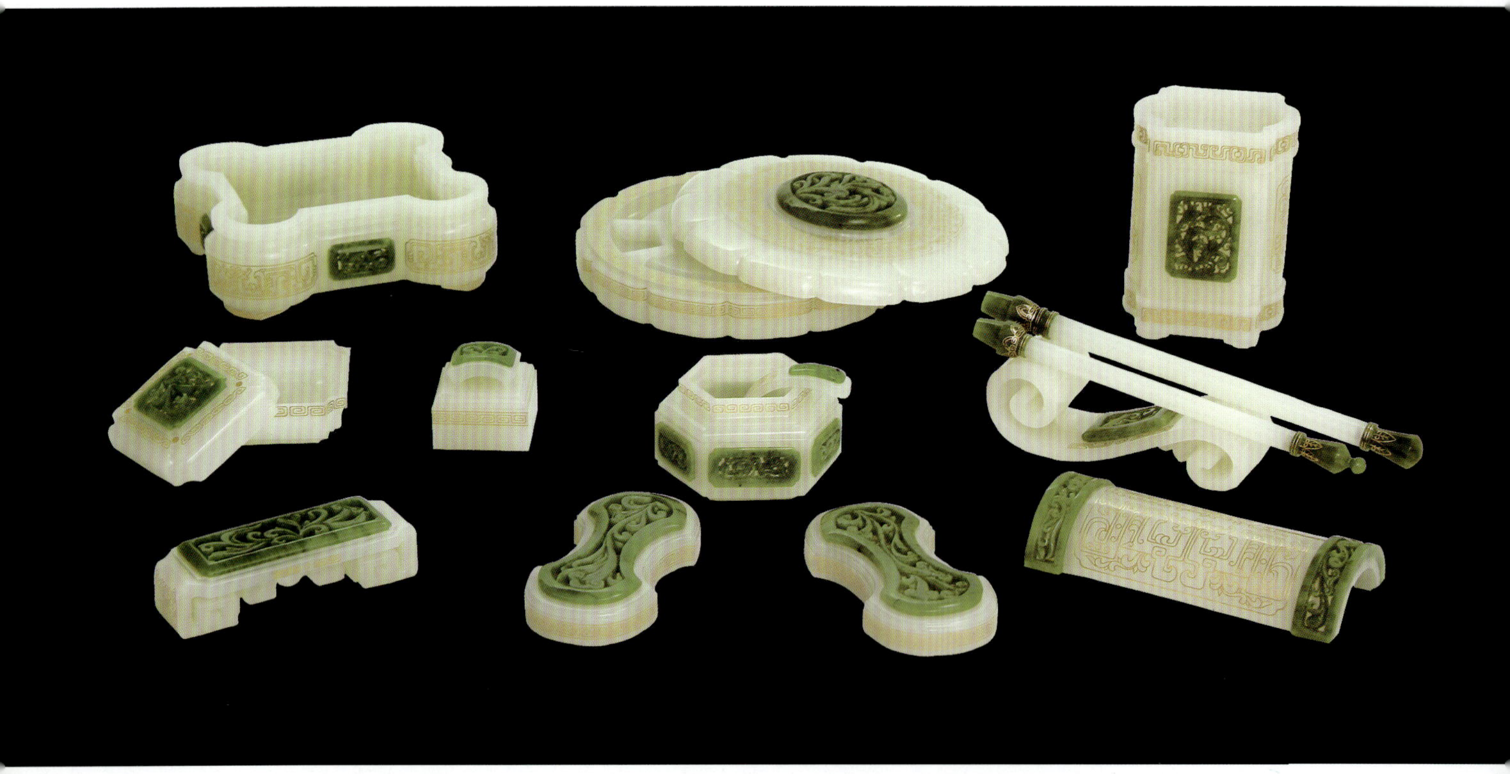

文房用具（一套）

玉爵杯

樊军民

樊军民，男，汉族，中国玉石雕刻大师。1967年出生于乌鲁木齐，1991年跟随新疆玉雕厂的技术厂长赵敏学习玉雕技术。1992年又跟随马学武去往上海玉宝工艺厂进行系统的学习及深造。1996年，成立了乌鲁木齐启泰玉石雕刻厂。作品多次在全国获奖。

作品风格

樊军民大师的玉雕作品将南方灵动秀丽与北方粗犷大气的风格结合了起来，因材施艺、生动活泼。其作品线条流畅、简洁明快、造型精美。他善于从大处着眼，小处着手，作品灵动、大气而不失精妙。 在设计上，他继承了我国宫廷玉器舒展大气的风格，同时又在纹样上进行变化，巧妙地运用了各个历史时期的图纹花样。在意境追求上，注重讲究文人的闲情和画意。

释道（图片提供：博观广告）

青玉提梁壶（图片提供：博观广告）

仵应汶

仵应汶，中国工艺美术大师，中国玉石雕刻大师。1954年出生于玉雕世家，河南省南阳市镇平县石佛寺镇大仵营村人。1973年从事玉雕创作，1988年毕业于天津美术学院雕塑系，1996年被联合国教科文组织授予“中国民间工艺美术家”称号。其作品多次在全国获业界大奖。

作品风格

仵应汶大师所创作的作品题材广泛，构思新颖。器物造型优美传神、大气恢宏、结构严谨，雕刻技术精湛细腻、手法多变、精致考究。他特别注重人物内心世界的刻画，经他设计的作品都能给人以生命力的震撼。他的作品具有鲜明的个人风格，非常注重工艺上的创新。在风格上，作品往往能利用材质的天然特点。在题材上大胆创新，作品韵味富赡而又灵动异常。尤其是他的水晶作品，将细腻与博大融于一体，透散出空灵与明澈、刚毅与柔美并存的时代气息。近年来，他更是注重将水晶材料与宗教题材相融合的研究与创作，作品被社会各界视为传世珍品。

发晶卧佛（图片提供：博观广告）

白水晶地藏王（图片提供：博观广告）

杨克全

杨克全，回族，第五届中国工艺美术大师，第二届中国玉石雕刻大师，中国珠宝玉石首饰行业协会常务理事，辽宁省阜新市玛瑙宝石协会副会长。1960年出生于辽宁阜新。1978年从阜新轻工技校学习美术专业毕业后被分配到阜新市玛瑙玉器厂，开始学习玉雕设计与制作。1998年于阜新创建“杨记”玛瑙。近些年获得了“百花奖”“天工奖”等多项业界金奖。

作品风格

杨克全大师从事玉雕事业多年，其雕刻水平、设计技巧形成了独待的风格：将美术绘画技艺和玉石雕刻艺术相结合，将西方的立体圆雕风格和中国古典平面浮雕自然地糅合在一起，用天然原石的自然条纹和颜色作“颜料”，以传统文化、文学题材为素材，在玉石上作画。他的作品用料考究、工艺精湛、俏色绝妙、设计精巧、题材丰富、文化内涵深厚。 他将传统文化和现代艺术相结合，在继承传统文化的同时不失现代文化的特色，体现了时代的风貌。

春之梦（图片提供：博观广告）

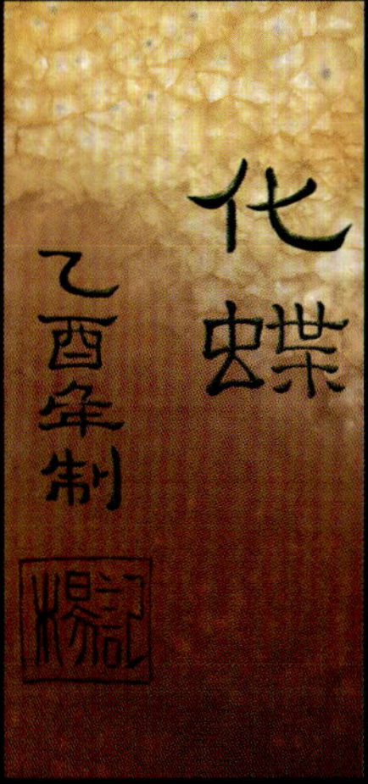
化蝶
乙酉年制
楊記

张克钊

张克钊，男，汉族。中国玉石雕刻大师，中国玉石雕刻青年艺术家，河南省工艺美术大师，河南省玉石雕刻大师。1973年出生于河南省镇平县，1993年从镇平县工艺美术中等职业学校毕业后开始从事玉雕工作，1995年师从仵应汶大师，现任镇平县玉神工艺品有限公司首席设计师。近些年获得了“百花奖”“天工奖”等多项业界金奖。

作品风格

张克钊大师擅长独山玉黑白俏色人物的设计制作，被称为“中国独山玉黑白人物雕刻第一人”。他的作品主题突出、以形传神、以神融形、形神兼备。成功地将厚重的中原文化凝固其中，以朴拙的艺术语言传递着对生活的热爱，展现浓郁的乡土气息。其工艺特点是：隽永豪迈，爽朗而有气势，对人物的面部刻画尤为传神。他的作品中以黑色为主体的乡土人物系列，就像一幅幅黑白老照片，用以表达自己熟知的童年乡土生活，诉说着对故土的情感；以白色为主体的东方丽人系列，在汲取中国传统仕女的古典美基础上，创作出以体现东方神韵为主题的美女佳人，表达了对生活的热情和对传统文化新的理解；多色巧雕人物系列，不仅丰富了独山玉俏色人物的品类，也为多色的独山玉料提供了一个开放性的思路。

恩爱百年（图片提供：博观广告）

心路（图片提供：博观广告）

港台玉雕大师未参加“中国玉石雕刻大师”评选活动，我们选取了几位港台地区有代表性的玉雕大师加以介绍。

部分港台玉石雕刻大师介绍

□ 黄雪蓉　刘璐璐

黄福寿（台湾）

来自台湾的黄福寿大师从事玉雕创作已近40年，在传统和创新的不断自我对话的历程中，实现了将艺术文化的演进在不同世代留下真实的见证。

黄福寿十八岁时，因为大专联考不如理想，暑假到台北准备补习重考。期间同学找他到板桥一家玉石厂打工，这人生第一次的打工决定了黄福寿的一生。从此完全地沉浸在翠玉天地中，开始了他的玉石创作生涯。他潜心研究碧玉与翡翠雕刻，成就非凡。

黄福寿的玉雕创作系列打破了传统玉雕的装饰、吉祥辟邪等实用面，走入了真正的个人艺术创作，突破千百年玉雕的局限，展现了玉雕的极致。他将冰冷坚硬的玉石，注入传神与感动，诉说着人间的至情至性。

乾坤有精物，至宝无文章。雕琢为世器，真性一朝伤。

摆　件

黄福寿认为除非雕出玉的“真性”，不然都只是世俗之器，而非艺术之作。玉雕艺术在能对玉石“伤”（雕凿的减法）得巧妙；如何“伤”得出优美“境界”，更须经年累月的千锤百炼，此中更包括对“心”的“雕琢”。“善雕玉者，其心如玉。”在琢磨掉世俗的利害得失，仅剩的只有对艺术创作的纯真之心；驱动着持续创作的热情，是他想把生命的体验和感动完全注入在作品当中。他说，与其说我雕玉，不如说玉雕我。“缘何造色为情生”，每件玉雕都承载着他对人生万物的一分情感和体悟，也都吟唱着一曲生命之歌，跳跃着一支性灵之舞。

黄福寿的作品大致可划分为两种风格，都与作者个人的经验与心态息息相关。其中之一是田园写实风，代表作有《蚁态万千》《邂逅》《春意》等，将黄福寿小时候在田里玩耍或工作时的所见所闻以玉雕的形式呈现。

摆　件

叶金龙（台湾）

叶金龙大师于20世纪50年代出生于台湾台北，从小生活在大自然的润泽中，对大自然万物似乎都有一种纯真的感悟。亿万年前形成的美玉奇石，他似乎能触摸到其微微颤动的生命演进的脉搏，窥视到他们秀美内质蕴含的自然精粹的光华。

20世纪90年代初，建筑设计专业毕业的叶金龙放弃了报酬丰厚的职业和生活，毅然迈进了全新的现代玉雕事业，成为台湾本土玉石的“火车头”和“犁田者”。叶金龙极大地发扬了中国玉雕的镂空技术，有“中华镂空第一人”之称，擅长镂空雕刻前人不能企及的“超长”“超细”和“超薄”造型，巧妙利用玉石独有的巧色，饰以螳螂、甲虫等，惟妙惟肖，情趣盎然。

在玉雕设计上，叶金龙并不是按规则出牌，一直在寻求突破，突破传统的束缚，突破习惯思维的局限。他指着一件获奖的作品说，“它的倾斜度涉及到结构力学和材料力学，以及传统技艺中的薄胎技术，做这样的作品是非常有危险性的，因为玉石本身是昂贵的，以往雕刻师都不敢做，因为如果他们失败了，可能一辈子的工钱都赔不起那块玉”。但叶金龙大胆尝试并且成功了。

叶金龙大师常与别人说这样一句话：“材料诚可贵，艺术价更高。”看到玉材料，他首先想到的就是把它塑造成怎样的艺术品。他说：“我的作品首先是一件艺术品，其次才是一件玉件。”

蝶恋花（图片提供：博观广告）

如意花开（图片提供：博观广告）

陈世英（香港）

陈世英，1956年出生于福州，现居香港，为国际珠宝设计雕刻大师。1973年在做学徒时对西方的雕刻产生兴趣。1987年开创了以自己名字命名的Wallace Cut 雕刻法，融会浮雕、阴雕及宝石切割技巧于一炉，以光学、色彩学和人体工学等为底蕴，使宝石设计美丽的外表与深刻的内涵相辉映。陈世英用他发明的“Wallace Cut”雕刻的“荷莱女神”，呈现五种不同的角度，获得1987年国际设计大奖。

1992年，陈世英受德国宝石博物馆馆长邀请举行个展，成为当地媒体报道的首位亚洲宝石雕刻家。2001年开始，陈世英受珠宝设计中的抽象拼贴画法吸引，逐渐深入珠宝设计领域，很快开始创作现实主义与超现实主义之间的三维艺术，创作18K黄金与钛金属的新颖艺术首饰系列。

陈世英认为，创作者和珠宝之间具有两种关系：一是物质关系，主要指创作者对珠宝工艺和技术的把握；二是精神关系，是指两者在情感和创意上的交流。宝石的样子虽然显而易见，但其体现的精神却浩瀚无垠，山川江海都容纳在宝石的情怀当中，这便是珠宝的价值。

陈世英的艺术珠宝有着无穷无尽的创作空间，横看是对工艺的讲究，纵观是对美学的要求。鬼斧神工，不囿于传统技术范畴，以钛作为珠宝的骨干，开拓珠宝设计的创造空间，制造出让人惊叹的艺术珠宝——可穿戴的雕刻艺术品。蕴藏生命力的雕刻珠宝创作，结合中国“禅”精神，以形写神，充满诗意的赞颂，深度刻画出生命的美妙浩瀚与无限可能，更为高级珠宝创作掀开全新的一页。陈世英的每一件作品均诉说了一个独特的故事，或是叙述了一个理念、一个哲学，缔造出令全球醉心的传世珠宝艺术。

心经如来佛

水晶海女神

杰出人物

美玉得到我们东方人的万般垂爱。早自先秦乃至上古时代，玉器便已成为社会生活的重要内容，更是天地之道、君子人格的象征。中国的玉雕艺术发展至今已有几千年的历史，在这漫漫循玉路上，先贤们用智慧和双手传递给我们从未间断的华夏玉文化。

时至今日，现代玉雕艺术迎来了鼎盛时期，玉界更是彬彬济济、群星璀璨。采光剖璞，除了巧夺天工的玉雕大师，我们还看到为了当代玉雕艺术的发展做出了积极贡献的杰出人物。卓荦为杰，能够推动玉界前进之轮的，或德厚流光，或负重致远，或深谋远虑，或琴心剑胆，唯拳拳爱玉心，让他们肩负使命，为玉界的现在和未来，鞠躬尽瘁，夙夜匪懈。

罗马之城非一夜建成，未来华夏玉界帝国，更将是玉界人才众志成城之作。篇幅所限，本册年鉴此次为大家介绍六位为玉器界做出了积极贡献的玉界栋梁，未收录的杰出人物将在后续出版中为大家陆续呈现，敬请期待。

(张侨恩)

玉坛传奇——倪伟滨

□张侨恩

玉之成器，其材料需经千万年时间磨砺而留其精髓，后经琢玉人之手赋予其全新的生命。当今玉坛，谁有这样一双造化之手，识玉懂玉，能把一拳人人弃之的顽玉，琢成惊天美器，绽其永恒华彩？不约而同，大家都会想到倪伟滨。

坊间关于倪伟滨的传言很多，“玉坛教父”“玉坛奇人”“玉坛怪才”等各种名头，鬼斧神工、翻云覆雨、牛气冲天等各种说辞。我抱着诚惶诚恐的心情上到他开创的网站“雅园玉道”，赫然发现，所有的照片，所有的工作，都是一个安安静静的琢玉人在一心一意地琢玉。拨云见日，心里会有一种温暖，这才是一个爱玉懂玉的琢玉人真实的面貌。

倪伟滨，1958年生，沪籍。十岁习画。二十岁，机缘巧合，应沪上一些盆景名家邀请，开始试着雕刻盆景小品。80年代初，开始接触仿古玉雕琢技艺，从此一发不可收拾，开始了至今为止三十年与玉相伴的日子。

禅宗讲“三关”，指的是人之初生，心净无暇。见山是山，见水是水。后历艰难、困苦、欺骗、繁华、名利、诱惑，此一时必忧虑、挣扎、警惕、攀比、浮躁、迷惑，见山非山，见水非水。人生第三重境界即弃绝名利，摆脱束缚，回归自然。这个时候人便会专心致志做自己应该做的事，说自己想说的话，拥有一颗自在显现之心。此时又见山是山，见水是水。对照倪伟滨的玉路人生，清晰可见这“三关”皆过。

1985年，倪伟滨创办了上海雅园。开创之初，条件十分简陋，很是艰辛。中国的和田玉1993年才开始真正走向大众，作为先行者的倪伟滨，最初跨进的的确是一片蓝海。然而到了2000年以后，随着改革开放的成功，玉界的繁荣到了始料不及的程度。雅园作为行业先行者，在2004年曾创下16件作品参加“天工奖”全部获奖，且囊括三个金奖的优异成绩，的确是风光无限，令人望尘莫及。

倪伟滨起初创立雅园，只求一个可供自己潜心思考和辛勤耕耘的精神家园。在雅园的琢坊文化里，有着倪伟滨对“雅致家园”的盼望：“雅”，在人，言正而行为有度，气闲而质地端庄；在所，娴素而清静，幽深而明亮；在物，题材高远而清明，工艺精致而独到，此为雅者。“致”，极也，雅到极处；委也，为追求雅而委以终身；诚也，雅的真实；制也，以雅节制其事；就也，行动起来让雅成就；密也，让雅无处不在。“家”，人居住的地方，即有爱的地方，温暖的处所；有专长或有特殊造诣和道行的人，被称呼为专家、大家、雕刻家。“园”，鸟语花香、树木葱茏、桃李可结之处。倪伟滨希望在这里，有花有月有楼台，有情有家有玉道。用一个人的力量，圈起一片世外桃源，供爱玉之人静心琢玉。

雅园，仿如乾隆时期的玉器造办处，他收罗上等和田美玉，师徒们一起讨论研究玉雕。这里没有大名鼎鼎的“玉雕大师”倪伟滨，只有一个“老倪”在不舍昼夜，一遍一遍地修改画稿，聚精会神地在玉雕机前做活儿，认认真真地与徒弟切磋。有人把舍弃的顽玉给老倪，他愿意花两年的时间去读懂一块儿别人眼中的废料。造物主的美意在倪伟滨的手里渐渐幻化，成就了震惊世人的奇绝之作。倪伟滨的作品，仿古无人能出其右，创新亦能出神入化。日日夜夜与玉相伴，时时刻刻研

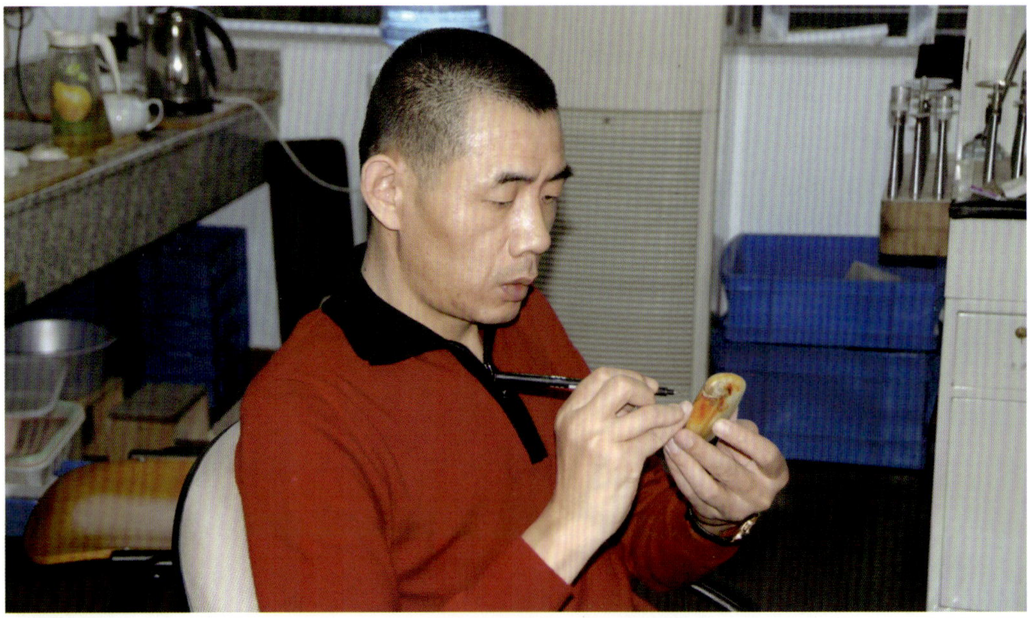

究玉道，成就了他的造化之手，开启了他的懂玉之心。在早被市场化冲昏了头的玉界，这片安静之地，缔造出了无数个玉雕神话。更培养出了诸如王平、尤志光等一批享誉业内的玉雕师。人才济济的雅园成了玉界的“黄埔军校”，栽培了无数玉雕好手的倪伟滨被公认成了“玉坛教父”。书法家、老倪朋友元童在《雅园玉道赋》中写道：

精筑雅园修玉道，怀悬日月尚清高。
得意忘形堪教父，破茧剔愚削魂刀。
启迪通灵接幽径，浣雪纯性垒冰桥。
自古标新多叛逆，天不笑我仰天啸。

此一赋，尽是一个活灵活现的倪伟滨。请莫笑一个爱玉成痴之人的直心，这直心中隐藏着痛心与盼望。当历经千万年造化的美玉被手艺不精的从业者雕坏后，爱玉之人倪伟滨为玉叹“石头有工不等于是好玉，玉无好工连石头都不如”。面对层出不穷、粗制滥造的玉雕作品，倪伟滨呼“人是活的，玉是死的。活人琢死玉，可以把玉琢活；死玉琢活人，可以把人琢死”。一个能够对着一块顽玉琢磨两年的倪伟滨，如何与三天出活儿的沽名钓誉者对话？自古剑逢知己舞，诗逢会人吟。悟境不同，不可随便说，悟境相似，未说已全说。只有一句“路逢剑客须呈剑，不是诗人莫献诗”。

时至今日，玉界沉浮，惊涛骇浪，倪伟滨却已清风朗月，见山是山，见水是水。禅说：“直心是道场。”不虚假，不造作，活泼泼一颗平常之心，纯真之心。没有华丽的行头，没有讲究的做派，没有故作的高深，有的只是一个爱玉之人和他的玉。在雅园，早过了知天命年龄的倪伟滨，埋首于他的画稿与工作台上，他把自己的毕生所学，半生玉路的真知灼见，毫无保留地教给了热爱玉雕的徒弟们。他在2004年所创立的网站“雅园玉道”上，展精品、设学堂、教琢玉、谈人生，一个可敬可佩的前辈，用一颗赤诚之心，为玉界铺展更光明的玉路。他做他的人，教他的徒弟，琢他的玉。要采访他，很难。但他与爱玉之人的心却贴得很近。就像他说：“玉和人在春秋2000多年前已经结合了，但是现在把玉和钱嫁接在一起，这能算正常吗？不过我只要自己和玉结合在一起就可以了，无需去管别人。我曾经写文章赞美戈壁玉，戈壁玉并不出名，但它怎么会去戈壁滩的，就只能自己理解。一块料能不能被人发现是一种缘分，也许只是一步之遥，而人往往错过的机会也只是一步之遥，所以我坚守自己的信念：门始终是敞开的，欢喜的人自然会进来。”

倪伟滨只是抱着自己的直心，去做雅园的一块儿玉。他还要做一个玉材料的科普博物馆，把世界上各个地方的玉材石材的原材料标本收集在一起，他已经收集了30多年。这些资源，他要与世上爱玉之人一起分享。玉界有倪伟滨，也是造物主的美意。看懂倪伟滨，也就看懂了仁、义、智、勇、洁，更看懂了世上难得的一块儿好玉。

（此文感谢于明先生指导，部分文字参考“雅园玉道”网站。）

玉界智者——刘书占

□张侨恩

《六祖坛经》中说“一灯能除千年暗，一智能灭万年愚。”可见这“智”中蕴含着巨大的力量。大成者以水之智立身行事，如水绕石而行，历经磨砺，曲折而坚持。当今玉界有此智者，当属刘书占。

刘书占，玉界前辈，足智多谋，为人低调。多年在和田玉的世界里濡染，气质早已如和田玉般含蓄蕴藉。外表淡然亲切，如古井无波，内在却丰富坚定，甚至有灼灼锋芒。这种收与放，成就了他的势。独坐不言，你却能感到一种力量。

忆当年，北京白玉市场还处于初级阶段。在建筑市场市政领域干得如火如荼的刘书占突然转而向白玉市场布局。1999年，他创建了玉器企业“中鼎元”，继而开办了玉石加工工厂，培养制作、打磨人员。他率先在北京进行白玉文化宣传推广，并参与了北京古玩城白玉街的规划筹建，最终参与成立了“中国白玉研究会”。多年建筑市政领域的经商所得，尽数用在一片混沌的玉界。当时大家看不懂他的未雨绸缪，只因他通达世情，识人善用，身边的人都选择相信他，跟随他。古人云：“势来不可止”。他运筹帷幄，坐等势来，如当年赤壁之战时成竹在胸的诸葛亮等东风。当和田玉十年间涨价百倍千倍，玉界熙熙攘攘，众商家开始进驻时，“中鼎元”早已万事俱备，站到了行业的高处。而此时刘书占的先见之明才被众人所看懂。

刘书占为何能有此“智”？必须承认，他确有慧根，但“智”之形成，定然不会如此简单。唐朝的孙过庭提出过这样一个理论：学习书法开始时求“平正”，得“平正”后求“险绝”，能“险绝”后再回到平正，书法之大道可成。

刘书占的人生也是这样一个轮回。他从小极聪慧，少年时恰逢“文革”，他却不涉政治，而是恣情恣意，大江南北，痛快之极。在此期间，他居然通读了艾思奇的《辩证唯物主义历史唯物主义》一书十数遍，还阅读了大量的政治书籍，给他打下了爱党爱国、爱憎分明、敢作敢为的思想根基。为磨砺自己，他当了兵，部队的经历把这样一个聪慧而又大胆的青年塑造成了一个坚毅顽强、赤诚赤勇的军人和战士。这些经历完成了他人生中第一次平正。

回京后，刘书占在国企当过党委书记、厂长，身居高位，成就卓然。改革开放后他又下海经商，也有不小的成就。无论什么时候，刘书占身上都有着旁人所艳羡的名头和光环。他精力充沛，喜欢阅读，天文地理，文史哲学，无一不通。围绕他的，总是崇拜的目光。然而他的灵魂、他的生命中，却一直在等待着什么。直到机缘巧合，他终于邂逅了玉。

玉，石之美者，天地间的灵物，造物主的杰作。当玉和弄玉人刘书占遇到以后会有怎样的电光火石？是一见钟情、相见恨晚！似乎之前在世间跋山涉水只为与玉的相遇。玉，唤醒了刘书占内心对那个凝重、自由、纯美的境界的渴望。那是他魂牵梦绕的精神乐园。他爱玉，如同孔子爱玉成痴，如同老子被褐怀玉。玉是刘书占的“桃花源”，寻到便此生不再放手离开。

然而，成玉之路的艰难，远非常人所能想象；得玉之路的险绝，非常人所能坚持。他踏上漫漫寻玉路，走遍千山万水，经历着玉界的大起大落。他曾豪掷万金买回一块假籽玉，也曾怀揣百万美元在仰光颗粒无收。多少次被人蒙蔽，多少次山穷水尽，刘书占想过放弃吗？他没有。他骨子里认定的事从来只有坚持。挫折和困难从来没有成为刘书占的绊脚石，反而因这样的历练，他更加坚定、强大、自信。玉界江湖，风起云涌，变幻莫测。而他所带领的“中鼎元”，经受住了一切风雨险阻，披荆斩棘，从功利中超越，在逆境中升华。几年以后，他已经是国内和田玉方面真正的专家。而他所带领的“中鼎元”，历经玉雕市场的起起落落，在跌宕起伏、大浪淘沙的洗礼之后，终于打拼出了自己的天地，成为了行业翘楚。凭着对传统文化和玉雕事业的热爱，刘书占最终走到了今天，走到了玉雕界的最前沿。刘书占懂玉、爱玉，玉更是没有辜负他的努力和坚持，给了他丰厚的回报。如今，“中鼎元”的作品屡获大奖，成为京派玉雕之典范，更成为了玉雕界前沿创作潮流的引领者之一。

时至今日，玉器行业百家争鸣，民间买玉藏玉之风盛行。然而正如解如光老先生所言，今天的玉道却是“大道废，小道兴”。看起来琳琅满目，好作品却少见。经济的发达成就了玉界的繁荣，人心的浮躁却影响了玉器的质量。中国的艺术，讲究“德成而上，艺成而下”。智慧的刘书占以德为上，在十几年前“中鼎元”创立之始，已作了高瞻远瞩的定位。“中者，正道；鼎者，正器；元者，本初也。”他所遵循和探索的，是一条将中国传统文化与当代玉雕艺术融会贯通的创新之路。刘书占是智者，但他从来不孤独。在爱玉、解玉之路上，他有诸多志同道合者，修玉、治玉之路上，他发现了苏然。苏然是治玉大师，是玉中之凤，她需要广阔天地起飞翱翔。刘书占是懂玉人，是伯乐，他需要有人将他的理念传承发扬。他给了苏然广阔的平台，苏然将他的美好设想逐步转为现实，京派玉器在他们手中揭开了崭新的一页。

“中鼎元”治玉十余年，先后推出了六大系列作品：有寓教于玉、以玉言德的国学运用系列；化腐朽为神奇的浆石巧雕系列；中正典雅、恢弘大气的宫廷风格系列；充满爱国热情的锦绣山河系列；法相庄严、手印吉祥的佛像造型系列；时尚精致、造型优雅的金玉镶嵌系列。“中鼎元”的作品不仅继承了北京玉雕雍容富贵、中正大气的艺术特征，更以其特有的文化内涵以及文人色彩独树一帜，以玉言德，以器载道，在传承北派玉雕的基础上兼容各家之所长，深受藏家的喜爱和追捧，更成为业内的领航者。这些作品都凝聚着刘书占的思想和理念，也有他的人生抱负和理想。

中国的玉界当今走到了一个分水岭，该何去何从？刘书占在首届“中国当代玉文化高层论坛”上说：“玉界无限发展的空间在文化性，在内涵。好作品不存在市场问题。”正如他所言：“一个人，一个群体，乃至一个国家、一个民族。都需要有坚定的信念。有所坚持，有所不为，只有内心笃定，才能锻造出强大的精神力量。无论是个人、团体还是一个民族，都需要一种精神。”刘书占这样一个智者，同样也有着雄心。他在造一个更大的“势”，这个“势”是在如今百家争鸣又混乱无序的玉器界中，渐引出一种风气，即“以天地精魂之和田美玉，传我巍峨华夏千载君子之风”。以玉为载体，复兴中华文明。传播“仁、义、礼、智、信”之中华传统精神。此乃刘书占人生最后回归之平正，历尽千帆之所终。此任重，此道远。

（此文参考了博观主编的《中鼎元十年治玉——苏然大师玉雕艺术回顾》以及《汤盘孔鼎有续作》，期间有于明先生的协助，在此表示感谢。）

玉界哲人——奥岩

□白　静　张侨恩

在距今两千多年前的古希腊，有一个叫柏拉图的哲学家，与其称他为哲人，还不如视他为诗人。因其曾有一本流传千古的著作存世。这本著作，文辞优美、想象大胆、思辨畅达，作者用文字的砖瓦层层垒砌出一个完美的城邦，后人称此优越的城邦为“理想国”。这个国度由正义主宰，人民各安其分、各取所长，共同创造着一个真、善、美相统一的政体。《理想国》是柏拉图最著名的代表作，代表着西方人灵魂自省的起点。

在时空迥异的当代中国，也有一位怀揣着如此浪漫理想的玉界哲人，他十余年来践行着自己的理念，孜孜以求为当代玉界注入理性、规范和秩序交汇而成的清泉，他踌躇满志肩扛重任，用自己的行动号召玉界同仁众志成城，创造出一座当代玉文化的理想城邦。他，就是奥岩。

“一千个人心中有一千个奥岩”，这话一点不假。只要键入“奥岩”两个关键字，百度可以为你提供六七万个词条，随便点开都会看到一大串名头。奥岩其人，光环甚多。奥岩，中国地质大学（北京）宝石学硕士，北京大学光华管理学院EMBA，国家注册珠宝玉石质检师（CGC），英国宝石协会注册钻石分级师（DGA），国内知名的珠宝玉石专家，“天工奖”创始人，中国珠宝玉石首饰行业协会副秘书长和副会长，中国珠宝玉石首饰行业协会玉石分会秘书长，中国标准化委员会珠宝玉石分会玉石支会主任，知名学者、玉文化推广者、著作甚多，北京博观国际拍卖公司、北京博观经典艺术品公司的董事长……除却这些官方定义不说，民间流传的杂闻更是不一而足。比方说，在珠宝协会的同事眼里，他是一个敢想敢干的劳模，开疆辟土的累活儿他永远冲在第一个；在员工下属的眼里，他是学识渊博的师长，他体察每个工作岗位的辛苦，毫不吝惜地传授自己的专业经验和知识；与他接触较多的人，都知道奥岩先生其实是个工作狂人，出差途中的飞机舱内、高铁车厢，他总是眼不离书，晚上还能连续工作到深夜，清晨又立即起床布置工作，严谨苛刻的态度，叫几个精壮小伙子都神经紧绷、叫苦不迭；而圈内朋友又说，奥岩是个童心未泯的玩家，与他逗趣百无禁忌，他是个爱玉痴人，只要见到宝石珠玉一类珍奇物件，他就会双眼放光，忍不住捧过来观摩，顺手拿出随身携带的放大镜和强光手电筒，把金丝眼镜顶到脑门儿上，对着“宝贝”念念有词，全然忘却了周遭状况。

奥岩先生对玉痴迷，他爱玉，更懂玉。古人云“静故了群动，空故纳万境”，奥岩先生用虚怀若谷的心境，将玉界万象了然于心。爱玉之人最需要一个赏玉之境，赏玉是高级的精神需求，其必要条件就是有相应的物质基础。从1988年始，中国玉器“百花奖”曾一度中断，到2002年的十四年中，市场环境不容乐观。国外市场萎缩，国内市场萧条；玉雕产品滞销，作品工艺粗放，原料浪费严重；从业者不知道何去何从。2002年，奥岩担任了中国珠宝协玉石分会秘书长，在这样紧迫的形式下，他立即策划开办了首届“天工奖”。奥岩说：“我的初衷非常简单，就是为玉雕行业提供一个共同参与的平台、树立一杆旗帜，以引导行业的发展方向。”“天工奖”非商业性质，而是学院性质的艺术活动，在奖项筹备之初的四、五年一直处于负经营的状态，奥岩、于泾、颜桂明、王平……可以说玉雕界内这些名人当初都为“天工奖”搬过橱柜，擦过玻璃，可想而知，在人力、物力上是多么艰难。直至如今，“天工奖”已连续举办了十余年，奥岩先生仍然为此亲力亲为，废寝忘食，也不容许工作人员有丝毫懈怠。他一方面用务实的态度设立公平透明的评奖机制，另一方面诚恳地邀请雕刻家们参与其中。一年一度的“天工奖”让玉界同仁齐聚一堂、共评共赏，树立出优秀的作品和作手典范，给大家一个方向性的引导。如今，从业人员的参与积极性非常高，无论得奖与否，大家都畅所欲言，并且提出对下一届的期望、规划举办方案等。即使得不到任何奖项，能参赛入围的人都会热

情高涨、引以为豪。“天工奖”评选活动真可谓当今玉雕界的盛事。

市场是最实在的检验标准，中国当代的玉器所处的时代不同于以往任何一个阶段，当代玉器首先要经得住市场经济的考验，才能有长足的发展。公平正义的市场环境是爱玉之人的共同心声，符合玉界同仁的根本利益。

“天工奖”已是行业内受到广泛认同的玉雕最高奖项，其奖项价值已经远远超出评奖自身。“天工奖”就像一个舞台、一面镜子，从镜子里面折射出玉雕业在这十余年内，从单纯工艺品到艺术品、从无序到有序、从低产值到高产值、从不被认知到被广泛认同的发展历程。“天工奖”带动整个行业在社会上的价值认同度提升到一个台阶、使得从业者得到了尊重和重视，并让玉雕艺人的文化素质有了相应的提升，如吴德昇大师所说的“已经不是卷起裤管就去干玉雕那么简单的事情了”。从工厂和艺术的边缘、在生产线和艺术创作的边缘，到如今玉雕厂变为大中艺术院校的“学习基地”，“天工奖”功不可没。

在中国漫长玉史中，手工业者地位卑微，有关琢玉人的文字记载更是少之又少，文人雅士高堂满座，而独缺琢玉巧工。2008年7月，奥岩先生主编的首部《中国玉石雕刻大师》出版发行，这是中国首部玉石雕刻大师个人专辑类系列丛书。他说，“打造一套中国玉石雕刻大师丛书不仅可以满足当代人对玉雕行业认识的渴求，也是历史的要求”，该丛书填补了中国玉文化史的一项空白。

奥岩先生笔耕不辍，著作颇丰，他编著出版了已问世的《中国玉石雕刻作品“天工奖”典藏集》十部，《中国玉石雕刻大师》系列丛书十八部，《玉独神光》《汤盘孔鼎》等玉石企业专著多本。奥岩先生作为国内知名的珠宝玉石专家，在翡翠矿物学及成矿方面研究上也有着丰硕成果，发表有《缅甸翡翠原生矿床成因研究》《缅甸各种颜色翡翠化学成分特征》《翡翠的化学成分和矿物组成特征》《缅甸单斜辉石玉品种无损鉴定方法的初步研究》《翡翠商贸术语剖析》等多篇论文，并出版有《翡翠鉴赏》等多本专著。

惜寸阴者，乃有凌铄千古之志；怜微才者，乃有驰驱豪杰之心。奥岩先生不愧是珠宝玉石圈里的劳模，以不惑之年奔走在台前幕后。他心细如发，善于发掘有利于玉文化推广的每一个契机，如同慧眼断璞玉。“松柏之质，经霜弥貌”，玉器行是最考验人修为的行业。奥岩先生在藏龙卧虎的玉界辗转腾挪，为集思广益、移风易俗，他不知与前辈后生促膝长谈了多少个不眠之夜。“轻财足以聚人，律己足以服人，量宽足以得人，身先足以率人。”琢玉人需要玉有所品，赏玉人需要玉有其魂。中国玉文化代表着玉艺之品，是玉石之精魂。奥岩先生是个爱玉人，以一片爱玉痴心投身于玉器行，倾注自己的心血和才华，立志联合玉界贤达缔造一个当代的玉石国度，让越来越多爱玉之人步入其中，大家品玉、作玉、悟玉，用理性和正义共同保卫着这个当今尤为难得的玉文化殿堂，或许有一句话可以诠释他的主张，那就是古希腊哲人柏拉图所说的：“让我们永远走向上的路，追求正义和智慧。”

剑胆琴心——程建中

□张侨恩

“赵客缦胡缨，吴钩霜雪明。银鞍照白马，飒沓如流星。”若在战国时代，程建中定当是李白笔下悍勇无双的侠客。他高大魁梧，双目如鹰，笑声朗朗，有一股骨子里的潇洒侠义之气。

在中国近代和田玉史上，程建中是一个里程碑式的人物。他是和田玉发展变化历史性转折时期的见证者和参与者，在他的积极推动下，1993年后和田玉进入到了一个崭新的时代。

和田养育了程建中。程建中的母亲是上海支边青年，她一腔热血，坚持到祖国最偏远最需要的地方去，这个地方就是和田，并且一去就扎下了根。母亲的坚韧与热血遗传给了程建中。父亲早逝，作为五兄妹中的长子，程建中早早扛起了这个家庭的重任。18岁高中毕业后，响应祖国的号召，“上山下乡”当知青。在知青点务农干活的时候，程建中坚持用最大号的“坎土曼”。这三下就能装一板车土的“坎土曼”，需要他用尽全力才能举起，只要力气不足，就会砍到腿上留一道口子，经常满腿是血，疼得他忍不住流眼泪。但好强的程建中仍咬牙坚持用最大号。他舍得出力，队里面数他干得最多。年纪轻轻，他便如一拳顽石，坚强不屈，是人人称赞的硬汉子。20岁，程建中当兵入伍，在部队表现优异，22岁就被批准加入共产党。三年的军旅生涯更磨练得他勇敢刚毅、豪气干云。复原后，程建中到地方工作，由于工作能力突出，很快从业务员做到了业务科长。出于对知识的渴求，1986年28岁的他参加了全国成人高考，考入了兰州商学院读大学，毕业后被任命到和田地区二轻供销公司做总经理。或许程建中本人也不知道，在人生中披荆斩棘、奋勇前行的他，正将走入一个让他纵横驰骋、横刀立马的世界。1990年，程建中又被调任到了和田地区工艺美术公司做总经理，从此走上了对和田玉的管理、开采、收购、加工和销售的经营之路。程建中的“玉缘”拉开了序幕。

程建中有剑胆。他在与玉相伴的25年中，见到了和田玉的全貌。他的心里，不光有玉的圣洁，玉的美丽，更有玉的神秘莫测，玉的生死考验。他与玉的缘起，始于采玉。古人感叹采玉之难曰：“取玉甚难，越三江五湖，至昆仑之山，千人往，百人返，百人往，十人至。” 由于和田玉矿床都在海拔3500米以上的高山峻岭之上，交通极为不便。海拔4000多米，就已经人迹罕至。海拔5000米，人的生存就开始挑战极限。而作为和田地区工艺美术公司总经理的程建中，为了找到玉龙喀什河的源头，找到和田玉的起源，却多次攀登到海拔6000米的冰川一带采玉探玉。他见到的昆仑山，是大多数采玉人一辈子也见不到的景象。1993年8月，他已经第三年向着海拔6000米的冰川前进，在这之前，他们翻山越岭，跨河走崖，骑着毛驴走了五天，行至人迹罕至的黑山村。在这个近似原始的村落放下了毛驴，开始靠双腿攀登。到了海拔5000米，吃奶的劲儿都用上了，腿就是迈不动，空气稀薄得喘不过气来。除了一根支撑自己不要倒下的棍子，就连一把小小的探矿锤都拿不动。为了找到和田玉的起源，他仍然坚持向着海拔6000米的高处爬行。四周冰川消融形成的一道道裂缝通向万丈深渊，冰河时隐时现，稍有不慎，就可能跌进冰裂隙或冰窟窿中。当终于攀登到海拔6000米时，却忽然狂风大作，一瞬间天空乌云密布。巨大的黑暗迅速在头顶上蔓延，脚下是咆哮疯狂，险象环生的冰川暗河。这时候哪怕有一丝犹豫和胆怯，都会令他和他的同伴陷入死亡的绝境。他声嘶力竭地呼喊同伴紧急下撤，在无法辨别方向和生死博弈

中，他调动了所有的智慧和勇气。无比艰难的行进，生与死的较量，黑暗中的呼喊和寻觅，也不知过了多久，终于挣脱了死神的三个人相拥而泣，泪流满面。据说第二年，十多个探矿的人又来到河的源头，冰川塌陷，两人遇难，两人腿被砸断。从奔腾翻滚而下的泥石流中，发现一块方方正正特级山流水，玉石约30公斤。玉，是人用命换来的。问他怕吗？“怕”。问他悔吗？“不悔”。这就是程建中，他有着“纵死侠骨香，不惭世上英”的豪气。也有“美人赠我金错刀，何以报之英琼瑶”的义气。他寻到过白玉河的源，因此，他比别人更懂得和田玉。

程建中亦有琴心。古人说：君子慎始，差若毫厘，谬以千里。程建中是有大机缘的人，然而这些大事的促成却始于他对和田玉的珍惜和爱护。2003年8月3日，在北京天坛祈年殿，承载着和田玉的光荣和中国人心中2008北京奥运梦想的“中国印”横空出世。正如中国宝玉石协会常务理事易爽庭所说：“这不仅是和田玉再次体现它价值的机会，也是为和田玉走向世界，让世界更深认识和田玉而迈出的一大步。”这震惊了和田玉界的大事，正是源于程建中十年前的爱玉、惜玉之心。在昆仑山上，运输条件极为恶劣。多少难得的大块和田玉料都炸掉了，化整为零运出来。而他却早早意识到了大块好料的难得，他总是坚持留下好料子，藏在深山中，等到以后有了好的运输条件时再来采挖。他的侠骨与柔情都留给了和田玉。

2002年，奥运徽宝的设计团队决定用和田玉做两方“中国印”之后，制作者走遍全国的玉料市场，甄别上千公斤玉料都未选中。最后北京工美找到了程建中，在当时时间紧急的情况下，程建中临危受命，他感觉到十年前他珍藏在雪山深处的宝贝，到了该现身的时候了。他迅速组织人员从海拔4700米的雪山深处找到玉矿，人背，驴拖，牛皮包玉，骆驼拉，所有方法都用尽了，千辛万苦，才将玉料运到了棋盘河的冰面上，而后又用了十几天，硬是将重达4吨的玉料从结了冰的河床上拖到了相距60公里的公路上。运到乌鲁木齐，他又从中精选了两块各200多公斤的玉料运到了北京工美集团。在人们期盼的目光中，技师取出一块玉，一刀开了六面，天随人愿。所切之处，面面都是干干净净，是绝对的美玉无瑕。全场一片喝彩。若没有程建中的剑胆，此玉还在海拔近5000米的昆仑雪山上深埋，若没有程建中的琴心，它早已

化作庸庸碎玉，流落四处。是程建中的剑胆琴心，带来了“中国印”的福泽。

程建中是个有故事的人，他的故事，写上几天几夜也写不完。北京人民大会堂新疆厅精美绝伦的玉雕镶嵌地屏“手鼓舞”，是他请来新疆的手鼓舞演员亲自表演才激发了汉族玉雕师们的创作灵感。上海市人民政府赠送给香港特别行政区珍贵的礼品紫荆花篮，那21朵羊脂白玉兰花，是程建中珍藏的玉中绝品于田“95料”所制。为了创作一件作品，程建中花尽心思，与和田工美的设计团队和玉雕师们琢磨，交流，失败，总结，探索，不舍昼夜。他卓越的鉴赏力、敏锐的美学直觉，对玉超乎寻常的感知力，成就了一件又一件美轮美奂的玉雕作品。在国家级“百花奖”“天工奖”玉雕作品评奖中，他每年都有多件作品获大奖，是新疆玉雕界拥有金奖、银奖作品最多的人之一。

他的经历，就是近代和田玉这三十年的前世今生。在程建中1500平方米的馆藏中，数以百计现代和田玉雕作品精彩纷呈，让人叹为观止，甚至有人发出了“此馆归来不看玉”的感叹。程建中是个舍得付出的人，为了和田玉，他付出了他的勇气、他的智慧、他的心血、他的一生。作为和田工美的掌舵人，他坚持用新疆和田产的和田玉作为原料，经营他所挚爱的事业。正如他所说：“只有新疆产的和田玉，才符合古人对君子之德的寄托。和田玉有‘信’，和田工美更要有‘信’”。对程建中来说，这不光是一个信念，更是一份和田人的责任。他是昆仑之子，多少年来，和田工美获奖无数，但他始终坚持用和田玉的标准“仁、义、智、勇、信”要求着自己、完善着自己。昆仑山这万山之祖，不光孕育了最好的和田玉，也孕育了他最骄傲的儿子。

（此文参考了李念东先生《说不尽的和田玉》一文，并由于明先生指导，在此表示感谢。）

时代推手——林子权

□张侨恩

林子权，台湾著名玉器鉴赏家，收藏家，玉石儒商。1989年在台北与妻子皮楚荣创立“观喜堂”玉器品牌。二十几年来，林子权一直在大陆从事玉文化的研究和玉雕艺术的推广工作。他把台湾先进的玉雕理念介绍进大陆，在玉界有着不小的影响力。

让林子权谈自己，三句话不到他就会谈他的“大师”们：刘忠荣是如何严谨敬业，吴德昇是怎样心思敏捷，于泾精益求精，易少勇别具一格……“大师”们眼中的林子权，是个让人又爱又恨的伙伴。处女座的林子权，平时和若春风，而一旦到了玉雕上，他就把完美主义发挥到极致，不厌其烦，左斟右酌，反复修改，追求极致。大家一方面被他的完美主义折磨得苦不堪言，但同为爱玉人，又都被他对玉雕艺术的用心良苦所感动。

1989年3月，“观喜堂”在台北创立。经营过杂项、高古玉，二十多年前，“观喜堂”慢慢将主力放在明清白玉件。明清白玉的雕工好、货色多，“观喜堂”也慢慢累积了喜欢白玉的客人。在寻找货源的时候，林子权发现，市场上出现了大批高仿古玉，雕工也好，玉材也好，连他这个道行颇深的行家也会打眼认赔。那时候他已经对古玉器的纹饰和线条有了不少心得，在他看来，这些仿古件的工艺都很好，这样的手艺去做仿古件太可惜了。那时候台湾玉器界已经有了原创的概念，大家很珍惜原创作品的价值。正如他所说：“仿古玉再好，都是赝品，永远达不到艺术品的高度，代替不了真古玉的价值。只有有时代特征的原创作品，才能称之为艺术品。”心念点灯，林子权的心灯一盏，却不知未来照亮了多少人的道路。

1993年，林子权来到大陆，开始跟当时轻工部“百花奖”最年轻的得主——上海玉雕厂的刘忠荣展开合作。那时候，市场对白玉的要求大体上还是仿明、清两代作品，台、港两地流行的是出土古玉，现代玉器是一个绝大部分治玉人连想都没想到的概念。古代玉器造型风格是当时生活艺术背景的写照，那么代表当下现代玉器的风格在那里？这个问题，林子权问自己，问刘忠荣、于泾他们，也问玉界他所遇到的每一个治玉人。在当年那些面积不大、设施简陋的工作室里，一个个充满理想、富有才华的年轻人，开始日以继夜地在玉雕机前面工作。他们要用一件件具有当代精神和时代意义的作品来回答这个问题。1996年，林子权与刘忠荣讨论，希望有完全脱离传统玉器造型、以现代人对形体外貌的美学观点作为创作理念的作品。于是，刘忠荣创作出了现代创作第一号作品《凤》。这是一件划时代的作品，它代表了一个时代的全新开始。

林子权说，“这种全新思维创作的玉雕，从1996年起开始尝试，但市场上对于这种新设计的作品还无法接受。直到两年后也就是1998年，才有第一个客人因着我们诉说作品的创作理念、所需纯熟技巧的雕琢工艺，以及雕琢者对原石有极深度的理解并会善加利用原石的特性等等而愿意买下这形体抽象、线条简单的作品。”开拓之艰辛，由此可见一斑。1997年和2000年是两个重要的历史时刻，发生了香港回归和千年之禧两件大事。林子权希望很多年以后，当后人看到我们这个时代的作品，知道我们这个时代，这个理念催生了例如《九七香港回归》等很多具有时代精神的精彩之作。

吴德昇2002年做了一件名为《夫唱妇随》的作品，丈夫矮小肥壮，面露憨笑，身穿满布补丁的衣裤，以手敲打花鼓，上衣下摆垂露一串古钱；妻子身材略高，容颜秀丽，脑后挽发，耳系环，一手搭着其夫右肩，一手扶着其夫左膀，在丈夫打鼓欢唱的歌声中，妻子温和柔顺的相依，构成一幅动人的画面。这件作品正是林子权与其爱妻皮楚荣的真实写照，夫妻俩在玉界的夫唱妇随，被很多朋友戏称为“双剑合璧”。皮楚荣在“观喜堂”里扮演着重要的幕后角色，从作品制作中的资料搜寻，到所有的文字工作都是她亲历亲为。每次林子权只要把新作品一带回家，太太皮楚荣就一定会在一旁品头论足。《清和朗润》《观玉见喜——上海玉展纪念专辑》两书的作者都是太太皮楚荣，而爱女林洁仪则常常负责打字工作。爱玉之家的温馨，家人的支持，给了林子权极大的力量。

从1994年至2004年，这十年是整个现代玉雕从开拓发展而达到成熟的重要时期。林子权说：“好作品要有文化底蕴，有思维，有自己的世界观；手法上要成熟，更要创新，有自己的风格；要吸收东西方的表现方式，更要吸取当今现实生活的题材，要记录这个时代，让每一件作品都有这个时代的烙印；同时也要有作者的风格。”为了完成这样的作品，林子权常常与玉雕家刘忠荣、于泾等人相互切磋，心无杂念，醉心于艺术创作中。将艺术灵感变成作品必须经过玉雕家们的辛苦琢磨，这些玉雕家们性格各异，但一样都有勇攀玉雕艺术巅峰的决心，一件作品的完成，历时数月甚至几年。玉雕是只能减不能加的艺术，往往一个闪失，前功尽弃。《穆斯林的葬礼》中琢玉人梁亦清说“一个艺人，要把活儿当做自个儿的命，自个儿的心，把命和心都放在活儿上，这活儿做出来才是活的。人寿有限，可你留下的活儿，它还活在人间。历朝历代的能工巧匠，没有一个能活到今天，可他们琢出来的玉器呢，不都一个个还活着吗？”大家抱着这样的心，渐渐走出了属于自己的现代玉雕之路。皮楚荣将这几位玉雕家的特长、雕琢手法、设计风格等介绍给藏家，引导他们如何审视与欣赏一件玉雕作品。藏家慢慢开始看懂玉雕家风格的转变，经由“观喜堂”的媒介，藏家与玉雕家一起成长起来。

十年磨一剑，“2007年观喜堂百件大师作品展”展出了刘忠荣、于泾、吴德昇、易少勇四位大师十多年来呕心沥血之作。这是一次精彩的汇报，充满了时代精神的现代玉雕脱离了仿古之路，让大家看到了时代的灵魂。这种共鸣是近的，近到你会认为这就是自己的写照。这样的作品都是活的，不光在今天感动我们，更会在千百年后活在未来。林子权的梦想实现了，他终于成功地推动了当代玉雕业的进步。而刘忠荣、于泾、吴德昇、易少勇四人也在传统文化的基础上，吸收了新的美学观点，形成了自己的风格，成为现代玉雕的领军人物。此时正是“渔得鱼心满愿足，樵得樵眼笑眉舒。”所有的艰难和坚持，都成了鲜花和掌声。

如今，玉界百花齐放，却也乱象频出。玉料被囤积、炒作，成了赚钱的工具。然而追求完美的林子权从未随波逐流，他坚持不计成本，仍采用上等的和田籽玉作为玉器原料，制作代表着这个时代的现代玉雕。正如他所坚持：没有文化的玉，走不长远。也正如他坚持：白玉从来都是“材料+时代+工艺”才能成器，是玉雕艺术让璞玉活起来，拥有灵魂。虽然在金钱至上的今日，静下心来做艺术变成了极高的要求，但未来很多年以后，这样的坚持会让后人透过这样活的艺术看到我们这个时代。愿这一盏心灯，照亮你我。

（此文参考了王苹的《林子权：当代玉雕发展的见证者》一文，参考了皮楚荣女士的《清和朗润》《观玉见喜——上海玉展纪念专辑》，得到了于明先生、林洁仪女士的协助，在此表示感谢。）

吴地才子——杨曦

□张侨恩

杨曦说："越是简单的问题，越接近人生的原命题。人若知道自己是谁，就明白自己该干什么，也就明白你在这个世界上存在的价值和意义。作为一个艺术创作者，创新就是我存在的意义。"说这话的时候，杨曦47岁，已过不惑之年。

杨曦，何许人也？

杨曦是国家级非物质文化（苏州玉雕）代表性传承人。有人说他是天才，有人说他是艺术家，有人说他是玉雕大师，又有人说他是一个思考者、创新者……杨曦是不是天才暂且不论，只知道学生时代写生的时候，他找到一个角度，其他学生都会坐在后面跟着画。他办了展览，苏州凡是玉雕工作室做设计的几乎都过来看，有的还拿着笔在画。如今苏州玉雕模仿杨曦早已蔚然成风，套用一句当下时髦的话，杨曦在某些领域确实是"一直被模仿，从未被超越"。

如果说才出东吴，那儒雅清瘦、略带古风的杨曦，与钟灵毓秀的苏州，的确印证了"人杰地灵"这个词。在《穆斯林的葬礼》中，治玉人梁亦清的父亲曾经这样跟他说"清儿，凭你这双眼睛，不用教，光瞧就瞧会了"。梁亦清有一双清亮聪慧的眼睛，而杨曦，也有这样一双眼睛。眼睛之清妙，直接反应了一个人的内心。事

实上，对一个艺术家来说，童心是眼睛，失去了，也就浑然不觉地坠入熟视无睹的世界。值得一说的是，1964年出生的杨曦，马上就要到了知天命的年龄，但他的眼神中却没有世故风尘，透露出的是一种孩童的倔强与澄清。

如果说杨曦是天才，不如说他早早明白了自己是谁，早早明白了自己该干什么。杨曦9岁学画，初中毕业，杨曦放弃了接替母亲进入檀香扇厂工作的机会，毫不犹豫地选择了上美术技校。那时候杨曦的心中，已经有了自己的追求。在美术技校，杨曦每一门功课都很优秀，回忆起学生时代的杨曦，同学徐青说："杨曦是我们的班长，画也画的特别好，是我们的一个奋斗目标。他在哪里画，我们就跟在他后面画，但他是一个坚固的壁垒，我们扳不倒他！而且我们特别羡慕他会篆刻，还有一套工具，很讲究，打开工具袋，一大堆工具摆得像模像样，显得很专业。"杨曦在艺术上的天赋如晨曦初露，小小年纪，就已经卓尔不群。

毕业后的杨曦进入玉雕厂，理想中的职业画家与现实中的玉雕工人实在差别很大。然而杨曦是一个沉静的人，面对不如意的事他懂得冷静地思考，能接受什么，能适应什么，能改变什么，他都想得很明白。因此进入玉雕厂后，他还是非常努力地去跟吕曼师傅学习、请教，很快脱颖而出，得到了老师傅们的关注和表扬。这时候，杨曦慢慢开始了解玉雕，玉从他手里慢慢幻化，蜕变得润泽、流光、传神、动人，那种对美的感受和成就感让他开始慢慢融入了玉的世界。玉雕的艺术表现力感染着他，很快他就明白，自己正是"木兰舟上寻木兰，不知原是此花身"。心眼一开，杨曦的世界顿时海阔天高。如果说杨曦跟别人有什么不一样，那就是他有一颗安静的心，这颗心里装的是他的玉雕艺术。在玉器厂的仿古车间，他用尽了所有的方法去模仿和体会中国传统玉雕的手法和味道，左斟右酌，反复练习，直到出神入化。

1992年以后，玉雕行业进入了新的发展时期，杨曦离开了苏州玉雕厂，开始了自己独立的事业。这期间，仿古件占据了玉雕市场的主流，杨曦也从事仿古件的制作，从玉器厂出来的他早就声名远播，销售从来不是问题。但此时的他内心却充满了困惑，难道除了仿古，中国的玉雕再无路可走了吗？

在2000年前后，当苏州玉雕行业大部分人还在做仿古的时候，他遇到了林子权，在他的鼓励下，内心早就不甘于重复的杨曦终于跳出了传统，开始走创意之路。2002年杨曦成立了“南石工作室”，基本上都是以创新为主。坚持“古法之佳者守之，垂绝者继之，不佳者改之，未足者增之，西法之可采者融之”。杨曦迎来了艺术创作的高峰期。浅浮雕、高浮雕、圆雕、镂雕、虚实结合，从技法、品种、门类，包括俏色的运用，他都进行了大胆的探索和尝试。2006年“杨曦玉雕精品展”举办，业内哗然。苏州凡是玉雕工作室做设计的都过来看，大家临摹的临摹，拍照的拍照，治玉人震撼，收藏者也震撼。震撼之后是赞叹，赞叹之后是模仿。一时间，杨曦所创立的“南石”风格引领了苏州玉界的风潮。

“欲知花乳清冷味，须是眠云卧石人。” 岁月照顾杨曦，他的世界自成宇宙。面对扑面而来的赞扬和荣誉，杨曦素来淡然。金屑虽贵，落眼成翳。无论这个世界多么浮华喧嚣，杨曦的眼睛里，从来干净澄澈，他看到的，只有他的艺术和他的玉雕。石涛说：“呕血十斗，不如啮雪一团。”有一等之人品，方有一等之艺术。杨曦坚持每天亲自设计制作，落“南石”款的作品，是杨曦所做；落“龙”款的作品，是工作室雕制；还有一个“辰”款，是他帮朋友加工的一些东西。业界人士佩服他，亲力亲为，从不懈怠，诚信如玉。爱玉人懂得佳艺熏心，以得一件“南石”佳作，细雪蒙雨之时，偎窗把玩，为人生乐事。

2011年11月，《温故致新——中国玉雕大师·杨曦卷Ⅱ》正式出版发行，这是本套丛书第二卷的首部，而杨曦的《古韵系列》作品，正是借由此书首次公开面世。这套系列作品是杨曦一次非常具有时代意义的创新，在这些作品中，我们看到大量解构主义的手法在传统玉雕中的运用——打碎、叠加、重组，重视个体，反对总体统一，强调符号、元素……打破原有的秩序与逻辑，建立新秩序。杨曦希望把这种创新，形成一种玉雕的表现风格。面对模仿大军们的摩拳擦掌，杨曦笑着说：“没关系啊，只要别落我的款就行。反过来说，被人仿也是一件好事，也是对我风格的一种认可和发扬，我希望青出于蓝而胜于蓝。在艺术圈里能形成风格和流派，必定是有一定的追随者；所以莫奈之后还有印象派，毕加索之后还有立体派。”宽厚的人生胸怀和行业霸气淋漓尽致。

时至今日，解构与重组已经成了玉雕界的一种常用的手法。林子权先生在解读杨曦的作品时说：“现在很多人仿杨曦，很多都是元素的堆砌，不是真的明白。他

们只求形体与样式的相似，并不理解作品纹饰背后的含义。杨曦是汲取了传统文化的营养，他对我国古代纹饰研究得很深入，把有着特定文化含义的纹饰进行艺术性地协调和重组，以古代的传统图像为蓝本，用现代玉雕手法重新诠释作品，新的视觉形象产生的美感，使观赏者回旋在古今时空交流的对话中，作品更显得耐人寻味了！”的确，杨曦不是为了创新而创新，他的根扎在中国传统文化的土壤里，扎得很深很深。以创新为己任的杨曦带领着苏州玉雕，渐渐脱离了匠气，走向了艺术之路，这条路上虽然很多跟随者们还懵懵懂懂，但有生命的艺术，定然会慢慢开启治玉人的心窍，创新的嫩芽将在模仿的枯木中萌发，未来玉界对艺术的探索，定将蓬勃葱郁。让我们期待这样一个崭新的时代。

（此文参考了奥岩先生主编的《南石东曦——中国玉石雕刻大师·杨曦卷》以及《温故致新——中国玉石雕刻大师·杨曦卷Ⅱ》，期间有于明先生、白静女士协助，在此表示感谢。）

美学探讨

玉业正处在历史上一个最繁荣的时期，赶上这个时代是玉行每一个人的幸运。谋事在人，成事在天。大势好，玉雕大师们乘势而上，把事业做好做大做强，自己也赚得盆满钵满。天上掉馅饼，叫你赶上了，没有人质疑你发财的正当性。有了钱就幸福了吗？不少大师真不知道怎么回答。富有总比贫穷好，但是，要说幸福真的谈不上，烦恼一点也不比从前少。这是不少大师的真实体会。

别的烦恼姑且不谈，单就作玉活来说，也有两件事不叫人省心。第一件是继续学习。以前活一做好，立马就出手。眼下不成了，买家且琢磨呢。从盲目迷恋大师名气，到理性判断作品的优劣，从单纯爱玉到爱玉的艺术品位，是收藏家成熟的必然。也就是说玉器制作必须进入玉器的创作阶段，以模仿为主的做玉货的时期就要过去了。另一件是处理好挣钱和做好活的关系，都当了大师了，钱也不少了，按理说，该不那么浮躁，该心气平和了，该想想那一件关乎生前死后名声的大事了：做几件可以传世的精品。雁过留声，人过留名，这事千万不可掉以轻心。一旦能做好活的最佳时段一过，哭都来不及。可是，让这心踏实下来，一门心思做好活真的不容易，连自己说了都不能算数。其实这两件事是一件事，就是每一个从业者都面临着从“工匠”向“艺术家”身份的转变。敏感的大师早就看出端倪，学写字，学画画，学作诗，客厅、走廊到处挂着。个人素质的提高要体现在做活上，可不是一件立竿见影的事，急不得，急也没用 。

玉文化进入审美阶段标志着爱玉藏玉人理性的觉醒，任何实用器具做到了极致，就会向审美阶段转化，何况是玉器呢。这是一个铁定的规律。不管你愿意还是不愿意。与其叫藏家玉器品位的提高来倒逼大师提高自己的艺术水平，倒不如把被动地提高变成每个大师的自觉向往。这样的学习效果会大不一样。外行看热闹，内行看门道，深谙玉中三味的大师们，但凡有点悟性，便知道自家的软肋命门，不必非叫别人指指点点。带着问题学，效果可能更明显。不过，这只是解决技艺中的小道。要想真正全面提升玉行的艺术水准，只有下点苦功夫、大功夫，从根上去提高才行。

八千年的玉文化，八千年的制玉实践，却很少有玉文化的基础理论研究，即便有些文章面世，也是浅尝辄止，没有系统性的论述。没有理论支撑的实践必然是盲目的实践，这是中国玉文化的一个重要缺陷，也是导致玉行反复陷入迷途的原因之一。爱玉的中国人希望我们八千年的玉文化不要断代，老祖宗留下的这份宝贝，在今天这盛世华年还要更好地延续发展，玉文化的理论研究队伍的建立真该提到日程上来了。

让玉行的业者和研究者携起手来，玉行的发展才会确立在坚实的基础上。如切如磋如琢如磨，一块玉文化理论研究的“籽料”正等着雕琢，有志者，来吧！

（解如光）

玉文化美学断想

□解如光

国有国宝，家有家珍。

什么物件算是国宝？千件万件，浩如烟海，没法说。

好，我们再设置几个前提条件：中国独有，历时最长，国人认知率、喜爱程度最高。

“我首先想到的是玉器。”说这话的是一位笑容可掬的长者——费孝通。这位学界大佬是知名的社会学家，他深厚的人文素养，丰富的人生阅历，严谨的治学态度，更是文史哲融会贯通的通才。他讲这些话时已年过九旬，信息的大量吸纳，视角的开放多元，让他依然朝气蓬勃地占据着学术前沿的高点。费老还明明白白地叮嘱后学：玉器在中国历史上有过重要的地位，这在西方文化中是没有的或是少见的。

玉器为什么会从漫漫的历史长河中凸显出来？它究竟有过怎样重要的地位？这不仅是学界关心的问题，也是大众关心的问题。

（1）我们了解的玉和家国文化的关系，大多是春秋之后的事。“和氏璧”“完璧归赵”以及关于玉的成语，红楼梦中贾宝玉从娘胎带出来的通灵宝玉，是国人最早的玉文化的启蒙教育。此前，也有上古玉器现世，因为大多属于传世玉器，没有确切的考古学认定，也没有文献支持，所以，没有引起历史学家的足够重视。考古学在中国成为一门学问还不足百年，正统史家一开始都没拿正眼看他。“证经补史”成了史家大哥给考古小弟分派的活计。令大哥错愕的是，如今，小弟可以和大哥分庭抗礼了。尤其在上古史范畴，几乎成了考古学家一家独大的天下。有一点需要特别指出：上古时期所有的重要考古发现，几乎都与玉相关。

玉，石之美也。玉从石头中脱颖而出，花了几万年。从4万年前开始，在欧洲、北亚、朝鲜半岛、日本以及中国北方，人类早期的玉制品如玉质工具、箭镞等实用器以及玉环、

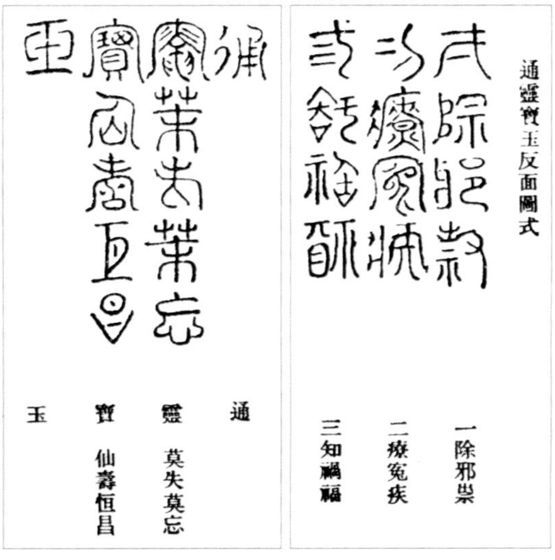

通灵宝玉文字

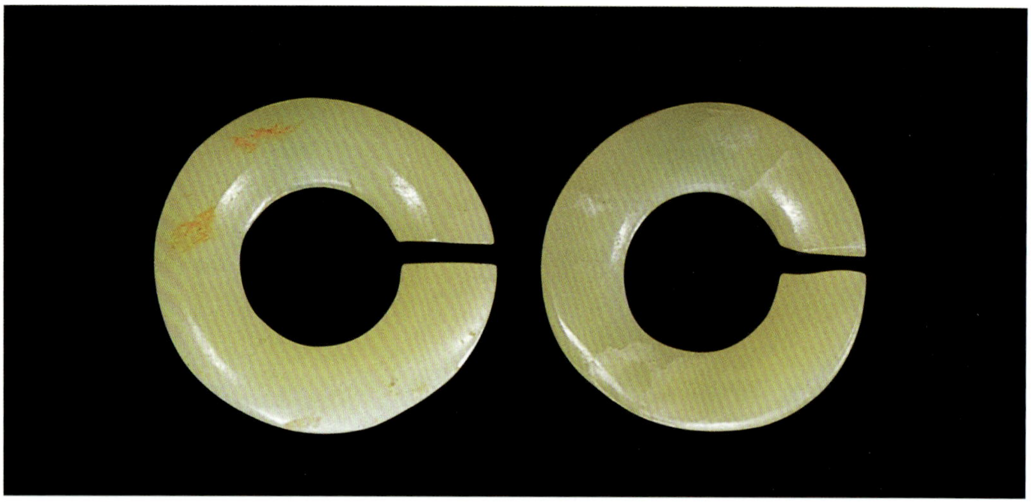

兴隆洼文化玉玦

玉珠、玉质胸耳饰品等陆续出现。那时，人类对玉和石的认知还没有明显的差别。玉石真正分离的标志，是内蒙古敖汉旗兴隆洼遗址出土的8000年左右的玉玦。也许，很难在兴隆洼玉玦和当时其他地区的玉制品之间划出一条明显的疆界，但是，“从矿物学，工艺学和社会学等三种面向考虑”，可以肯定地说，兴隆洼玉玦在制作技术，人文意蕴和审美价值上，已经进入了全新的境界。从此，石归石，玉归玉。一块平凡的石头龙门一跃，焕发出极具个性色彩的生命奇迹，中国玉文化从此萌芽。在接下来的几千年，特别在上古时期，几乎所有的重大考古发现都会看见玉器的身影。红山、凌家滩、良渚、龙山，以及新近发掘的龙山晚期的石卯古城，无不伴随有大量玉器出土。

中国文明正是在玉文化的陪伴之下开始了漫长的历程。

（2）中国人为什么选择了玉作为自己文化的重要载体？这一直是一个谜。

我曾经在一个万物萧疏的早春去过敖汉旗的城子山，那是一个红山文化的祭坛

宋代玉饰

红山文化玉猪龙

遗址。城子山的地形十分奇特，站在山顶向下望去，如同一条大道直通远处，稍低些的山峦排列两边，十余公里的尽处突起一座高山与城子山遥相呼应。几乎每一座山上都有祭坛，城子山山顶便是主祭坛。每当部落灾难临头，巫师（或王）便聚集属下族人到各自的祭坛上共同乞求与天神对话。我们不妨再现一下当时的情景：一个乌云密布的黄昏，成千上万的族人匍匐在祭坛周围，默默地等待巫师（或王）作法。主祭坛的篝火烧起来了，远远近近的篝火一个接着一个烧起来了，像一条巨大的火龙在大地上盘旋舞动。已经进入迷幻状态的巫师（或王）在火光亦明亦暗的跳动中，高高举起玉猪龙，用嘶哑的声音向苍天呼叫、倾诉。此刻的族人已经进入亦真亦幻的心理状态，放歌纵舞，热血喷张，或颠或狂，向玉猪龙、向天神顶礼膜拜……玉猪龙奇异的作用也许今天的人无法理解，但是它在此处的功效是合乎生活逻辑和历史逻辑的。作为礼器的玉器从诞生之日起，就和人的生命、部族的命运紧紧相连，它被赋予超自然的伟大力量，成了沟通人和神两重世界的媒介，肩负着人们生死安危的重大责任 。这样一场震撼人心的伟大活动，把人和天联系在一起的，就是玉猪龙，一块雕成或猪或龙的玉。我们的先祖为了生存，面对无数他们无法解释的自然的和社会的困惑，只能求救于法力无边的天神，寻找排解压力的方策，以求自我救赎。而玉正是打开天堂之门的钥匙。

玉是幸运的。在北方的红山，南方的凌家滩，东南方的良渚，西部的齐家，中原的龙山，不知道是经过交流沟通取得了共识，还是完全偶然的巧合，各地的先祖们都选择了玉。当然，还有一种可能，或许正是天意。由于技术条件所限，先祖们只能选用直观可见的材料，玉石正在可见的材料之中。玉石凭借自己的凝重、温润和纯洁的天生丽质，在众多材料中脱颖而出。选择的过程可能并不轻松，天将降大任与斯人也，必须经历过千万次的比对和筛选。毫无疑问，只有内外兼修、表里俱佳的玉，才有资格被选用作圣物。

金代玉饰

玉不琢，不成器。要把对天神无限的敬畏与期待浓缩进一块小小的玉石里，不仅需要高超的技术，更需要驾驭重大题材的勇敢和智慧，以及超凡脱俗的审美能力。就这么一件玉器，由玉玦转化成玉猪龙，转化成C形龙，竟然花了两千多年的时间，不知道有多少代玉雕的能工巧匠为此付出了心血。叫人百思不得其解的是，那样博大深沉的思想观念，那样震撼灵魂的火热情怀，怎么演化成了如此渺小、似猪非猪、似龙非龙的玉猪龙和C形龙？可是，当我们有机会亲手抚摸玉猪龙和C形龙的时侯，城子山点燃祭坛的那一幕便历历在目，仍然让人激动不已。换一种思路想一想，还有什么造型可以替代它们吗？没有，绝对没有。它们正是内容不断地向形式积淀的最好结果。伟大的艺术作品其形式往往是最简单的，包括中华各地出土的高古玉（良渚的玉琮、凌家滩的玉人、龙山的玉锛、齐家的“王者之器”的玉刀等）所表现出来的叫人匪夷所思的想象力和天真性，创造了中华文明第一个审美的高峰。可惜，这种创作过程的真实体验，永远也难以回味再现，更难以复制，迄今为止尚无人超越，可能永远也无人超越了。

就这样，玉文化因时因地在中华大地上应运而生了，成了我们最重要的自发的、本土的、原生性文化之一。8000年，一直陪伴中国人走到今天。

（3）玉器在中国历史上享有神圣地位的时间一直延续到汉，大约6000多年。有人把这个时期分成神玉或王玉两个阶段，也不无道理。这个分法只是支配玉器的主人身份的变化。其实，“王”字就是由玉钺而来，意思是掌握生杀大权的人，权力的象征还是玉，玉器的社会地位和审美价值并没有实质性的改变。这段历史除了考古界近些年提供的实物材料以外，被主流史学家认定的文献极少。改革开放以后新兴的文学人类学的学者，他们对神话，文学和历史解读作跨学科研究，把以往认作

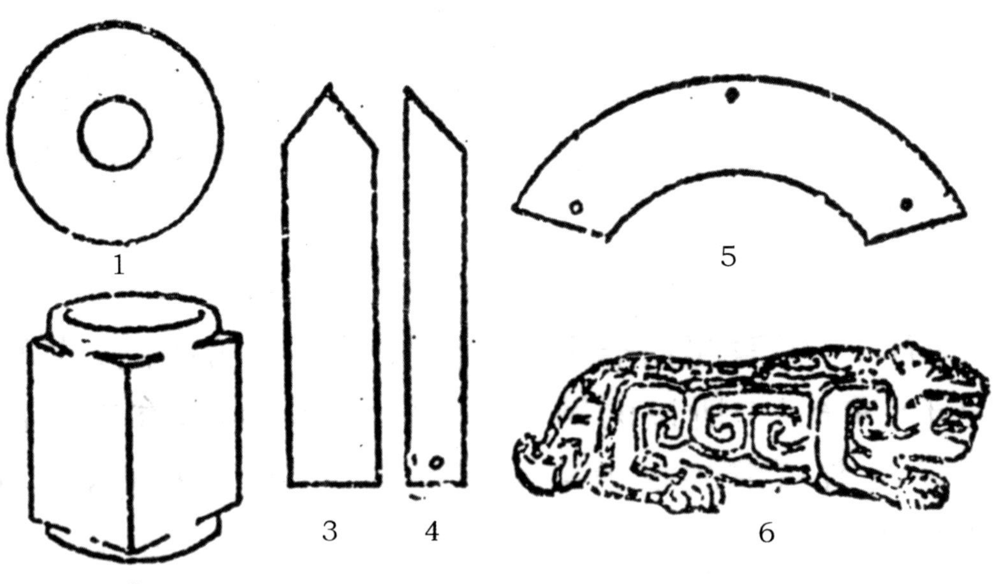

「“六瑞”图」

1. 璧 2. 琮 3. 圭 4. 璋 5. 璜 6. 琥

伪史的上古神话重新解释，有着许多重要的发现，有关玉文化的新材料大可弥补以前的部分缺失。他们的研究告诉我们：上古时期，从人文初祖——黄帝算起，每代帝王都把玉奉为通天人之际的神圣之物。关于治水的大禹帝的崇玉的记载就多处可见。《史记·夏本纪》："帝锡禹玄圭，以告成功于天下。"可见大禹"王"天下要靠玉器——玄圭。《墨子·非攻下》："禹亲把天下之瑞令，以征有苗。"瑞，即六瑞，六种玉礼器：璧、琮、圭、璋、璜、琥。以玉为六瑞，以等邦国。大禹帝治理天下、征伐打仗还要靠玉。因此，高古玉器一直享有不可撼动的政治地位，其形制虽然越来越丰富，其文化含量并没有衰减，随着工艺水平的长进，其美学价值一直保持在高位。

大约公元前2000年左右，青铜器和黄金传入中国。

青铜器很快成为商代的国家重器之一。商代是一个文明突飞猛进的时代，也是一个战争频发的时代。暴力是文明的催产婆，权力的专横，杀戮的残暴，骨肉的生离死别，让人们看到生活沉重的一面。青铜器以和玉完全不同的气象出现在中国人的视野里。一个温润内敛，一个狰狞张扬；一个清纯可人，一个神秘粗野，二者气质截然相反又互为补充。大气稳重的青铜器同样具有超自然的宗教魔力，其造型和图线构成的能力对后世有重大影响。特别是号称饕餮的线条，经过净化与抽象，对书法和国画的影响堪称巨伟。青铜器身上明显可见玉器图线艺术的传承，玉器也在造型、线条上吸取了青铜器的营养，二者相辅相成地拓宽了我们的人生

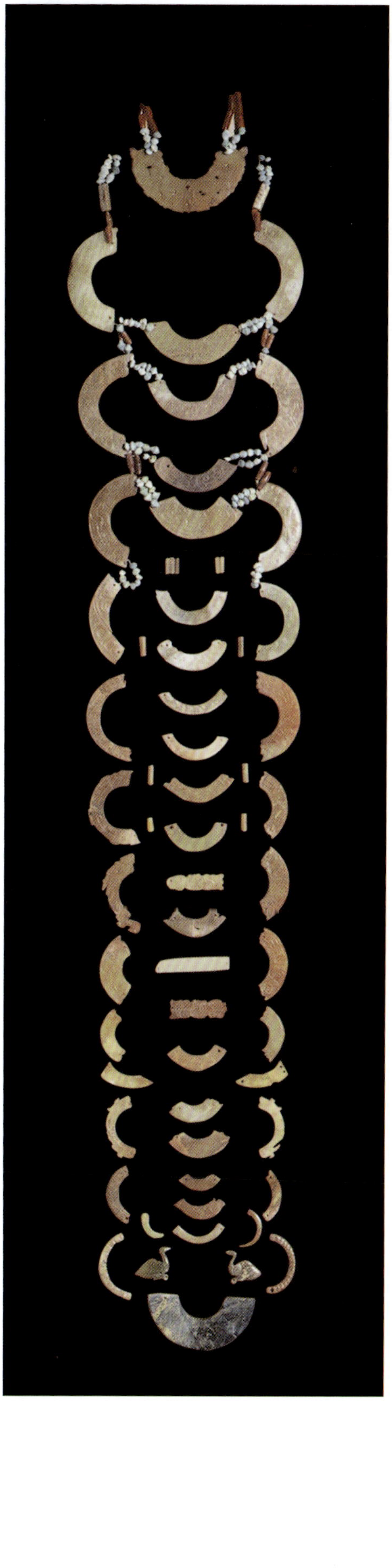

西周玉组佩

经验和审美视野。可以说是产于本土的玉器和西土传入的青铜器，这一对并蒂莲花，对奠定中国美学的基础作了重大贡献。可惜，青铜时代在春秋末期或战国早期便逐渐式微。

黄金的传入对中国人也产生了很大影响，基本上限于财富观念。像金玉满堂，金枝玉叶，金玉良缘等。黄金在国人眼里，更多地意味着金钱富贵，而在审美范畴，建树不多。黄金有价玉无价，两者从来不具有可比性。

（4）玉文化在中国文化的土壤里，根究竟扎了多深？

如果我们沿着时间的长河顺流而下，在玉文化产生5500多年之后，到达了一个世界范围内，也包括中国文化大发展的关键时期——轴心时代。轴心时代也被称为奠定人类精神基础的时代。许多伟大的思想家都出现在这个时期，其中，有我们引以为荣的孔子和老子。在中国，诸子百家时期百家争鸣的结晶，让这个强悍、野蛮、充斥着原始宗教气息的国度，开始向先秦理性精神转化。时代嬗变让青铜器迅速失去了神圣的生存背景，黯然离场，只留下一个个美丽的背影。玉文化面对着同样的困局，只能等待命运的裁决。

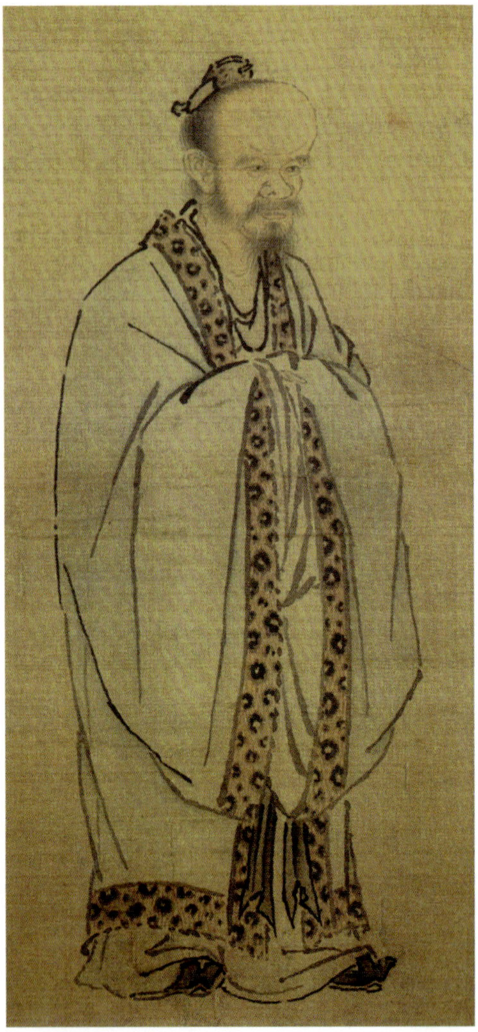

孔子肖像

让我们还回到本文的开头，看看那位笑容可掬的长者还说了什么，能不能给玉文化帮帮忙。费老说："中国古代出现了一个从事文化产业、靠文字、靠智慧吃饭的士大夫阶层，正是这部分人对历史传统的继承起到了很好的作用，他们给（玉）文化赋予了新的价值观念。"正如费老所言，理性的回归非但没有打压玉文化，反而给了它一个柳暗花明华丽转身的机会。

费老说的这一群"从事文化产业、靠文字、靠智慧吃饭的士大夫阶层"里，首当其冲的是老子、孔夫子。老子为人低调，他只说了一句："圣人被褐怀玉。"只此一句，他准确地道出了圣人与圣物之间的对应关系。孔夫子言语历来精炼简短，可对玉却说了许多。子曰："夫昔者，君子比德于玉焉。温润而泽，仁也；缜密以栗，知也；廉而不刿，义也；垂之如坠，礼也；叩之其声清越以长，其终诎然，乐也；瑕不掩瑜，瑜不掩瑕，忠也；浮尹旁达，信也；气如长虹，天也；精神见于山川，地也；圭璋特达，德也；天下莫不贵者，道也。”古人在总结玉与道德关系时，有五德、六德、七德、九德之说，唯有孔夫子滔滔不绝一口气列举了十一德。在孔子眼里，玉简直含天地之大道、日月之精华、尽善尽美，即使有缺点、有毛病，也瑕不掩瑜，不值得一提。夫子的“夫昔者，君子比德于玉焉。”这句话特别重要，他是不是在说：在春秋之前，比德于玉的道德观念已经流行很久，而且成为主流社会的共识？在此，我很想问一句，极其重视道德观念的儒家学说的形成，是不是受到过玉文化的启示与影响？答案是肯定的。“郁郁乎文哉，吾从周”，一向主张恢复周礼的孔夫子，当然知道周崇玉的旧俗，“上古用玉，珍重似不敢亵”。祭祀朝聘，礼仪大典，都以玉为必需品。

宋代玉饰

在那个热烈又有点嘈杂的百家争鸣中，百家学派，在关于玉文化的讨论时，只有一派，可以说都是亲玉派。儒家比其他学派更加重视对玉文化精髓的归纳吸收。智慧的儒家学者把真实存在的玉器和抽象的道德伦理联系到一起，把美和善联系在一起，建立了以玉为核心的价值体系，以玉德讲人格，以尚玉讲行为，以制玉工艺讲教育。这些懂文字、有智慧的人，还把他们的观念变成许多我们日常经常使用的成语、俗语、文字，仅《说文解字》中就有从玉旁的汉字124个。人一生中许多美好的时刻，都是用与玉相关的词汇来形容描绘、来记忆的。于是，玉文化便成了儒家教化天下学说的一个重要部分，以玉为神，以玉为圣，以玉为宝，以玉为美，成了所有中国人都可以接受，也必须接受的价值观。从那时开始，玉文化堂堂正正地走进了中国文化的深层结构，融进了中国人的日常生活的细节，改变了中国人的人文底色，成为塑造中国人人性人格特质的要素之一。

玉文化在中国文化的土壤里，根究竟扎了多深？

扎在心上。

（5）儒道两家是对中国产生重大影响的两大学派，二者在玉文化观念上多有相同之处，单就审美而言，却又大不相同。

提倡积极入世的儒家讲究艺术人生化，讲究美学的实用功利，主张把感情的抒发和满足在日常心理——伦理的社会生活中。早在西周时期便把用玉和身份挂起钩来，严格遵照以血缘关系为基础的等级制度，用玉数量、质量、颜色等均有明显差别。赐封王、公、侯、伯，不同阶层的贵族官吏使用的玉器各不相同，《考工记》中曾记载：“镇圭尺有二寸，天子守之。命圭九寸，谓之恒圭，公守之。命圭七

「战国玉龙」

寸，谓之信圭，侯守之。命圭六寸，谓之躬圭，伯守之。”到了废黜百家、独尊儒术的汉代，实用性用玉被发挥到有点荒唐可笑的程度，皇族们一个心眼儿迷上玉质的装殓寿衣，以为死后以玉裹尸即可不朽，还可飞升天堂。制作玉衣耗费奢靡，还必须严格遵守规制，皇帝用金丝，诸侯王、列侯、始封贵人、公主用银丝，大贵人、长公主用铜丝，不得僭越。经过魏晋人文思潮的洗礼，玉器身上政治化和神秘化的光环逐渐变淡，告别了王公贵族的垄断专宠。玉器世俗化正是儒家玉观念普及的机会。经历了漫长的磨合，儒家逐渐找到了把伦理教化与玉器艺术化相结合的路径，也创造出许多优秀的传世佳作。

道家从来没有正面系统地提出过关于艺术的主张，但是，他们提倡心灵的自由流动，把大自然当作最高的精神家园，这给了艺术家无穷的创造激情与灵感。相对儒家的艺术人生化，学者认为道家主张人生艺术化，道家主张超功利的纯艺术精神，更准确地抓住了艺术、审美、创造的本质特征。高古玉所达到的审美境界正是道家艺术观最生动的体现。奇幻而且单纯，却能涵盖那么火热，那么丰富，那么博大，又那么雄浑的内容。只有伟大的想象力才能创造出这样的奇迹。

儒道互补是中国文化的特色之一，也是中国美学的特质之一。在玉文化审美中，两种学派的审美趣味也是争奇斗艳，相映成趣。我们从西周到汉、甚至到唐宋金元各朝各代的玉器上，常常看见两者怎么从对立，通过互相渗透转化，既服从大的政治环境，又不放弃自由表达，既顺应主流设置的种种规矩，又强调个性的气韵生动，和谐地融为一体。春秋战国风行龙造型玉组配，一组用玉三四百件并不稀

「金缕玉衣」

奇，体量很小，数量却很多。工匠必须不断变幻龙的身体造型加以区分，使得龙造型变得千姿百态，动感强烈，在一个个小小的玉件上，展示出既粗犷笨拙又沉稳雄浑的审美大气象，和那个文化上百家争鸣，政治上群雄争霸的时代精神十分契合。大唐盛世的玉器有明显的多元倾向，一来世俗化的要求越来越强烈，把浓郁的人文色彩带进玉文化之中，形制越来越丰富，装饰、摆设、实用玉日渐增多，工艺越来越精巧。二来贞观之治带来的开放气象也融入玉器创作，佛教文化，中亚、西亚的异国情调给玉文化带来了新鲜的刺激，立异标新成为时尚。从一块小小的玉带銙件上，都可以感知盛唐的自信与浪漫 。

儒道两家一直支撑着中国玉文化的发展，二者如一执两端不可分离。儒道毕竟又是两家，儒家过于强调玉器创作的外在功利和人工干预，使得道家自由发挥的天地越来越狭窄。加上制玉艺术的工匠化倾向日渐严重，这给玉文化的全面发展带来了隐忧。但是，儒家贴近大众的美学为玉器产业扩大了疆域，“稳实而利民用”，从规矩方圆中去发现美、创造美渐成隋唐玉文化的主流。“旧日王谢堂前燕，飞入寻常百姓家”，玉器制作正在一步一步进入了繁华的民玉阶段。

（6）从玉器创作的层面透视玉文化，中国的美学家还有另一套说法。

著名美学家宗白华先生认为，中国存在两种不同的美感或美学理想。一种是错彩镂金，雕缋满眼；一种是初发芙蓉、自然可爱。像楚辞汉赋、六朝骈文、明清瓷器、京剧戏服属于错彩镂金之美；青铜陶器、王羲之书法、陶渊明诗，白瓷属于初发芙蓉之美。大部分美学家认为，初发芙蓉接近道家“天地有大美而不言”的美学观，错彩镂金更接近儒家 “性无伪则不能自美”的主张。

宗先生特别有一段专门讲玉文化的话：“中国人历来把玉当作美学理想。玉之美是绚烂之极归于平淡的美。”“玉之美极绚烂，又极平淡，是中国美学的最高境

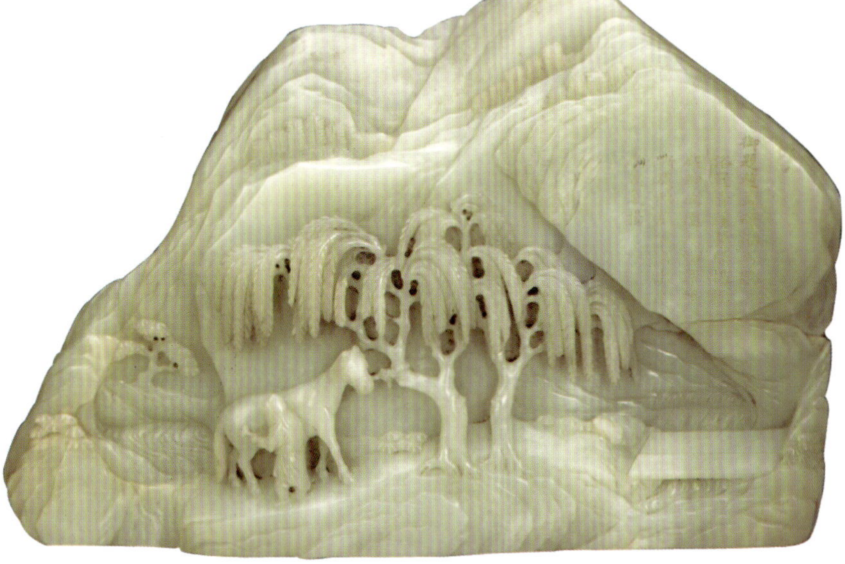

清代玉山子

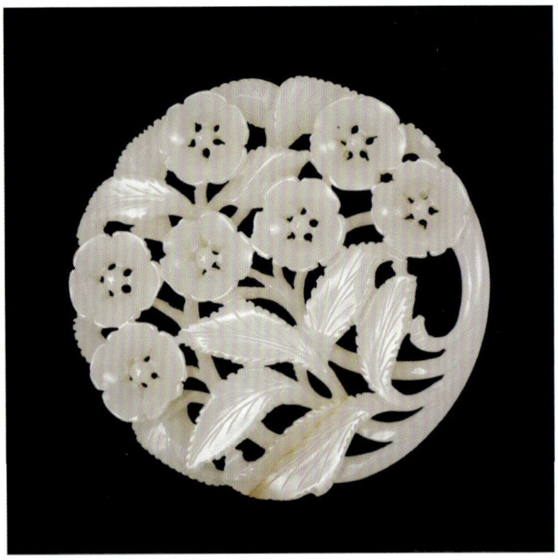

「宋代玉花牌」

界。”“平淡”是一个重要的美学概念，其根源来自道家。叶朗先生曾经明确地说：老子自己也用过“恬淡”这个词，所谓“恬淡为上，胜而不美”。老子认为，如果对“道”加以表述，所给予人的是一种恬淡的趣味……老子的这种思想，从而在中国美术史和中国艺术史上形成了一种特殊的审美趣味和审美风格——平淡。不少美学家都支持玉之平淡美是中国美学的最高境界的说法，玉之美应该属于初发芙蓉一类，而且认同就艺术境界而言，初发芙蓉要高于错彩镂金。

事实上，用“初发芙蓉，自然可爱”，并不能完全解释玉器创作的全貌，“错彩镂金”在玉器制作中大量存在。而且，也与上述儒道两家共同支撑玉文化的真实历史相悖。我们需要一个合情合理的说法。

（7）宗先生的这段话很容易被简单理解为玉之美就是玉器之美，或以为宗先生讲的就是玉器。事实上，玉创作与其他的人文创作有一个明显的差别，那就是玉料（包括翡翠宝石钻石类）本身就是审美的一部分。这和几乎所有的艺术创作都不相同。在进入艺术创作的过程之前，国画书法只是宣纸、毛笔、墨或颜料；瓷器是一团泥土，青铜是一堆矿石，文学作品只是些不构成任何意义的文字……正如意大利美学家克罗奇在《美学的原理》一书中所说的：“内容可以转化成形式，但在转化之前，不具备可确定的性质，我们对内容一无所知。只有它确实转化之后，才能成为审美内容。”唯独玉不是。玉料材质本身就是构成玉之美的一部分。

「明代玉器」

关于玉的材质美，于明先生曾有专门的文章详尽论述：玉质有温润而泽之美，玉性有朦胧阴柔之美，玉色有五彩斑斓之美，玉音有清越绵长之美。玉的天生丽质确实是中国人八千年一直爱玉的重要理由，难怪连孔圣人都说：玉，石之精也。怜爱之情溢于言表。

痕都斯坦碗

玉之美，不仅让我们爱玉料，更让人们在制作玉器的过程中，有意或无意地把发掘、发扬玉质美，当作至高无上的行规。这个规则不仅影响着玉器造型的总体设计，而且渗透进玉器制作的每道工序、每个细节。美玉无瑕，指的是作成精品的玉器。其实，没有一块玉料是真正无瑕疵的，如何去掉杂质斑点、瑕疵绺裂、突出“白、透、细、润”的品质优势，是每个制玉人拜师学艺的第一课。细节处理必然影响着整体的艺术构思，整体艺术构思又不得不顾及细节安排，强调规距、强调人为控制，外在干预必不可少，错彩镂金尽在其中。

大概由于玉器一出世就成了通神的礼器，人们对它扑朔迷离的身份充满了神秘感，加之对玉料识别的科学标准比较混乱、对玉器制作工艺如切如磋如琢如磨的复杂性又不甚了了。雾里看花，学者们分不清玉料和玉器，说出一些含糊不清的看法，也不足为怪。多年以来，玉器制作一直列入民间工艺品的序列，很少有人把玉器当成艺术创作来研究鉴赏。至今为止，学界还没有一本玉文化、玉美学的专著问世，实在是一件可悲的事。

至此，笔者认为，在玉器创作的层面，初发芙蓉和错彩镂金两种美一直交叉并

桐荫仕女图

存，并不存在境界孰高孰低的问题，而是不同路径的不同美感，各美其美而已。儒家道家两大学派的理念和错彩镂金与初发芙蓉的两种创作路径，共同主宰着中国玉文化的审美观念和审美体验。在不同的时期，不同的类别，不同的价值取向而产生的不同风格，不同的美学倾向的玉器，都是中华文明的宝贵文化遗产。

（8）玉文化的历史确实太漫长了，玉文化的面貌理所当然地会发生变化。从神玉—王玉—官玉到民玉，玉从国之重器—神器演化成官方主流文化—礼器，又从主流文化一步步蜕变成边缘文化，最终走进了世俗文化的小天井。

玉文化的边缘化应该是从汉朝之后开始的，到了宋已成定局。从宋到辽、金、元，北方民族的带着草原气息的文化不断冲击中原，形成不事刀工，追求自然天成的艺术风格，简洁、粗放的手法使得作品反到有纯朴、清新的感觉，宋朝的花鸟、辽代的春水秋山都包含鲜活的生活体验，给人耳目一新的印象。但从总体上来看，玉文化神圣神秘的色彩已经消退殆尽，玉器题材和社会关注的重大话题有了相当的距离，与老百姓日常生活紧密相关的琐碎的实用器放量涌现，关照普通人自身的福祸安康之类的内容占了相当部分。自由张扬的老庄、活泼可爱的初发芙蓉的领地，被压缩得越来越狭小。纯艺术审美趣味的玉器几乎没有立足之地，市场的喜好决定着玉器的产量和审美走向。错彩镂金因为附和儒家积极入世的主流价值观、也较好地完成了向世俗化转变而稳占鳌头。缺乏二元的竞争与互补，玉器创作逐步失去了灵性，这在相当程度限制了玉文化的发展。

客观地说，玉文化地位的变迁也是必然的。在秦汉以前，玉文化是主力强势文化。随着各种新的文化形态和审美形式的诞生，玉文化承担的引领文化的责

“子冈”牌

任也逐步卸载。从春秋百家学派百家争鸣开始，继而横空出世的离骚史记，文采风流的唐宋诗词散文，典雅清秀的宋代瓷器，斗艳争奇的元曲杂剧，以及书法、国画、刺绣……一代一代的新生文化统领了中国的思想文化潮流，各领风骚几百年。每个时代都有属于自己的时代精神和相对应的文化形态和审美趣味，不可能总是停留在某一种文化形态和审美趣味上。这种改变并不决定于文化自身，而决定于现实生活的需求。

落花流水春去也，面临被主流文化的背弃，玉文化必须作出选择。是坚持自己高贵的身份，宁为玉碎不为瓦全，还是无可奈何地顺应潮流？对于自己的文化身份的定位，玉行很长一段时间处于迷茫和困惑之中。就像一个迷途的弃儿，迷迷糊糊地被市场那只看不见的手引进了文化的底层。玉终于洗尽铅华，从轰轰烈烈的万人顶礼叩拜的圣物，一步一步变成了五花八门的“手把件”或是平淡无奇的民间工艺品。

「乾隆肖像」

也许，在那一段时间，玉的经济价值并不低。但是，玉行的繁荣和玉美学的衰微同步出现，这是文化史上少见的现象。玉，你该走向何处？

（9）在玉文化史上，有两个人是不可忘记的。一个是陆子冈，一个是乾隆。

制玉行业在明之前一直由官方管理，中国古代的玉匠从来不准在自己的作品上留下姓名。明之后，民间作坊出现，禁止署名的规定依然存在。把自己的名字留在自己的作品上的玉雕艺人只有一个——陆子冈 。

陆子冈是苏州一个有名的玉雕师傅。那时，作为中国文化中心的苏州一派繁华，“专诸巷里工匠纷，争出新样无穷尽”，陆子冈所从事的玉雕行当正红火。他技艺过人，眼光和胆识同样过人。他清醒地看到玉行繁华之下潜伏的危机：自宋大兴仿古之风以来，玉行沉溺旧制，因因相习，照猫画虎，按图索骥，只求形似，不讲神韵，已经丧失了基本的美学要求和创新的能力，甚至连工艺也大不如前，落下个“粗大明”的恶名。陆子冈有一帮名气很大的文人朋友，像徐渭、文彭、祝允明、董其昌等，正是开辟“文人画”的先锋。“文人画”派强调自身的主观感受、抒发个人的心绪情怀，这和老庄与初发芙蓉同出一脉，是当时新生的市民文化思潮的代表。他山之石可以攻玉，陆子冈首创了“子冈牌”，他希望借用文人画的先进理念，用画、书、诗重塑自身素质，赋予玉器全新的人文内涵 。虽然凭借一个工匠、一介书生的微薄之力，他改变不了整个行业衰落的大趋势，陆子冈的探索却以鲜明的个人特色在玉文化史上留下一抹亮色。由于深受那帮狂逸不羁的朋友的影响，敢为天下先的陆子冈居然挑战皇家权威，坚持在作品上刻下自己的名字，终于酿下了大祸。子冈创作的“子冈牌”流传下来了，子冈的命运却成了千古之谜。

清朝爱玉的皇帝不少，以乾隆为最。运用帝王的权威中兴玉业，这是乾隆对玉文化做出的独特贡献，也是玉文化史上一个重要的里程碑。一个日理万机的皇帝，怎么有那么多的闲情逸致，亲自操持玉器的设计与制作？真是不可思议。他有别人不可能有的巨大优势：他投入了大量的财力，收罗上等和田玉料，召集苏扬等地的能工巧匠，请宫中的画师画稿设计；他能上手把玩宫中大量的玉器珍藏，获得品评鉴赏玉器的真传。最重要的是，我们不得不承认乾隆有极高的文化修养和艺术天分，尤其对玉器独具慧眼。他没有生计拖累，可以从纯艺术的高度审视玉器的得失成败。造办处在他手中成了一座大学校，他既是教授又是学生。为了弄清一件玉器的来历，贵为天子的他竟然不耻下问请教玉工，并为之立传：“宗仁（匠人）虽玉工，常以艺事咨之，辄有近理之谈……不妨为立传。”有了这般的胸怀和境界，他监制的玉器几乎件件都是精品。仿古深得古人神韵，新制必有创新，他一手督办的大禹治水玉山，仿制痕都斯坦风格的错金镶宝石碗都是玉文化史上绝后空前的伟大作品，大气、高贵、典雅，丰富的生活感受和尖新工艺技术，让玉成为康乾盛世又一个标志性的亮点。

乾隆最可贵之处是他能超越统治者一贯的儒家立场，没有叫玉器承载过多明

「大禹治水图山子」

显的政治责任和社会责任，而是尽力发挥了儒道两家的互补优势，尤其看重道家对艺术创作的意义。乾隆特别注意进入纯艺术的境界，强调创造过程的偶然性和唯一性，强调作品的个性魅力和不可超越，强调想象力是区分艺术家与匠人的分水岭。经他首肯的作品，不管你有多高的制玉技术，都无法复制，即使你作出了它的形，也绝做不出它的神，这就和民间工艺品彻底划清了界限。

乾隆留给后人的最重要的遗产是：他完成了玉的美学使命的转化，玉终于找到了自己最好的定位和归宿——高档艺术品。

（10）我们脚步匆匆地回顾了玉的美学历程，目的只有一个：期待古代玉器的经历，对今天玉文化的成长有所启迪。

当代玉器行业的现状叫人既兴奋又忧虑。今天，“玉民”何止千万，玉行的繁荣到了始料不及的程度。同样叫人始料不及的是，玉文化的艺术创作水准，又一次跌进了低谷。与以往的低潮所不同的是，它发生在社会主义市场经济建设的大背景下。社会的兴旺与浮躁，与玉业息息相关。做玉的多，卖玉的多，买玉的更多。可是，玉行却大道废，小道兴。看起来琳琅满目，寻找有想象力有意味的创作非同易事，发现能称得上艺术品的作品难上加难。社会进步与玉器美学退步二律背反，美学价值与市场价值的二律背反，对市场决定性影响的既不是艺术，也不是技术，而是疯狂的“石头”。玉料几乎成了价值的同义词，玉料决定着“大师”的命运，这是个危险的导向。

匡正玉行，从振兴玉文化开始；重振玉文化，从重视创作开始；重振创作，从提高作玉人的素质开始；引导大众的藏玉观念，从研究玉器审美意识开始。值得庆幸的是，中国人的爱玉之心始终没有变。八千年的玉文化始终陪伴着我们中华民族一起成长，谁也说不清玉给过我们多少骄傲和快乐，给了我们多少慰藉与温暖，让我们怀着一份感恩，把玉文化这份宝贵的遗产传承下去，这是我们无法推卸的责任和义务。

也许，我们不可能重复玉器在历史上的辉煌，但是，我们完全可以做更精美的自己。也让我们做一个无愧于这个伟大时代的玉文化中国梦吧！

浅谈现代玉的美学思考

□何雪梅

“玉，石之美者”[1]——这是《说文解字》对玉的释义，由此可见，玉最重要的特征便是美。

一、美学贯穿了玉文化的起源、传承与发展

中国是玉石资源大国，又是世界玉文化的发源地。中华民族开采、雕琢、使用玉器的历史源头可以上溯到8000年前的旧、新石器时代。悠久的历史造就了中国人民赏玉、爱玉、尊玉、佩玉的根深蒂固的民族心理，尤其玉文化作为我国传统文化的一个重要组成部分，在中华民族的文明史中有着无法估量的深远影响，可以说玉文化的发展是与中华民族的进步密不可分的。

美学是在哲学研究的基础上发展起来的。美感起源于社会的劳动生活，只有当事物的表现和反映有了与人相适宜的时候，人们才能有了心理的一系列反映，就有了美的意识感受，并将这种意识感受与事物联系起来，使特定的事物有了美的印象，这就是美的事物。玉便是这样成为了审美对象，并且根据历史唯物主义观点，审美文化作为一个民族的情感方式之一，必然受到其生产方式、生活方式、信仰方式、思维方式等多重因素的影响，同时又相互影响、相互渗透，这就造就了不同时代、不同地域、不同民族对玉的审美也不同。例如：原始人在渔猎的生产劳动中，已能分辨出质地不同的石材（燧石、硅质岩、黑曜岩等）用于制作生产工具，并选取颜色鲜艳或晶莹透明的玉料（玛瑙、水晶、绿松石等）制成各种饰品用于人体装饰或礼物馈赠，这是原始审美的直接表现；随着生产工具的改进，农业种植与家畜饲养的彩陶时代，玉器作为部落图腾祭祀与生产、生活的巫术祭祀品（人神沟通的

红山文化勾云形佩

载体——美的珍贵礼物），巫玉、神玉文化诞生了。

从红山文化、良渚文化、龙山文化、仰韶文化形成的用玉传统延至商周秦汉、元明清直至现代，从王玉文化到民玉文化，不同时期对玉的审美标准各有不同，但对玉文化的传承和发展起到了重要作用，玉在中华文明中所起的作用及所处的地位是任何其他物质形态所无法比拟的。人们通过对玉的审美，可以领略一种时代风尚、一种民族习俗、一种社会心理、一种道德规范……[2]

二、西方美学与玉之美不谋而合

西方对美的认知可以追溯到古希腊。古希腊哲学家们由于观察美存在的角度不同，对于美的理解也不同。西方美学存在着唯物和唯心两种倾向，而玉之美也存在着主观和客观两个不同的侧面，并且是主观和客观的统一体。

1. 美代表着自由、和谐与崇高

康德、黑格尔倾向于美是精神的自由，柏拉图认为美的理念（存在）是美的具体事物（感性存在）之所以美的惟一和根本原因，肯定和谐是美的基本特征。毕达哥拉斯认为美就是一定数量关系构成的和谐。郎吉弩斯、博克认为美的表现为崇高，美好的品德便成为美的化身。因此，美是人的本质属性能动表现和感受与自然和社会的艺术性和谐：人类的理想、进步、创造是本质的特性，所以是美的；人的表现和感受与客观相一致，就会呈现和谐，所以也是美的[3]。

古往今来，在许多思想家的著作中，都把社会和谐作为一种理想的追求和美好的模式。孔子就提出过“和为贵”的观点，并将玉的温润、色泽、致密、柔韧、洁净、瑕不掩瑜、气如白虹、敲击之声清越绵长等一系列美的特点比拟君子的仁、知、义、礼、乐、忠、信、德、道等种种完美品行，这便是历代传诵的“君子比德

清代玉玺

于玉”的思想。孔子把玉的物理性质同人的道德联系起来，强调佩玉的本质不是表现外在的美，而要表现人的精神世界和自我修养;要求君子必佩玉，无故玉不去身。这些观念逐步为社会所接受，人们以“玉德”的思想作为君子言行的规范。玉成为崇高境界的象征，成为大家为人处世的标准，成为人们的精神支柱。读书人形成了佩玉的风尚，玉饰在中国久盛不衰。

在我国封建社会中，历朝历代的统治者以传国玉玺统治国家和安定民心，皇室贵族以玉饰品赏赐臣子笼络人心，而臣子也会以玉作为最高级别的贡品进献给帝王以表示忠心，王室贵族之间联姻会以玉如意作为婚姻盟约的象征，平民百姓家若有祖传玉器便可视为吉祥物辟邪避难……纵观历史，但凡国力强盛之时，便是玉器蓬勃发展之际，玉器在人们心中早已成为平安、富足、稳定、美好与和谐的象征。

在当今社会，弘扬中华玉文化，正是符合党中央提出的构建和谐社会的伟大构想，宣传玉德，以玉传旨，以玉喻人，玉成具有崇高精神境界和道德修养之人，玉成和谐社会之事，将我国玉石文化的积淀和遗产价值纳入到综合国力之中，借以提升国力、国尊、国荣、国威，在世人面前展示玉文化的无穷魅力。

2. 美表现为客观或现实

车尔尼雪夫斯基、桑塔耶纳等认为美是客观或现实，如托马斯·阿奎那所言“凡一眼见到就使人愉快的东西才叫做美的”[3]。

汉代辟邪

除了孔子对玉描述的“十德”说、管子的“九德说”、荀子的“七德说”以及汉代许慎在《说文解字·玉部》中将先秦诸子“玉德”理论提炼为“五德说”以外，地质学家章鸿钊先生在其经典著作《石雅》中对“玉”也进行了如下具体描述和说明：“……一即通称之玉，东方谓之软玉……今属角闪石类（amphibote group），缜密而温润，有白者质与透闪石（tremolite）为近，绿者与阳起石（actinolite）为近。”“二即翡翠，东方谓之硬玉……今属辉石类（pyroxemce group），或似绿玉，而坚韧尤过之，俗名别为红翡绿翠，以符翡赤雀翠青雀之义”[5]。从章鸿钊先生对“玉”的描述中，我们可以感受到“玉”的质地和颜色之美。

《珠宝玉石国家标准》在《珠宝玉石名称》（GB/T16552-2010）中定义“天然玉石（natural jades）：由自然界产出的，具有美观、耐久、稀少性和工艺价值的矿物集合体，少数为非晶质体[6]。”该定义强调了玉石的自然属性，从客观的物质组成和结构方面进行了限定，并对其耐久性、稀有性和可加工性进行了说明，同时，其中的“美观”体现了美学意义上的概念，是人的审美感觉和结果，即对审美对象在形式、比例、布局、颜色或声音上接近完美或理想的境界，使人的各种感官得到愉悦的，表示对一种事物抱有好感，得到感官享受的审美体验。

三、现代玉的价值评估与美学的密切关系

古往今来，不同时代的人们对于玉有着不同的审美情趣与标准。在当今国力强盛、人民生活富足而引发的玉石行业收藏热的时代，玉饰品以其美丽、稀有、耐久、易保存等特性，集收藏鉴赏价值、增值投资价值和装饰艺术价值于一身，成为财富、身份和生活品味的象征与化身。对于现代玉的价值评估通常要从以下四个方面进行评价：

（1）玉石材质的优劣，即在宝玉石学中所涉及的玉石原料的分级；

（2）玉石的形态、尺寸与大小，即玉石原料的外形或成品的造型、重量与体积；

（3）玉器成品雕琢加工的工艺水准，即玉器加工水平与雕刻精美程度的高低；

（4）玉石或玉器所表达的文化内涵和市场效益，即玉石的自然外观或玉器设计题材是否符合社会的需求，是否受到市场的接受和认可。

以上所述的各个方面均与美学有着密不可分的联系。

1. 玉石材质与美学

翡翠白菜

总结先贤对玉的描述，并结合我国长期以来对玉石选材的共识，优质的玉石材料应具备以下特征：

（1）玉质“孚尹旁达”“邻以理者”“坚缜细腻”“温润而泽”，无绺、无裂、无杂质，结构纹理细腻一致，彰显出凝重、沉稳、温润、柔光和纯洁之美[7]；

（2）玉色“鲜而不垢”“黄如蒸栗，白如截脂，黑如纯漆”[7]，绿如春草，紫如罗兰，红如礴日……，映射出五彩缤纷的色彩之美；

（3）玉音“清搏彻远”“清越以长”“玉振金声”，清亮、悠远而绵长，表现出悦耳之美[7]；

（4）玉性“廉而不刿”“坚而不蹙”“折而不挠”，坚韧而圆活，不易破碎，物理化学性质稳定，体现

白玉鹅

了宁折不弯、坚实刚强之美。

有学者认为，以上特征主要是针对和田玉而言的，其实在现代玉中，优质的翡翠、岫玉、独山玉、玛瑙、玉髓等玉石品种也同样具备这些特点。

2. 玉石的形态、大小与美学

在普通消费者看来，如果数件同等玉质的玉石或玉器相比较，当属体积和重量大者价值高，然而，在资深玉石爱好者或收藏家眼中，玉石原料外形的美感或玉器成品造型的美观程度在一定意义上会超过其尺寸和大小对价格的影响。

我们在不同类型的玉石市场上可以真实地看到，在同等或相似玉质下，但凡玉石原料的外形具备一定的美感（包括具象的美和抽象的美——或拟人、或似山水、或象形动植物和文字以及抽象的图案等），加之其表面皮色的衬托，无论其大小，均被视为高档的玉石观赏品而不忍动刀损坏其毫发，以其纯自然的外观而赢得收藏和鉴赏家的青睐，从而大大提升其在市场的价值。

同样，经过加工的玉器成品也因其形态和造型的不同而影响着玉器的价值高低。例如，通常情况下，某些形状规则的玉石戒面（圆形、椭圆形、方形、水滴形等）要比另一些形状的玉石戒面（三角形、梯形、不规则形状等）的认可度高，这是因为前者的形状比较符合中国人传统的文化理念（天圆地方、中规中矩等）与对称和谐的视觉美感，而后者形状多体现张扬、不圆柔、无拘无束的感觉，因此在市场上存在着明显的价格差异。类似的雕刻成品因造型不同而产生市场价格差异的现象比比皆是，如平安无事牌、平安扣以及观音、佛等佛教文化人物造型的玉器比其他花草植物造型（俗称花件）的玉器价格高，这里除了选材和雕刻难度的影响之外，人们的心理感知和美感认同也是不可忽视的重要因素。

3. 玉器成品雕琢加工的工艺水准与美学

俗话说“玉不琢不成器”，强调了玉器加工雕琢的重要性，并且加工水平与雕刻精美程度的高低直接影响着玉器在市场流通领域中的价值。一块玉质上乘的玉石，如果没有精美的雕刻和加工，则不能将玉石的美展现在世人的面前，并且有可能会降低玉石的美和价值；相反，一块普通的玉石，如果经技艺超群、优秀的玉雕大师设计雕琢，则可尽显玉石的质美，加上巧妙地运用俏色加工和深浅浮雕、套雕、镂雕等工艺技巧，往往可以取得“化腐朽为神奇”的效果，最大限度地彰显玉器的美感，并大大提高了玉石的应用价值和商业价值，这便是美在雕刻加工工艺方面的卓越体现。

4. 玉的文化内涵与美学

所谓玉所表达的文化内涵，是指玉石的自然外观（包括形态和颜色的综合效应）或玉器所设计雕刻加工的题材蕴含的深刻意义。例如一块玉石籽料具有漂亮的皮色（红色或黄色）和似元宝状的外形，其中皮色深浅不同并勾勒出似龙的图案，皮薄之处裸露的玉质细腻且温润，这样的一块玉石不必加工和雕刻既已蕴含着东方龙的图腾文化和财富理念，因此，这样的原石在玉石市场上的价格定是不菲，远远超过了普通皮色和普通形状的籽料；再如一件由玉雕大师雕刻的福寿如意牌，其上的蝙蝠、寿桃、如意等设计、布局及雕琢手法均精美绝伦，体现了玉石雕刻“图必有意，意必吉祥”的文化传统，其价值的体现很大程度上弘扬了中华民族福寿安康的传统文化理念，因而符合社会和时代的需求，受到市场的接受和认可，这正是中华玉文化的内涵所体现出来的美学观念。

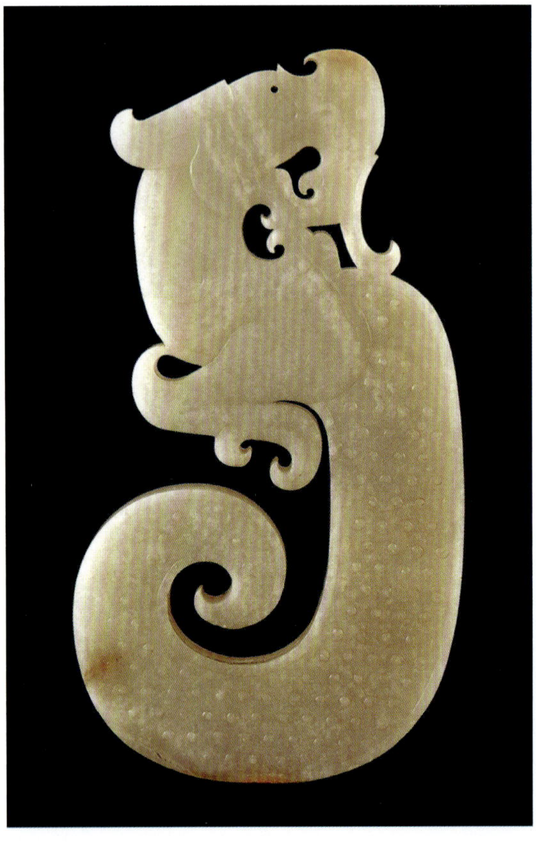
汉代玉龙

从以上所述玉的价值评估与美学的关系可以看出，中国传统哲学并没有将美与美感、审美感受与功利性评价严格区分开来，在这种思维体系中美没有被完全抽象出来，更没有被孤立起来。其实这在很大程度上反映了审美活动的真实情况，即美本身就是一种价值评价。

四、现代玉之美特征探讨

黑格尔在《美学》中认为“美是理念的感性显现”。自然美是理念发展到自然阶段的产物，艺术美是理念发展到精神阶段的产物，艺术美高于自然美。艺术只有通过心灵理念才能变为真正真实的和显示的，才能具有自由和无限的形式。美学的范围在于艺术美，而不是自然美。艺术从象征、古典到浪漫的转化是精神自由的、无限的理念要求冲破一切物质形式的束缚回到其本身，在绘画、音乐、诗歌中物质因素削弱到最低限度，精神得以更自由的表现，体现的更多的是一种精神之美[4]。

我个人认为，现代玉美学也存在着自然美和艺术美，自然美即玉石的材质美和形态美，艺术美体现在工艺美和文化美；自然美注重的是纯天然和客观存在，艺术美强调的是精神的自由、崇高与和谐。玉美学与绘画、音乐、诗歌等美学的不同之处在于，并非艺术美高于自然美，而是自然美和艺术美并重，但在不同条件下可以有所偏重。例如当玉石原料颇具美感时，可以侧重其自然美；而当玉石材质略逊，而雕刻加工工艺精美时，可以侧重其艺术美；而当材质及工艺均为上乘时，则自然

岫岩玉马

玉簪

美与艺术美不分伯仲，且可以相互映衬，成为玉器中的极品。因此，玉美学离不开物质和精神任何一方，是自然美和艺术美辩证的统一之哲学。

因此，在探讨现代玉美学时，我们应当结合美学理论分析以下玉之美的特征：

1. 玉之美的感染性

美具有诱人的魅力。美的事物作为实践的产物，积淀着人类的个性、智慧、才能、理想和情感等，因此，审美主体在审美过程中，自己的情感和理想与审美对象相调和而引起情感波动或浓烈的情感向纵横方向扩充，这就是美的感染性的实质。

玉之美可以引起人的共鸣。不管玉之美是以一种什么样的姿态出现，如玉质、玉音、玉色、玉形、玉纹饰等，均能够引发人们强烈的认同心理，并带来愉悦感或共鸣感。

2. 玉之美的个别形象性

玉蟾

一切审美对象必须是个别的、具体的、形象的，人们可以通过感觉、知觉、直觉等一系列审美心理活动直接感受得到的，否则就无法进入人的审美领域。

玉作为一种审美对象也不例外。俗话说“千样玛瑙万样玉”，不同品种的玉石均有其独

珊瑚翡翠串饰

特的美，并形成该玉种独有的鉴别和认知特征，只有人们通过眼观、手触等一系列直观感知，才能真正体会到具体、形象的玉之美。

3. 描述玉之美不能脱离环境

描述美不能独立存在，在美产生的过程中，一定有其相应的背景。因此，描述美不能脱离审美的环境和背景。

玉石或玉器在不同的环境和背景下（如光源不同、市场等级不同或受众不同等）可以产生不同的美感效果。例如，一件翡翠观音挂件，在不同的光源下会呈现不同的颜色，从而给观赏的人带来不同的美感；该挂件在批发市场销售与在珠宝会所展卖会给人带来不同的心理感受，同时其销售价格也大不相同；此外，一位佛教徒和一位异教徒分别来欣赏这件翡翠观音时，也会获得不同的心灵感应。

4. 玉之美的社会功利性

美本身既有非功利、超功利的一面，又有社会功利性的一面。从个体美感的瞬间心理特点来看，是非功利或超功利的；从美所包含的内容来看，又具有功利性，这种功利性是隐蔽的、曲折的。

我们在欣赏玉的自然美和艺术美时，得到了精神的愉悦和心灵的净化与超脱，这是非功利和超功利性的，与此同时，这种玉之美又提高了其作为产品自身的附加

玉佛手

值，因而可以在市场上进行买卖交易和流通，且依据其作为价格的评价要素，并具有功利性的一面，因此才会有人将玉作为投资和收藏品，在获得精神愉悦的同时又带来了财富。只是这种功利性较为隐蔽，需要我们去研究与探索。

5. 不同玉种的审美标准不同

不同审美对象的审美标准是不同的，正如男性以阳刚为美，女性以阴柔为美。对于玉而言，不同玉种的宝石学特征和加工工艺不同，因而其审美标准也应当不同。例如，和田玉以细腻温润、柔光、凝重等为美，翡翠以色彩艳丽、玲珑剔透、亮光等为美，而独山玉则以俏色独具匠心为美……

翡翠戒指

总之，现代玉美学的研究对于准确评估玉石和玉器的价值至关重要。目前对于现代玉美学的研究还处于萌芽状态，笔者依据多年在宝玉石领域中的教学与科研实践，略抒拙见，旨在抛砖引玉，期望能够引起行业内外有识之士的共鸣，共同为玉文化的研究增光添彩。

最后，引用美国休斯顿自然科学博物馆馆长乔百奇对美的评价作为本文的结束语：

美，是时代的国王！

Beauty，is king of the time！

注释

[1]许慎：《说文解字》，北京：中华书局，1963年。

[2]曾卫胜：《玉与美学论纲》，《宝玉之炼——曾卫胜珠宝玉石文集》，北京：地质出版社，2010年。

[3]北京大学哲学系美学教研室：《西方美学家论美和美感》，北京：商务印书馆，1980年。

[4]黑格尔著、朱光潜译：《美学》，北京：商务印书馆，1982年。

[5]章鸿钊：《石雅》，天津：百花文艺出版社，2010年。

[6]《珠宝玉石名称》，《珠宝玉石国家标准》（GB/T16552-2010）。

[7]于明：《当代中国玉器之美》，《文物天地》2011年第11期。

当代中国玉器之美

□于　明

中国玉器以其温润莹洁的玉料、端庄多姿的造型、华美典雅的纹饰、精美绝伦的做工而为人们所珍爱，更以其博大精深的精神内涵和文化意蕴而为世人所崇敬。它作为一种承载中华民族历史文化内涵的高层次物质载体，一直为华夏子孙所挚爱、珍藏和研究。

当代中国玉器在数千年中国玉文化的基础上，有了卓越的传承与巨大的进步。近几十年来，一批优秀的玉雕大师及玉工巧夺天工地创作了许多优秀精美的玉雕作品，为中国玉文化增添着华美的新篇章，中国玉器进入了崭新的时代。这些玉器之美既传承了古玉的典雅庄重，又增添了新时代艺术品的创新进取。概括地说有这样几个方面：

一、当代玉器材料之美

材料是人类用于制造器物的物质。玉器材料就是人们用于制作玉器的石头，但这些石头不是简单的石头，而是符合中国人特有的审美和文化理念的特殊石头——玉。在当代艺术品中，其材料本身即具美质的，莫过于玉器。将玉视为天下至美之材的观念，是构筑中国玉文化的物质基础。玉，质地细腻、折光柔和、颜色鲜艳、声音美妙。玉之美，是天然的美，是永恒的美。

当代人所称的“玉”，是几种特定的美石，是温润而有光泽的美石，包括和田玉、翡翠、岫玉、南阳玉等，玉器就是用这些美石雕琢而成的器物。古人是这样解释玉的：“石之美，有五德者。”“石之美”是玉的自然属性，“有五德者”是指人们借物寓意，将玉石所具有的光泽温和、内外一致、声音清脆、质地坚韧、柔中有刚五种品质与人应具备的仁、义、智、勇、洁五种品德相比附，是玉的社会属性。

和田籽料

可见，玉之所以能成为今人眼中的美石，是因为它符合人们心中的审美标准，这个标准的形成正是基于中华民族对于玉石美丽特征的认识。中华民族的祖先从石器时代起，就长期与石打交道，在对玉和石进行千百万次的对比、鉴别之后，对玉的特征有了明确的认识，最终将质地优于石、凝结天地精华的各种玉从石中选择了出来。玉具有这些美的特征：

玉质美。玉料粒度细致，质地细腻、坚硬缜密，有“坚缜细腻”之美；玉料滋润光莹，柔和且有光泽，有“温润而泽”之美；玉料杂质较少，有的甚至达到无瑕的程度，有“美玉无瑕”之美。玉料的玉质之美给人的感受是凝重、温润和纯洁。

玉性美。玉料硬度高、韧度强，具有很强的耐磨性，且不易破碎。玉料光透柔和，多呈半透明状，能够充分彰显玉朦胧的阴柔之美。玉料化学性质稳定，不易受酸碱的侵蚀，能够保存千万年而不朽。玉料物理性质独特，导热率低，故对冷热变化表现为惰性，适于佩戴和把玩。

玉色美。玉料由于含有不同的元素，故呈现出五彩斑斓的颜色。玉之美最直观的形态便是玉石的颜色。古人将玉的颜色描述为“黄如蒸栗，白如截脂，黑如纯漆”。另外，玉料的表皮也有许多美丽的颜色。如秋梨皮、虎皮等。不同的玉色可以表现不同的美感。

玉音美。玉料质地细密，敲之声音远播。玉磬的声音即悠扬悦耳、清越绵长，“玉振金声”就是对玉音美的最好诠释。

新疆和田玉是玉中精华，因出产于新疆和田地区而得名，有着玉材的所有美

苏州印象插牌

感，代表着中国玉器材料之美。其硬度为6—6.5。有山料与籽料之分，山料呈块状，产于昆仑山脉。籽料多呈鹅卵石状，表面常覆盖有红颜色的表皮，出于和田白玉、墨玉二河中。和田玉从颜色上主要可以分为白玉、黄玉、青玉、碧玉、墨玉，民间对和田玉的颜色虽有“一红二黄三白……”之说，但据目前调查，还没有发现原生红色的玉石，黄玉也极少，因此多以白玉为贵。白玉中最佳者属“羊脂白玉”，其特点是“白、透、细、润”，是和田玉中的上品。羊脂玉多在和田籽料中产生，优质材和田籽料一般具有这样的特征：

玉鼻烟壶

（1）颜色纯正。即是说一块玉料的颜色大致要一致，白就是白，黑就是黑，青就是青，各种颜色不能混杂在一起。就算是黑白料，最好也是黑白分明。在各种常见颜色中，白色玉居多，但好的白玉色不是惨白，而是略带暗色有浑厚感的白，这是最为赏心悦目的和田玉的美。

吴德昇：老玩家

（2）密度很高。这里的密度不是矿物学的密度，而是人的肉眼看起来结实致密的感觉。密度越高，凝重的感觉越好。

（3）油度很好。油度是一个比较抽象的说法，好像玉从内部渗出油来，这种玉看起来就有美感。

（4）略带皮色。目前来说，和田籽玉的皮色比较重要。一块籽玉没有皮色，一方面其审美特点受到影响，另一方面无法表示其真伪，其价值大打折扣。皮色以金黄为最好。

和田玉以白色为主，摆件与把

玩件比较适合和田玉的质地，无论放在案边还是架上，在阳光或灯光的照耀下熠熠生辉，温润养目，单独摆放绽放华彩，即使与色彩艳丽的器物摆在一起，也不卑不亢、独具一格，散发着厚重内敛的魅力，所以无论历史上还是当今的和田玉作品多以摆件为主就是这个道理。虽然近些年来和田玉也开始被应用于首饰中，主要表现形式是手镯等，但不是主流产品，只是其材料应用形式的新延伸。

如今是玉石材料最多最好的时代，各种玉材层出不求，可谓历史上最好材料的集大成，每一种材料都能够极大地发挥玉质自身美的特征，材料美以及我们对材料美的认识都达到了历史新高度。

除了和田籽料以外，其他材料的文化的表现也各有不同。近些年来，随着挖掘工具的技术进步，各种材料都能以最佳的状态呈现于世人面前，另一方面也得益于多年来价格的上涨，使得很多资本流入推动玉材的不断发现。我们今天能够有幸欣赏到如此多的美的材料，是我们这个时代人们之幸。

二、当代玉器工艺之美

工艺是劳动者利用生产工具对原材料、半成品进行加工或处理，最终使之成为成品的方法与过程。玉器工艺就是玉工利用制玉工具，创作玉器的方法与技巧，通常称之为玉器雕刻工艺。玉工创作过程的不确定性和产品的唯一性，是玉器艺术的魅力之一。

唐太宗说过："玉虽有美质，在于石间，不值良工琢磨，与瓦砾不别。"意思是说，石中之玉虽有美的本质，但不经过精雕细琢，与破瓦乱石没有区别。故古人云："玉不琢，不成器；人不学，不成材。"琢磨璞玉，美玉出焉。琢磨君子，

清代玉摆件

圣贤出焉。著名的和氏璧便是“理其皮而得宝”。可见，美玉来自人为，美玉来自创造。雕琢美就是玉器创作的艺术美。只有将璞玉雕琢成包含民族情感与智慧的玉器，才能使玉石的美感得到充分显现，使人们感受到玉的美好，在感叹大自然的造化和玉人鬼斧神工的琢艺的同时，产生美好动人的联想，从而将其最恰如其分地使用。这样的玉器才具有无限的魅力和无比珍贵的历史、艺术、文化价值。

中国古代雕琢技艺之精湛已到了后人无法理解的程度。古人制玉复杂于技术，工具与玉料之间需加解玉沙才能制玉，这一方面增加了制玉工艺的复杂性与神秘性，同时也极大地限制了工具的发挥，以至于直到今天常人也无法想象历史上许多玉器是怎样雕琢出来的。清代纪晓岚在其《阅微草堂笔记》中谈到他看到的一件玉器：“尝见一钵，内外两重，可以转而不可出。中间隙缝，仅如一发，摇之无声。断无容刀之理，刀亦无屈曲三折透至钵底之理。”他以当时的制玉工具来理解作品，绞尽脑汁也想不通这件套钵是如何雕琢成的。为此，他怀疑玉工有“黏合无迹之药”，即先把玉料剖成两半，加工成器后，再将两半黏合成一体，使之浑然无迹，看不到黏接的缝隙。但他又实在找不到缝隙，进而想到“有奇药能软玉”，玉一变软，制起玉来自然容易多了。连纪晓岚这样的大学者都对中国古代制玉工艺惊诧不已，以致于浮想联翩，足见中国古代制玉工艺之深奥。

然而，当代的制玉工具较之古人的制玉工具已经有了巨大进步，应该说是革命性的变化。当代玉工能将玉器的制作工艺提高到新的高度，很大程度上得益于工具的进步。当代的制玉使用砂轮制玉，将解玉沙与砂轮合为一体，不再需要单独解玉沙，动力来源也从人体动力，变成了电动，无论多难的工艺已不在话下。纪晓岚所

苏然：锦绣山河

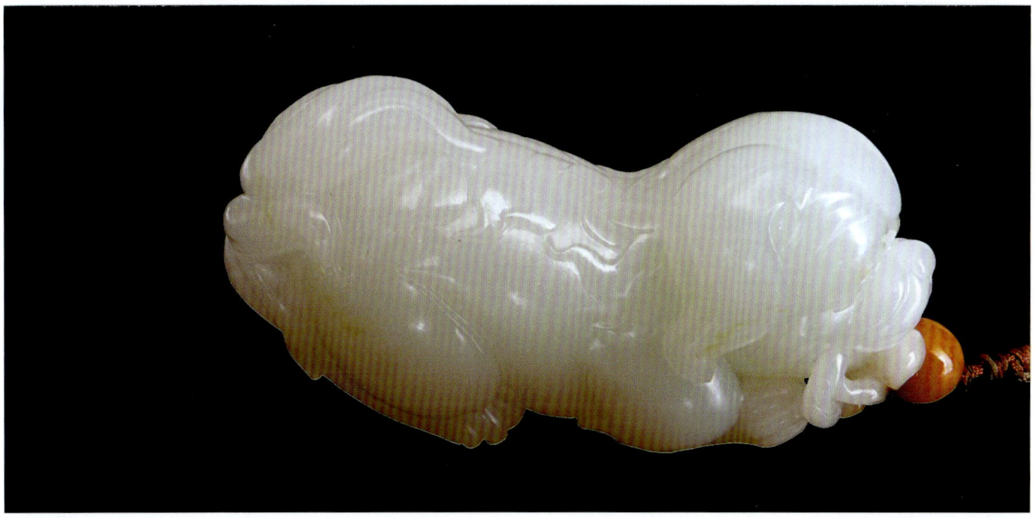

「夏惠杰：玉狗」

见的内外两重玉器根本不是难题，七重、九重甚至更多都有可能。技术的进步极大地推动了整个中国当代玉器制作行业的进步，多少世纪以来，需要祖祖辈辈代代相传的手艺，学习、操作起来变得简单易行，更多的人通过简单的训练既能达到相当的雕工水准。工具的提高及工艺水平的发展使得当代玉工能将更多的精力和热情用于技艺创新。薄胎技术、梁链技艺、镂空技巧、俏色技法这些古代看来是高难度的玉雕工艺无一不达到了历史上的最高水准。这些高工艺水平制作出来的玉器，更加赏心悦目，这些工艺上的进步，带来了不仅是制作工艺的进步，更多的是人们充分地享受到了玉器的美轮美奂。玉器的工艺美达到了新的高度。

在当代制玉工具相差无几的情况下，玉工自身创作理念与技巧已成为当代玉器工艺美的重要因素，好的玉工能以自己的独特玉雕手法，将玉器作品质感通过造型与纹饰表达出来，这种表达越能反映玉器本质，越能给人带来美的享受，表明其玉雕工艺越精湛。当代玉雕大师苏然、杨曦等大师的玉雕作品，其工艺的精湛极大地增加了当代玉雕的美感，构成了中国玉器震撼视觉的工艺美。

三、当代玉器纹饰之美

纹饰就是器物表面装饰的图案等。玉器纹饰就是刻在玉器表面的装饰图案，人们往往将自己的愿望、追求，通过玉器上的纹饰表现出来，玉器纹饰文化内涵的深邃与制作工艺的精美直接关系到人们对美的感觉，是玉器美的灵魂。中国古代玉器纹饰的起源不是与自然有关，就是与神灵有关。先秦以前的玉器实际上是为统治阶级服务的，玉器表面的纹饰本质上就不是装饰，而是为统治阶级宣教服务的手段，纹饰也就多为常人难以理解的带有恐吓与震慑意味的图案。唐代以后，玉器纹饰开始成为玉器本身装饰美的组成部分，人们开始追求华美、精致的装饰风格，多以写实的手法来表现玉器纹饰，以期达到美化玉器的目的。其图案不仅内容广泛，寓意丰富，而且构思巧妙，情趣盎然，无论是花草鱼虫，还是飞禽走兽，均据其特性，而被赋予不同的象征意义，以借喻生活中的美好事物或高雅情趣，因而多数作品

倪伟滨：草桥结义

“图必有意，意必吉祥”，反映了大众的审美意识，折射了人们通过玉器图案来表达对美好生活向往的意愿。

玉器纹饰承载着人们美的愿望，将最美的愿望通过纹饰表达出来，在当今更是如此。当今玉工，不仅很好地利用了前代人的吉祥纹饰，更是在此基础上大胆地创新与发展。如牌子的画面纹饰，将一个完整的故事浓缩在正面的画面中，就是在诉说着一个历史故事，暗喻着当时人的情感，表达着作者对时代的思考。这种情况在以往的玉器中很少出现。如，倪伟滨大师的作品《草桥结义》。

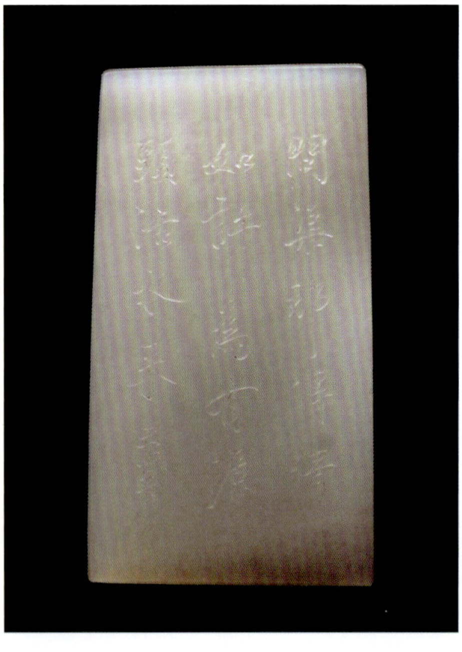

易少勇：玉牌

由于现代制玉工具的发达，开拓了玉器制作新的纹饰表现视野，如微雕和浮雕纹饰的运用。微雕为我们提供了另一种看世界的艺术方式，微雕艺术品原多在木雕、牙雕等作品中出现，由于工具的原因，玉器微雕在古代很少出现，屈指可数的几件古代微雕的作品，至今我们也无法弄清其真正的加工方法，而且多是以纹饰形式出现的。今天的玉器工具为玉工提供了玉器创造微雕作品的可能性，而文化的多元性也要求玉器微雕作品的出现，这样，和田玉作品就有了相当出色的微雕纹饰作品问世。玉器微雕作品在毫厘之间挥洒而成的山水画与书法，表现出了深邃的意境，为我们展现了玉器工艺另外一种美的境界。与此同时，制玉工具的先进也使更多的玉器作品向浮雕化发展。浮雕给人以立体的感觉，更有质感，更能表现玉器的美感。中国历史上的玉器纹饰受工具限制浮雕很少，即使有，多数的立体感也不那么强烈，一些玉器作品过去只是平面表现，现在可以用浮雕表现，其效果完全不一样了。例如牌片，过去很少有浮雕形式，多以阴线表示，其观赏效果并不是最佳。现在牌片浅浮雕深浮雕比比皆是，这些浮雕无论是在阳光下还是在灯光下，都栩栩如生、熠熠生辉，已经达到了远看是景，近看是画的效果。

还有些纹饰，已经开始走向独立的艺术表现形式。如刻字本来是玉器纹饰的一部分，然而，现代玉雕大师将其发展成为了一种独立的玉器艺术形式。看看海派大师易少勇的玉雕刻字，你就会明白什么是玉雕中的书法艺术。

工艺的先进，纹饰的处理日益精美化，当今好玉工的每一刀应该说都精精致致，每一个纹饰都清晰可见，绝无眉毛胡子一把抓的情况发生。纹饰美已经成为玉器美的灵魂。

四、当代玉器器型之美

器型就是器物的形象，是一个时代人类社会生活、审美趣味和工艺水平的综合表现。历史上每个时代的器型都在继承借鉴前代器型的基础上，发展创新出新的器型，从而形成了不同时代不同的形制。

玉器的器型就是玉器的形状。形，就是玉器的造型。大致有几何形、肖生形等，几何造型有多种变化，有圆、方、三角、椭圆、菱形等，有规则和不规则之分。肖生形有人物、动物和植物等。玉工们会根据不同的用途和需要，采用不同的造型。此外，玉器造型也有大小之别，小的只有几厘米，大的可达数米高

玉器的器型，对于人们感知玉器，了解玉器，热爱玉器起到了非常关键的作用。古人根据自己的需要将玉器雕刻成各种形状，来感知自然和感动自我。历史上的器型也在随时代的变化而变化，如牌子，中国历史上明代以前并无牌子这种器型，明代玉工陆子冈为了

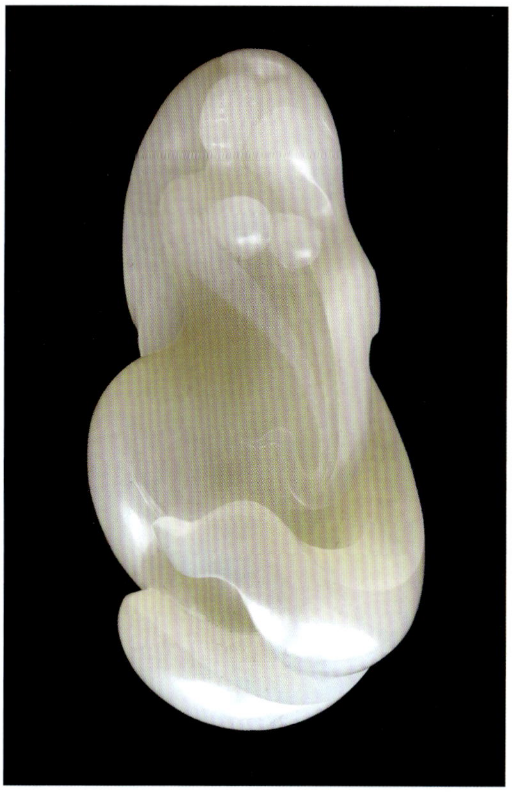

吴德昇：裸女

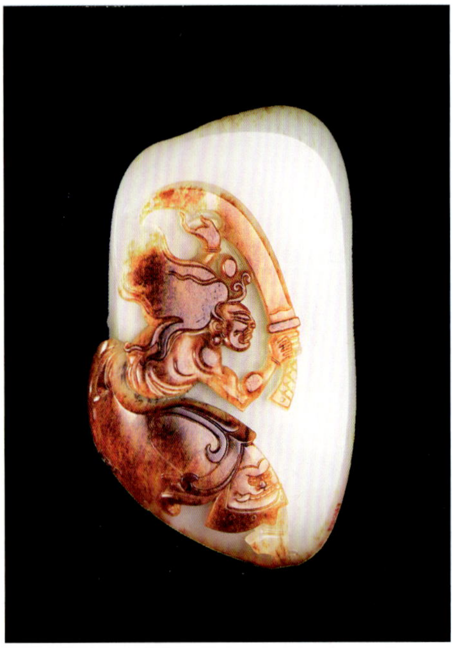

崔磊：神荼郁儡

表达对自然的热爱和对文化的感悟，创造了牌子这种器型，将自然的山水与人文的诗句有机地结合起来，成为后代文人墨客表达情感的重要载体形式。当代玉工运用这种器型来展示当代文化，彰显个性品格，其文化内涵的深度与广度都大大超越了前代，已经成为当今玉器艺术的重要表现形式。海派大师刘忠荣的牌子就是其代表作。

同时，新的器型也在不断地创造与完善，如海派大师吴德昇的一种以女体为主，特别是以裸女人体为主的把玩件在近十年来异军突起，一经面世，其浓郁的异国情调即广受藏家的热捧。为当代玉文化的多元化贡献了一种新的元素。

与此同时，一些大师也在尝试玉器造型新的表现形式，海派大师崔磊的作品棱角分明，造型打破了玉器以往圆润的造型定式，给人耳目一新的感觉。

五、当代玉器题材之美

艺术作品是艺术家根据一定的世界观、审美理想、审美趣味对社会生活的原始材料提炼与浓缩的结果，是艺术家抒发感情和表达思想的依据。这些情感的抒发、理想的表达，都要通过题材来表现出来，题材是作品内容的要素，玉器也不例外。当代玉器正在成为反映时代思想风貌的重要艺术载体，玉器题材正是反映这种风貌的表达形式，玉器题材已经成为当代玉器之美的重要组成部分。题材美主要表现在这样几个方面：

（1）改进传统题材。传统题材虽说受时代的局限，但也最大限度地达成了玉与题材的结合，传承了人们的审美习惯。翡翠的首饰，和田玉、岫岩玉与南阳玉的摆件，无一不将历史的痕迹烙在其中。汉代以前的高古玉，其题材无不体现统治阶级的意识与强权，唐代以来，中国古代文人墨客将自己的情怀寄情于山水之中，主要以绘画的形式表现出来，明清以来，这种寄托开始以玉材作为表现基础。玉器中出现了大量的山子作品，实际上就是中国古代山水画的玉器表现形式。今天，以扬州为代表的传统题材玉雕作品，虽然也有历史的痕迹，但表现的不仅是文人的山水情怀，更多的是表现人们对大自然的憧憬与向往，表达着人与自然和谐的理念。同时，传统宗教题材在当代中国玉器作品上有了新的突破与提高，如海派大师倪伟斌对宗教人物形象等的把握上非常到位，他所刻画的人物的肖像不是对古代人物肖像的简单重复，而是带有时代特色的创新与发展，达到了绘画般的艺术效果，极大地

「蔚长海：奥运徽宝」

提高了传统题材的现代美感。

（2）创作当今题材。伟大的时代必然产生伟大的作品，历经8000年的中国玉文化是由各个时代伟大的玉器作品奠基而成的。在当今这一伟大时代中，同样产生了与这个时代相辉映的伟大作品。许多具有时代特征、表现重大历史过程及重要社会主题的作品应运而生。奥运徽宝、奥运奖牌就是其中的代表佳作。这种情况在历史上的其他阶段不能说绝无仅有，但很少。历史上的玉器在开始阶段一般只反映当时阶段上的权力意志或道德主题，后来发展成为表达人们的美好愿望，一般不与当时社会风尚紧密结合。当代玉器的题材突破了这一成规，开始创作反应当代生活的题材。

当今题材作品的广泛创作，使得具有民族特色的玉雕作品开始出现。新疆马进贵那些洋溢着伊斯兰风情的作品，表达着新疆人民对玉的热爱和对美的追求。

（3）借鉴其他题材。当今中国是文化多元的时代，人们借助各种材质表达着思想情感与艺术情操，玉器身在其中，在这些大的环境中与其他艺术形式互相影响，其他一些艺术的表现方法影响着玉器艺术。一些石雕、木雕、瓷器、琉璃甚至是剪纸艺术都在影响着玉器艺术。玉器过去的工艺要求尽量不要有棱角，不要扎手，而其他材质的艺术品如石雕、木雕等多有棱有角。当今有些玉器借鉴了这些艺术形式，有棱有角，倒也别具特色。

（4）引进西方题材。近年来，大量的西方艺术观念传进中国，这就不可避免的影响着玉器艺术，许多西方文化形态表现的东西，在玉器上得到了应用。中国玉工过去很少以玉这种材料来表现西方宗教题材，当代玉器打破这一成规，开始以玉来表现这些西方的文化形式。海派大师吴德昇的耶稣受难作品，就是其代表作。与

「吴德昇：十字架」

此同时，西方社会某些大胆的观念与形态也开始被运用在玉器上，这在中国古代玉器中是很少出现的。最为典型的是裸女以及男女性爱的题材被表现在玉雕上。西方的女性裸体一直是其文化中女性美的表现形式，中国自古以来很少有这样直白的表现。近些年的玉器创作上，出现了许多以裸女为题材的玉器艺术品，但这些玉器创作并不是简单模仿西方人体艺术，而是加进中国元素，裸女表现多以中国历史文化中的女性形象出现，有一种别样的美感，吴德昇大师的女性人体艺术玉雕就是这一题材的成熟表现。

人们总是热爱美、欣赏美和崇拜美。玉器之美已经成为中华文明之美的代名词，有着广泛而深刻的影响。中华儿女在玉石之美中融入美好的寓意，进而成为神圣、庄严、高尚、富贵等一切精神美的象征，这种“以玉为美”的观念，必将随着时间的推移而愈加深入人心。

温故知新，玉道为镜

□ 汪永基

首部中国玉器年鉴问世为之呼者，传千秋之业、继百代功德，累人文之功、享寸心愉悦。

余有幸研玉、品玉、赏玉三十载而不辍，自闲人有“贤人”孜孜追求的道理，其受益匪浅，心得无数，悲欢享尽，终生不悔。当代玉器见仁见智，何去何从难以周全，唯心有余而笔不从心，倒不如捡拾些史上玉谈陈酿，以热身心，盼寄以学人共习之，或能玉汝于成。

近人又提“玉汝于成”，其典故取自《诗经·大雅·民劳》“王欲玉女，是用大谏”。词意为爱之如玉，使之有成。女汝古通用，谏有忠言逆耳劝戒之延意。宋人刘克庄《顺宁舍记》中有解：“不以厚吾生者为荣，而以玉汝于成者为乐”，想必古人赞玉比今人清醒深远。

国人爱玉，传承渊源，根深蒂固。古今习玉、研玉、制玉、藏玉之人必体会过古人“言念君子，温其如玉，故君子贵之也”；或“琴书而外无他物，古玉璀璨咸腰缠”；“美人赐我金错刀，何以报之英琼瑶”等名句，或烂熟于心。

明代玉卮

墨玉饰

历数史上赞玉德者，孔子答子贡阐述玉有“十一德”；《管子·水地》论玉有“九德”；《荀子·法行》载玉有“七德”；延至许慎《说文解字》总结为“仁、义、智、勇、洁”五德，至此“玉德说”提炼完毕，流传至今，口碑雅颂。

西汉刘向在《说苑·杂言》提出“玉有六美”，极赞玉德，同时将玉质充分人格化，审美意象明显。“望之温润者，君子比德焉；近之栗理者，君子比智焉；声徐近而闻远者，君子比义焉；折而不挠、阙而不荏者，君子比勇焉；廉而不刿者，君子比仁焉；有暇必见之于外者，君子比情焉。”玉史之中，“六美”之宏论承上启下，传世广博，令爱玉之人递唱。

华夏古人“君子贵玉”，以玉德为上、重德轻珉、首德次符。以往考古材料证明，东汉以后玉器量有“赤如鸡冠，黄如蒸栗，白如脂肪，黑如淳漆”之物，并有文献补充，“绿若鹦哥，青若新柳，碧若嫩菠，红若枣皮”。其苻色夸张，用料重苻明显。实证验明，“德苻并重”或“苻重于德”用玉观此时已开始在礼玉中频频彰显，初露美色味道。古文献之话语，其声朗朗，影响深远，含义犹存，发展至“金元红”正说明“苻”的审美认知逐渐普世。

“惟玉事神”是古代相当长时期内人神沟通相交的生活常态。面对众神，当玉器具“礼”体系内涵的功能作用之时，以神采各异的器型完成序列、排场、等级、秩序敬神祀神，惯为高等级或最高规格人神交流仪式，达到古人精神领域形而上的舒展、愉悦、崇拜和信仰境界与完美执行诸神的性格旨意。古人祭祖时换礼亦多用玉器，而相用礼玉必须“门当户对”把握“等级”，象征严格维系门第观念秩序。

有目共睹，古代玉器个性元素和多元体系成为成功传播玉理念的重要环节。通过一脉相承的社会进化和多元民族的交融发展，上古玉器包括“礼玉”体系对中华文明的丰富构成，有其无可置疑或不可替代的贡献。细数其中，不难发现，深刻影响吾等身边生活诸多观念与习惯的文明

红皮玉饰

传统竟与古玉器的盘玩发展有关。

列举其中，略加表述，便知一二。

先古“礼玉”体系对形成周礼及儒学“礼制”的突出贡献。

我们知晓，特定古玉器型有其严格的规定性，是完成对长幼、等级、尊卑、利益和秩序的直观阐述。上古玉器通过“礼玉”符号向敬祀对方表达序列严谨的奉献。先人以用玉的形制与形式格式化履行社会等级秩序，是人类发展史上的原创。

玉崇拜发展为玉器崇拜，经历了“巫”与“神”的阶段。玉器本身唯一性的功能成为某种形而上宗教信仰的载体，通过对玉器指事的奉献膜拜，以达到对崇高的无限、绝对尊崇。玉奉献的约束是“礼”，玉奉献的精神是“爱”，玉奉献的情操是“仁”。尊礼、博爱、大仁，这是汉人意识形态中独尊儒术的哲学命题，也是社会思潮玉学为上的美学命题。我们进而得知，儒学的基础是周礼，而周礼的核心内容充满体现“礼玉”的决定性影响，古代文献多有评述，不足为奇。

古人对玉物性的原始认知形成对传统生命健康意识的贡献。

周穆王西拜王母“载玉万支而归”，《楚辞·九章·涉江》中表述其“登昆仑兮食玉英，吾与天地兮比寿，与日月兮齐光”。汉武帝设承露盘，以露水和玉屑饮之，以期长生。《太上纯阳真经》有“乘浮云，上华山，食玉英，饮醴泉，服

碧玉插屏

汉代玉蝉

名药，就神仙”之语，表述服玉英与成神仙的必然联系；将玉“捣如米粒，乃以苦酒焙消，令如泥，亦有合为浆者”。明代李时珍《本草纲目·玉屑》中提出“琼浆玉液”而成长生不老之秘方。

古人以玉为信、为礼、为等价物对古代货币及易货贸易形成发展的贡献。

文献中常有明确记载，古代“玉帛之交”“玉马之交”“玉金之交”的互换易货形式，在北方草原长期存在，对中华文明中古代货币与物品等价交换形成有其直接的影响。中原帝王重玉启礼，比德拜玉，使西域人“采玉河边青石子，收来东国易桑麻”。玉帛之交铃响大漠、船走河关。踏出的玉石之路为兵家所倚重，边关朝秦暮楚，奠定丝绸之路艰辛之辙基，引来诸多西域民族如大月氏人、柔然人、粟特人和回鹘人经商于玉帛交换与金帛交换，马背交替西向罗马，东走中原，多为高价高利的昆仑之玉使然。

在学者的研究中，多把中国古玉器发展大致分为：饰玉时期、巫玉时期、灵玉时期、礼玉时期、德玉时期、贵玉时期、拜玉时期、信玉时期和富玉时期等。昆仑之玉，在相互交换之中或影响了中原人之神巫观，阿尔泰之金或改变了中原人的财富观。古人以玉为瑞、为信、为积，故易货行为、礼器信物多以玉为之。

古人以玉蝉境界为鉴，对文明构成提倡“德行”“德治”的贡献。

古代社会亦提倡厌腐唱洁，崇尚德治，节约为美，唯信第一的理想境界。西晋陆云作《寒蝉赋》对玉蝉代表的蝉文化进行了确切描述：“蝉有五节，头上有玮则其文也；含气饮露则其清也：黍稷不享则其廉也；处不巢居则其俭也；应候守节则其信也。”古人殓尸，口中“琀蝉”，一示以期不朽，二是“洁净”传家，可见玉文化代表器型中玉蝉的当代意义不言而喻。

玉C形龙

古人以用玉之音区别万物杂响而创造天籁古乐的贡献。

古人选择“石之美者”配身饰容，根据美玉肌理碰撞之声而补充音律认知，组合节律节奏，发现提炼自然界中独特曼妙音律，构成喜怒哀乐氛围，以期灵肉相交，获取沁人心脾之愉悦或痛彻心灵之感受。

《墨庄漫录》记述李淳风论辩真玉时曰：“其色温润，如肥物所染，敲之其声清引，若金磬之余响，绝而复起，残声远沉，徐徐方尽，此真玉也。” 金声玉振，千古传音。周人以祭天“太牢”之礼祀孔圣，“八佾舞于庭”击玉磬以奏“清平之乐”，传递玉与天际人文的和谐之音。

古人以天象雷电为形创作“玉龙”祈雨对龙文化形成发展的贡献。

「吉祥船」

「玉琮」

万余年前，地年学处小冰河晚期，北方轮回干旱少雨之季，草原慢成。先人渐弃游猎而围壕定居，集采集、渔猎、农耕共存形态始起，逐渐认知天象，并以虫形闪电隆隆雷声为自然形，认知“雷兽”入地便大雨即来，始做雏龙为引，每每选高地祭之求雨，以保丰年。“珑以祷旱，则古人以雨为龙之所施洒也”，“珑”者，玉龙也。长此以往，以龙祈雨渐成风俗。龙文化始成为农耕文明所育养也，玉龙功不可没，然红山玉龙功用如此易解。

古人以玉为“至美”理念对汉字美好尚洁寓意的贡献。

象形文字博大精深，源远流长，数千年传世承载中华文明张扬于世。在美好寓意的汉字当中，以玉为部首的字约三百有余，字间温文尔雅，凄凄美美，珠光宝气，琀情蕴琇。先人用美玉命名后人，虽使名号鲜亮婉约，其中也期盼传人温婉光洁。珠、瑞、环、琪、玲珑、琅玕，玻璃、瑜珈亦是如此。

古人以玉内涵品质和直观审美标准对中国古代瓷器釉色形成的贡献。

瓷釉类玉，是陶瓷匠师追求陶瓷完美直观的朴素审美标准，亦是第一标准。无论白、青、绿、彩等釉色问世，均采用璞玉、美玉的直观呈现而模仿，强调玉色光洁、柔润、细腻、温和的美学个性。玉色、玉质先声夺人，影响世人的审美追求，让陶瓷釉色近玉、类玉、如玉成为陶瓷创作的艺术主流。

再有，古人以玉护灵肉不腐的信仰对“物质不灭”唯物观的贡献。

《名医别录》载“古来发冢，见尸如生者，其身腹内外，无不大有金玉。汉制王公皆用珠襦玉筐，是使不朽是也”。晋葛洪《抱朴子》记述“金玉在九窍，则死人为不朽”。葬玉被古人使用数千年，以传示生命不息、物质不灭。

古人以月之阴晴圆缺为生殖崇拜规律创建阴历的贡献。

最早的玉饰多为圆形、半圆形器，是对月亮崇拜意识的体现和总结，或成为指导早期人类交配生殖的重要“天示”而不可违。月有阴晴圆缺，人有悲欢离合，“蹙金妃子小花囊，消耗胸前结旧香，谁为唐王重解得，一生遗恨系心肠”，一首悲戚挽诗道出杨贵妃玉缘因果。

古人以“玉神祭祖”的传统对传宗接代和孝悌观的贡献。

古人用玉将特定器物指定为氏族图腾，敬祖通巫、祭月事神，指事氏族生殖繁衍，以玉通祖，创制“琮”形器，借聚集天地万物灵力巩固凝聚氏族，以感召氏族生命轮回。

凡此种种，举不胜举，区区缩影，均有证可考。

中华文明博大精深，包罗万象，美轮美奂，玉作天成。玉文化衍古至今绵绵不绝，歌颂生命，演绎至美，德配天地。然而民间也另有歧声，市井之中曾见瓷器字

「玉组佩」

吴德昇：杨贵妃和高力士

间刻有“白玉非为宝，千金我不须。意念千张纸，心存万卷书”，表明后世之人已存重学轻富的价值观。

纵观当下，今人满街尽饰白玉佩，以红皮为上、首籽次艺、无心明之以礼、以德，每每价高动之以情，莫非临渊“富人佩玉”时代追赶风雅。

曾记否，清乾隆帝御笔曾题“比德应知仁义方”之句，似乎提醒后人要正确掌握识玉观的认识论，辨玉观的方法论，藏玉观的价值论。吾“垂之如坠”。

佳作赏析

科技革命带来工具手段的花样翻新，这使得玉雕这项传统手工业一大部分被机器所取代，省时省力的高效率生产方式为当今玉雕业增加了不少市场空间。

然而，科技和市场的无限扩张，难免令玉雕生产工业化、玉雕产品商品化，最终玉雕将失去艺术本质和美学价值。

科学技术和市场交易只能作为当代玉雕存在和发展的条件，而不能成其原因。玉雕唯有其美才完善。

中国有一个重要的美学思想，就是认为要质地本身放光，才是真正的美。《易经》强调“白贲”，绚烂之极归于平淡，“极饰反素也”方为艺术的最高境界。水墨画、书法、音乐、雕刻等概莫如此。当代玉雕工巧材美、花样翻新，而只有令玉石本身绽放精韵，才算美的艺术。所谓“刚健、笃实、辉光”，这代表了我们民族一种非常健全的审美意识。

有幸当今玉苑不乏良工美艺，本篇章于玉艺瀚海之中沽取一瓢为样。这十件作品，皆体现出创作者成熟的风格，令观者触摸到玉质本身的感染力，从而成就其不可复制的价值。作品形制涵盖了牌子、器皿、摆件、把件、首饰等；题材内容涉及宗教、民俗、文学等艺术领域；每件作品都在设计、工艺、创意上力求完美；皆综合运用古今中外多种表现形式，展现独特的艺术韵味；既有地域代表性，又有审美趋同性，堪称当代玉雕的典范。

我们综合了众多专家的建议，遴选出十件具有代表性的当代玉雕名家名作，就每件作品的艺术特色作赏析与评价，以期为读者打开一扇当代玉雕精品殿堂之门。

（白静）

凝固千古爱情的诗篇

——吴德昇《魅惑》赏析

□于　明

《魅惑》这件白玉作品是中国工艺美术大师吴德昇先生2006年的作品。作品取材于屈原《九歌》中描述的山鬼形象，《九歌》是一组祀神的乐歌，《山鬼》出自《九歌》的第九首。“山鬼”即一般所说的山神，因为未获天帝正式册封在正神之列，故仍称“山鬼”。

在原作中，“山鬼”以女子形象出现，并采用山鬼——女子内心独白的方式，塑造了一位美丽、率真、痴情的少女形象。全诗有着简单的情节：女主人公跟她的情人约定某天在一个地方相会，尽管道路艰难，但她还是满怀喜悦地赶到了，可是她的情人却没有如约前来。风雨来了，她还在痴心地等待着情人，忘记了回家，但情人最终还是没有来。天色晚了，她回到住所，在风雨交加、猿狖齐鸣中，倍感伤心、哀怨。

《山鬼》原文如下：

若有人兮山之阿，被薜荔兮带女萝；
既含睇兮又宜笑，子慕予兮善窈窕；
乘赤豹兮从文狸，辛夷车兮结桂旗；
被石兰兮带杜衡，折芳馨兮遗所思；
余处幽篁兮终不见天，路险难兮独后来；
表独立兮山之上，云容容兮而在下；
杳冥冥兮羌昼晦，东风飘兮神灵雨；
留灵修兮憺忘归，岁既晏兮孰华予；
采三秀兮于山间，石磊磊兮葛蔓蔓；
怨公子兮怅忘归，君思我兮不得闲；
山中人兮芳杜若，饮石泉兮荫松柏；君思我兮然疑作；
雷填填兮雨冥冥，猿啾啾兮狖夜鸣；
风飒飒兮木萧萧，思公子兮徒离忧。

洪浩昌油画："山鬼"之一

以现代文学来说，这首诗大体的意思是：

现有人经过深山谷坳，身披薜荔啊腰束女萝。
含情流盼啊嫣然一笑，温柔可爱啊形貌娇好。
驾着赤豹啊紧跟文狸，辛夷为车啊桂花饰旗。
披着石兰啊结着杜衡，折枝鲜花啊聊寄相思。
竹林深处啊暗无天日，道路险峻啊独自来迟。
孤身一人啊伫立山巅，云海茫茫啊浮游卷舒。
山色幽暗啊白昼如夜，东风狂舞啊神灵降雨。
我痴情等你啊忘却归去，红颜凋谢啊怎能永葆花季？
我在山间采撷益寿的灵芝，岩石磊磊啊葛藤四处缠绕。
抱怨公子啊怅然忘却归去，你思念我啊却没有到来。
山中人儿就像杜若般芳洁，口渴饮泉啊松柏遮阴。（公子）你想我啊是真是假。
雷声滚滚啊细雨蒙蒙，猿鸣啾啾啊夜色沉沉。
风声飒飒啊落木萧萧，思慕公子啊独自悲伤。

「洪浩昌油画：“山鬼”之二」

作者以人神结合的方法塑造了美丽的山鬼形象：她披戴着薜荔、女萝、石兰和杜蘅，乘着赤豹拉的辛夷车，车上插着桂枝编织的旗，身边跟着长有花纹的花猫…… 其衣食住行无不带有强烈的神性和野性色彩，与其山鬼的身份相适应。然而山鬼的容貌体态和情感变化又是正常人的表现。她感叹青春不能永驻，期盼爱人早些到来，爱人没有来则忧伤孤独……

全诗将幻想与现实交织在一起，具有浓郁的浪漫主义色彩。

将“山鬼”这一凄美的爱情神话故事，用玉器作品的方式来表现，吴德昇大师

潘絜兹：“山鬼”

是第一人。这件《魅惑》作品是件摆件，体积不大，9.7厘米×6.9厘米×2.4厘米，作品造型取材于上面提到的“山鬼”故事——山鬼以女子的形象坐于赤豹之上。

以玉器作品来表达传统文化题材是有着悠久的历史的，但这些题材大都取材于中国山水画或文房用具，即使是人物也多表现人们日常喜闻乐见的人物形象，很少高难度地表现那些神话传说题材，主要原因是如果作者的艺术修养与工艺技法达不到一定水准，反而会弄巧成拙。吴德昇先生本人有着深厚的艺术功底及玉雕技艺，这些修养和技能是帮助他创作优秀作品的前提，关键是他运用这些技艺，表现出了对传统文化的理解，特别是对玉文化的理解，从而创造出了优秀的玉器作品。

这件作品就是吴德昇大师优秀作品中的一件。它取材于传统文化题材，甚至是今人不太熟悉的上古爱情题材，该题材的文学意境与我们今天的理解有很多不同，无论用什么样的艺术手法来表达这种题材，难度都很大。笔者曾看过“山鬼”专题绘画，其表达的方式千差万别，潘絜兹先生的“山鬼”图画得中规中矩，洪洗昌先生画的油画“山鬼”颇为新颖。用玉来表达这种题材难度更大，吴德昇先生的这件作品成功地表现了这一题材。这件作品的成功之处在于作者借助于玉这种媒介，表达了对“山鬼”这一题材的理解，进而升华成对远古先民的爱情观的理解。作品选用新疆和田羊脂白玉籽料为原料，玉质洁白、细腻、油润且富有光泽。玉的含蓄、朦胧的阴柔之美恰到好处地展现了山鬼的神秘与魅惑，玉的圆润与亮泽愈发能显得山鬼纯洁而柔媚，玉的致密与内敛恰恰表现了山鬼对爱情的细腻与含蓄。作者假借

云游四海（图片提供：博观广告）

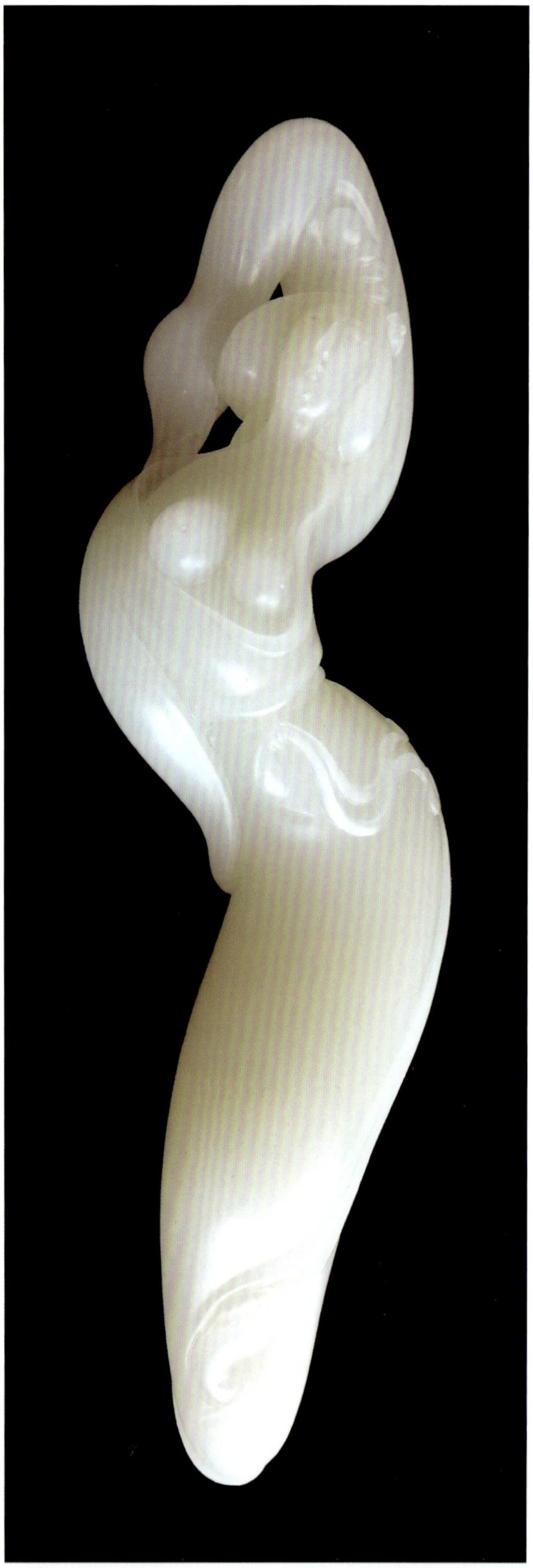

「吴德昇：舞娘」

玉的材质特点将山鬼的形象与气质淋漓尽致地表现出来。这正是本件作品以玉为材质来表达这一主题的玄妙之处。

这件作品的造型圆润、流畅。姑娘曼妙的身姿及身边的坐骑赤豹紧致的躯干都被刻画得细致入微。美丽的山鬼浓密的长发、修长的四肢、丰满的双乳、纤细的腰肢都与意大利画家波提切利画笔下出水的维纳斯有异曲同工之妙。大师雕琢山鬼女性身体的笔法，不同于作者描绘其他女性时惯用的手法。在吴德昇大师的其他玉雕作品中，对女性的处理多采用丰乳肥臀的夸张手法，他对女人体特别是女性裸体的处理达到了炉火纯青的境界，有着非常深厚的功底。这件作品，与其本人的其他作品略有不同。以正常的躯干，合规的臀乳、简化的手足、扭曲的身体、夸张的姿态，近乎写实的手法真实地再现了山鬼窈窕的身姿和质朴的神韵。只见她两腿绞盘，优雅地端坐在赤豹身上，一手抚头，肘部闲适地搁置于豹尾之上，另一只手则轻按豹颈，瀑布般的秀发泄满肩背，头略向前低垂，微闭双目，双唇轻抿，正陷入对恋人深深的思恋当中，那略带忧伤的表情似乎在向人们述说着对恋人爽约不至的哀怨，但这种哀怨是淡淡而又优雅的。她身下的赤豹有着坚实的骨骼、强健的肌肉，以回头、翘臀的舒展姿态，灵巧、柔顺地给主人充当着舒适的坐骑。大师对赤豹的刻画一如他一贯的人物或动物的表现风格——消瘦而有力，赤豹身材消瘦却显威猛有力，身躯的骨骼和肌肉富于变化，坚实紧致，彰显孔武，生动的神态表达着对主人的忠诚、体贴与呵护。

吴德昇先生的作品风格以曲线著称，无论其女人体，还是罗汉等其他人物形象，大多以曲线来表达，这种曲线来源于作者对材料的理解以及对玉器艺术的理解。好的和田玉作品多以和田籽料为原料，和田籽料形状以圆为主，玉雕大师既要尽其力来保留材料，又要达到最佳美感，“S”形的线条是表现籽料材料美的一种比较好的表现方式，它能将材料的动感与作品的美感有机地结合在一起，无论是布局还是细节，都有着磅礴大气与阴柔纤细完美结合之美。吴德昇先生的作品，大多是这样一种表现形式。这件“山鬼”作品，更是他本人这种风格的真实写照，看看少女那美妙的“S”形身躯、赤豹富于变化的“S”形体型，都是吴德昇先生作品“S”形表现手法的最好诠释。

这件造型和谐顺畅的佳作，彰显了吴德昇大师炉火纯青的治玉水平。那和谐的布局、流畅的线条、精准的雕工、细腻的打磨无不显示出大师精湛的技艺，这些精湛的工艺水平，为作品增色许多，这也是这件作品令人赏心悦目，继而震撼心灵，最后爱不释手的原因之一。

玉要讲究“气”。玉器作品的“气”，是作者文化深度的表达、知识积累的表现、视觉广度的再现、制玉技法的体现，不是那种震撼感官的“气”，而是撼人心灵的“气”，是沟通人与玉的纽带。当代玉雕大师们都以不同的方式方法来表达着自己的“气”。好的玉器作品能够沟通人与玉的气场，玉“气”撼人心灵，这件作品就属于这类。人们看到这件作品，婉如听着一首凄美的爱情情歌，读着一首动人的爱情诗篇，观着一部感伤的爱情电影，看着一幅绝美的爱情画卷。千古绝唱，世代相传，这美好的瞬间，将以这山鬼的形象永驻人心。

真可谓：

山鬼蜕为美人形，情真意切感后人。

千古万世爱情曲，袅袅余音玉留存。

历史的长河，流淌着千百年来多少中华儿女凄美的爱情传说，“山鬼”传奇，延续着八千年来中华玉文化的传统血脉。这件刻画着名为山鬼实为窈窕美丽姑娘追求爱情的作品，将与世长存，成为我们这个时代的玉器代表作之一。

「魅惑 正面」

「魅惑 背面」

普 度

——翟倚卫、苏然《妙相光明套牌》赏析

□白 静

《妙相光明套牌》以佛教四大菩萨的庄严法相及其道场为题材，由中国南北两位玉雕大师——翟倚卫、苏然联袂雕琢，张海、卢景辉等六位书法家运笔泼墨合作而成，其立意之高雅、选料之精良、工艺之精湛，堪称我国当代玉器艺术品的力作。

中鼎元刘书占先生，数年前得一美玉，堪称羊脂，质感温润，色白纯正，结构细腻，是白玉中的极品。在中国传统文化中，白玉不仅象征着“仁、义、智、勇、洁”的君子品德，而且还象征着“美好、高贵、吉祥、温柔、安谧”的世俗情感。在中国历史上，羊脂白玉一直以来因其量少奇美，异常珍稀，只有帝王将相王公贵族才能拥有和佩戴。羊脂玉的美有一种神秘的魅力，油润细腻的质地，“色如截脂”的净白，“常如肥物所染”的光泽，皆符合中国传统文化含蓄中和的审美观念。她不是张扬、艳丽、耀眼的美，她所散发的是那种独特的“精光内蕴”之美，羊脂白玉的美代表了玉器材料美的最高境界。

为了雕琢这块美玉，刘书占先生请翟倚卫、苏然二位大师联袂创造，二位大师在作品创意上颇费思量。首先，选择题材。既不能落入俗套，也不能空高自赏，题材一定要和这块美玉相匹配；其次，雕琢工艺。雕琢如此美玉，要最大限度地保留原石的天然之美，谓顺应自然；最后，表现形式。恰当的题材内容，精美的雕工，都是为了表现作品的思想内涵，使作品具备韵味悠长、启迪人心的艺术效果，因而在表现形式上，要达到最佳效果。考虑到以上因素，几位大师在这块玉的创意上几易其稿，最终选定神圣尊贵的佛教题材，旨在敬天礼佛，开启智慧，播撒光明，泽被苍生。

题材有了，如何表现这一题材是几位大师思考的问题。佛教里有四大菩萨，象征四种理想的人格，即：愿、行、智、悲。象征愿力的是地藏王菩萨，象征实践的是普贤菩萨，象征智慧的是文殊菩萨，象征慈悲的是观音菩萨。中国佛教四大名山，实际上原是佛教的四大道场。道场是佛教的一个术语，指佛祖或菩萨显灵说法的场所。四大菩萨的道场分别在普陀山、五台山、峨眉山、九华山。普陀山位于浙江省普陀县，相传为观音菩萨显灵说法的道场；五台山位于山西省五台县，山有五台，故名五台山，传说为文殊菩萨显灵说法的道场；峨眉山位于四川省峨眉县，相传是普贤菩萨显灵说法的道场，佛教称峨眉山为“光明山”，峨眉山山顶的光相

寺，相传为普贤菩萨显灵说法的地方；九华山位于安徽省青阳县，传说是地藏菩萨显灵说法的道场。

将四大菩萨与四大道场有机地结合起来，表现出佛在道场也在心中的境界，成为两位大师的创作目标。为了表现佛教的这种恢弘与神圣，两位大师采用套牌的形式，将四大菩萨与四大道场同时呈现在世人面前，并配以诗文，取名《妙相光明套牌》。

《妙相光明套牌》由五片玉牌组成，第一片为序，由书法名宿张海题名：“妙相光明”，灵景辉作序，二人功法老熟，神韵合璧，后四片玉牌的正面分别雕有四大菩萨法相和诗文，背面则琢有相应的各个菩萨道场的胜境。

牌片正面上部以观音、文殊、普贤、地藏四菩萨为尊，由中国玉石雕刻大师苏然创造。为了更生动地表现菩萨的尊容，苏然大师专程前往敦煌观摩学习。敦煌壁画和塑像清晰地记录了从北魏、隋唐、五代到宋朝佛教艺术风格的演变。这些艺术作品使苏然受益匪浅，特别是唐代佛教作品更为她找到了借鉴范本。唐代经济繁荣，文化发展，艺术作品纹饰图案丰富而优美，佛教造像丰满圆润，体现出一派和谐有序的审美潮流。正是汲取了这些艺术养分，苏然大师创造的四尊菩萨形象，法相端庄雍容，衣饰自在飘逸，皆结跏趺坐，双目微合，似有悲悯之情，达到了人物创作的新境界。

观音菩萨是阿弥陀佛的左胁侍，“观音”是梵文的意译，原为“观世音”，传

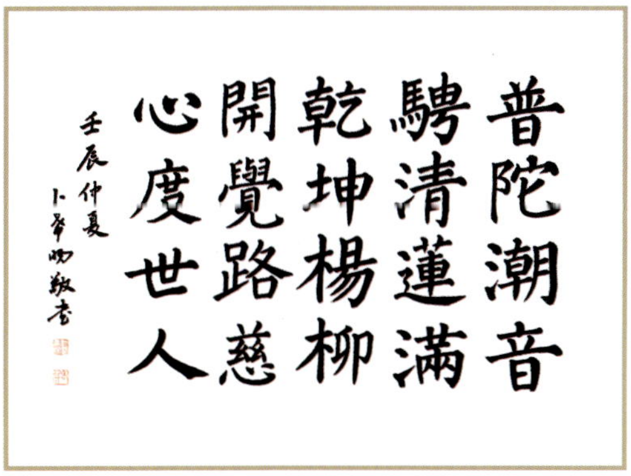

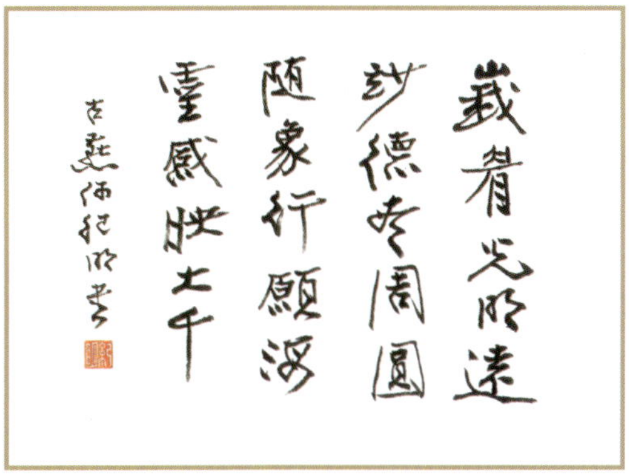

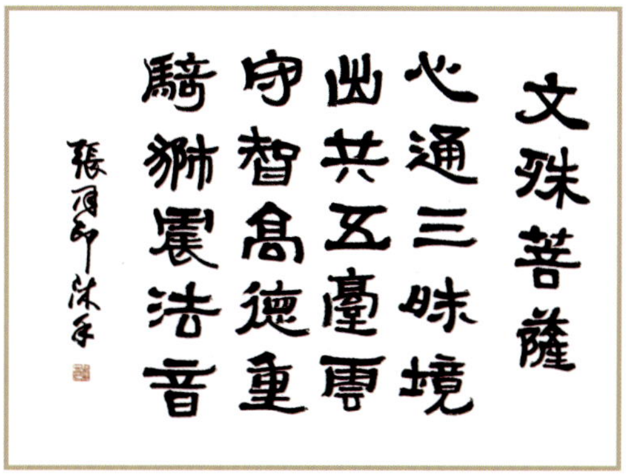

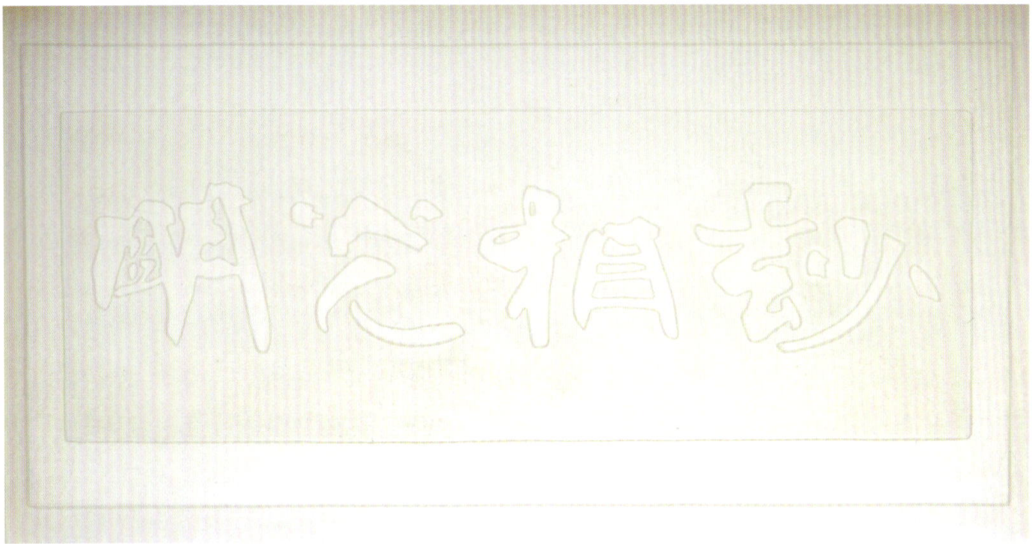

说唐代避李世民名讳，略去“世”字简称观音。佛教认为她大慈大悲，普救人间疾苦。在民间信仰中，她具有无量的智慧和神通，当人们遇到灾难时，只要念诵其名号，便前往救度，故称观音。作品中的观音菩萨相貌端庄慈祥，呈正面坐姿，一手自然垂放在膝上，端坐于莲花宝座之上，体态丰腴饱满，冠饰工整生动，非常具有立体感。

文殊，全称文殊师利，是梵文的音译，意思是“妙德”“妙吉祥”等。在佛教寺院中，文殊菩萨常被塑在释迦牟尼佛的左边，为释迦牟尼佛的左胁侍，专司“智慧”。因德才超群，居菩萨之首，故称法王子，是除观世音菩萨外最受尊崇的大菩萨。作品中文殊菩萨顶戴宝冠，身骑狮子，侧面而坐，狮子低肩翘尾，温顺地回首向上凝望，狮子勇猛，象征菩萨智慧威猛。菩萨左手托般若经梵箧，右手执如意从右肩斜至身前，如意象征着智慧之人方能如意，智慧能使我们妙吉祥，智慧是事事如意的法宝。

普贤菩萨是释迦牟尼佛的右胁侍，专司“理德”。其职责是把佛门所倡导的“善”普及到一切地方。普贤，是梵文的意译，亦译为“遍吉”。普贤菩萨所象征的理德、行德，同文殊菩萨的智德、正德相对应，是娑婆世界释迦牟尼佛的右、左胁侍，被称为“华严三圣”。作品中的普贤菩萨右侧身，骑六牙白象，象征六度万行，白净无业。菩萨右手结法印，伸五指，掌向外，大指与中指相捻，伸头指、无名指、小指，左手执般若经梵箧，脚触莲花，衣带在空中飘扬。

地藏，是梵文的意译。佛经说这位菩萨“安忍不动如大地，静虑深密如秘藏”，故名地藏。释迦牟尼佛嘱咐他，在释迦佛寂灭，弥勒佛未生之前，救助六道众生。他即发下誓愿“众生度尽，方证菩提，地狱未空，誓不成佛”。作品中的地藏菩萨头戴五佛冠，正面端坐于莲花宝座上，右手持一根禅杖，表示成就报身，有相依靠，左手当胸捧一钵盂，象征着布施、持戒、忍辱、精进、禅定、般若六度修行法门。

四块牌片正面菩萨法相下部雕有书法家卜希旸、何纪明、张同印、云志功四位书法家为这件作品所作的正楷、行草、隶书、篆体书法诗文四则，每件书法作品单独都是完美的艺术作品，书法结体工整古朴，诗文内容皆为颂菩萨功德，这些书法作品与玉石的合璧更是天作之合。苏然大师将各位书法家的书法原汁原味地雕琢在玉牌上，达到了在玉上写出了书法韵味的感觉，玉雕的光影效果凸显出书法线条的刚劲曲直，更富于立体的动势美感。

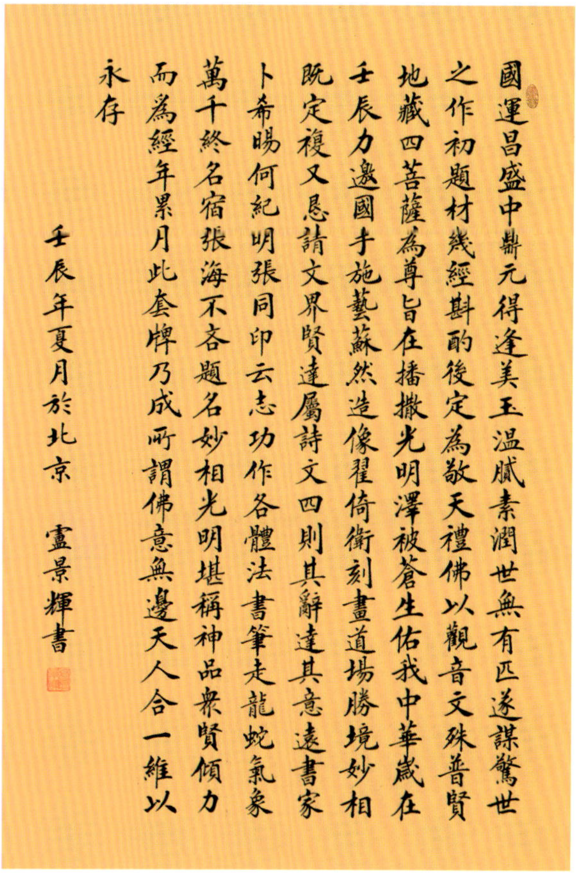

与牌片正面四位菩萨法相及诗文相应，背面为四大菩萨的道场，由中国玉石雕刻大师翟倚卫创作。为了表现道场胜境，翟倚卫先生造访了四大名山，游赏并临摹，将道场胜境尽收眼底。在玉牌的山水表现上，他从“身游到神游”，对四大佛教道场的自然景物进行艺术化处理，实现了写实与写意相结合的理想效果。在方寸之间雕刻出浩瀚山岳，将自然山水与庙宇建筑融为一体、庄重和谐，呈现出佛教观下的审美意象。在具体创造中，他从国内外的绘画、雕塑、书法乃至当代艺术中汲取营养，将透视、立体架构等元素引入以平面画面表达艺术为主的玉牌之中。设计上运用画面基本写实、稍有变形的处理原则，既强调料形处理的规矩工整，又强调画面的细腻精准，突出了海派玉雕精工细刻的特征，将点、线、面的西方设计理念和中国的题材有机地结合起来。用工清新简洁，刀法布局顺应玉石纹理，令画面中的道场胜境散发出一种超凡脱俗的格调和不为外物所动的庄重。

中国四大佛教名山有“金五台、银普陀、铜峨嵋、铁九华”之称。大乘佛教佛经称四大菩萨在远古已成佛，为度众生重入人世。《普陀山志》称：“佛经称地藏、文殊、普贤、观音诸佛道场，曰地、火、水、风，为四大结聚，九华，地也；峨嵋，火也；五台，风也；普陀，水也。”中国佛教信徒们笃信佛教与自然之间有着相通的灵性体验，自汉代开始建寺庙，修道场，延续至清末，至今四大朝圣法地仍信众云集，香云缭绕。

普陀山为观音菩萨道场。普陀山又有“五朝恩赐无双地，四海尊崇第一山”的美誉。作品中山石取景深远，庙宇为松柏掩映，树木虬干嶙峋，放眼处，海天壮阔，潮水拍案，一座座海岛浮在海面上，点点白帆行驶其间。视野广阔，层次丰富。

五台山为中国佛教第一圣地，为文殊菩萨的应化道场，方圆五百余里，海拔三千米。唐太宗曾言“五台山者，文殊閟室，万圣幽栖，境系太原，实我祖宗植德之所，切宜祇畏”。五台分别为东台望海峰，西台挂月峰，南台锦绣峰，北台叶斗峰，中台翠岩峰。作品视角为居一峰而俯瞰其余四峰的散点透视，由上而下展现出山石的险峻，五峰环抱高耸，峰顶平坦宽阔，如垒土之台，上有寺庙宝塔坐落，山腰树木叠翠，细密无形。

峨眉山为普贤菩萨道场，素有“峨眉天下秀”之美誉，唐代诗人李白诗曰：“蜀国多仙山，峨眉邈难匹。”作品用高远的透视法将最高峰万佛顶尽收眼底，上有十方普贤菩萨法座，凌空眺望，山势陡峭，云涛滚滚，如瀑如锦，气势恢弘。

九华山为地藏王菩萨道场，在中国佛教四大名山中，九华山独领风骚，以“香火甲天下”“东南第一山”的双重桂冠而闻名于海内外，王安石曾有“楚越千万山，雄奇此山兼”的诗句赞叹。作品中将寺庙置于山峦上下，突出山峰险怪之状，线条刚硬粗犷，树木杂间，葱茏茂密，险峰峭壁，断崖飞帘，似跃出画面之外。

佛教在传入中国之后在发展的过程之中不断地受到中国文学、艺术等各个方面的影响。玉器是中国文化的物质文化载体，佛教文化传入中国后开始融入中国文化，其中重要的体现就是以玉为载体来弘扬佛教。在古代玉器中有着许多佛教造像和纹饰的出现。佛与玉有着密不可分的联系，这种联系已经渗透进中华文明的各个方面，各个历史时期的佛教艺术题材都极大地丰富了玉器的表现内容，例如，唐代玉器中飞天是佛教中的人物，玉飞天为玉器纹饰开拓了一个新的领域，中国历朝的佛教题材玉器各有特色，但都在以美的形式展示出佛家普度众生的宗教情怀。这件《妙相光明套牌》作品传承了佛教文化与玉文化相结合的精华，但绝不是对以往的简单重复，而是创造性地开辟了一个新的领域，表现在：① 材料的运用。古代的佛教作品受时代的限制，材料的选择余地不大，因而材料上或多或少都有缺憾。而这套《妙相光明套牌》，使用了当今最好的和田羊脂白玉，从而使作品塑造的菩萨形象完美无缺。② 两位大师，六位书法家的联袂之作。艺术作品一般是个人独立完成的作品，两位及以上多位艺术大师联袂的艺术作品弥显珍贵，这件作品竟集合六位艺术大师的创作，实属罕见。多位艺术大师联袂创作，关键在于艺术风格的统一与差异能有机地结合起来，最大限度地体现出合璧的艺术之美。这件作品的艺术之美是多重的，苏然是国内玉牌的顶尖大师，翟倚卫也是国内玉牌的巅峰王者，二者作品风格虽略有不同，苏然的作品更豪爽些，翟倚卫的作品更细腻些，但这丝毫不影响该作品的艺术价值，反而使他们的艺术风格相互辉映，更上一层楼。六位书法家的作品更使这件作品达到了新的艺术境界，放眼望去是整体作品，仔细观察每位书法家的表现手法又各不相同，正楷、行草、隶书、篆体皆有，艺术风格虽不相同，但细细品味又能得到不同的艺术享受，使这件作品几乎达到完美无缺的程度。③ 多年来，造成玉器艺术品没有长足进步的原因有很多，但其根本在于多数当代玉器艺术家没有将提高玉器的艺术性作为玉器制作的使命，从而使多数玉器作品流于商品之列，而这件作品以提高玉器艺术价值为使命，并达到了这一目的，从而将当代玉器艺术提高到了新的境界。

《妙相光明套牌》所刻画的菩萨妙相与道场胜境，将实景、画意、诗意共同容纳进佛教空观的哲学理念，用庄严的法度和崇高的美感来开慧众生。作品诗书画艺高度浓缩，形神兼具，特色鲜明，文人意趣十足；主题旨归敬天礼佛，向人世间传达大善大德，承载着大乘佛教超脱世间又不离世间的普度情怀，所谓佛意无边，唯以永存。

复得返自然

——程建中《田园之音》赏析

□于　帅

这件作品是由玉雕名家程建中设计创作，获得了2006年“百花玉缘杯”中国玉石雕刻精品奖银奖。此作品运用和田玉温润内蕴的特质，以田园景物为创作素材，充分体现了中国文化中万物皆有情的天然意趣。

作者娴熟地利用了镂空、立雕等技巧，以两朵盛开的喇叭花为主线，周身藤干蜿蜒攀升，连接朵朵含苞待放的小喇叭花。花叶穿枝过梗反转叠挖，层次分明，线条清晰，雕刻严谨，传达出无限的生命张力。更巧妙的是用糖色缀以蜻蜓、蝴蝶、甲虫、蝉、螳螂、黄雀等田园常见的动物，个个栩栩如生，暗喻了一甲及第、飞来喜讯之意。尤其生动的是一只螳螂爬在花叶尖部，细长的四肢牢牢地扒着，好象对眼前的蝉伺机而动，却未发现后面的黄雀正洋洋得意地窥探。一幅螳螂捕蝉、黄雀在后的有趣情景，洋溢着勃勃生机，谱出一曲夏日清音。整个画面呼之欲出，动静相映成趣，令人叹为观止。

这件作品体量感厚重，而细节处玲珑剔透。雕工明快简洁，自然顺畅。喇叭花上的螳螂腿几乎是一触即断的，可以说是将精雕细刻发挥到极致的经典之作。57千克的原料，雕成作品已不到3千克，由月海轩玉雕技师历经3年雕琢而成。玉雕是一种不允许犯错误的艺术，为了这件作品的尽善尽美，技师在心安气定之时才进行雕琢，否则稍有差错，轻则抱憾终身，重则前功尽弃。

这件作品采用了俏色技法，一块玉料中的白色与糖色形成对比，更能表现田园题材的清新灵动。“俏色”是指在一块同时具有两种以上不同颜色的材质上，利用自然的颜色分层巧妙地加以雕刻。这种方法往往更具设计美感，可以增添作品情趣，美化作品意境，提升作品价值。和田玉是一种价格昂贵的材质，制作者必须在充分了解这一块材料特点的基础上进行艺术创作，使艺术形象之美与玉石质地之美融于一体。玉石材料本身的形状、纹理决定了玉雕成品的题材和造型等方面，一切工艺都力求体现出玉质本身的美感，达到天人合一的境界。随着现代玉器市场的逐步繁荣，人们对玉器的需求渐趋理性，不再片面追求玉材价值，而是将鉴赏重点转向富于艺术构思的作品。创作者能否成功利用俏色，取决于审美经验、雕刻技艺以及对原料的判断能力。这对玉雕从业者的职业技能提出了更高的要求，是一个巨大的挑战。这件作品凝脂般的柔白玉质表现了田园题材的清雅韵致，莹润的糖色更突

出了活灵活现的田园生物形象。两者互相衬托，相得益彰，使玉材的天然之美与雕琢的人工之美达到高度和谐的统一。

作品还带有诗一首，作品中的自然情怀于此也可见一斑：

一夜春雨，沐南苑两枝清蕊。
招三蝉四蝶，五颜六色，
与七彩霓虹相映辉。
更喜八足甲虫，拨弹九歌之韵，
生机十足堪沉醉。
十驾轻云，借女娲九天奇石。
经八山七海，六峰五湖，
与四方知音共品题。
再凭三生圣手，镂刻二仪之象，
天下一绝自成诗。

田园题材是中国传统文化中重要的篇章，古往今来，文学、美术等各门类艺术作品中不乏野趣丛生的田园风光和自然意象。玉器具有材质润泽之美和造型优雅之美，这两者所共同表现出的清净恬淡的中国古典气质，与古代知识分子寄情自然的隐士情怀不谋而合。他们崇尚自由隐逸的闲适情趣，追求无拘无束的心灵境界。早期隐士善卷在拒绝舜禅让天下的美意时，曾表示：“余立于天地之中，冬日衣皮毛，夏日衣葛絺；春耕种，形足以劳动；秋收敛，身足以休食；日出而作，日入而息，逍遥于宇宙之间而心意自得。”中国古代正直知识分子淡泊名利、珍视自我，向往自由的人格理想与精神境界，是中国古代文人一以贯之的优良传统。他们摆脱名利的羁绊，顺应自己的志趣，并在田园生活中不断完善自我独立人格，寻求自身与自然的统一。和田玉外表温润而内质刚韧，是最符合古代君子品格的材质。这件作品用和田玉表现田园题材，在悠闲随性的画面下更见清傲风骨。

这件作品轻松含蓄、生动自然，田园情景历历在目，又更有物外之趣。现代人由于客观条件的限制，很少有机会如古人一般回归山林逃离人生烦忧，在自耕自食的田园生活中寻求自然的庇护，但精神的疲倦、情绪的焦虑使他们同样寻求宁静温馨的精神家园。这件作品寓情于器，借物抒怀，渗透了寄情山水田园的隐逸情怀，与这一悠久的中国精神传统保持着密切的联系。作品中表现出一种自由自在、无拘无束的思想状态，给予了观赏者与自然进行精神接触的机会。虽身处车水马龙的繁杂喧嚣，却不禁忆起童稚时一阕幽悦蝉鸣，这也是一种心灵的归隐。

千古余音

——倪伟滨《觚》赏析

□于　帅

这件作品的创作者是中国玉器雕刻大师倪伟滨。这款玉觚选用上等河磨青玉雕琢而成，玉质莹润细腻，色泽典雅凝重。口部向上呈喇叭状，颈部细长，腹部微鼓，高圈足。觚体周身遍布商周古典纹饰，阴阳刻相结合，刀法纯熟流畅，整体风格浑然一体、端庄工整，古朴大气中又不失精致文雅，将玉材之美和工艺之美的结合发挥到极致。

河磨玉产于岫岩，是透闪石的一种，与和田玉成分相当。它的质地细腻，色泽纯正，是玉中上品。历史上红山文化的玉器就多以河磨玉为材料，它也为中华文明的进程做出了杰出贡献。多少彪炳千秋的中华儿女，披盔戴甲，身佩玉饰，驰骋于辽阔大地之上，引领中国进入了文明时代。而后，河磨玉沉寂了数千年，直到20世纪80年代以后才被重新发现和使用。然而，这种玉材并未被现代玉雕大师所重视，一直没有高品质的作品出现，河磨玉的创作始终处于低层次状态。当玉雕大师倪伟滨先生接触到这种玉料时，他充分认识了河磨玉的价值，决心将它的材质之美发挥尽致，并在材料美的基础上，展示出当代玉雕的作品美。为了表达对河磨玉深刻传统的尊重与探求，他借鉴中国传统器型“觚”的形制做成了这件作品。

觚是古代的一种饮酒器，后又演变为用于祭祀、陪葬的礼器，多为青铜所制，主要盛行于商周时期。其基本形制为长筒状身，大喇叭形口，斜坡状高圈足。宋代之后多作为陈设器，常用来作为插花的器具。红楼梦第三回中，林黛玉进荣府所看到的陈设中就出现了觚的身影："左边几上文王鼎匙箸香盒，右边几上汝窑美人觚——觚内插着时鲜花卉，并茗碗痰盒等物。"西周以来觚多长身细腰，体态婀娜有如美女，所以也有"美人觚"之称。

春秋时觚曾作为规范礼制的标准之一。在孔子看来，周礼是根本不可更改的，从井田到刑罚，从音乐到酒具，周礼规定的一切都是尽善尽美的，是神圣不可侵犯的。觚也是周礼规定的酒具之一，是不能变化的，而当时觚的形式发生了变化，孔子就慨叹当时事物名不符实，主张"正名"，发出"觚不觚，觚哉！觚哉！"的慨叹。用今天的话说是，觚都不像是觚了，还能叫觚吗?

商周盛行的许多器物形制在丧失礼器功能后逐渐退出了历史舞台，时至今日，觚仍然能进入普通民众的生活并广受喜爱，很大程度上正是取决于其清峻典雅的姿态。

觚的优美形制在这件作品上也得到了很好的体现，以向内弯曲的线条为基础，达到挺拔的造型形态效果，有一股蓬勃向上之气。然而倪伟滨先生并非简单重复古人"觚"的形制，而是创造性地制作出了极具个人艺术风格的作品。"觚"有棱角之意，而倪伟滨先生在设计中增加了圆的曲线成分，线条造型润中见锋，整体上给人一种既方正刚烈又圆润优雅的美感。一件优秀的艺术作品除了造型新颖、设计巧妙以外，还应该给予观赏者视觉上的冲击力和精神上的震撼力。这件作品的整体结构正是遵循了这一美学法则。融汇的曲线勾勒出刚健劲拔的姿态，具有体量感的大器型也给作品增添了气势。一种卓尔不群的气质氛围由表及里融入作品内部，形成了作品的张力和灵魂。

这件作品的创造性不仅体现在造型上，纹饰上也着意求新。纹饰采用了商周时期流行的回纹和云纹，满布器表，使观赏者产生一种循环往复、连绵不绝的装饰感受。同时，在器体上方使用三角形留白，在重复的纹饰模块之间进行一定的间隔，使作品产生一种舒朗畅达的韵律美感。留白是中国传统绘画艺术中的一种表现方法，传统绘画中经常利用留白来营造出"虚实相生，无画处皆成妙境"的意境。这种方法在此作品上的运用，同样简洁有效地提升了作品的情调和品位。传统的回纹具有庄严古朴的肃穆之感，这件作品的纹饰经过现代化的重新加工处理后，在规整秩序的轮廓框架中又增添了活泼流畅的灵动感。这样的纹饰也与此作品昂扬向上的器型相呼应，突显出蓬勃旺盛的生命活力。

这件作品融入了倪伟滨大师对高古玉器的独到见解，以玉为载体加入中国传统造型元素，并运用现代美学原则做出相应变化后，融会贯通设计而成。它继承了数千年的传统智慧，能唤起观赏者内心深处对传统艺术的敏感与尊重。倪伟滨的玉雕理念源于他对中国传统文化的认同，他始终秉承着这一根源，在传统文学、历史、宗教等方面得到启发，从中提取元素融入创作，同时也积累形成了极具魅力的个人创作风格。他对传统的高古玉器风格的继承中又有所突破，其中既有中华民族传统的审美意境，又有时尚简约的现代设计元素；不仅强调了传统的文化内涵，还善于利用传统特色来表现当代的精神理念。

这件作品题材和纹饰具有鲜明的民族文化传统特征，体现出中华文明的厚重历史底蕴，是中国传统工艺博大悠久、丰富精湛的写照和再现。中国传统工艺美术历经长期发展，以高度概括的视觉语言，传达出特定的信息，是民族文化各方面凝聚统一的具体体现。玉文化源远流长，玉雕在现代仍是传统文化传承与发扬的天然优质载体。现代玉器制作者应从传统文化中汲取灵感、融会贯通，在传承古典美的基础上发挥创新精神，就能创造出独具神韵的作品，同时也就具有无可取代的艺术价值。

与尔同消万古愁

——易少勇《将进酒插屏》赏析

□白　静

《将进酒插屏》是海派玉雕大师易少勇于1999年11月底完成的作品，是以唐朝诗人李白的传世名篇《将进酒》全文176字为内容，正面阴刻隶书，反面阴刻行草，两面皆落“乙卯天蜀”款。

此作品的原料为一块5千克重的黑皮籽料，外形浑厚饱满，表面细致，外皮色浅。剖开之后，黑皮只在表层，没有杂质侵入内部，颜色并非很白，而质地却异常细腻，犹如凝脂。如此料之肉里干净，高密细度，是十分难得而稀有的，因此这块料分割后，创作出包括此作在内的多件插屏、立屏、镇纸及许多各式精美的玉牌。因为所切下来的这一片牌料上方边沿的表皮弧度刚好非常顺畅，且色泽金黄莹润，所以才会保留着自然的表皮弯弧，而不做进一步的人工修整；又因为牌面空间够大，所以选取《将进酒》一诗全文作题材，充分展现玉牌刻书的美感，最后又为其配上戈壁青玉的底座，同样保留青玉材质的天然纹理，高低起伏若连绵青山，稳稳地承载着白玉插屏。

易少勇大师善辨玉性，能在设计时充分考虑到如何克服玉性的问题，从而对不同料性的玉做分别处理；同时，作者又是一位乐于表现自己工艺技巧和设计理念的创意者，于是在拿到这块籽料的当下，作者即刻被如此凝脂细腻且兼具绝佳韧性的玉料所打动，他意识到即将创作的这件作品为自己的工艺施展提供的绝佳条件，他所擅长的印刻字将更能得心应手地发挥了。经过一步步的创意构思以及雕刻打磨，最终这件作品呈现出的效果更是大大超出了之前的预计，因为此原料本身不是特白，但是经人盘摩后则越盘越润，其色反而细润显白，这是料性与人性的奇妙姻缘，令不少收藏者大为称奇。

作品所用的玉料得天然之韵，为《将进酒》这一诗文题材的表现力增分不少。《将进酒》原是汉乐府短箫铙歌的曲调，题目意绎即“劝酒歌”，故古词有“将进酒，乘大白”云。约天宝十一载（752年），李白填词以抒胸臆，他当时与友人岑勋在嵩山另一好友元丹丘的颍阳山居为客，三人常登高饮宴（《酬岑勋见寻就元丹丘对酒相待以诗见招》：“不以千里遥，命驾来相招。中逢元丹丘，登岭宴碧霄。对酒忽思我，长啸临清飙。”）。人生快事莫若置酒会友，作者又正值“抱用世之才而不遇合”（萧士赟）之际，于是满腔不合时宜借酒兴诗情，来了一次淋漓尽致的抒发。诗歌原文如下：

君不见黄河之水天上来，奔流到海不复回。
君不见高堂明镜悲白发，朝如青丝暮成雪。
人生得意须尽欢，莫使金樽空对月。
天生我材必有用，千金散尽还复来。
烹羊宰牛且为乐，会须一饮三百杯。
岑夫子，丹丘生，将进酒，杯莫停。
与君歌一曲，请君为我倾耳听。
钟鼓馔玉不足贵，但愿长醉不复醒。
古来圣贤皆寂寞，惟有饮者留其名。
陈王昔时宴平乐，斗酒十千恣欢谑。
主人何为言少钱，径须沽取对君酌。
五花马，千金裘，
呼儿将出换美酒，与尔同销万古愁。

此《将进酒》篇幅不算长，却五音繁会，气象不凡。它笔酣墨饱，情极悲愤而作狂放，语极豪纵而又沉着。诗篇具有震动古今的气势与力量，诗情豪迈，同时，又不给人空洞浮夸感，其根源就在于它那充实深厚的内在感情，那潜在酒话底下如波涛汹涌的郁怒情绪。《唐诗别裁》谓“读李诗者于雄快之中，得其深远宕逸之神，才是谪仙人面目”，此篇足以当之。

易少勇大师善取材于古典诗文，将古典题材表现在各式现代造型的玉牌上，对于书法的造诣堪称一绝。他以灵活的阴刻手法见长，对于书法的布列，有时规矩严谨，有时自由随性，不拘泥于传统玉牌的表现形式，灵活多变却件件都有个人独特的风格气质。《将进酒插屏》的正面阴刻隶书，反面阴刻行草，两种字体雕刻同一篇诗文，创意大胆，别出心裁。

作品中正面的隶书书法严肃端庄，结构工谨整饬。诗文加落款“己卯天蜀”4字楷书共180字，排列为10行18排文字，布列方正有序。在书法走笔上，方、圆、藏、露诸法俱备，笔势飞动，姿态优美，“蚕头燕尾”“一波三折”。在结构上，横势扁方，具有雄阔严整而又舒展灵动的气度。汉隶主要有两大存在形式：石刻与简牍，在碑刻中更显其宽博的气势和独特的韵味。作者运用娴熟的阴刻手法保留了毛笔自然的书写状态，将毛笔的柔软性赋予汉字的笔画粗细方圆清晰展现，令人只观其优美笔触，而不觉砥砺之功法。隶书书法所散发出庄重雄浑的韵味，与诗文所表达沉郁深厚的内在感情达到高度契合，在艺术效果上倍增妙用。

反面的行草书法则布列疏散清新，形成“纵有行，横无列”的章法。结体疏密得当，收放自如。笔触放纵流动，细若游丝，牵引于无形。给人极佳的视觉冲击力，在阅读诗文时，观者仿若在观赏牌面上字与字游舞，忍不住张口开诵，将诗词的音韵节奏与诗人豪迈狂放的醉态亲身演绎一番，令人沉醉于浪漫的诗情之中跌宕起伏而浑然忘我。

《将进酒插屏》选题于古典诗文，创作手法大胆创新，形制以简胜繁，设计构思严谨高超，富有文人气息。作品中阴刻书法理法通达、笔力遒劲、姿态优美。两种书法，两种意境，即兴诗情，一挥而就，与诗文的艺术张力相合无间。作者用巧夺天工的雕刻技艺琢磨于分毫，以精深的书法功力再现了古诗之精微。此作颇有自身独一无二的气质韵味，在古人和当代玉牌中皆独树一帜，当代玉器以文脉贯通古今，以创意开辟新境，于此可见。

是曰：

良工逢美玉，盛世几度寻。

金樽鸣玉馔，清高罢古今。

相金钉宝抚无迹　簇叶攒花视有情

——马进贵《白玉错金嵌宝石西番壶》赏析

□于　帅

作品《白玉错金嵌宝石西番壶》由中国工艺美术大师、中国玉雕大师马进贵精心设计创作而成，具有鲜明的民族地域特色，体现出迥异于中原的伊斯兰装饰风格。这件作品在首届“新疆和田玉精品展示会”上获金奖，之后于2004年11月又在中国玉雕最高奖“天工奖”评选中获得银奖。

作品采用新疆和田产白玉籽料，质地细糯缜密，油润度极佳，造型规整大气，工艺精致流畅，极具西域文化特征。壶体上方下圆，方圆结合，长颈、鼓腹、圆足，西蕃草壶把，拱形壶盖，壶流下饰“真主是独一的”阿拉伯文字，并配有二杯一盘，使作品显得更加丰富完整。作品的装饰以伊斯兰特色的莨苕纹为图案，图案采用金银错嵌宝石工艺，金丝、金片与天然红蓝宝石结合镶于玉料之上，错金嵌宝平整光滑，使整件作品显得雍容华贵、典雅大方。

作品的器型源于新疆维吾尔族阿不都瓦壶，具有鲜明的民族风格。马进贵为体现新疆地域特色，不辞辛劳两度赴喀什采风，终于选定伊斯兰传统器型阿不都瓦壶为原型。这是一种用以盛水洗手的铜壶，深受维吾尔族人民喜爱。马进贵结合清代八方杯的中原文化元素，将壶身由阿不都瓦壶的瓜棱形改为八角形，传统的叶形壶嘴也改为线条更为流畅的弧形长嘴。整体造型经过反复琢磨修改，既顿错有致，又圆润优美；既保持西域风格的独特韵味，又富有中原文明的端庄典雅。

这件作品还在壶流下饰有“真主是独一的”阿拉伯文字。这种在壶身饰以民族文字图案的做法，也是伊斯兰传统装饰手法之一。为了了解这种独特的民族文字纹饰，马进贵经过多方咨询学习，收集了很多阿拉伯语、维吾尔语先哲们意蕴隽永的哲理语录，融合了多种书法风格，将民族文字设计为一种精美图案镶嵌在玉雕作品中，也增加了作品的文化内涵。

在中国源远流长的玉文化长河中，一种极具异域风情的玉器形式曾大量出现并广泛流行，这就是兴盛于乾隆时期的痕都斯坦玉器。痕都斯坦玉器脱胎于伊斯兰世界的诸多艺术形式之中，融合波斯、印度、欧洲、中国的艺术风格于一体。它造型别致、胎体透薄、花纹流畅、装饰精美，部分器物上镶嵌有金银丝片和彩色宝石，富贵华美、绚丽多彩的风格是其一大特色。痕都斯坦玉器对中国传统玉器产生了重大影响，由于乾隆的青睐，它影响了清宫造办处的玉器制作，随后又逐渐影响到苏州专诸巷等皇家琢玉基地，出现了大量仿制的“西番作”。“西番作”玉器并没有

亦步亦趋地复制痕都斯坦玉器，而是吸收西域装饰技法，结合中国传统工艺，创造出带有西域风格的中原玉器，中国玉器发展的历史上也藉此出现了一抹亮色。

金银错早在商代的青铜器上就有出现，痕都斯坦玉器则书写了金银错和玉器结合的新篇章。金银错工艺是根据设计需要在器物上绘出图案，依照图案錾出槽沟，再将高纯度金银材料拉出细丝或压成薄片嵌入图案中，构成材质对比交错的独特艺术效果。由于玉材自身易碎的特性，金银错玉器对工艺要求极高。乾隆之后国力不济，随着一代玉工的逝去，金银错玉器工艺也逐渐走向衰落。建国后，北京玉雕厂潘秉衡等老艺人尝试恢复了金银错镶宝石玉器的制作。马进贵大师经过多年的钻研探索，雕琢出多件极具代表性和影响力的金银错镶宝石玉器作品，成为当代玉器行业的独特风景。

乾隆爱玉，一生咏玉诗有三百多首，咏痕都斯坦玉器的就有七十多首。其中咏于乾隆四十年的一首，赋予马进贵大师的这一现代作品仍然贴切：

量材为器匪琼英，工致讶难意想成。
喀吗匠能逞彼巧，专诸人或逊其精。
相金钉宝抚无迹，簇叶攒花视有情。
每忆旅獒篇着训，摛吟还觉愧平生。

《白玉错金嵌宝石西番壶》这件作品构思巧妙，以和田玉的温润高洁为基调，加之金银宝石的绚丽华美，形成了巧夺天工的绝妙配合。这件作品工艺复杂，制作周期长，工作量大，完成难度极高。它的纹饰精美绝伦，器表却很难看出雕琢痕迹，抚摸时也没有高低起伏之感。这件作品是集中原文明与边疆风情于一身的精品佳作，是玉雕大师调动诸多创作手段使艺术和情感达到完美统一的结果。西域作为古代东西方两大文明交流融合之地，在中华民族多元文化的形成和发展中具有非常重要的地位。马进贵大师作为生活在新疆的回族人，将忠挚的情感融入对民族文化的不懈追寻，用精湛的玉雕技艺在这片血脉传承的土地上谱写出了新的文化传奇。

乐向寻常百姓家

——刘忠荣《世事如意玉牌》赏析

□白　静

《世事如意玉牌》内容为岁朝清供之类题材，是刘忠荣大师首次完全以“静物”为题的作品。

牌顶边沿部分恰好有一整片浅黄皮色。正面四周起细边框线，主题为栽于瓶中的柿枝，花瓶弧形鼓起，在接近瓶底处为浅浮雕，往上渐渐增加高度转而为中浮雕，花瓶外廓左右对称，瓶身以细阴刻线条装饰，精准地表达出其形体结构与体积感，并且传达出花瓶“刚硬”的质感。

相对于花瓶刚硬的感觉，柿子与枝叶部分就显得柔和多了。柿子底部是以斜刀深入再圆弧突起，而花瓶底部与桌面为垂直线条，说明了花瓶是摆设在桌上，其底部为平面实物，柿子则是悬空而上呈扁圆球体的空间结构。

斜放于桌面上的如意，用中浮雕以挺劲简练的线条诠释柄部，相对之下，突出了如意头及流苏部分的柔性诉求，如此组合，立体效果更好。背景以“长脚卍字锦”花窗点缀，采用“薄肉雕”工艺。

为了与前面花窗相连锁的“卍”字锦图案相映，玉牌背面额首及牌框内四角的图案，皆用拐子龙的变化纹样，并在牌额中间圆洞下钤一“如意”篆刻章，以及框内篆体对联“玉树金丸，世事如意”，全都以浅浮阳刻表现。

这件《世事如意玉牌》选取岁朝清供题材，方寸之间再现出一种东方情调的宁静、雅致的生活场景，让人们从几株静物点缀的空间场景之中感受到浓郁的祈福氛围。柿子茎叶翠绿如玉，果实金黄艳丽，气味芳香悠长，是国人非常喜欢的一种赏食两用植物，北宋诗人张仲殊称美柿子：“味过华林芳蒂，色兼阳井沈朱。轻匀绛蜡裹团酥，不比人间甘露。”“柿子”谐音“世事”，与案几上的如意合成“世事如意”的吉祥寓意，“瓶”意为“平平安安”，几个小物件，内有大文章，让人赏味不尽。背面篆体对联“玉树金丸，世事如意”既是对玉牌正面静物的概括描述，也是在传达画面的主题寓意，篆体书法笔画刚中带柔、婉转挺秀，具有很好的装饰效果，和边框纹样及正面的窗花棂格相映成趣，共同体现出一种规整典雅的情致。

“岁朝清供图”在我国传统绘画题材中，是一个独特、应时且受人喜爱的画种。此种吉利画到了清代已经非常盛行，上自帝王公卿，下至布衣秀士，名家高手多有应景即兴之作，敷衍成诗书画图文并茂的典型文人画。例如近代著名画家赵云壑曾于1922年岁朝乘兴挥洒一幅《岁朝清供图》，“但见炭盆熊熊，红烛高照，梅笑开，茶正香，牡丹呈艳，水仙展容，一片富贵吉祥之气。画竟，书诗遣兴：‘百事安排度年华，静瓶插了老梅花。满堂富贵多欢喜，阳羡砂壶饮清茶’。”足见一番风雅。

《后汉书·周磐传》已有“岁朝会集诸生，讲论终日”的记载。“岁朝”，农历正月初一，“岁之朝也”。“清供”，又称清玩，包括金石、书画、古器、盆景等可供赏玩的文雅物品。在古代，无论宫廷和民间，都往往在陈设器物上赋予吉祥寓意，并从生活环境的陈设方面力图表达这种心思，尤其到了春节，家里男女老幼皆终日讲吉祥话，营造辞旧迎新的节日氛围，以求来年更有一个好光景。元明之后，又将陶、瓷、铜、玉、石等各种古器物及花卉、果品归为清供点缀，许多人都会买些天竹、腊梅、水仙、柏枝等，或摆于几案之上，或插于古瓶之中，既可增加节日的喜庆气氛，亦可图其吉利之意，又是一种表示“迎春接福”和对来年美好愿望的寄托，不失为“岁朝”之乐事。自古以来，“岁朝清供”的内容和形式不尽相同。一些上层人物，权贵之家和文人雅士的“清供”内容就更加奢华精美，多姿多彩。有的挂名人字画，摆精美的古玩，山石，碑帖和名贵奇特的花木盆景，以显富贵高雅。后来，“岁朝清供”的内容逐渐成为我国画家们极为喜爱的画题，自清代以后更为盛行。著名画家吴昌硕、孔小瑜、齐白石、张大千、王雪涛等都曾以岁朝清供为题创作出不少经典作品。

刘忠荣先生曾系统地学习过三年素描、白描、雕刻等课程，加上他潜心钻研、心无旁骛，因此培养了扎实而过人的基本功。刘忠荣大师早期的玉牌，是以宗教及十二生肖动物题材为主，构图布局皆主体居中或占满，边框装饰衬托主体，即以主体形象的图案式设计为主。到了2000年后，渐渐走向诗画风格，注重灵活的空间布局，并且增加空白的版面，使其境界更为优雅，背面配以诗词，整体看来似一幅精致的国画。

对于玉牌的表现，刘忠荣先生最擅长线条的运用及丰富的层次。不论是直线、弧线，皆显出“挺”“劲”之势，根脚处亦不拖泥带水，干净利落。浮雕层次的掌控更是精彩，在一块小小的玉牌上，最高与最低点之间微小的距离上，他可以做出比常人更多的层次，再加上对于人物、动物、花草、山水、物体等结构体积的精准认识，使他的作品在立体感中，有一种温厚、顺畅、柔雅的光彩，这是玉牌雕刻中十分重要的效果。

《世事如意玉牌》巧妙运用国画的边角构图和西方的空间透视原理，把牌面的空间构成拉长、纵深，给人毫厘之间也有绵延不尽的广阔视野。近景中的静物置于画面左下角，花瓶中柿子枝叶向右侧伸展蔓延，旁逸斜出，与背景的花窗重叠交织，构成迂回曲折的层次感。画面背景以“长脚卍字锦”花窗点缀，窗格线条横竖错落，与近景中案几的边缘斜线共同切分出明确的远、中、近空间层次，“长脚卍字锦”花窗样式工整简约，古雅质朴，仍是只留取一角于右上，真是“以点带面”“计白当黑”的完美呈现。

令人从镂空通透的窗格望去，已有更加广阔的屋宇亭台映于脑中，想必这是一个让人羡慕的幸福家庭，定是一个书香富贵人家，家中有一个经营有道的主人，主人怀揣着对家人圆满美好的愿望……辞旧迎新的佳节，家人团聚、平安如意，人生境界至此足矣！乐生好和的东方生命哲学与典雅含蓄的艺术格调在这件作品中契合无间。

言有尽而意无穷

——杨曦《龙凤牌》赏析

□白　静

这件玉牌是杨曦古韵风格的一件作品，借鉴了上古时期玉雕纹饰中的龙、凤、蝙蝠、八卦等传统图案符号，是一件运用全新的设计理念和创造方式创作的佳作。

玉牌选用上等和田籽料制成，料性极佳，油润滑腻，坚致细密，顶部稍带一点灰黄皮色，为了欣赏玉石的古朴本色，裁料时特意保留了玉皮的弧度，效果自然随意，独具匠心。玉牌的四角也做了圆润的弧度处理，玉牌置于手中贴合掌心，给人以圆融、亲近之感。玉牌画面也未做边框处理，这别出心裁的设计，令主体图案有出廓、延展至画面之外之感。

此件玉牌运用平面设计理念将玉雕纹饰元素进行重构，打破了传统玉雕的画面格局进行全新的组合。平面设计是一种创意语言，是将作者的思想以构图和文字的形式表达出来，用单纯的视觉元素来传播作者的设想和计划。平面设计理念可以将不同的基本图形，按照一定的规则在平面上组合成图案，也可以以手绘方法创作。主要在二度空间范围之内以轮廓线划分图与地之间的界限，描绘形象。而平面设计所表现的立体空间感，并非实在的三度空间，而仅仅是图形对人的视觉引导作用形成的幻觉空间。

在创作过程中，《龙凤牌》这件作品采用了杨曦大师独创的“虚实结合”表现手法，增强了玉牌图案的视觉效果，充分调动出平面元素所包含的讯息，令画面图案更富意境感。作者对于题材中欲突出的纹饰不吝刀工，精雕细琢，而对于一些次要内容则如滤镜滤光般的渐变至无，以无代有，层次更加鲜明。画面纹饰有凸有凹，渐渐延伸到画面之外，神龙见首不见尾，给人极大的空间想象，是一件富有现代设计感的仿古题材作品。

值得一提的是，中国艺术美学极为重视虚实结合的原则，但从没有人将这一原则运用于玉雕之中。中国水墨画、书法、诗歌等艺术形式都讲究留白，所谓“计白当黑”，以无代有，使得中国艺术非常具有艺术意境。杨曦在玉石上大胆采用虚实手法，突破了历代玉雕平面的表达手法，既体现了效果的虚实关系，又表现了空间的前后关系，也说明了题材的轻重关系，总之这一原则的应用淋漓尽致地表现出题材画面的轻重缓急。这种看似简约、抽象的纹饰，却是中国玉雕史上开创性的创意。

杨曦将仿古题材运用平面设计理念进行全新的组合，发展了中国玉器纹饰艺术，开创了一种新的纹饰形式。中国古代玉器，每个时代都有自己的纹饰及其创新，新石器时代，玉器的纹饰是简单的、平面的，依靠其直观形象来表达思想内涵，没有立体的纹饰可言。春秋战国时期，玉器纹饰有了发展，开始有了连贯性纹饰，有了立体的感觉，人们开始在玉器上感觉到了纹饰美。而后的数千年，玉器的纹饰力求在平面中创新，明代的多层次玉器，将玉器纹饰发展到了新阶段，使其在平面内达到多层次的立体效果。其后，玉器的纹饰开始向绘画效果发展。举一个最著名的例子，明代玉雕工匠陆子冈在玉器上甚至在皇家作品留款，搞得皇帝很不愉快，欲借机杀掉他，于是命他创作一件雕有千匹骏马纹饰的扳指，陆子冈最后完成了只有三匹马的扳指，扳指上，一匹马的头部刚刚进入画面，一匹完整的马在画面中间，一匹马的头部已经驰骋出画面，扳指画面只有三匹马，但其寓意却已包含了千匹骏马，这种寓意境于画面之外的艺术表现方法，给人以丰富的想象，使纹饰的表现方法达到了新的境界。时至今日，玉器纹饰又有了新的表现形式，那就是杨曦的虚实结合法，开创了玉器纹饰的新时代。可以想象，如果当年陆子冈所雕三匹马的扳指，以杨曦虚实的手法表现，不仅会给人以千匹骏马的想象空间，还可能表现更多的内容，而且令平面为主的玉牌纹饰能达到以无代有、境生向外的艺术效果。古人没能做到的杨曦能做到，他的平面设计理念和虚实结合手法，丰富了中国玉器的纹饰表现形式，为中国玉文化增添了新的一页。

这件玉牌由于采用平面设计理念和虚实手法，整个牌面层次丰富，在有限的空间内容纳了多种纹饰，将龙纹、凤纹、蝙蝠、八卦重构在一起。左边上部雕有两条飞龙，仿秦代形制，造型浑圆古朴，线条婉转流畅，龙头以实来表现，凸起面非常流畅大气，身体渐渐隐去，结构把握得精准，给人留足了想象空间。右边上部雕有凤纹，以仿汉代瓦当形式悬浮于画面上方，隐约呈现半面结构，纹饰的线条刻画技法大胆，采用粗糙化的边缘断面方式处理，来表现瓦当年代久远的沧桑之感。左下方雕有蝙蝠纹，与上部静态的龙凤纹形成了态势上的反差，纹饰以火焰般的“S”形线条来表现，具有强烈的动感，给人呼之欲出的形象感。右下方的八卦纹隐含着万物负阴而抱阳、阴阳相成而生变化的哲学寓意，与画面上半部构图中的“龙凤同翔”意韵相通。

《龙凤牌》将古代玉雕纹饰及图案创新布局，画面灵活生动，纹饰飘逸唯美，技法老道多变。作品用多变的线条和虚实的纹饰，使玉石的质感更显完美，将玉牌的观感推向新的境界。“仿古而不泥古，简洁而不简单”，是对这件作品成功之处的最恰当描述。

全新的设计理念，贯穿着作者张扬的思想和个性。我们可以从作品中窥见作者深厚的国学认识，以及张弛有度的人文修养。当代玉器中以仿古形制最难突破，杨曦的一些雕刻作品借鉴融合了西方雕塑的一些手法，甚至在探索着抽象题材的创造，每有新作问世总能给人全新的艺术感受，他的仿古作品已经完全脱离匠气，使玉雕作品从单一的技巧过渡到艺术创作，是艺与术的完美结合，这也是艺术家对生活和创作的升华和总结。

自在静逸　巧妙天成

——俞艇《薄胎双耳瓶》赏析

□白　静

此件作品为苏州俞艇大师的薄胎器皿，取名《薄胎双耳瓶》。整件作品玉质纯净温润，造型规整轻巧，线条流畅柔和，雕功精细入微。瓶体椭圆形口、足，镂雕莲叶形双耳，呈“S”形弧度卷曲，通体起凸雕饰缠枝莲纹，盖面周饰缠枝莲叶纹，尖顶花苞形纽。

作者俞艇先生是苏州第一个大胆采用青海碧玉做薄胎器皿件的人，如今作者的碧玉薄胎器皿已广为业界好评，其薄胎器皿的创作也已达到当代国内顶级水准。此作的原料温润细腻，是青海碧玉中的上品。作者在制作过程中先将原石的玉璞（业内俗称皮）杂质和裂痕剥去，留取纯净的部分，然后再根据料型合理设计。俗话说“玉不琢，不成器”，此作品用料恰到好处，设计精巧独到，充分展示出玉料的美感，一块璞玉终成大器，可见“料由天然，玉在人为”。

这件梅瓶造型所运用的工艺又是薄胎器物中难度较高的。梅瓶是众多瓶形器皿中的一种，在古代有多个名称，如：鸡腿瓶、经酒、经瓶等称谓，据文献记载，梅瓶的称谓是在清代才出现的。梅瓶的特征是小口、鼓腹、收腰，历代梅瓶的器型都略有不同。梅瓶的用途众说纷纭，有的认为最早是用来盛酒之用，有的说是插梅花之用，故称“梅瓶”，但现多用以装饰摆设，梅瓶在很多艺术门类里都有出现，制作材料丰富多彩，有瓷器、陶器、漆器、木雕、玉器，等等。

作品设计创新之处还在于把瓷器造型借鉴运用到玉器上，形成了独具特色的玉雕风格。作品用流动的线条展现碧玉的美感，柔美的结构令观者忘记了原石的坚硬，也丝毫察觉不到人工巧作的艰辛，可谓“自在静逸，巧妙天成”。纹饰采用了西番缠枝莲纹，具有浓郁的痕都斯坦异域风情，同时，作者用精湛的工艺技巧将纹路雕琢得错落有致，加上留白空间的处理，令布局疏密相间，光影明暗起伏，使作品又充分具备了中国传统的审美格调。从色泽到质地，从纹路到造型，达到高度融合。作品结构匀称，体量娇小可人，很有亲近感、融合力。

千雕万琢方成一器，薄胎玉器来之不易。一件出活需要经过几十道工序，做粗坯、掏膛、磨花、碾薄、抛光……尤其是做到几毫米厚度薄如纸的地步，还要在上面雕刻细如发丝的纹饰，稍有不慎，便可能穿孔乃至破裂。雕琢的难度可想而知。挑选一块完整而无瑕疵的玉料非常重要，因为材料的色彩是否均匀一致、细腻润洁，会直接影响到一件玉雕作品的观赏性，乃至于它本身的经济价值。这件薄胎器皿作品取材于青海碧玉，青海碧玉材料颜色纯正，致密度高，罕有瑕疵，呈半透明

的菠菜绿色，这种质地的材料非常适合用于制作薄胎玉器作品，因而当代多数碧玉薄胎作品都取材于青海碧玉。作者高超的抛光技艺赋予材质油脂光泽，更具滑感。

一件作品不单器型要完美匀称，花纹的设计与摆布至关重要，花纹设计存在多样性。有山水、人物、花鸟、走兽、龙凤、花卉，等等。这件碧玉梅瓶的花纹采用了花卉纹装饰，在设计花纹的时候，作者借鉴了西洋花卉的画法和伏地隐起的浮雕相结合，这种表现手法能充分体现花卉纹的层次感。在花纹雕琢完成后，还有一道关键的工序就是薄胎的处理，所谓的薄胎处理，就是在已经完成的玉雕器皿的基础上进行再次掏磄，这个步骤也是最需要全神贯注的时候，要把器皿的器壁掏薄至一毫米左右。最后才是打磨和抛光，这件作品用亚光和玻璃光泽，将纹饰层次展现出来。

鬼斧神工的技艺，将薄胎器皿的轻盈透过碧玉细腻的质感展现出来，顺逆光影流转，节奏层次丰富，营造出柔美空灵的艺术效果，作品以器皿独有的静态来震撼视觉和心灵，令人近之即屏息凝神。作品通体清澈透亮，透过灯光能从内壁清晰地看到外壁的纹样，充分体现了苏州玉雕工艺的“空”“飘”“细”的特点，代表了当代国内玉雕器皿工艺的最高水平。

薄胎玉器的制作兴盛于乾隆时期，是受到痕都斯坦玉器的影响而出现的。文献记载，乾隆皇帝对这种玉器极为赞赏，誉为“薄如纸、轻十铢”，“抚外而影瞻内”，并命内务府设立专门仿制“痕玉”的作坊，称做“西番作”。此后，民间也有仿制，并融入了中国本土文化元素。薄胎玉作多用于碗、杯、盘、洗等器皿，因贵重易碎，故多作为陈设之物以为观赏。制作薄胎玉器玉质要上品，工艺要上等，因此此类玉器多是中国玉器史上最鼎盛时期乾隆年代的作品。《薄胎双耳瓶》采用先进的技艺精细打磨，运用创新的设计构思，同时继承了薄胎玉器轻薄剔透、土洋结合的艺术特征，从料、工、形、韵等各方面，充分体现了当代玉雕人融古纳新的玉雕创作理念。此器是足可与古代薄胎玉器相媲美的当代精品。

东方禅意　致韵唯美

——陈世英《悟禅知翠胸针》赏析

□白　静

宝石成自天，工艺始于人。蝉身为顶级上乘、天然匀韵的翡翠，Wallace Chan凭他对光的感应和对玉石的深厚认识，以精确的计算，令光在翡翠之中加速游走、跳动，更显映绿生辉、碧绿浓绚。全凭思想、感情和工艺的结合，才能确保计算丝毫不差，从而将选材的潜能发展至极致。翡翠厚薄、种类、质素、色彩的精准判断，皆是不断实验、反复尝试的成果。

蝉翼薄如发丝，Wallace Chan用了两年时间钻研出前所未有的美玉切割法，将翡翠造至极薄而不裂的状态，该项技术更获得了发明专利。蝉抱一颗约15.5毫米×17.10毫米如凝露的稀有翡翠，背面是一颗约13.5毫米×14.70毫米的温润紫罗兰翠玉。主石周边的翡翠圆珠和黄钻，在传统中突破藩篱，皆以自创的手法镶嵌，倾侧镶嵌的彩钻呈三角形状，与翡翠圆珠构成对比，丰富了主石的形态，并从形态、色彩、光学的推撞和融合，使视觉受到冲击。

当想象凌驾现实，只能被逼超越传统，宝石相扣的做法，则为一例。“隐闭式翡翠圆珠镶嵌技法”向翡翠圆珠赋予金属爪的功能，使它们能够牢固主石。八颗翡翠圆珠与彩钻之间，以及彩钻与主石之间，皆以精确计算，把金属推到极其柔细，使彩钻镶嵌就像是没有金属辅托般自然天成。

两颗鸽血红宝石在万绿之中闪烁生辉，滚滚的红尘浮载于蝉的眼眸，象征艳丽的世间事牵引人心，惟蝉儿抱着的稀有翡翠，除了是天地孕育的奇珍，亦是修行的结晶。翡翠象征君子之风，蝉抱之爱之，表示一种境界的追求。清静无为的修养，是自我觉悟的基础，只有怀抱智慧和慈悲，才达如获至宝的禅悟。

蝉身颗颗晶莹的翡翠圆珠，皆采用“内格榫卯嵌接法”精工镶嵌，给翡翠圆珠作特殊切割，形成榫与榫眼一样的凿枘，令翡翠圆珠无需爪脚亦能紧扣蝉身。Wallace Chan不惜工本，花上较正常程序多数十倍的时间完成此作，乃为贯彻作品的唯美形态，并保留翡翠的完美状态。表现比机械更精明的双手，凭着一颗敬业的心，才能作出牺牲去成就永恒的价值，使这蕴藏着中国深厚文化意韵的蝉，永远闪烁华光，永远象征着真、善、美。

《悟禅知翠》既是珠宝，亦是雕塑。蝉身肢干，纹理细致，精巧迫真，由腹节至足刺，雕工皆精细入微。一刀一刻，皆出自巧匠亲手磨制的刀，线条富于张力，所有凹凸起伏都是力量的表现，其肢足的力量更强烈可见。蝉腹的纹理深刻地表现雕刻的功力，数十年来的雕刻工艺，丝毫毕露于蝉身。作品是“可穿戴的雕刻艺术品”的极致经典，展现了雕刻功底的极高韵味。

凝赏着这巧侔造化的蝉，不期然令人想到唐代诗人虞世南的《蝉》：

垂緌饮清露，流响出梳桐。

居高声自远，非是藉秋风。

陈世英其他作品

罗 汉

罗 汉

权威奖项

中国的玉器文化源远流长，从七千年的通灵宝玉，到帝王皇权的象征，再到儒家文化的精神支柱，到现在的玉文化遍布华夏。玉石深厚的文化底蕴已经渗透到我们整个民族的血液和骨骼。弘扬玉文化，传承玉雕技艺，是玉雕奖项设立的宗旨。

古语曰：玉不琢不成器。当代玉器之五美中除“材质之美”外，剩余的“工艺之美”“纹饰之美”“器形之美”“题材之美”均是经过细细雕磨、注入文化寓意而成。当代玉雕在历史长河的细细打磨中逐渐形成地域上风格的不同：“北派”玉雕庄重大方、古朴典雅；“扬派”玉雕质朴灵秀、精巧细腻；“海派”玉雕兼收并蓄、写实写意；“南派”玉雕造型丰满、呼应传神。当代玉雕的“精作”让人惊异，在材料应用上的精打细算，创作设计上的精准独道，雕刻技能上的精湛演绎，艺术神韵上的精妙传递，处处体现着“精而不过，巧而不俗，细而不匠，简而不繁”的工艺特色和艺术成就。

玉雕奖项的评选正是集百家之争鸣，为爱玉、赏玉之人提供一睹玉雕风采的平台。同时进一步推动玉雕行业的发展。今年年鉴共介绍了15个玉雕奖项，当然，还有其他的玉雕奖项的设立同样为玉雕行业的发展作出了贡献。由于篇幅有限，未收录的玉雕奖项会在后续出版中陆续为大家呈现，请读者见谅。

玉文化断不得，她是君子之德的根；玉雕艺术断不得，她是传递文化的脉。玉雕艺术随着社会的发展、时代的进步绵延不绝，东方文明的智慧在玉器上闪烁着璀璨的光芒。设立各种玉雕奖项，充分调动了我们的艺术手段，探索真正意义上的玉道，弘扬玉文化，这是我们为之奋斗的目标。

（苏士珍）

当代玉器奖项

□ 苏士珍

当代玉器奖项的设立，旨在更好地弘扬珠宝玉器文化，优化人才成长环境，促进人才脱颖而出，提升创新设计能力，激励多出精品，推动行业发展，促进行业规范和市场繁荣。

一、“天工奖”

中国玉雕石雕作品“天工奖”评选活动是“中国珠宝玉石首饰行业协会”（中宝协）于2002年创立的一项专业评比活动，是目前全国玉雕界最具权威、最具影响力的全国评比专业奖项。“天工奖”始于2002年，每年举办一次，截止到2012年末已成功举办11届。为玉石雕刻行业提供了一个展示作品、发现人才、引导收藏、促进消费的平台。

此奖项报名作品材质限定为软玉、翡翠、玛瑙、岫玉、独山玉、绿松石、青金石、琥珀、珊瑚、象牙、煤晶、水晶、寿山石、青田石、巴林石、昌化石等；“天工奖”分别设立金奖、银奖、铜奖、最佳创意奖、最佳工艺奖、优秀作品奖。

2002年首届“天工奖”获奖作品：金奖5项、银奖13项、铜奖14项、优秀奖22项、最佳工艺奖15项、最佳创意奖12项。

2003年第二届“天工奖”入围作品近300件。

2004年第三届“天工奖”在当年中国国际珠宝展期间评选出13件金奖、21件银奖、18件铜奖作品。首次增加了石雕作品评选，在征集的300余件作品中，石雕作品有40余件。

2005年第四届“天工奖”颁奖典礼于当年11月11日在北京中国国际珠宝展会场举行，本届“天工奖”共收到参赛作品达1500多件，评出有300多件优秀的玉雕、石雕作品，其中包括“天工奖”13件金奖作品、38件银奖作品、33件铜奖作品。为表现巧夺天工的雕刻工艺，中国国际珠宝展展馆的二楼特别设立了“天工奖”作品展区，展出300余件获奖作品。

2006年第五届“天工奖”在同年11月8日开幕的中国国际珠宝展进行了展示与公布。据大赛的组织者介绍，本届“天工奖”共有近千件作品报名参选，共评出金奖作品16件、银奖作品18件、铜奖作品30件、最佳工艺奖作品10件、最佳创意奖作品10件。

2007年第六届“天工奖”共有1400多件作品参与角逐，350件优秀作品入围进入终评，于当年10月30日评选出金奖20个、银奖28个、铜奖30个、最佳创意奖8件、最佳工艺奖8件。

2008年第七届“天工奖”评选出金奖作品16件、银奖作品18件、铜奖作品35件、最佳创意奖作品16件。

2009年第八届“天工奖”入围作品360件，经评审组专家和大师认真细致的评审，共评出金奖作品25件、银奖作品41件、铜奖作品52件、最佳创意奖作品10件、最佳工艺奖作品14件、优秀作品奖218件。

2010年第九届“天工奖”调整了以往“天工奖”的入围评选方式：将原来以照片在北京初评的方式改成以各地分区以实物进行初评的方法，各地分区有关机构与中宝协共同评定“2010年中国玉雕石雕作品‘天工奖’入围作品”。各地分区的评选入围作品名单报送中宝协，由中宝协统一发送“2010年中国玉雕石雕作品‘天工奖’入围通知书”，保障入围作品更加公平公正。共评出金奖作品32件、银奖42件、铜奖47件、最佳创意奖作品12件、最佳工艺奖作品15件。

2011年第十届“天工奖”评选活动规模超过往届，共评出金奖31件、银奖52件、铜奖52件、最佳工艺奖12件、最佳创意奖10件、440件优秀作品奖。

2012年第十一届“天工奖”评选出金奖10件、银奖10件、铜奖10件、最佳工艺奖5件、最佳创意奖5件。

11年来中宝协累计收到入围作品4000多件，不仅促进了玉雕行业的发展，更使得中国传统的玉雕工艺发扬光大。

二、玉器“百花奖”

“百花奖”是由原国家经委、轻工部于1981年批准设立的，是中国工艺美术界的最高奖项。其中包括玉器类的评选。由于各种原因，1989年百花奖的评选活动中止了。

2005年停办16年之久的中国玉器“百花奖”评选活动在揭阳阳美玉器节上恢复。2005年、2007年共评选两届，由于阳美地处偏远，百花奖影响有限。

2008年6月中国玉器“百花奖”移至广州珠宝展举办。获奖作品也挤满了12个展位。参展会后获奖作品又到四会巡展，并在四会市政府举行颁奖大会。展会期间开过两次新闻发布会，内地及港澳地区的记者纷纷报道，这次百花奖评选活动在行业内和社会上都引起了巨大反响。

2009年中国玉石雕刻“百花奖”参评作品600多件，分别来自北京、上海、苏州、扬州、深圳，以及河南、广东、天津、新疆、辽宁、云南、安徽、福建、浙江、山东、内蒙古、四川等地玉石雕刻艺术家和藏家之手，遍布全国各地。玉石品种除了习见的翡翠、白玉之外，独山玉、密玉、青金石、河磨玉、珊瑚、玛瑙、水晶、黄龙玉以及寿山石、青田石、巴林石等，悉数亮相登场，姿彩纷呈，蔚为大观。其中206件作品获评本届“百花奖”奖项。

2011年中国玉石雕刻“百花奖”评选，有来自北京、上海、新疆、广东、河南等近20个省区市的企事业单位、大师工作室的1000余件作品参评。经评选委员会从学术、文化、技艺等不同角度进行全方位的评选后，最终有400余件作品入围终评，涵盖了白玉、独山玉、翡翠、岫玉、玛瑙等玉石品种。

2012年中国玉（石）器“百花奖”评选活动于6月20日结束。参评作品来自北京、上海、苏州、河南、新疆等20多个省市的企事业单位、大师工作室以及个人，共有12000余件（套）。有37位玉雕艺术家被授予“中国玉雕艺术家”荣誉称号，26位玉雕行业后起之秀被授予“中国青年玉（石）雕艺术家”称号。

截至到目前，玉器“百花奖”参评的玉石材质包括白玉、碧玉、翡翠、独山玉、岫玉、松石、玛瑙、寿山石等多个品种。国家级大师、省级大师、高级工艺美术师、艺术创作设计人员纷纷提供精品参加评奖，形成了一个南北融汇、百花齐放的局面。

三、上海玉雕“神工奖”

“神工奖”是上海海派玉雕文化协会等数家单位联合举办的上海及长三角地区规模最大、档次最高的奖项，以上海及长三角地区为主，全国各地均可参与。参评作品的类别包括白玉类、翡翠类、其他玉种玉雕作品。

2007年第一届上海玉雕“神工奖”的玉雕作品来自全国各地，作品多达200多件，除了30余位上海大师作品外，还有来自扬州、苏州、北京、宁波、云南瑞丽等地的佳作，更有上海玉器厂、扬州玉器厂、广州南方玉器厂、新疆和田玉器厂等15家玉器厂商参与。“神工奖”分别设特别金奖、银奖、最佳创意奖、最佳工艺奖。

从2007年第一届到2012年第五届（2009年举办第二届，此后每年举办一届），中国玉（石）雕“神工奖”评选实现了三个跨越。第一个跨越是规模不断地扩大。从首届的280多件参赛作品到2012年第五届的近千件，报名作品竟达到了1500多件，而高达三分之一的初选淘汰率，是“神工奖”评审委员会严格把关、坚持绝对优选的结果。“神工奖”集中国内的玉雕专家、资深人士和大师们组成的联合评审组评选，使得获奖作品具有广泛的价值认同；第二个跨越是实现区域性奖项向全国性奖项的跨越。第一届“神工奖”评选只有长三角地区的四个城市参加，即徐州、扬州、苏州和上海，而2012年参加的地区已达到了22个，除了长三角地区，还包括黑龙江、内蒙古、辽宁、北京、天津、云南、四川、贵州、新疆、广西、福建、浙江,以及连云港、桐城、郫县等地，河南参评的两个地区是镇平和南阳，广东参评的三个地方是平洲、深圳和四会，也就是说中国所有的玉雕产区都有作品来上海进行参评；第三个跨越是由单一作品评比向会展经济的跨越。将评选和会展紧密地结合起来，展览加评选的组合模式是向提升文化含量上的跨越，客观上提升了玉雕的学术品位。

四、苏州“子冈杯”

“子冈杯”起始于2008年，由苏州市工艺美术行业协会玉雕专业委员会创立，以“弘扬玉雕文化，加强技艺交流，推出新品新人，促进产业发展”为宗旨，以宣传玉石文化为宗旨，实行跨行业大师专家评比，突出艺术工艺和创新能力；以玉（石）雕为纽带，增强业内凝聚力，打造全国玉（石）雕行业展览展示和技艺交流的更大平台，推进玉雕行业在更高更宽的层面上的发展。“子冈杯”玉（石）雕精品展每年举办一届，截止2012年12月，已成功举办五届，在历届的展评活动中，参展作品和参展人数均在逐年增加，全国各地的玉雕同行们也纷纷参与，其中不乏享誉全国的玉雕名手。

品类丰富、材质多样，且大多新颖而富有创意。挂饰件、仿古件、摆件、器皿件、山子雕，形式多样；白玉、翡翠、碧玉、青玉、黄玉、水晶、独山玉、密玉、以及寿山石、鸡血石、田黄，色彩缤纷；奖项设置为金、银、铜奖、最佳工艺奖、最佳创意奖、优秀奖。

五、岫岩“玉星奖”

全国玉石雕刻“玉星奖”是继“天工奖”之后，中国珠宝玉石首饰行业协会再次推出的全国性权威玉雕评选活动。每年在中国玉都岫岩玉文化艺术节期间举办。以此促进优秀玉雕人才脱颖而出，并为其他技术职称和荣誉称号的申报创造条件。

2010年首届“玉星奖”在岫岩举办，全国近300件玉雕作品参评。经过资深评委的专业评选，最终评出金奖18名、银奖22名、铜奖25名、最佳工艺奖8名和最佳创意奖15名。

2011年第二届“玉星奖”共有1000余件各类题材玉雕作品参选，共评选出金奖17名、最佳创意奖9名、最佳工艺奖9名。

2012年第三届“玉星奖”入围作品数百件，其中金奖作品15件、银奖作品20件、铜奖作品24件、最佳工艺奖作品11件、最佳创意奖作品10件。本次活动由中国珠宝玉石首饰行业协会、辽宁省人民政府工业特种资源保护办公室主办，中国珠宝玉石首饰行业协会玉石分会、鞍山市宝玉石协会、中国岫岩万润玉雕会展中心承办，来自全国各地的300余名专家学者和玉石雕大师参加了本次活动。

六、扬州“百花玉缘杯 ”

“百花玉缘杯”是于2006年由扬州玉器厂中国驰名商标“玉缘”与中国工艺美术的最高奖项“百花奖”联合冠名，由中国工艺美术协会、扬州市人民政府主办的中国精品玉石雕刻评选活动，每年举办一次，截至2012年12月，已成功举办7届，为全国玉雕行业的国家级奖项。

2012年第七届“百花玉缘杯”参评作品605件，共有352件作品获奖。其中69件作品获金奖、87件作品获银奖、101件作品获铜奖、95件作品获优秀作品奖。

七、上海“玉龙奖”

上海“玉龙奖”开办于1997年，以原创性、创新性、引领性决定了它在中国玉石雕刻界的领头地位。1997—1998年举办过两届，中断11年之久的著名玉雕奖项“玉龙奖”，于2011年3月18日恢复评选，成为第三届上海“玉龙奖”。2012年为第四届上海“玉龙奖”。

八、云南“彩云杯·大师奖”

首届云南玉雕“彩云杯·大师奖”于2010年展开，每年举办一次，由云南省石产业联席会议办公室和云南省珠宝协会主办，芒市珠宝商会、保山市隆阳区珠宝协会、瑞丽市宝玉石协会、腾冲翡翠行业协会、龙陵县黄龙玉协会、盈江县珠宝玉石联合协会协办。评出的作品可直接参加“天工奖”的评选。

九、新疆“国石杯 ”

新疆“国石杯”是新疆珠宝石首饰行业协会于2004年创办的，每年举办一届，截止到2012年年末，已成功举办了九届。最大特点是全国唯一一个只能由和田玉参评的玉雕奖项。“国石杯”玉雕精品展活动的目的，是为玉雕艺人交流技艺、展示工艺，提高新疆玉雕业的整体工、艺水平搭建的平台。

十、河南“大河杯”

“大河杯”玉雕精品奖是2012年由中国工艺美术协会和河南省工艺美术行业协会共同主办的。2012年10月28—29日，首届“大河杯”工艺美术大师玉雕精品展上共有300件来自全国的大师玉雕作品报名参加了精品奖的评选活动，并共评出33个金奖、39个银奖、47个铜奖、58个优秀奖。

十一、辽宁省“玉玦杯”

辽宁省首届“玉玦杯”玉雕大赛由辽宁省宝玉石协会、阜新市人民政府主办，于2005年8月6日上午9时，在古玩城隆重开幕，来自沈阳、鞍山、抚顺、锦州、阜新、岫岩等地区的共580余件玉雕作品参赛，最终评出金奖90件、银奖90件，最佳创意奖及最佳工艺奖共22件。截止到2009年共成功举办五届。

十二、岭南玉雕艺术“平洲玉器”精英奖

岭南玉雕艺术“平洲玉器”精英奖由广东省珠宝玉石首饰行业协会、平洲珠宝玉器协会等主办，大赛设特等奖、创意金奖、金奖、银奖和铜奖。

2012年为岭南玉雕艺术第三届“平洲玉器”精英奖大赛，于2012年11月29日

在平洲珠宝玉器协会二楼翡翠精品展厅评选出特等奖2名、创意金奖10名、金奖20名、银奖40名和铜奖60名。

十三、阜新“红玛瑙杯”

“红玛瑙杯”全国玉雕大赛是中国珠宝玉石首饰行业协会支持阜新玛瑙特色产业基地建设，为打造“中国玛瑙之都”在阜新设立的一个国家级玉雕大赛奖项。

2007年首届“红玛瑙杯”全国玉雕大赛共收到来自广东、辽宁、内蒙古等地的参赛作品326件。这些参赛作品材质包括玛瑙、石英、巴林石等。经由中国宝玉石协会玉石专业委员会、鉴定评估委员会专家及省专家组成的大赛评委会的认真评审，有2件作品获金奖、14件作品获银奖、17件作品获铜奖、42件作品获优秀奖。第二届“红玛瑙杯”于2008年举行，第三届在2010年举行。

2012年第四届“红玛瑙杯”全国玉雕大赛评选出6件金奖，以及10件银奖和17件铜奖，还评出最佳创意奖、最佳工艺奖、优秀奖、入围奖。由于“红玛瑙杯”全国玉雕大赛的获奖作品可直接进入“天工奖”的评选，因此受到全国各地玉雕大师的极大关注，大赛历时3个月，共收到316件作品，涉及玛瑙、岫玉、水晶、硅化石等。

十四、腾冲“卞和杯”

腾冲“卞和杯”玉雕作品大赛主要玉石雕刻材质为翡翠，截至到2012年12月共举办三届。

首届“卞和杯”玉雕作品大赛活动于2008年10月3日启动，由中共腾冲县委、腾冲县人民政府、云南省珠宝协会主办。

第二届“中国·腾冲‘卞和杯’玉雕作品大赛”是由亚洲珠宝联合会、国家轻工珠宝首饰中心主办，云南省珠宝协会协办的，于2010年11月2日下午3点在腾越翡翠城进行了隆重的颁奖仪式。在来自全国各地和腾冲本地的300多件作品中，评选出金奖10名、银奖20名、铜奖30名、最佳工艺奖1名、优秀奖20名。

第三届“卞和杯”玉雕作品大赛由云南省珠宝首饰行业协会协办，于2011年12月12日在腾越翡翠城隆重举行，共评出创意金奖1件、金奖5件、银奖10件、铜奖21件、优秀奖44件。

十五、广东省“玉魂奖 ”

广东省“玉魂奖”是2012年玉石雕刻的新兴奖项，由广东省珠宝玉石首饰行业协会、广东省文化馆、广东省非物质文化遗产中心、广东省珠宝玉石标准化技术委员会联合主办。首届已经入围的360余件玉雕作品来自广州、深圳、揭阳、四会、平洲、广宁等广东几大玉器产业聚集地，玉种则包含翡翠、和田玉等。该项评选活动将每年举办一届。

附：玉器奖项表

奖项	主办方或承办方	参赛材质
“天工奖”	中国珠宝玉石首饰行业协会	软玉、翡翠、玛瑙、岫玉、独山玉、绿松石、青金石、琥珀、珊瑚、象牙、煤晶、水晶、寿山石、青田石、巴林石、昌化石等
玉器“百花奖”	中国轻工联合会 中国轻工珠宝首饰中心 中国工美学会玉文化专业委员会	翡翠、白玉、独山玉、密玉、青金石、河磨玉、珊瑚、玛瑙、水晶、黄龙玉以及寿山石、青田石、巴林石等
上海“神工奖”	上海海派玉雕文化协会	白玉类、翡翠类、其他玉种玉雕作品
苏州“子冈杯”玉雕奖	苏州市工艺美术行业协会玉雕专业委员会（创立） 苏州市人民政府、中国工艺美术协会（主办）	白玉、翡翠、碧玉、青玉、黄玉、水晶、独山玉、密玉、以及寿山石、鸡血石、田黄等
岫岩“玉星奖”	中国珠宝玉石首饰行业协会分会	软玉、翡翠、玛瑙、岫玉、独山玉、绿松石、青金石、琥珀、珊瑚、象牙、煤晶、水晶、寿山石、青田石、巴林石、昌化石等
扬州“百花玉缘杯”	中国工艺美术协会、扬州市人民政府（主办）	白玉、碧玉、青玉、黄玉、墨玉等
上海“玉龙奖”	上海宝玉石行业协会	软玉、翡翠、黄龙玉、岫玉、独山玉、鸡血石、水晶、松石、青金、玛瑙、灵璧石、琥珀、象牙等各类玉石
云南“彩云杯•大师奖”	云南省石产业联席会议办公室和云南省珠宝协会（主办）	翡翠、黄龙玉等
新疆“国石杯”	新疆珠宝石首饰行业协会	和田玉
河南“大河杯”玉雕奖	中国工艺美术行业协会（主办）	软玉、翡翠、水晶等
辽宁省“玉玦杯”玉雕大赛	辽宁省宝玉石协会、阜新市人民政府（主办）	岫玉、玛瑙、煤精、琥珀等
岭南玉雕艺术“平洲玉器”精英奖	广东省珠宝玉石首饰行业协会、平洲珠宝玉器协会	翡翠
阜新“红玛瑙杯”全国玉雕大赛	中国珠宝玉石首饰行业协会（主办）	玛瑙、岫玉、水晶、硅化石、巴林石等
腾冲“卞和杯”玉雕作品大赛	云南省珠宝协会（协办）	翡翠
广东省“玉魂奖”	广东省珠宝玉石首饰行业协会、广东省文化馆、广东省非物质文化遗产中心、广东省珠宝玉石标准化技术委员会联合（主办）	翡翠、和田玉、广绿玉和台山玉

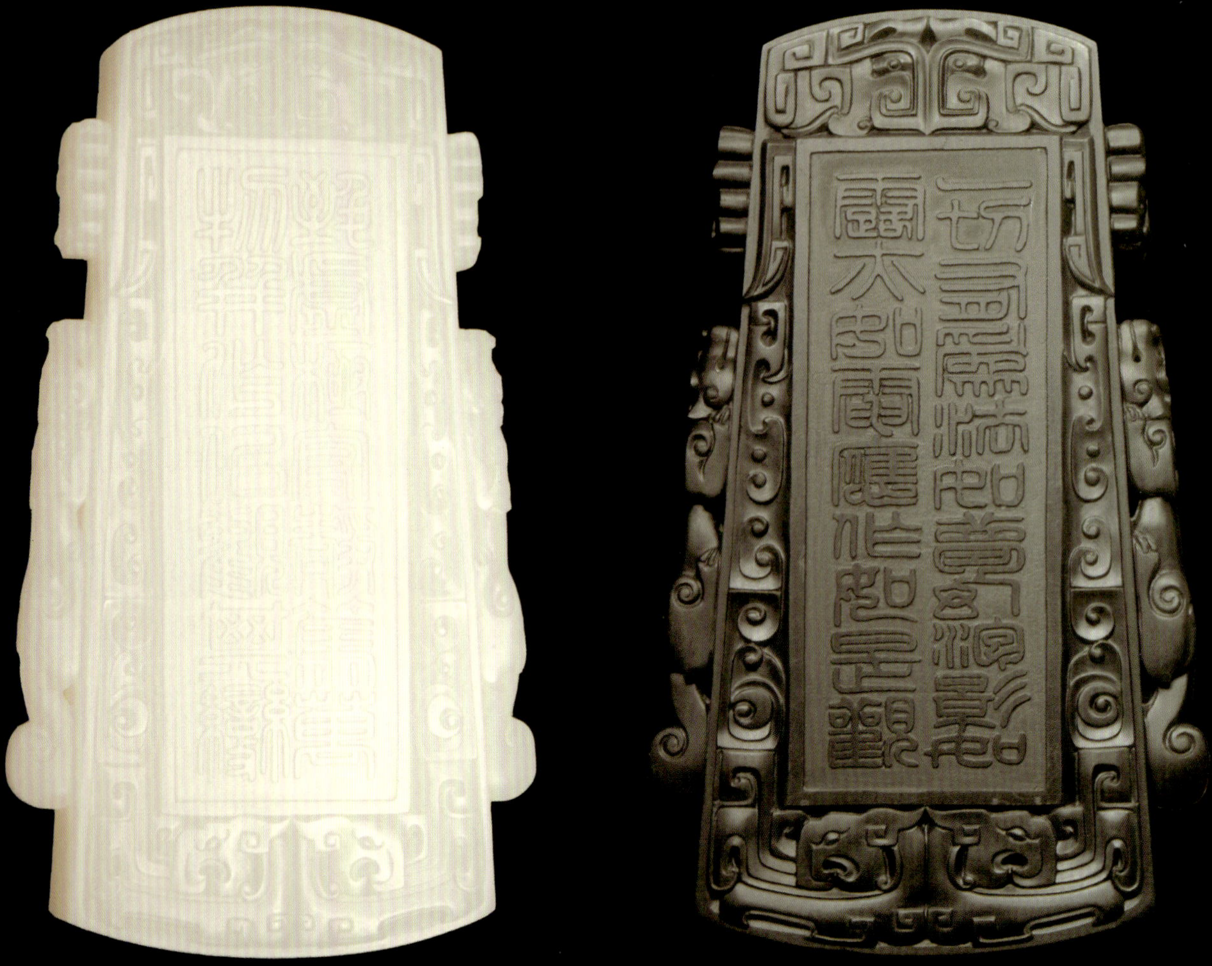

2012年中国玉雕获奖作品：佛道同源（作者：苏然）

名企风貌

玉，取自刚韧温润之材，
器，精于匠心独具之心。
玉，石之美者，天地之精华。
玉石工坊精雕细琢，
打磨一件件大自然的杰作，
玉雕大师屏气凝神，缓缓下刀。
此时，时光停滞，
此刻，天人合一，
品读美玉，感悟人生，
何等神圣，何其圣洁。
用心与玉石交流，仿佛他们能听见玉石的呼唤。

这些玉雕企业经历与见证着玉石行业的折戟沉浮，
玉石行业低迷时，他们执着坚守，不离不弃；
玉石行业盛兴时，他们泰然处之，看淡功名。
在如今刀光剑影的商业战场，
唯有这里保留有那份宁静。
置身于一间间玉石工坊之中，
仿佛身处世外桃源，不以物喜，不以己悲。
在这里，少了几分功利，多了几分豁达和淡然。
浮华背后，更多的是精神和理想。

这里是培养玉雕大师的摇篮，
中国玉石文化在这里得以传承与发展。
玉文化博大精深，源远流长。
这里是玉石行业的源动力，
他们见证从原石到成品的蜕变过程。
他们是玉石行业的先行者，
他们肩负着振兴玉石行业的使命，
引领着行业前进的方向。

外界的纷扰和喧嚣，
无法动摇他们对于玉石的执着和坚守。
仿佛他们能够真正读懂玉的语言，
他们是玉的守望者。
他们，
一直在坚守和传承；
他们，
一直在路上……

（王然）

皇城玉府——中鼎元

□白　静　王　然

中鼎元天安店

皇城根下，尽显气势恢宏；籽玉良工，尽现尊贵典雅。坐落于皇城脚下的“中鼎元”深深受到京派玉雕文化的影响，她所治之玉无不透着大气端庄这一京派玉雕惯有的皇家气息，件件玉雕作品都在讲述着源远流长的东方文化。北京中鼎元珠宝有限公司成立于1999年，历经十余年的沉淀与积累，艰难困苦，玉汝于成。如今中鼎元已经发展成为一家集设计、生产制作和营销为一体的玉器艺术品企业，产品均以产自新疆和田的籽玉为原料，主要生产中、高档玉雕产品，其作品在全国专业评比中几十次获得大奖，并得到了行内专家学者和玉器收藏者的赞誉，早已成为在京城一带享有盛名的玉器文化企业。

中鼎元多年来与众多全国著名的玉雕大师合作出品作品，由中国玉石雕刻大师苏然女士担任总设计师兼工艺师，她带领着包括众多高级工艺美术师、高级技师及学徒的队伍，形成了一个高水平的设计制作团队。中鼎元艺术创作团队，在充分自由的创作空间里，各取所长，他们尊重每个创作者的个性特色，自觉形成人性化的团队合作方式，采取非硬性管理措施。在生产程序上，中鼎元采取非流水线的工作方式，避免了市场化的弊端，而更丰富了艺术创作的环境。

中鼎元在十余年的探索道路上，在充分尊重市场规律的同时，努力提高作品的艺术水平，题材创作独具匠心，尤其着力于对作品内在思想性、哲理性的创新和发掘。其作品兼容南北风格之长，接地气之利传承北京宫廷玉作之精髓，展示出端庄、典雅、尊贵、王道大气的风格，具有很高的收藏价值和升值潜质，多件作品被博物馆收藏。

北京传统的宫廷玉作风格作品，造型以礼器为主，如璧、璋、琥、琮、圭、璜等，还有皇家专用的玺印，也有仿青铜礼器的鼎、钟、爵、尊、壶、卣、钺等；图案纹饰着重于龙纹、凤纹、饕餮纹等纹样；题材内容多为宣扬古代帝王将相所崇奉的儒家文化经典教义。整体效果或凝重恢弘，或雍容祥和，用现代的设计理念保留了传统皇家用玉的文化特色。

佛教题材作品：形制以玉牌、摆件、挂件为主，做工精细考究，注重佛教人物的开脸，神态多庄重悲悯，衣饰删繁就简，构图工整对称，从形体到神韵充分遵循佛教艺术的造像理念。此类作品从设计到出活多经年累月，每件都运用各种玉雕工艺手法，并请高僧大德开示，一经面世即为众多藏友所喜爱。

文人风格题材作品：形制以玉牌，摆件，文房用具的镇、洗、印章等为主。古典题材内容多为山水诗文、历史典故，构图借鉴中国画原理，书法雕刻章法圆融成熟，以展现古代文人豪士的文化修养和民族气节见长；现代题材内容则引用当代文化名人的诗词短句和纪念重大历史事件，如毛泽东诗词、万里长征等，作品多诗画相映，亦有文人雅趣的特色。此类玉雕作品为我国玉雕文化的新生品种，相对于古典题材更增加了文化的厚重和爱国主义情愫，是中鼎元的首创。

中鼎元苏然大师与艺术创作团队共同探讨作品

「中鼎元车间场景」

吉祥文化题材作品：此类作品富有我国传统民间文化特色，是一直以来老百姓所喜闻乐见的玉器品类，内容主要包括福禄寿喜等，以把件、摆件等圆雕的手法展现，也有结合镶嵌掐丝等工艺做成的首饰杂项，多造型生动、主题鲜明、寓意吉祥。

此外自2010年开始中鼎元创作团队有感于随着玉器市场的蓬勃发展，新疆和田籽玉原料被过度开采与使用浪费，开始构思和田玉籽料的设计如何才能将原料更充分利用的问题，于是他们大胆尝试改变以往刮脏去绺只剩红皮白肉的做法，而坚决保留玉石相生的原貌，利用浆石皮色俏色巧雕人物、花鸟等题材，也同时大胆借鉴西方雕塑理念，题材花样翻新，不局限于传统风格。此类作品在我国玉雕专业评比中获得多个奖项，亦在众多展览中得到关注与好评。

中鼎元于2011年和2012年连续出版了两本企业年度画册：《汤盘孔鼎有续作（中鼎元玉器庚寅卷）》、《中鼎元十年治玉（苏然大师玉雕艺术回顾）》。在书中，将十年来的企业理念和市场经营的经验毫无保留地介绍给读者，同时还对苏然大师的创作构思做出详细阐释，并对企业出品的数百件经典作品进行精品回顾，用图文并茂的方式全面展示，表达了中鼎元为当代玉文化的继承创新所做出的努力，和在玉雕艺术道路上积极探索的诉求，以及具有借鉴意义的一种全新的玉雕企业经营思维与发展之路。

脂玉冰心——雅园玉道

□王　然

题记：

道生一，一生二，二生三，三生万物。

——老子《道德经》

雅园博物馆

何为“道”？“道”乃万物自然。悟道，本身就是一种修行。“雅园玉道”是由沪上著名玉雕大师倪伟滨先生于1985年开创的。“路漫漫其修远兮，吾将上下而求索。”倪伟滨率领着他的雅园玉道团队，一直修行在玉雕这条大道上。凭着这份对玉雕的热爱与执着，如今的“雅园”已走过了二十余年的历程。雅园的大本营在上海，谈起雅园的发展，倪伟滨大师满怀感慨：开创之初的雅园条件简陋，环境很是艰辛，只求有一个可供自己潜心思考和辛勤耕耘的精神家园。时至今日，雅园的玉友已遍布全国各地甚至海外，成为整个玉雕行业最具影响力的企业之一。

雅园在中国玉雕市场初期到逐步成型这个过程中起着举足轻重的作用，至今仍旧扮演着引导行业发展的角色。雅园之所以能够有如此大的发展，根源于其对玉雕艺术独特的理解。他们颠覆了传统的思维模式，升华了对玉雕艺术的认识，坚持现代玉雕应着重于如何沿袭传统又超越传统，不再刻意追求单纯的玉质和工艺，而是将精神层面的感悟用艺术的手法加以充分地表现。几十年来雅园创作了无数为世人所称道的优秀作品，也培养了一批有较高造诣并颇受同行和玩家认可的玉雕艺术人才。曾在2004年创下了16件作品参加“天工奖”全部获奖，且囊括3个金奖的优异成绩。

倪伟滨大师的理想是：要看玉来雅园、要识玉来雅园。这些年来他一直坚守着自己的理想，正是这份执着的坚守使得雅园出品了不少为藏家喜爱的玉雕精品，也为中国玉文化的传播和发扬做出了自己的贡献。

雅园的定位不仅仅是一个玉雕创作工坊，更是一个培养玉雕专业人才的学校，曾被人形象地赞誉为玉雕界的“黄埔军校”，而校长正是雅园的创始者倪伟滨先生。从雅园走出的一批批玉雕精英，他们是雅园的骄傲，也是玉雕行业的骄傲。转眼二十多年过去了，雅园的果实，大体有这样三个方面：一是创作出了一批优秀的作品，如《天道变，钱为土，吾道之，土作钱》《知足者寿》等；二是升华了对玉雕艺术的认识——现代玉雕应着重于如何沿袭传统又超越传统，不再刻意地去追求单纯的玉质和工艺，而是将精神层面的感悟用艺术的手法加以充分地表现，尽可能地发挥到极致，追求玉人合一的境界；三是培养了如王平、尤志光等一批有较高造诣并颇受同行和玩家认可的玉雕艺术人才，玉雕技艺能通过年轻一代的传承和创新而进一步发扬光大。

随着社会的高速发展，信息的需求量日益增大，中国玉雕业在内地仍然处于从半成熟向成熟过渡的时期，作为具有一方代表性的雅园，具有许多优势：规模大，产品多，藏书多……为了把这些优势，包括行业知识经验传授给大家，于是，“雅园玉道”网站在2004年应运而生了。网站的成立不仅让广大玉友能够及时了解雅园的动态，更让大家学到了不少玉器方面的知识，对于玉文化的传播起到了一定的作用，也为玉企走上网络平台开了一个先河。此后，大大小小的玉器网站纷纷建立，为传统的玉器行业注入了现代的新鲜元素，更为信息的传播起了重要的作用。

历经了二十余年的洗礼，雅园见证了市场的发展，也见证了玉器收藏界的诸多可喜变化。如今的雅园，步步走向成熟，拒绝浮华，选择沉淀，在玉雕艺术的道路上一步一个脚印，慎重前行！

「雅园外景」

玲珑美玉——博观拍卖

□王　然　吴璘洁

2012年博观秋拍现场

“博观”二字寓意“博大精深，纵观古今”，并取意于“博观而约取，厚积而薄发”。2006年，国内首家也是目前唯一一家全面立足于当代珠宝玉石行业的专业性综合服务机构的博观机构正式成立。通过对“博观拍卖”“博观无极玉石收藏俱乐部”“博观摄影设计工作室”“博观堂”四大专业服务平台的整合，为高端客户及业内企业提供鉴定拍卖、收藏投资、品牌包装以及玉石文化交流等全方位全程服务。

博观拍卖创始人奥岩先生将十余年的珠宝行业资源及拍卖行业经验加以整合，倾注于本专业拍卖机构，做到“术业有专攻”，与全国各地的中国玉石雕刻大师保持密切合作关系，拥有当代最高水平的大师级玉雕精品、中国玉石雕刻最高奖项“天工奖”获奖作品的征集渠道。

博观机构的出现不是偶然的，它是市场细分化的产物，是行业经济发展的必然结果，是创建人奥岩先生集二十余载学术研究、市场运营、行业发展探寻中沉淀的思想与行动的品质结晶。

博观机构将秉承“专业求精”的服务理念，立足于行业而纵深于专业，以不可比拟的专业优势继续领跑中国当代珠宝玉石拍卖行业的成长和发展。

博观拍卖拍品预展

北京博观国际拍卖有限公司作为中国首家专业珠宝玉石拍卖机构，旨在构筑中国珠宝玉石艺术品交流与玉文化传播的平台。本公司具有良好的业界背景，拥有视野前瞻的决策精英、科学严谨的运营管理机制、一流的专家鉴定队伍和敬业的从业团队，保障拍品征集的广泛性与鉴定的权威性及公正性。

博观拍卖公司的核心价值观是：做人，做商；唯礼，唯义。博观拍卖以“唯礼、唯义”的企业行为准则引导公司同仁“做人、做商”追求儒商大家风范。博观拍卖集十余年的玉雕行业资源与拍卖经验，致力于打造国内最专业的玉雕艺术品专业拍卖机构。

「玲珑美玉拍卖现场」

相比于其他拍卖公司，博观有其独特优势，博观拍卖公司的主打业务是拍卖和田玉。博观拍卖工作团队由在珠宝玉石行业内颇有影响力的专家和具有丰富行业经验的玉石行业和拍卖行业专业人员构成。博观拍卖拥有一支国家著名专家、学者、顶级玉石鉴赏家、玉石雕刻大师组成的顾问团后盾，保障了在拍品征集、鉴定方面的广泛性和权威性。

博观拍卖公司面向的客户群体主要分为：艺术品收藏客户群体、艺术品投资客户群体以及企业机构客户群体和礼仪往来客户群体。

博观公司开展的业务较为全面。不仅为客户提供专业化的珠宝玉石拍卖服务，给顾客和艺术品投资者提供全程专业投资顾问、策划、代理服务。还为企业博物馆或收藏家博物馆提供专业建馆技术支持及藏品的征集、配制、鉴定、维护等服务，为企事业单位礼仪往来建立具有个性化的礼品系统提供珠宝玉器鉴定评估服务。

博观公司的宗旨是为客户发现价值、创造价值、实现价值。从博观成立之初到现在，博观一直践行着这一承诺。在玉石行业迅猛发展的时代，博观始终坚持以传播玉文化为主脉，构筑中国珠宝玉石艺术品交流与玉文化传播最专业的平台。

「玲珑美玉拍卖现场」

和田之华——新疆和田工美

□于　明　王　然

和田工美乌鲁木齐和田玉艺术馆

巍巍昆仑山，浩瀚白玉河，昆仑山下，白玉河畔，矗立着和田这一令人神往的土地，这片神奇的土地，千百年来，回荡着多少中华民族的颂歌。千里之上，滋养了多少名垂青史的中华豪杰，滔滔河水，孕育了多少中华儿女的梦想。和田工美，和田玉经营者中的佼佼者，身在和田，胸怀新疆，放眼中国，以她那不懈的努力，为中华玉文化的篇章，奏响了自己的音符。

美玉无暇，一方一块，孕育万载、千辛琢成、脂玉晶心，一姿一态，赐与生机、赋予灵魂、传承文化。和田工美，这个源于新疆和田的企业，以精品和田白玉为载体，将中国传统文化融于现代艺术之中，弘扬了中国玉文化，将人们的精神生活提升到更高的境界。

和田工美是和田地区工艺美术有限责任公司的简称。地处新疆和田市中心塔乃南路4号（和田市团结广场西南侧），具有靠近和田玉矿区这一独特的地理优势。和田工美长期处在矿区一线，公司积累了丰富的收购原料的经验，这使得和田工美在和田玉原石加工和设计方面具有独到之处。

不知不觉中，和田工美走过了50多年的历程，公司的前身是和田地区玉石矿宝玉石收购站。1956年，由解放前的民间老艺人在走合作化道路时组建而成，隶属于当时的手工业联社。上世纪七十年代初“文革”期间解散，七十年代后期恢复重建，隶属于和田地区二轻工业局，继续担负和田全地区的和田玉开采、收购、调拨、销售和管理职能。1984年10月改建为和田地区工艺美术公司，隶属和田地区经委和二轻局管理。1987年与扬州玉器厂合作组建了

乌市青年路北一巷2号月海轩玉器

和田工美北京专卖店店内一景

和田第一家玉雕厂，即：和田玉雕厂。2000年10月公司经有关部门的审计、审核批准，改制为民营股份制企业——和田地区工艺美术有限责任公司。

说到和田工美，不得不提程建中先生，在和田工美转型的紧要历史关头，他力挽狂澜，拯救和田工美于水深火热之中。十几年来，程建中率领公司员工并肩作战，公司的规模由小而单一逐渐发展成为集和田玉开采、收购、工艺加工、销售为一体的专业性公司，这些都与程建中本人的努力密不可分。

这些年来，在长期的从业经历中，和田工美积累了丰富的实践经验，具备和田玉的鉴定资质及相关的专业知识，对和田玉工艺品有独到的艺术鉴赏水平。在国家级“百花奖”“天工奖”玉雕作品评奖中，和田工美每年都有多件作品获大奖，该公司是新疆玉雕界拥有金奖银奖作品最多的企业之一。

这些年来，和田工美获得赞誉无数：北京人民大会堂新疆厅精美绝伦的玉雕镶嵌地屏“手鼓舞”出自该公司；上海市人民政府赠送香港特别行政区政府的珍贵礼品紫荆花蓝，花篮中有21朵羊脂白玉兰花，是和田工美创作团队的精品之作；享誉世界的2008年北京奥运会徽宝“中国印”由公司收藏长达10年之久的一块美玉雕就。

在五十多年的企业发展史中，和田工美始终是以发展、开拓和田玉石原料的开采、收购、玉雕工艺品的加工、销售为一体的专业性公司。在1993年以前，它是和田地区唯一的和田玉石原料的合法经营者。公司发展到后期，则更是以弘扬和田玉文化为主线，在推动整个和田玉行业发展方面，做出了积极的、大量的工作，得到了行内外极高的评价和肯定。公司曾先后接受过许多党和国家领导人的视察，有江泽民总书记、乔石委员长以及朱熔基、李瑞环、李岚清、司马义·艾买提、彭佩云、王乐泉、王兆国同志等。每年都接待数以万计的国内外游客，已成为和田地区对外交往的一个经济窗口。

今天的和田工美已是推动和传播中国玉文化发展的基地。目前触角已遍布全国主要地区，在各地与同行和爱玉者广泛交流、推广。公司总部仍设在和田市，和田工美大楼，共三层，营业面积约3000平米，由和田玉雕厂、和田工美玉雕艺术馆和和田玉专营店组成。公司的发展也越来越趋向多元化，不再局限在过去单一的玉石采购和加工领域，而是采购、加工、设计、销售全方位发展。在全国玉雕企业界中享有很高的名声和地位。

在乌鲁木齐市，公司在市中心“万年101大厦”建立办公场所和玉雕作品艺术馆，在青年路开设了面向广大爱玉民众的和田玉专营店——月海轩玉器店。在北京官园珠宝城三楼设立了直营窗口——和田工美专卖店。同时，公司在北京、扬州、苏州、上海、河南等地，以稳定、灵活的方式挖掘玉雕技术人才建立玉雕厂，采用请进来、走出去的方式与各地的大师工作室密切合作，扬长避短，创作出富有鲜明特点和个性的和田玉雕艺术品。使和田工美的玉雕作品在原料、创作、设计、制作等方面，都独树一帜。体现出唯美、唯精、唯艺的创作理念。

2010年新装修后的和田工美本部

润玉无声——观喜堂

□王　然

观喜堂台湾门店

玉雕引路者，唯有观喜堂；大师缔造者，唯有观喜堂。这些年来观喜堂一直致力于玉雕创作题材的创新和设计风格的多元化。20世纪八九十年代，当大陆玉雕业一片死寂之时，林子权先生早已看到了玉雕行业存在的弊病，他决心用自己的努力，开创出中国玉雕的新天地。可以毫不夸张地说，中国玉雕之所以有空前的繁荣，林子权起到了至关重要的作用。

中华玉文化已成为我国灿烂古老文化的重要标志之一。随着时间的推移，与玉文化一样古老的彩陶文化、青铜文化都随着历史的演进而退位了。可是玉雕却能在六千年里不间断地发展至今，观喜堂在中国玉雕行业的转型期起到了十分关键的作用。

观喜堂由林子权与皮楚荣所创，1989年3月5日成立于台北，成立之初，主要经营寿山石、古玉、杂项等古董项目，1994年即转为现代玉雕，主营和田玉，并且致力于提升和田籽玉的精雕细琢。

十几年前，上海私人玉雕厂刚刚崛起，大部分的玉雕师傅依循传统图稿，依样画葫，少有肯花时间与精神去构思籽玉；产品通常只求快速出厂，赶快卖钱，一点也不珍惜籽玉的稀有价值。有鉴于此，为免这项在中华民族历史文化中光辉灿烂的工艺技术日趋凋零，林子权即坚持用上好的籽玉与一流的玉雕师傅，针对每一位玉雕家的特长，以圆雕浮雕技艺，或是人物、花果、鸟兽、器皿等造型，每一类玉雕工艺都有其特定的表现形式及造型特点，并且不断地与玉雕家互相切磋，提供灵感，指引方向，鼓励其大胆构思，做工则要求谨慎着手，希望这项艺术除保有古人的优点外，更能突破传统美学范畴，开创出属于玉雕艺术新世纪的代表作。

现在大家所熟知的玉雕大师，包括刘忠荣、吴德昇、于泾与易少勇，都曾经并长时期持续和观喜堂合作，在他们最重要的风格转变与成长历史时期，都与观喜堂有着密切关系。观喜堂将这几位玉雕家的特长、雕琢手法、设计风格等介绍给身为收藏家的买家，教导他们如何审视与欣赏一件玉雕，使得这些藏家每每都非常“期待”着下一件新的作品的问世，并且很清楚这些玉雕家风格转变的轨迹，这样经由观喜堂的媒介，使得玉雕家与藏家一起成长的有趣过程，是历来所没有的。

1998年上海第一届“玉龙奖”，观喜堂与于泾合作的《送子观音》获得人物件首奖；2004年第三届北京“天工奖”，观喜堂出品的《三清一品玉牌》获得金奖、《心经牌》获银奖、《十八罗汉》获银奖；2005年第四届“天工奖”，《华藏世界海玉插屏》获得银奖，2005年在杭州举办的“百花杯”，《舞》这件现代抽象风格的玉雕作品也获得金奖；2006年《晚妆玉牌》荣获第五届“天工奖”银奖，等等。

2000年观喜堂受邀参加“台北国际艺术博览会”，与会的几乎都是画廊，观喜堂是唯一一家经营玉雕的商家，这是因为观喜堂出品的现代玉雕，已经被肯定为当代艺术。

2004年9月观喜堂上海分店于静安寺古玩城开幕，同年十月在台北总店举办“清和朗润——和田子儿玉当代名家玉牌创作精选展”并且出书作为纪念，将刘忠荣和易少勇两位玉雕大师，从1999年至2004年的作品、玉牌的风格与工艺如何转变，作有系统的介绍，这次的展览获得极高的评价与回响。同年十一月第三届北京“天工奖”上，观喜堂也参与展览，当他们展出完全以现代美学观点所创作的作品时，带给观者不同的视觉享受与新的醒思。

2007年5月26日至6月10日，观喜堂在上海静安寺珠宝古玩城4楼展览大厅主办“观玉见喜——观喜堂百件大师作品展”，将1995年至2007年长达十多年期间，与刘忠荣、于泾、易少勇以及吴德昇四位玉雕大师共同合作的部分作品，用“时间标示”，使观者了解当时制作玉器的风格与工艺技巧，希望大家在欣赏每一件作品的同时，也能认识十多年来“海派”玉雕的代表作，做有系统的记录，使大家在盘玩玉器的同时，也可追溯其文化历程的根源。

今后，观喜堂将继续致力于精致玉雕的传承，提升现代玉雕的艺术与文化内涵。

林子权与皮楚荣

古韵新风——南石工作室

□吴璘洁　王　然

南石工作室外景

“南石玉雕工作室”，由著名苏州玉雕大师杨曦先生于2002年创立。杨曦是苏州玉雕界的领军人物，他的艺术创作注重文化内涵的厚重，雕琢精湛又不乏创新。他的作品往往将传统题材与现代审美理念完美地结合在一起，亦庄亦谐，亦实亦虚，含蓄中见节奏，新颖中露灵气，天趣浑成。南石工作室的作品雕工之精细，在苏州首屈一指，以挂件、牌片尤为突出。杨曦工作室的店面布置得也很有特点，相当有现代感。杨曦本人亲工作品落款“南石”，工作室作品落款“龙”，来料加工落款“辰”。

南石工作室坐落在苏州齐门路，拥有一批经验丰富的创作人员。工作室在继承传统玉雕艺术品优点的基础上，开创了现代艺术造型创作制作的新天地，尤其是杨曦大师毕二十多年的精力与心血对中国新疆白玉的雕刻进行了契而不舍的探讨与研究，创作出众多引领行业风尚的优秀玉雕精品。

传统吉祥的题材加寓意创新的造型是南石玉雕工作室设计、制作的理念，这样精心雕琢出的玉雕作品玲珑剔透、韵意无限。南石玉雕工作室的白玉雕刻作品既有大师亲力亲为的佳作，又有大师构思指导精工细琢的上佳小件。

“同玉结缘，与君相交”，“将玉比德、做上品之玉人”是南石工作室的一贯宗旨。随着经济发展以及大家对玉的逐步认识和喜爱。南石工作室产品的客户从港台客商转向大陆买家，产品从仿古到逐步创新，在近十来年时间里已走过一段较为成熟的路程。南石工作室一直坚持走自己特色道路，已有自己的独立品牌，在玉雕领域中形成了自己独特的风格，玉雕作品在传承的基础上首创了以平面设计为理念的全新面貌的玉雕风格，将古代传统纹饰图案重新构思设计，受到了业界的追随和模仿。

上世纪八十年代，苏州玉雕与北京、上海、扬州等地相比，并不特别具有苏州地域特色。改革开放以后，特别是新世纪以来，随着从业人数的不断增多，个人风格的逐渐形成，一批有苏州地域特色的玉雕作品被创作出来，“苏帮”便由此诞生，但多以仿古题材为主。随着苏帮玉雕的不断改进和创新，苏帮玉雕在风格上不再局限于传统的仿古雕件，进而创作出了一批符合时代审美需求的作品。杨曦大师的作品，代表新一代的苏帮玉雕的最高水准，在保留苏州地区传统的雕刻纹饰和技法的同时，摆脱了形成已久的玉雕观念，采用写意国画的表现手法——“虚实结合”法，大大增加了玉雕作品的意境和艺术感，完全把玉雕从陈旧的气氛中解脱出来，使当今玉雕达到了前所未有的境界与高度。

工作室成立以来，作品在全国各奖项中多次获奖。如今工作室一直行进在不断探索和拓展新的玉雕理念、新的设计思路的道路上。工作室今后不仅要引领苏州玉雕，更要带动全国的同行，将中国玉雕事业做好，而且还将做好“传、帮、带”的工作，培养出更多的优秀玉雕人才，把玉雕这项非物质文化遗产传承下去，不断发扬光大。

「南石工作室展厅」

市场概况

玉石交易市场并非简单的随着市场需求应运而生，它与中国传统玉文化、政治体制等有着千丝万缕的联系。宏观上中国玉文化经历了“神玉—王玉—民玉”三大阶段。在“神玉”“王玉”阶段，玉石被统治阶级垄断，禁止民间买卖。清朝末期，玉石才逐步脱离了阶级属性，成为大众可以购买的商品玉，此时玉石交易市场才逐渐形成。

从封建王朝末期到新中国改革开放期间，国内政治及经济体制一直动荡不安，玉石作为非生活层面的消费，行业萧条，产品多销往国外。20世纪90年代后，国内市场开始回暖。从玉雕基地零散自发地出现，到现在形成了有秩序、有规模、成建制地发展。截至2012年12月份，玉雕行业进入了一个辉煌的时期，形成了以新疆、辽宁、北京、河南、上海、江苏、广东、云南、台湾等地为主的玉石玉器交易市场，各个交易市场也都形成了各自鲜明的风格特点：

（1）新疆是和田玉的重要产地之一，以批发和田玉料为特色。

（2）辽宁岫岩是以岫岩玉自身为特色的玉石批发市场、阜新形成了以玛瑙为代表的产业基地。

（3）北京形成了多品种玉石偏零售的交易市场。

（4）河南形成了以各种软玉料为品种的原料集散和成品加工的基地。

（5）上海以白玉中小件加工为代表性，并聚集了一批有代表性的玉雕大师，同时形成了人力资源有梯队性的群体。

（6）江苏苏州，形成了以传统的中国仿古图案技法为特色的产业基地；江苏扬州，形成了包括多品种玉石（翡翠白玉等），产品从大到小，以瓶塑、花卉、山子见长的综合性交易市场。

（7）广东平洲成为了翡翠原石集散地和手镯集散地；广东四会同样是翡翠加工、批发集散地之一，其特色是商品从原石、雕刻未抛光品到成品等一应俱全，市场分工极细，满足了人们对玉石各个阶段雕、玩、赏玉的需求；揭阳则形成了以高档翡翠首饰为主的批发市场。

（8）云南瑞丽形成了以翡翠交易为主的综合性玉石交易市场。

（9）台湾建国假日玉市形成了以翡翠、白玉及古玉为主，偏中低档的综合性零售市场。

除此之外，玉石玉器的拍卖也是当代交易市场的一种形式，其特点是时间相对集中，价格普遍略高于批发价，低于市场价。

玉石玉器交易市场是玉文化物质财富的体现，从原来的零散、盲动、传统、不具规模，到现在的成规模、有建制、有特色、有明确发展方向的转变。它与精神财富并肩给予了我们一场华丽的盛宴。了解玉石市场，经营玉石，以玉会友，愿广大玉石爱好者物质财富与精神财富双丰收。

（苏士珍）

2012全国玉石与玉器交易市场概况

□ 张雪梅

随着国家经济的快速发展，人们的生活水平不断提高，人们不仅仅执着于物质的享受，把目光更多地集中到对精神文化的追求。而谈到精神文化，则不得不说的是“中华玉文化”，中华玉文化在中国源远流长，历经近8000年的岁月，玉的内涵不断发展演变，而不变的是流传在国人血液里对玉的追求与向往，它是刻在国人心中深深的烙印。现今国人骨子里对玉的狂热不减，始终孜孜不倦地追寻着……不难看出，这是近些年来玉石玉器交易市场十分火爆的根本原因。本文以典型玉石玉器交易市场为例，针对2012年的玉石玉器市场进行一个简单的介绍。

总体来说，2012年的玉石玉器交易市场整体较为平稳，较2011年的形势有了较大的改变。受全球经济颓势的影响，2012年的玉石玉器交易市场成交量较2011年同比有所下降，部分玉石玉器的价格有所回落，而高档玉石玉器的价格则居高不下，价格缓慢增长。当然，玉石玉器的价格变化由于品种、品质、雕工等差异不能一概而论。

一、玉石玉器交易市场的分布情况

目前，大多数“玉”交易市场既不是纯粹的玉器市场，也不是纯粹的玉石原料市场，而是二者混杂分布于交易市场之中。现今交易市场中玉石与玉器交易大多也具明显分区性，形成相对独立的区域，成为交易市场的支柱。

全国玉石玉器交易市场（以下简称“交易市场”）分布范围很广，而高档的玉器交易市场主要分布在北京、上海等地。由于这些地区的经济水平与消费水平较高，消费者对玉石玉器的需求及购买欲比较强烈，从而形成了以高质高价玉器产品销售为主的交易市场。同时为满足不同需求的消费人群，中低档的交易市场也应运而生。这些地区交易市场交易运作良好，买卖双方均从交易中获得满足。

传统的交易市场往往是以当地出产的矿石为依托，分布于矿石产地附近，古时为了减少玉石的运输成本，此类交易市场多在矿石产地附近的区域存在。中国玉石资源丰富，产地广泛，从而使这种传统的交易市场较为分散，同时由于市场选择机制，部分交易市场已经解散，被淘汰出局。近年来，当地政府对玉石产业不断增加重视程度，着力宣传，推出行之有效的政策发展玉石产业，推动市场的繁荣，很多消费者、玉石商家慕名前来，交易火爆。目前，此类交易市场主要分布在云南、新疆、南阳、岫岩等地，以前销售品种较为单一，主要为当地玉石玉器，现在由于交通条件日益便捷，此类市场大都发展成综合专业交易市场，商家销售“热门”玉石玉器产品，而不仅仅是本地矿石产品。

在特色的交易市场中，“工”为特色的交易市场则以扬州、苏州为代表。苏州、扬州的玉雕自唐代以来便受到上层统治阶级的喜爱、追捧，因此全国各地大量的玉石原料运输到苏、扬等地进行加工，形成“以工引料”的现象。现在也是如此，玉雕大师们制作出精美的玉雕作品，在当地加以销售，因而形成极具特色的玉石玉器交易市场；广州玉石玉器交易市场在清康熙年间便已成为全国的玉石进出口贸易中心，并不断发展，越来越细化分工。目前广州已成为全国翡翠玉石加工贸易的最大集散地之一。

我国玉石玉器交易市场的分布广泛而又相对集中。总体来说，东部沿海地区大型交易市场较多；内陆地区分布较少，主要集中在玉石矿附近，同时各个大型交易市场周围也聚集了一些相对小型的市场。我国玉石玉器交易市场不仅仅局限于以上这些，经调查发现各个地区都有一些交易市场，只不过规模较小，未形成产业机制。

表1　典型交易市场

地区	典型市场	
北京	北京古玩城	北京天雅古玩城
	北京官园珠宝城	北京潘家园旧货市场
河南	南阳玉雕大世界	镇平县玉雕大世界
	石佛寺交易市场	榆树庄玉镯市场
上海	上海中福古玩城	
	静安寺珠宝古玩城——大同古玩殿	
江苏	扬州玉石料市场	扬州玉器市场
	观前文化市场	光福地区市场
广东	广州交易市场	广东揭阳市场
	广东四会市场	广东平洲市场
云南	云南瑞丽珠宝交易市场	
	云南腾冲翡翠市场	
新疆	乌鲁木齐交易市场	
	和田地区交易市场	玉龙喀什河总闸口交易市场
辽宁	岫岩交易市场	
	阜新玛瑙交易市场	
台湾	台北建国假日玉市	

二、各地玉石玉器交易市场概况

改革开放以后，尤其是二十世纪九十年代之后，中国玉石玉器交易市场蓬勃地发展起来，一大批玉雕大师的成长给玉产业注入了新的活力。经过多年发展，各地的玉石市场也都有了长足的进步与发展，但由于不同区域的文化、政治、经济等差异，导致各地的交易市场发展情况也不尽相同，下面仅对典型的交易市场进行大体的介绍。

1.北京

（1）北京古玩城

北京古玩城坐落于京城东南，目前是亚洲最大的古玩艺术品交易中心。前身是1989年9月成立的北京劲松民间艺术品市场，1999年建成现在的北京古玩城，并于2007年对其进行改造。目前北京古玩城总建筑面积26400平方米，建筑风格具有鲜明的中国特色，有600余家文物公司、古玩经销商驻场经营，主要经营古玩杂项、古典家具、古旧钟表、古旧地毯、古旧陶瓷、名人字画、白玉牙雕等十大类上千个品种，其中的白玉精品厅为古玩城的特色之一。

白玉精品厅设有全国各地白玉商家分店，汇聚了为数最多的各地大师级精美作品，白玉市场销售额全国最高，其品牌效益为全国之首。到目前为止，北京古玩城的白玉艺术品销售在全国的规模和档次都是最高的，北京成为全国最大的高档白玉销售市场平台。

北京古玩城销售的玉石品种以和田玉、翡翠为主，兼有寿山石、玛瑙（南红、战国红）等，经营玉石玉器的价格普遍偏高，主要集中在几万至几十万之间居多，也有上百万至上千万的作品。由于2012年的经济颓势导致消费者对高档玉器持观望态度，进而其玉石交易量下降。

（2）北京天雅古玩城

天雅古玩城成立于2007年9月，总建筑面积45000平方米，与北京古玩城隔街相对。目前，天雅古玩城资深古玩经营商家670余户，主要经营翡翠、白玉、奇石、古玩杂项、瓷器、书画、牙雕、佛像、海外文物等上千个种类，其中一、二、三层主要经营白玉、翡翠、象牙、珊瑚，玉器材质以和田玉、翡翠为主，还有少量其他玉石品种，商户大概有150余户，玉石玉器价格集中在几万至几十万之间。在天雅古玩城内曾多次举办白玉翡翠精品展等玉器展览。

（3）北京官园珠宝城

北京官园珠宝城，成立于2006年5月，坐落于北京官园桥畔，营业面积5000平米，一层为展览活动大厅，二、三层为珠宝营业卖场，汇集国内外百余家集产供销一条龙的原产地珠宝商驻店经营。主要经营和田玉、翡翠、寿山石、珍珠、水晶、玛瑙、红蓝宝石、钻石、黄金等九大品类上千个品种中高档珠宝产品，其中，白

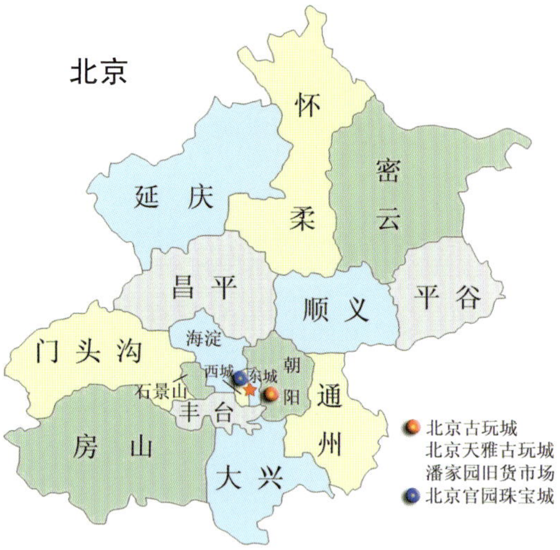

图1 北京地区玉石交易市场分布图

玉、翡翠品种中均有行业中领军企业进驻。

（4）北京潘家园旧货市场

潘家园旧货市场形成于1992年，早在清朝时期就被称为“潘家园小市”，位于北京东三环南路潘家园桥西南，占地4.85万平方米，是全中国最大的旧货市场，也是全国人气最旺的古旧物品市场。市场分为地摊区、古建房区、古典家具区、现代收藏区、石雕石刻区、餐饮服务区等六个经营区。主营古旧物品、工艺品、收藏品、装饰品，周末开市日客流量能达到六七万人，其中外宾近万人，年成交额达数亿元。市场拥有4000余家经营商户，经商人员近万人，其中60%的经营者来自北京以外的地区。

2012年潘家园市场玉石玉器价格整体平稳，成交量较去年有所升高，潘家园市场经营的品种一直是收藏品市场的大众喜欢的东西，因其供应量大，价格一直低迷，虽然前几年这些材料价格有所好转，特别是2011年有了较大幅度上涨，但总的来说价格仍显偏低。即使是在市场低迷时期，花些小钱买些漂亮的东西还是大有人在的，因而潘家园市场的旺销使得其玉石作品的价格2012年仍有一定幅度的上扬。具体来看，和田玉价格和2011年基本持平。其中和田籽料据品质、造型、大小的差异，价格在几百到10万之间不等。俄料整体价格稍低，肉质差，高品质的少，价格一般在几百到几万左右。青海料价格一般在几千左右，岫岩老玉把件是2012年的热门玉石，涨价幅度较大。韩料的玉件，价格几百到几千不等。碧玉手镯一般几千元一只，青玉手镯则便宜很多。潘家园市场上，翡翠质量一般，价格不高，翡翠价格2012年与2011年同期相比，中低档略低，高档稍涨，从几百到几十万元都有。玛瑙价格不高，从几十到几千均有，目前战国红、南红比较火爆。岫玉较少见，也较便宜。整体来说，潘家园市场玉石玉器品种以和田玉、翡翠为主，高档较少，低档较多。

2. 河南

南阳玉雕技术自元、明时代传入，在清末民初南阳玉雕业达到高峰，而后衰落，改革开放后又重新大放光彩，1992年之后，逐渐发展为玉器工、商、贸一体的全国珠宝玉石玉器交易市场，其以市、县、镇、村四级市场共同构成，包括南阳市玉雕大世界、镇平县玉雕大世界、石佛寺交易市场及榆树庄玉镯交易市场等，其中石佛寺玉石市场已成为全国最大的玉器批发市场之一，年销售各类玉雕产品近1600

万件，占全国玉雕行业作品数量总量的60%—70%。

南阳玉雕大世界位于南阳市卧龙路中段，于2003年建成，占地25亩，建筑面积27300平方米，目前入住商户已达100多家，以其为中心，在卧龙路逐渐形成了玉雕一条街，成为经营高档产品的南阳玉雕工艺品大市场，主营独山玉、翡翠、和田玉、玛瑙等。

镇平县自古以来素有“玉雕之乡”之称，是南阳玉雕的发源地，目前是全国规模最大、价格最低的玉雕加工销售集散地。据不完全统计得出，直至2012年，南阳的玉石加工企业（户）约2万户，从业人数约30万人，年产玉雕产品1500余万件，年产值超过30亿元，全县玉雕重点乡镇11个，玉雕专业村50个，形成了石佛寺玉雕湾和镇平县玉雕大世界两大专业市场，集中有各类加工经营户6000余家，是全国最大的玉雕专业批发市场。

镇平玉雕大世界，于1992年建立，市场内荟萃了镇平数万能工巧匠精心设计、雕琢的工艺品，采用的原料多采用翡翠、白玉、碧玉、青玉、岫玉、独玉、玛瑙等300多个品种。

石佛寺交易市场，位于镇平县城西北10公里处，包含了石佛寺翡翠玛瑙市场、玉镯玉白菜市场、玉雕摆件市场、玉雕湾综合市场四大专业市场，现拥有各类玉雕加工企业4000多家，从业人员3万余人，每年产销玉雕产品1500多万件。玉文化广场及中心商贸区容纳各类珠宝玉雕门店500多家，日休闲、购物客流量数万人，日成交额近数百万元。

2012年石佛寺玉石市场价格总体较2011年稍涨，成交量大致持平。相比于其他市场来说，这里的各类玉石价格普遍偏低，品种较多，除了翡翠、软玉，还有玛瑙、阿富汗玉、岫玉及其他市场少见的独玉，大部分为家庭作坊的产品，档次不 。翡翠以挂件、镯子为主，还有边角料做成的不同大小的珠子；和田玉以把件、雕件为主；独玉以雕件、把件为主，也有挂坠等；玛瑙作品大多为染色的镯子；阿富汗玉大多以玉白菜的形式进行销售，兼有“打火机”形制的实用产品。同时市场上也有材质为岫玉的仿古玉器。不同品种的价格有所差异，其中翡翠、和田玉价格较高，基本在几百到几千之间；独玉次之，这些年独玉矿床不断减产，市场上的独玉也不像翡翠、软玉那些多，其价格也几百到几千不等。其他的为中低档玉石，价格较便宜。如玛瑙手镯一般十几至几百元之间，而阿富汗玉的白菜

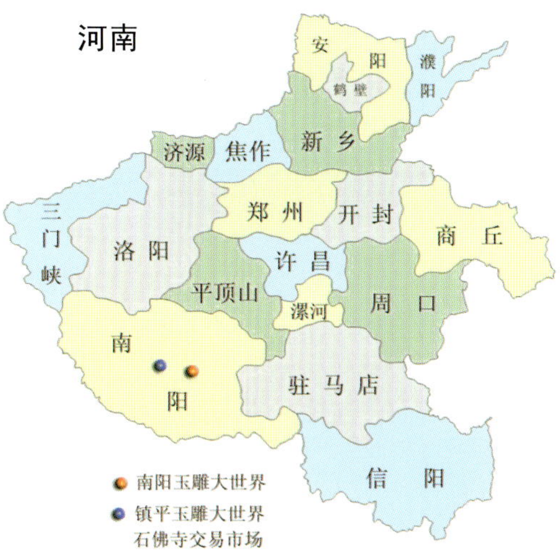

图2 河南地区玉石交易市场分布图

约几百元左右。此市场主要是经营玉石产品种类繁多，虽然某些玉石价格有一定的上升，但并不是暴涨，对于普通的玉石销售商及消费者来说价格还是较低，在能接受的范围之内。因此2012年的市场销售情况一般，波动不大。

近3年来，南阳市为推动玉石的发展，已成功举办了3届“两节一会”，这其中的“一节”便是玉雕节。而随着“节会”的成功举办，南阳的玉雕也逐渐走出了国门，南阳玉也真正成为了南阳的一张名片。

3. 江苏

江苏的玉石玉器交易市场主要由扬州交易市场和苏州交易市场组成，两地均具有悠久的玉雕历史，但两地发展规模也略有差异。

（1）扬州交易市场

“天下玉，扬州工”一语道破了扬州玉雕在中国玉雕历史中的地位，扬州玉雕千百年来形成了浑厚、圆润、儒雅、灵秀、精巧的特征，以巨雕、山子雕名闻遐迩。扬州玉石市场分为两部分：①玉石料市场——扬州玉石料市场、湾头玉石料市场。扬州玉石料市场，于2008年建成，位于扬州玉器厂北侧，主要销售玉石原材料，避免了因多次销售而增加成本，目前扬州已形成了“原料供应——玉石加工——玉器销售”的完整产业链。现在扬州玉石料市场已成为华东地区规模最大、品种最多、全国最具特色的玉石原材料交易市场。②扬州玉器市场——以扬州玉器厂为中心扩散的玉器市场、湾头玉器市场，主要销售和田玉的山子摆件等。作为“扬州工”的源头，湾头玉器加工业也不断地继承、发展，全镇6000多户居民中有900多户从事玉器加工销售，其玉器经营销售模式主要为“上门收购”和“定点销售为主”。

（2）苏州交易市场

苏州玉石玉器交易主要是依托于古玩市场，如文庙古玩市场、拙政园古玩店及太仓古玩市场均有销售玉器。目前苏州最大、最集中的玉器交易市场为观前街的观前文化市场，市场营业面积近20000平方米，四楼层共480个铺位。一楼、二楼主营和田玉、翡翠及其他宝石、金银饰品，三楼的部分商家也销售翡翠原石及寿山石等。

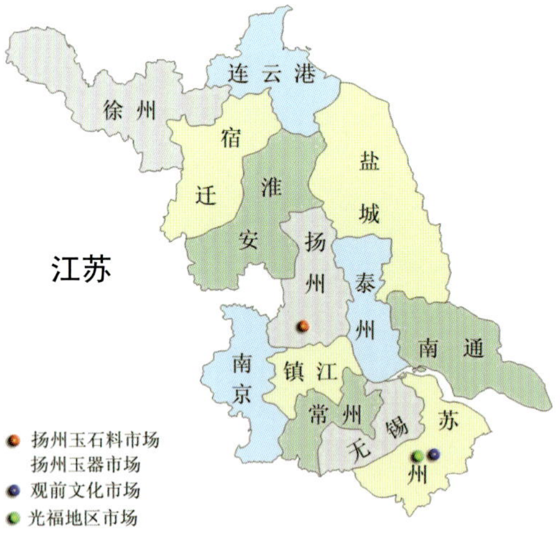

图3 江苏地区玉石交易市场分布图

光福地区市场，光福玉雕是苏州传统工艺中的一枝奇葩。明代时苏州的玉雕大师陆子冈受聘为皇室琢造各种玉器。由此，苏州玉器名闻天下，有“良玉虽集京师，工巧则推苏郡”的说法，而这其中就有相当一部分的能工巧匠出自光福。自20世纪90年代始，光福的迂里、山墩、邓尉、府巷等村逐步集中了几百家民间玉器作坊，其从业人员多来自光福本地，光福镇已经汇聚了玉雕从业人员万余人，形成了以工艺街为龙头，以光福玉器城、邓尉中路玉器铺以及遍布全国各地的工艺品经销网络的经营格局。

江苏地区的玉石市场销售的玉石品种较多，但多为适于玉雕的品种，如和田玉、翡翠、寿山石、玛瑙等。2012年玉石料市场较为冷清，交易额下降，中低端产品价格下跌了近两成。

4. 上海

（1）上海中福古玩城

上海中福古玩城，坐落于上海中心区域——福建中路，总建筑面积一万余平方米，铺位200余个，汇集了上海高品位古玩艺术品，主要经营陶瓷器、珠宝玉器、竹木牙角、石雕、字画、文房、杂件等。其中白玉是市场中的重要内容，上海地区的玉雕大家作品在此多有展示。中福古玩城成功举办玉石展览多次，如玉雕神工奖评选等专业展览。其内销售的珠宝玉器主要为白玉、翡翠等，且价格偏高。

图4 上海地区玉石交易市场分布图

（2）静安寺珠宝古玩城——大同古玩殿

静安寺珠宝古玩城——大同古玩殿，为原“静安寺珠宝古玩城”在2008年迁至上海卢湾区鲁班路而形成，保留了原来的经营风格及档次。古玩城一楼经营古玩杂项、玉器翡翠、奇石水晶、书画文房、紫砂陶艺、名品钟表等各类收藏艺术品，二楼为玉器专营楼层，专营白玉，不仅仅为玉器买卖，还包括玉器的定制、加工等。2012年承办上海第四届“玉龙奖”作品评选活动，并圆满结束。

5. 广东

广东省有四大玉器街、三大翡翠玉器加工基地，因而在玉石加工批发市场中广东市场所占的份额最大。广州是综合性的珠宝玉石批发市场，玉器加工规模较小，汇集了全省乃至全国各地的宝玉石原料、半成品、成品，以宝玉石品种最丰富为特征。揭阳主攻高档翡翠饰品及雕件，占据高端市场，产品从翡翠雕刻逐渐发展出和田玉雕件；四会侧重小挂件、小摆件雕刻，开拓中档产品市场，开发了大量的饰品配件和技术程度不高的小配件，形成了别具一格的“天光墟”“毛货”交易；平洲作为后起之秀，汇集中低档玉石毛料，建立起每月一次甚至几次的原料“二次公

图5 广东地区玉石交易市场分布图

盘”市场，并形成了全国最具规模的手镯批发市场。

（1）广州交易市场

广州交易市场在广州荔湾区，建于1988年的华林玉器街为以室内玉器业户经营为主的玉器珠宝专业街，主要销售玉器。华林玉器街包括西来正街、华林新街、华林寺前街、茂林直街、新胜街等内街的玉器市场，街道两旁有玉器店铺近150间，内设近千个玉器珠宝档位，其中街内还设有临时摊档200多个。这里聚集了广州八成以上的玉器商，占了广州玉器交易总量的九成以上。目前华林玉器街年销售的翡翠玉器占全国的60%，成交额六十多亿，成为东南亚最具影响力的玉器市场。

华林国际玉器城，于2006年建成，毗邻华林玉器街和上下九商业步行街，是全球一流珠宝玉器、贵金属首饰专业市场。华林国际一层主要经营玉器，二层以半宝石中高产品为主。

华林玉器大楼（华林玉器广场）位于华林玉器街的中心地带，它是玉器街最大的室内玉器市场，占地3.2万多平方米，总建筑面积18.6万平方米。华林玉器广场目前主要开发的店铺是一、二层。一层主要是玉器的店铺，设有专柜近300个，设有档位近400个，成为玉器街的交易中心。华林玉器大楼最大的特点是经营品种齐备：既有戒面、耳扣、玉坠、玉镯，也有杏心、花件、花牌；既有古玉和仿古玉器，也有近年时尚的生肖类玉器；既有雕工精细的座件摆件，也有玉器加工工具；既有可保值的A货玉器，也有价格相宜的B货、C货玉器；甚至还卖玉石毛料。

（2）广东揭阳市场

位于揭阳市区西部的阳美村是全国规模最大的玉器专业村，是有名的“金玉之乡”，也是全国最高档、最大型、最集中的高档翡翠生产、加工基地和贸易集散中心。阳美玉雕的加工经营模式基本上仍是自产自销的个体户模式，据不完全统计，揭阳市玉器生产、加工、贸易企业共有5000家左右，从业人员3万人左右。目前阳美玉器加工不仅仅局限在翡翠上，还逐渐发展和田玉的设计雕刻。

（3）广东四会市场

四会市是中档翡翠加工基地。在四会市各区各镇到处有分散在各家各户的玉器小作坊，截至2011年，四会玉器生产、加工、销售企业近3000户，投入运营的玉器城有8座，玉器街一条，大大小小片料和原石交易市场和档口若干，从业人员估计有15万多人，每年加工玉璞8000吨左右，年产值近55亿元人民币。四会每年都会举办“玉器文化节”进而发展四会的玉器产业。四会玉器以中低档产品为主，以翡翠挂件、摆件及翡翠圆珠散件为主要产品，以制作翡翠首饰为主，制品主要销往广州。据资料估计，全国约70%的中低档翡翠出自四会。“天光墟”作为四会独有的市场，进行“毛货”（半成品）销售。

（4）广东平洲市场

广东平洲玉器市场，始于20世纪70年代，经过30多年不断发展壮大，现已发展成为我国四大玉器市场、国内三大缅甸翡翠玉器加工生产批发基地之一，翡翠成品产销量居全国之最。据不完全统计，截至2012年12月，现有玉器店铺3000多家，加工厂近千家，从业人员超过2万人，行业经营者单体规模小，多为个体工商户。平洲玉器的特色产品是玉镯，材料以中低档和中档偏上为主，手镯产销量占总量60%至70%，可谓“玉镯之乡”。平洲现有九个缅甸翡翠玉石原料拍卖场，形成每月一次甚至几次的原料“二次公盘”市场。

6. 云南

云南地理位置优越，与宝石级翡翠的唯一产出国缅甸相邻，缅甸翡翠进入我国的口岸就设在云南的瑞丽和腾冲，云南玉石玉器交易市场也主要在瑞丽和腾冲。

（1）云南瑞丽珠宝交易市场

瑞丽的翡翠市场是我国翡翠交易市场最繁荣、最具代表性的市场。瑞丽珠宝交易市场位于中缅边境，在80年代后期就开始形成，90年代后期初瑞丽市政府开放了此地，从此划出了一条街，就此形成了瑞丽珠宝专门的交易市场，如今已成为东南亚重要的珠宝集散中心。现已拥有珠宝步行街、华丰珠宝加工区、姐告玉城、新东方珠宝城、中缅街五大珠宝加工销售园区。其中姐告玉城为云南规模较大的翡翠毛料批发交易市场；新东方珠宝城为云南瑞丽翡翠市场五大翡翠交易市场之一。瑞丽珠宝街是一条集旅游观光、购物休闲为一体的步行街，一个以翡翠成品交易为主的综合性珠宝交易市场。据资料统计，截至2010年瑞丽市共有珠宝加工、销售企业（户）约9000余户，从业人员近3万人。

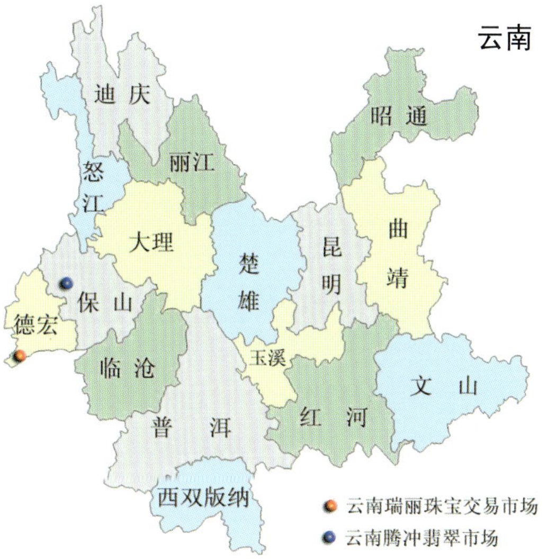

图6 云南地区玉石交易市场分布图

（2）云南腾冲翡翠市场

由于腾冲的交通不便，其市场规模因此不如瑞丽等地。腾冲市场的翡翠以雕件为主，各种摆件、挂件较多，同时也加工手镯和少量戒面，偶尔还能觅得一些民间收藏的老货。腾冲市场上翡翠成品中B货、C货较少，但戒面中也有套色或充色货。

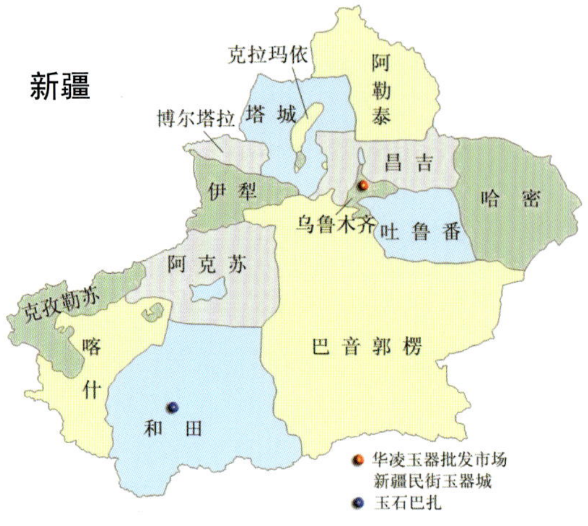

图7 新疆地区玉石交易市场分布图

7. 新疆

新疆是和田玉的重要产地，以销售新疆和田玉料为特色。玉石玉器交易市场主要分布在乌鲁木齐市与和田地区。

（1）乌鲁木齐交易市场

乌鲁木齐玉石玉器批发主要有两个市场，一个为华凌玉器批发市场，另一个为新疆民街玉器城。华凌玉器批发市场坐落于华凌市场最北端，毗邻花卉鱼虫市场，市场内有150家铺面，中心柜台400家；新疆民街在2006年全盛时期约有1000家铺面。

（2）玉石巴扎

“巴扎”在维吾尔语中是“市场”的意思，玉石巴扎兴起于20世纪80年代末90年代初，每周五和周日自发形成玉石巴扎，主要买卖和田玉。如今的和田玉石巴扎早已远近闻名，其含义也远远超出了“玉石市场”的称谓，和田玉石巴扎的规模在逐年扩大，另一个玉石巴扎在玉龙喀什河边的洛浦县总分水闸口处。

8. 辽宁

（1）岫岩交易市场

现在岫岩县的岫岩玉年产量达几千吨，占全国玉器市场用料的70%，现有玉雕加工企业2000余户，以销售岫岩玉料为特色。岫岩县交易市场包括中国玉雕会展中心、玉都、东北交易中心、荷花玉器批发市场、万润玉雕园、汉斯羽皇玉雕中心、哈达碑玉器一条街7个交易市场，约有商户2200户。其中玉器街两侧约有近200户玉器经营档口，荷花玉器批发市场批零兼营，以小挂件居多。东北交易中心以批发翡翠小件为主，而且多数是没有经过抛光的毛坯货，交易中心的90%玉制品价格便宜，但也有相当数量的精品。

（2）阜新玛瑙市场

阜新市作为玛瑙的产地，但其市场上销售的玛瑙80%都是来自外地，主要是从马达加斯加、印度、巴西

图8 辽宁地区玉石交易市场分布图

等地进口。目前阜新玛瑙市场有十家子玛瑙园区、阜新玛瑙宝石城、鑫维玛瑙宝石城，约有4—6万人从事玛瑙行业。截止到2011年底统计，阜新现有加工、销售共计5000余户。

9.台湾

台北建国假日玉市原位于光华商场旁，于1978年2月迁至建国南路高架桥下济南路到仁爱路之间，更名为建国假日玉市，是以假日市集形态进行的台北玉市。随着内地的经济腾飞，台湾的白玉市场从2005年之后就跟不上大陆的价格，从2005年到现今，台湾的玉器市场都呈现停滞状态。近几年，台湾玉器回流大陆的趋势逐渐明显。目前建国假日玉市中，销售的翡翠、杂石占三分之二，白玉、古玉系列占三分之一，主要以销售中低价位为主；部分商店以销售中高价位为主，其中古玉占三分之二，现代白玉只有三分之一。

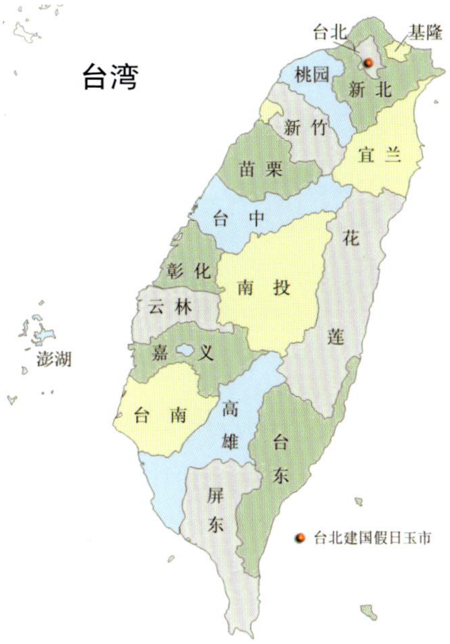

图9 台湾地区玉石交易市场分布图

我国玉石玉器交易市场不仅仅局限于此，虽然目前玉石玉器市场大多数处于我国东南部，但是随着经济水平的发展，可以预计我国的玉石玉器市场在内陆地区也将不断发展，形成颇具规模的市场，繁荣我国的玉石产业。同时根据以上对我国著名玉石玉器交易市场的介绍、分析，可以预测我国未来的交易市场的发展趋势：市场更多以细分化为主，专营某一品种、亦或是专营某一价格区间（中、高、低）的产品来满足特定消费者的需求，进而不断发展形成更为专业化的市场。每个市场既有通性——经营经久不衰的玉石玉器产品，如翡翠、和田玉；也有差异性——各个市场本身都独具特色。

参考文献

[1]陈昕，谭亚原。云南石产业[M]。昆明：云南人民出版社，2010

[2]黎莹。河南南阳地区的宝玉石业与市场[J]。科协论坛，2008，（5）

[3]刘明阁。独山玉雕历史地位及南阳玉文化产业发展战略研究[J]。南阳师范学院学报（社会科学版）。2009，8(7)

[4]李源。专业市场与产业集群互动研究：以广州珠宝市场为例[D]。广州：暨南大学，2010

[5]王宝森。玉器批发市场[J]。生意通，2010，(7)

[6]徐志，徐泽彬，刘杰，张佩文，曹姝旻，郭倩。广东省三大玉器加工基地特色及发展模式探讨[C]。张培莉。珠宝科技——中国珠宝首饰学术交流会论文集。北京：地质出版社，2011，385-393

[7]俞家骅，刘艳红。他山玉石兴广东玉业——记广东四大玉器市场[J]。中国宝石，2001，(2)

[8]杨松利，张清华。云南省珠宝玉石产业发展的SWOT（优势、劣势、机遇、威胁）分析及对策研究[J]。经济问题探索，2011，(5)

材料供给

在当代艺术品中，其材料本身即具美质的，莫过于玉器。将玉视为天下至美之材的观念，是构筑中国玉文化的物质基础。玉，质地细腻、折光柔和、颜色鲜艳、声音美妙。玉之美，是天然的美，是永恒的美。

当代人所称的“玉”，是几种特定的美石，是温润而有光泽的美石。古人是这样解释玉的：“石之美，有五德者。”“石之美”是玉的自然属性，“有五德者”是指人们借物寓意，将玉石所具有的光泽温和、内外一致、声音清脆、质地坚韧、柔中有刚的五种品质与人应具备的仁、义、智、勇、洁五种品德相比附，是玉的社会属性。

玉之所以能成为今人眼中的美石，是因为它符合人们心中的审美标准，虽然人们在中国历史的各个时代对于玉的认识标准有所不同，但对于玉的美的认识是共同的。玉具有这些美的特征：

玉质美。玉料粒度细致，质地细腻、坚硬缜密，有“坚缜细腻”之美；玉料滋润光莹，柔和且有光泽，有“温润而泽”之美；玉料杂质较少，有的甚至达到无瑕的程度，有“美玉无瑕”之美。玉料的玉质之美给人的感受是凝重、温润和纯洁。

玉性美。玉料硬度高、韧度强，具有很强的耐磨性，且不易破碎；玉料光透柔和，多呈半透明状，能够充分彰显玉朦胧的阴柔之美；玉料化学性质稳定，不易受酸碱的侵蚀，能够保存千万年而不朽；玉料物理性质独特，导热率低，故对冷热变化表现为惰性，适于佩戴和把玩。

玉色美。玉料由于含有不同的元素，故呈现出五彩斑斓的颜色。玉之美最直观的形态便是玉石的颜色。古人将玉的颜色描述为“黄如蒸栗，白如截脂，黑如纯漆”。另外，玉料的表皮也有许多美丽的颜色。如秋梨皮、虎皮等。不同的玉色可以表现不同的美感。

玉音美。玉料质地细密，敲之声音远播。玉磬的声音即悠扬悦耳、清越绵长，“玉振金声”就是对玉音美的最好诠释。

近些年来，各种玉料的大量出现，一方面得益于开采工具的先进，人们能够开采过去根本不可能开采的材料，另一方面也得益于多年来价格的上涨，人们有更多的资金投入来开采这些材料。我们今天能够有幸欣赏到如此多的美的材料，是我们这个时代之幸。

“玉”是由多种美石组成的，应该说当今是玉石材料最多最好的时代，可谓历史上最好材料的集大成，每一种材料都能够最大限度地发挥玉质自身美的特征，玉石本身的材料美以及我们对材料美的认识都达到了历史新高度。

当今时代，带有古代余辉在当代仍然散发着灿烂光芒的玉石主要有：和田玉、翡翠、岫岩玉和南阳玉。今年年鉴主要以这四种材料来谈谈2012年的产量等情况。当然，还有许多新兴的玉材，同样也是中国玉石大家族的重要组成部分，但因作者能力所及，今年就不能一一探究了，请读者见谅。这些缺憾，我们会在今后的年鉴中慢慢弥补，力争让每一种玉材都在中国玉文化的大家庭中，得到应有的地位。我们相信，中国玉石大家庭会因各种玉材的特有丽质而更加绚丽夺目。

（于明）

2012年中国玉器材料供给的基本情况

□ 于 明

一、和田玉

和田玉是一种商品类名的名称，不具有产地意义，无论哪里出产的玉，只要透闪石成分占95%以上，都可以使用和田玉这个名称。可以根据产地的不同，具体分出和产地有关的名称，如：新疆和田地区出产的玉称为新疆料，青海产的玉称为青海料（昆仑料），俄罗斯出产的玉称为俄罗斯料（简称俄料），韩国出产的玉称为韩料，加拿大出产的玉只有碧玉，称为加碧。

多少年来，和田玉因出产地广泛，开采、进口单位混乱，没有公开或可信的统计数据可用，无法统计和田玉每年的产量。而统计和田玉每年的产量，无论对于生产者或收藏者来说，为其正确把握市场，预测和田玉的未来走势，都有着重要意义。我们为采集这些数据，走访了多地玉料产地或玉料集散地，得到了现在的数据。这也只是大概或估计的数字，不是很准确，但毕竟我们走出了这一步，希望在今后的年鉴中慢慢完善，今年年鉴收录的和田玉只是上面提到的五个主要产地的产量，其他产量较小的产地产量，暂未收录。

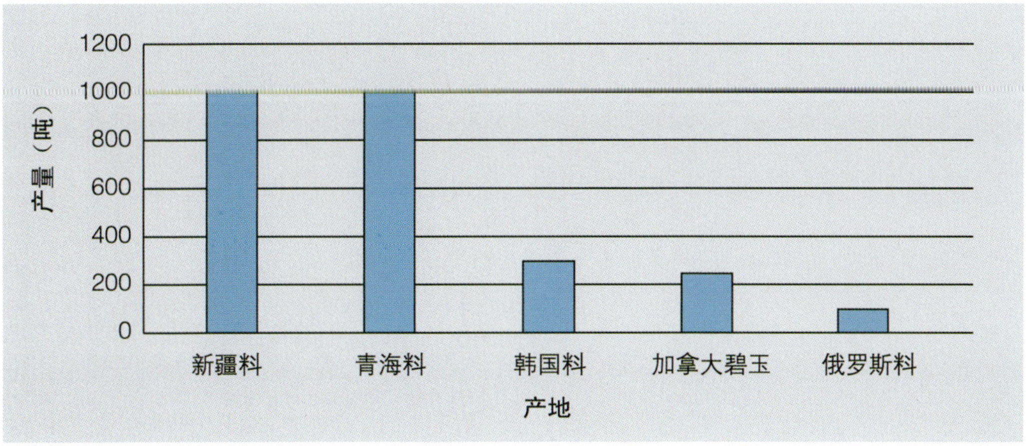

图1 2012年各产地和田玉产量

1.新疆料

新疆料是和田玉中精华，和田玉就是因这种玉最初出产在新疆和田地区而得名。新疆产和田玉的纤维状晶体颗粒较细、较短而且排列致密，透闪石含量约为95%—99%，其他的杂质矿物含量极少，比重约为3g/cm^{3}左右,摩氏硬度为6—6.5左右。

新疆产和田玉矿床为非蛇纹岩型矿床，成因是典型的接触交代作用，而其他地区软玉矿床多为蛇纹岩型，属超基性岩，这使得新疆产的和田玉具有坚韧的质地、温润的光泽、绚丽的色彩、致密的结构的特点，有着玉材的所有美感，代表着中国玉器材料之美，与其它产地的和田玉有所区别。

新疆和田玉的分布和产地基本介绍：

新疆和田玉分布在新疆所辖昆仑山和阿尔金山一带。西起喀什地区的塔什库尔干塔吉克自治县，中经和田地区，东到巴音郭楞蒙古自治州的若羌县，北至塔里木盆地边缘，南到昆仑山和阿尔金山主峰，全长约1300公里，宽约80～150公里，地域范围内包括3个地州共14个县市。原生矿约40处，主要矿区有：莎车矿区、和田矿区、于田矿区、且末矿区、若羌矿区、天山矿区等。

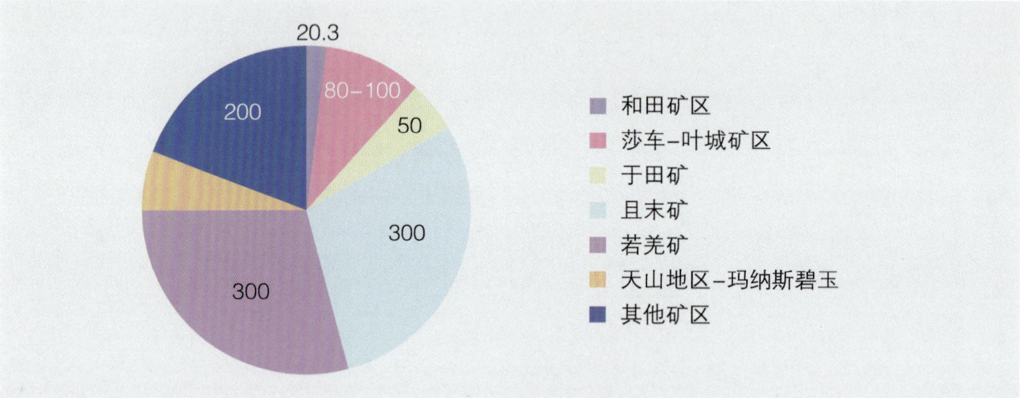

图2　2012年新疆各地区和田玉产量

（1）莎车——叶城矿区。原生玉矿主要有大同、密尔岱、库浪那古等地。密尔岱山地区玉矿资源丰富，以青玉和青白玉为主，白玉较少。它也是古代重要的玉料产地，据说清代大禹治水图玉料即采自于此。

莎车矿区年产量约在80—100吨左右。每公斤价格在5000—50000元之间。

图3　新疆和田玉龙喀什河貌

（2）和田矿区。新疆最著名的产玉矿区。玉矿产地多，资源量大，多为青玉，兼有白玉、青白玉等，特别以产籽料而著名。籽料产于和田河中，以玉龙喀什河（白玉河）和喀拉喀什河（墨玉河）为主，两条河流域上游的原生玉矿经地质变迁，由山料崩塌滚落于河中，形成籽料，山上原生矿虽有线索，但山上常年积满冰雪，海拔甚高，人所能到达活动范围有限，有关部门几次科考均未能发现籽料玉矿原生地，至今仍然是个谜。

籽料多呈鹅卵石状，表面常覆盖有红、黄颜色的表皮。和田玉从颜色上主要可以分为白玉、黄玉、青玉、碧玉、墨玉，民间对和田玉的颜色虽有“一红二黄三白……”之说，但据目前调查，还没有发现原生红色的玉石，有些看起来是红色的料，也不过是红色皮色重些罢了。黄玉虽名贵，但量极少，因此多以白玉为主。白玉中最佳者属“羊脂白玉”，其特点是“白、密、细、润”，是和田玉中的上品。优质材和田籽料一般具有这样的特征：

① 颜色纯正。即是说一块玉料的颜色大致要一致，白就是白，黑就是黑，青就是青，各种颜色不能混杂在一起。就算是黑白料，最好也是黑白分明。在各种常见颜色中，白色玉居多，但好的白玉色不是惨白，而是略带暗色有浑厚感的白，这是最为赏心悦目的和田玉的色之美。

② 密度很高。这里的密度不是矿物学的密度，而是人的肉眼看起来结实致密的感觉。密度越高，凝重的感觉越好。

③ 油度很好。油度是一个比较抽象的说法，玉看上去好像从内部渗出油来，这种玉看起来就有美感。

④ 略带皮色。目前来说，和田籽玉的皮色比较重要。一块籽玉没有皮色，一方面其审美特点受到影响，另一方面无法表示其真伪，其价值大打折扣。皮色以金黄为最好。

历史上和田籽料的开采主要以夏季河水泛滥时，洪水将籽料带到下游，人们从

图4 和田籽料挖掘现场

水中捞拾，也有在河边沿河检拾，晚清时人们开始使用简单工具在河边挖掘籽料，20世纪90年代以后开始了大规模的机械采掘。人们最初主要是沿白玉河岸挖掘，21世纪初期，白玉河两岸推土机、挖掘机肆意横行，随意开采，籽料大量被挖出，伴随而来的是环境的毁坏。

这期间每年都有几十吨甚至上百吨的籽料被挖出，资源急剧减少。2010年到2011年，在和田地区政府有力的控制下，籽料的开采急剧减少，每年开采量在几吨上下。2012年，在和田政府的统一安排下，对和田地区古河床和戈壁滩进行了计划开采，产量剧增。

2012年，高档籽料，产量约在300公斤左右。每克价格在100000—1000000元之间。

中档籽料，产量约20吨左右。每公斤价格在200000元以上。

（3）于田矿区。玉矿位于于田县东南的柳什塔格山中的阿拉玛斯，是世界上罕有的白玉矿山，在地表及浅部出产优质的白玉和青白玉，是从清代开始一直到现在都在开采的重要玉矿。阿拉玛斯玉矿地矿的分布是这样的：上层矿主要是白玉和青白玉，青玉较少；中层矿主要是青白玉，白玉所占比重不高；下层矿在50米以下，主要是青玉，白玉和青白玉较少。

2012年于田矿产量在50吨左右。每公斤价格在8000—50000元之间。

（4）且末矿区。是阿尔金山产玉的主要矿区，原生矿分布于且末县的东南，主要以青白玉为主，其次是青玉，少量白玉。玉料块度较大，曾采出重达1.5吨的青白玉，且以糖玉著名，不论白玉、青白玉和青玉都有糖色包裹在玉石外面。从1972年到现在，累计采玉达3000多吨。现在的开采量也很多，是新疆和田玉山料的主要生产基地。

2012年且末矿产量在产300吨左右。每公斤价格在3000—50000元之间。

（5）若羌矿区。分布于若羌县，玉矿带从且末一直向东延展，并不断发现较大的玉矿，是一个远景广阔的玉矿。玉石以青白玉和青玉为主，略带黄色。

2012年若羌矿产量在300吨左右。每公斤价格在1000—40000 之间。

（6）天山矿区。位于玛纳斯境内，因其主要品种为碧玉，故有“玛纳斯碧玉”之称。玛纳斯碧玉颜色多带蓝色调，色浅，杂质、裂纹及黑点较多，因而使其价格较低。

2012年玛纳斯碧玉产量在几十吨左右，每公斤价格在几十元至几千元之间。

除了上述几个大的矿区之外，在昆仑山及阿尔金山之中，还散落着许多小的玉矿，这些小玉矿，单体产量都不大，质量一般，价格也不高。

新疆境内其他小矿合计产量在200吨左右。每公斤价格在在1000—20000元之间。

粗略地算下来，2012年新疆境内的和田玉产量应该在1000吨左右。

表1 2012年新疆各地区和田玉产量及价格对比表

产地	产量（吨）	最低价（元/公斤）	最高价（元/公斤）
和田矿区-高档籽料	0.3	100000000	1000000000
和田矿区-中档籽料	20	200000	100000000
莎车-叶城矿区	90	5000	50000
于田矿区	50	8000	50000
且末矿区	300	3000	50000
若羌矿区	300	1000	40000
天山地区-玛纳斯碧玉	几十	几十	几千
其他矿区	200	1000	20000

2.青海料（昆仑玉）

青海玉矿区大致在青海省格尔木市青藏公路沿线一百余公里处的丘陵地区，产玉地点位于昆仑山脉东脉进入青海省部分，西距新疆若羌约300余公里，与且末、若羌等出产的和田玉的山脉在地质构造背景上有密切的联系，实际上就是这些山脉的延伸。目前青海料产量大的矿区有四处：纳赤台、三岔河、野牛沟、拖拉海西沟。产量小的矿点有几十处。矿区海拔高度虽高但相对高差不大，交通便利，易于机械施工，开采运输较为容易，因而开采量较大，矿石质量较好。该地出产的玉料以山料为主，少量山流水料，没有籽料。有白玉、青白玉、青玉等品种。主要颜色呈灰白——蜡白色，透明度明显高于新疆地区的白玉，质地细润，玉料单体体积较大。

青海料由于矿权的集中度比较高，价格的垄断程度比较高，为了使青海料价格稳定在一个相对好的水平，青海料采用了以保持市场相对稳定来决定供应量的方法，就是一部分原料当年进入市场，一部分产品暂不进入市场，这样就有一部分青海料被囤积起来。2012年当年青海主要矿区产料1500吨左右，青海境内其他数十个小矿产量在500吨左右。共计产量约2000吨，进入流通的青海料大约在1000吨左右,1000吨左右的青海料被囤积起来。

2012年青海料的流通量在1000吨左右，每公斤价格在1500—30000元之间。

图5 俄料矿区

3. 俄罗斯料（俄料）

俄料主要产于俄罗斯布里亚特自治共和国首府乌兰乌德境内的达克西姆和巴格达林，邻近贝加尔湖地区。主要有四个矿石开采地：嘎沃赫达、布罗姆、嘎留柏和海伊达。这四个产地矿石的储量、矿带的品质相对有很大区别。其中，嘎沃赫达为最大的产地。俄料的质地非常接近和田玉，玉质纯正、色彩丰富，常见颜色有白、黄、褐、棕、青、青白等，但其相比新疆和田玉来说，瓷质感较重，油性略差，白中泛青，多数带有些糖色。

俄料主要有白玉与碧玉两种。

2012年俄料产量在100吨左右。俄料碧玉每公斤价格在1000—30000元之间。俄料白玉每公斤价格在30000—300000元之间。

图6 韩料矿区

4. 韩国料（韩料）

韩料出产于韩国的春川地区，矿藏储量丰富，有着上百年的开采历史。过去韩料在韩国主要用于建材市场，偶然做些与生活有关的物品。进入中国以后才被大量作为玉材使用。产地的地质结构与我国辽宁岫岩透闪石产地地质结构接近，颜色青里泛黄，略有糖色，质地略松，呈粥状结构，目前已经成为我国低档玉器的主要材料来源。

2012年韩料产量在300吨左右。韩料每公斤价格在500—5000元之间。

5.加拿大碧玉（加碧）

加拿大拥有目前世界上最大的、已探明的碧玉储藏量，其3个主要的矿区分布在不列颠哥伦比亚省，阿拉斯加边境以东100英里的地段。过去100多年来，加拿大碧玉主要用于加拿大本地的珠宝行业、装饰业和出口，我国清代宫廷皇室就曾经收藏过来自加拿大的碧玉作品。由于加拿大的碧玉储量大、品质好、单件玉料体积可以达数十吨甚至数百吨，从而被全世界的碧玉爱好者和消费者所喜爱。加碧虽然产量很高，但质地稍差的碧玉数量很大，品质很高的精品碧玉的产量不多。加拿大碧玉过去几十年每年均有约250—350吨出口量，中国是加拿大碧玉的主要的出口市场，欧洲也有少量进口。

加碧每年向中国出口200—300吨。加碧每公斤价格在2000—30000元之间。

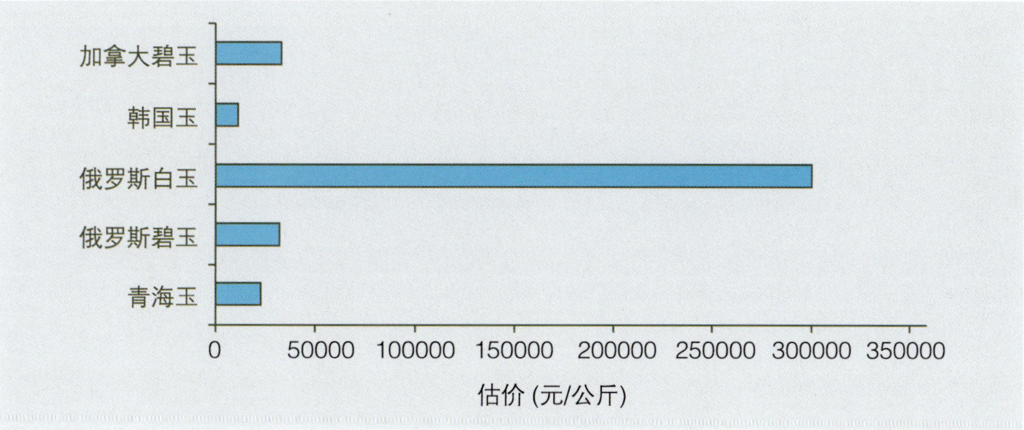

图7 部分产地和田玉估价

表2 部分产地和田玉估价表

产地	最低价（元/公斤）	最高价（元/公斤）
加拿大碧玉	2000	30000
韩国玉	500	5000
俄罗斯白玉	30000	300000
俄罗斯碧玉	1000	30000
青海玉	1500	20000

二、翡翠

习惯上称为翠、翠玉，摩氏硬度在6.5—7之间，比重在3.25—3.35之间，缅甸、日本、俄罗斯、墨西哥、美国加州等地均产翡翠，但只有缅甸的翡翠能达到宝石级，因此人们将缅甸翡翠作为翡翠的代名词。

翡翠名称来源有几种说法，主要说法来自鸟名，这种鸟羽毛非常鲜艳，雄性的羽毛呈红色，名翡鸟(又名赤羽鸟)，雌性羽毛呈绿色，名翠鸟(又名绿羽鸟)，合称翡翠，缅甸玉传入中国后，就冠以“翡翠”之名。

据了解，缅甸翡翠生产情况：

2008～2009财年出产32000吨。

2009～2010财年出产25795吨。

2010～2011财年出产22550吨。

2011～2012财年出产24439吨

2012～2013财年出产14000吨。

图8　翡翠原料

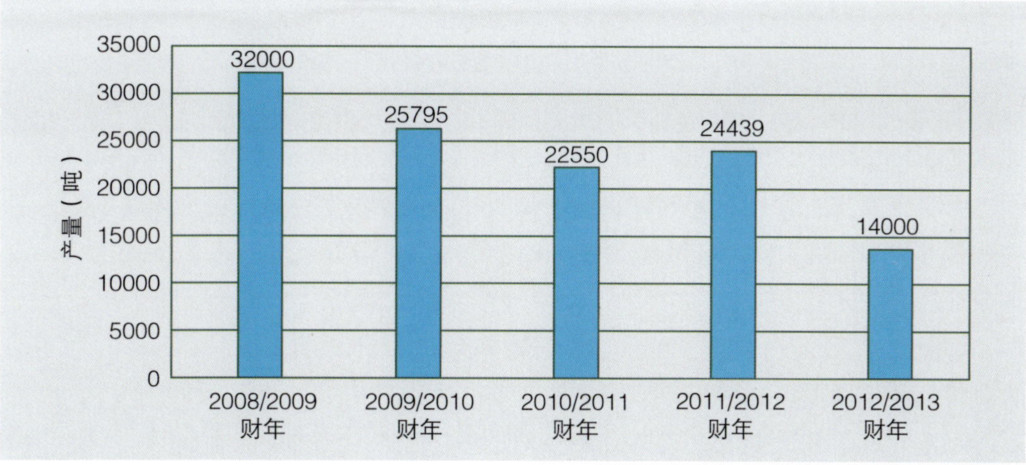

图9　2008年以后缅甸各财年翡翠产量

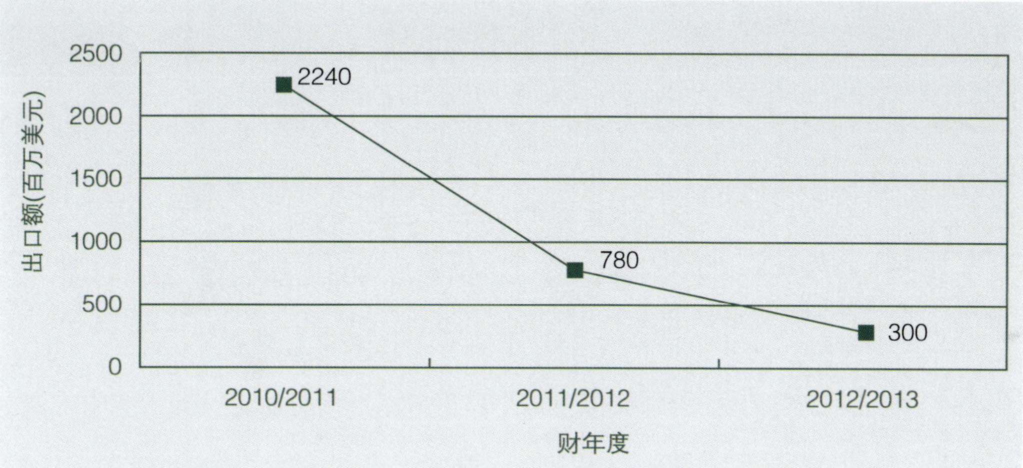

注：缅甸财年指的是从某年的4月1日开始至下一年的3月31日截止的一个整年份

图10　近几年缅甸各财年翡翠出口金额

三、岫岩玉

岫岩玉又称岫玉，因最早发现于辽宁省岫岩满族自治县而得名。岫玉广义上可以分为两类，一类是老玉，属透闪石玉，硬度在6以上，质地坚实凝重、色泽淡黄偏白。老玉又分籽料和矿料，籽料称为河磨玉，矿料产于细玉沟的山上，这种透闪石的老玉，目前只有岫岩县有发现。另一类是岫玉，属蛇纹石玉，质地坚实温润，细腻透明，颜色多样，有绿、黄绿、褐、红、黄、白、黄白、绿白、灰白、黑等色，其中以深绿、通透无瑕为上品。折射率1.57，硬度为3—6，密度为2.5g/cm^3。岫玉在全国各地多处出产，其产地主要有：

1. 岫岩岫玉。产于辽宁省岫岩县的蛇纹石玉，历史悠久，产量最多，市场上所见的岫玉大多产自此地。岫岩玉是以豆绿色为主色的多色玉，质地细腻，硬度较高。

2. 酒泉岫玉。产于甘肃省祁连山地区，又称祁连玉或祁连山玉。是一种含有黑色团块的暗绿色蛇纹石玉。酒泉岫玉多呈深绿色、黑色条带状，半透明至透明，硬度较低。

3. 信宜岫玉。又称南方岫玉、南方玉，产于广东省信宜市境内。所产岫玉表面有深浅不一的绿色花纹，大多呈黄绿色、绿色，玉石表面有蜡状光泽。

4. 陆川岫玉。产于广西壮族自治区陆川县。玉石表面有浅白色的花纹。

5. 台湾岫玉。产于台湾省花莲县，常含铬铁矿等包裹体。玉石表面有暗绿色的条纹。

岫岩蛇纹石玉产量因各地统计差异，2012年估计全国产量在3000—5000吨左右。每公斤价格在100—5000元之间。

岫岩透闪石玉产量在几百吨，每公斤价格在5000—100000元之间。

四、独山玉

独山玉因产于南阳独山而得名。也称“南阳玉”或“河南玉”，独山位于南阳市东北。独山玉玉质坚韧微密，细腻柔润，色泽灿烂，有绿、蓝、黄、紫、红、白六种基本颜色，常交织在一起，硬度为6—7。2011年起，国家对独山玉矿采取统一管理方式，实行科学有序的保护性开发。

2102年独山玉产量在80—100吨。每公斤价格在5000—50000元之间。

价格走势

“黄金有价玉无价”。千百年来，人们对玉石的喜爱几乎到了虔诚的地步，认为玉石是无价之宝，不可与金钱等价而沽。人们爱玉是爱其材、爱其德，而并非爱其贵。

今天，随着经济形势的变化，人们对玉石的定位也在渐渐地发生改变，玉石已经不仅仅是艺术品，也成为了一种投资品。购买者开始思考什么样的玉器具有收藏价值，拥有者开始思考自己手中的玉器能否在泡沫丛生的经济环境中保持坚挺，投资者开始思考玉器能否成为投资增值的工具。

在收藏玉器的道路上，新晋买家走得十分辛苦：他们对于玉器一知半解，手中握有资金却不敢轻易乱投。谨慎的买家会求助于资深藏家和专业研究者，但这一学习的过程往往是十分漫长的，想要“出师”并不容易。因此，许多玉器爱好者都希望能建立一套简单有效的估价方法，以指导自己正确地评估玉器。

对新晋买家来说，建立玉器价格评估体系可以直观地估测玉器价值，指导他们有效投资；对于资深收藏者而言，玉器价格评估体系可以协助检验自己的判断，为下一次购买提供参考；对于整个玉器行业来说，玉器价格评估体系可以推动消费者理性投资，引导资金流向正确的方向，从而推动整个行业资源的优化配置。

与其他艺术品相比，玉器的价格决定机制更为独特和复杂。玉之美，在于质、在于工、在于意，颜色、净度、雕工种种因素都会影响玉器的品质，进而影响到玉器的价值。但在艺术品纷纷金融化的今天，我们也同样可以根据玉器的成交情况，从纷繁复杂的成交记录探寻玉器成交价变动的规律，做到识玉辨玉，并且在可以预见的几年里真正做到懂玉估玉。这一过程需要庞大的数据支持、成熟的评级体系和专业的评估团队。但我们坚信，只要时代有需求，价格评估体系的建立就一定可以克服种种困难，正式出台只是一个时间问题。

（刘文丽）

2012年当代玉器拍卖情况及白玉价格指数的建立

□ 刘文丽

近几年，由于原材料供应紧张、大量资金涌入等因素，玉器的价格扶摇直上，国人戏谑其为“疯狂的石头”，与之伴随的是一片看涨声。与2011年相比，2012年中国的玉器拍卖市场相对平静了许多，“有价无市”的现象有所缓解，玉器成交价格也趋于理性。

据不完全统计，在2012年境内拍卖行举办的百余场拍卖会中，绝大多数都有当代玉器的身影，其中北京博观、西泠印社、福建国石等拍卖公司更是推出了多次玉器专场拍卖会。根据来自境内各大拍卖行的数据，初步统计2012年拍卖会上共成交玉器3921件，其中以和田玉为主，翡翠、玛瑙等次之。和田玉因其历史文化悠久、产出较多和加工技术成熟等因素，成交量在拍卖市场上高居榜首；翡翠因2012年产量受限，价格又一直居高不下，成交情况并不理想；玛瑙等其他玉石价格相对较低且题材多样，也受到竞拍者的青睐。

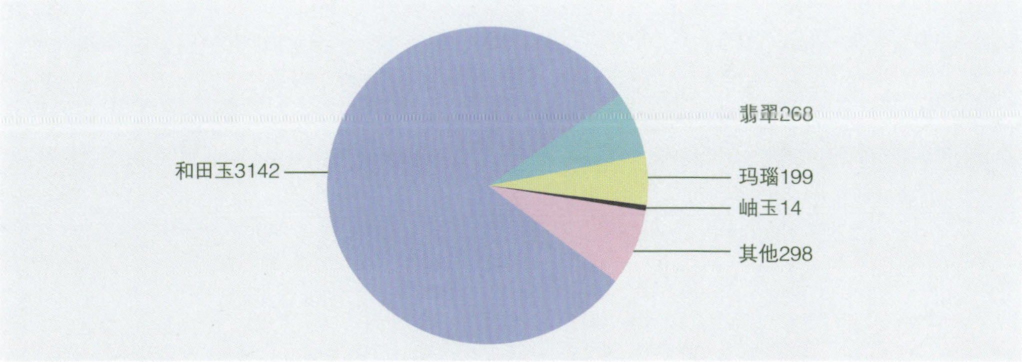

图1　2012年各类玉器拍卖成交数量对比图

表1　2012年各类玉器拍卖成交情况统计表

品种	拍卖成交量（件）	拍卖成交额（元）
和田玉	3142	482, 976, 624
翡翠	268	174, 102, 010
玛瑙	199	3, 535, 563
岫玉	14	65, 640
其他	298	295, 882, 327
总和	3921	956, 562, 164

玉器拍卖市场热情不减，也归功于众多拍卖公司的不懈努力。北京嘉德、北京保利、西泠印社、北京博观等众多拍卖行在征集拍品的过程中将瓷玉工艺品、翡翠珠宝作为重要的大类进行专门征集和拍卖，甚至还举办了玉器专场拍卖会和玉雕大师专场拍卖会。部分拍卖公司的玉器成交情况如下图表所示。

图2　2012年部分拍卖公司玉器成交数量对比图

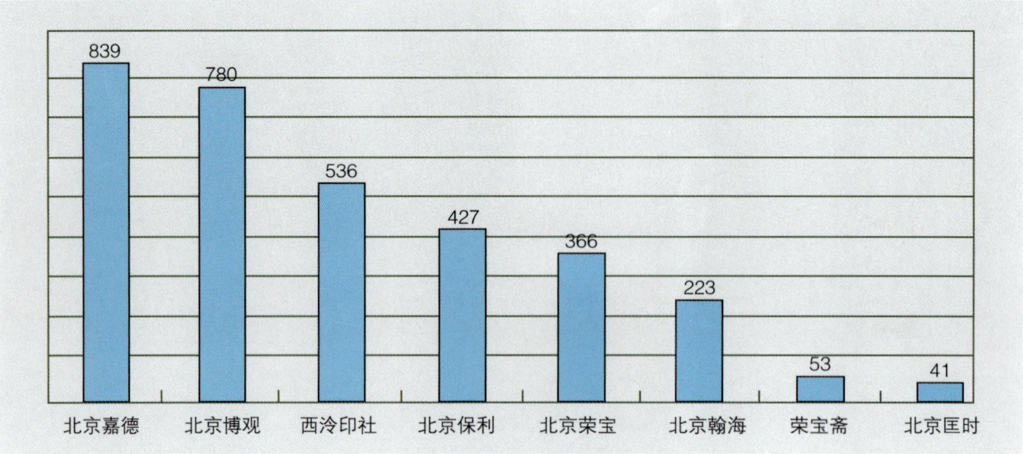

表2　2012年部分拍卖公司玉器成交数量（件）分类表

拍卖公司	和田玉	翡翠	玛瑙	岫玉	独山玉	其他	总计
北京嘉德	618	31	21	0	0	167	837
北京博观	645	0	84	0	8	21	758
西泠印社	460	11	25	0	3	37	536
北京保利	154	177	8	0	0	88	427
北京荣宝	173	27	9	0	0	159	368
北京翰海	54	25	4	1	0	139	223
荣宝斋	19	0	0	0	0	34	53
北京匡时	41	0	0	0	0	0	41

俗话说："片玉万黄金。"在2012年成交的玉器中，虽然不乏拍出数百万高价的作品，但是绝大多数都是10万元以下的作品，100万元以上的拍品相对较少，这也是与玉器行"物以稀为贵"相对应的：稀少而精致的作品可遇不可求，价值不菲；常见而粗糙的作品数不胜数，自然也就没有高价之说。相比之下，成交量在10万元以上的绝大多数为和田玉、翡翠等较高档的玉石作品，玛瑙、岫玉等中低档玉石由于受其自身材料所限，成交价相对较低。

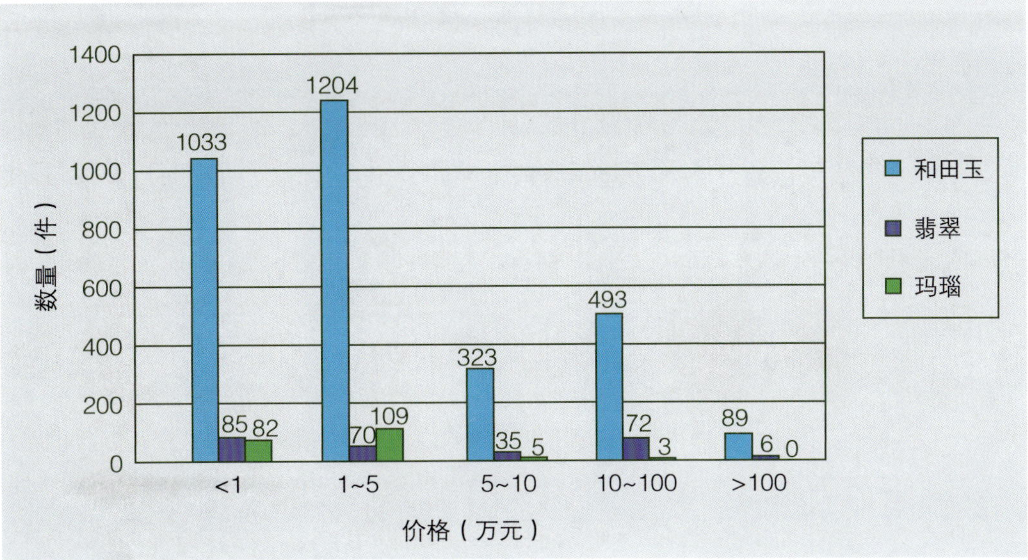

图3 各种玉器成交价格区间分布图

作为拍卖市场上的主流，和田玉无疑是很多买家的心头之好。陈锡仁著《潜确类书》云："玉有五色。白、黄、碧三色俱贵。白色如粟者尤贵。……又有赤玉，红如鸡冠，允称最贵之品。绿玉，则深绿色者为佳，淡者次之。甘青玉其色淡青而带黄。菜玉非青非绛，色如菜叶最下。墨玉价亦高。"数千年玉文化的积淀，形成了以色辨玉的法则。今天，虽然和田玉的价值仍有颜色之分，但靠着玉雕师巧妙的构思和精湛的技艺，各种颜色的和田玉作品都已跃上人们的案头指间，其中也有不少令人赞叹的精品。2012年，各种颜色的和田玉可谓是"百花齐放"，成交形势都十分不错。

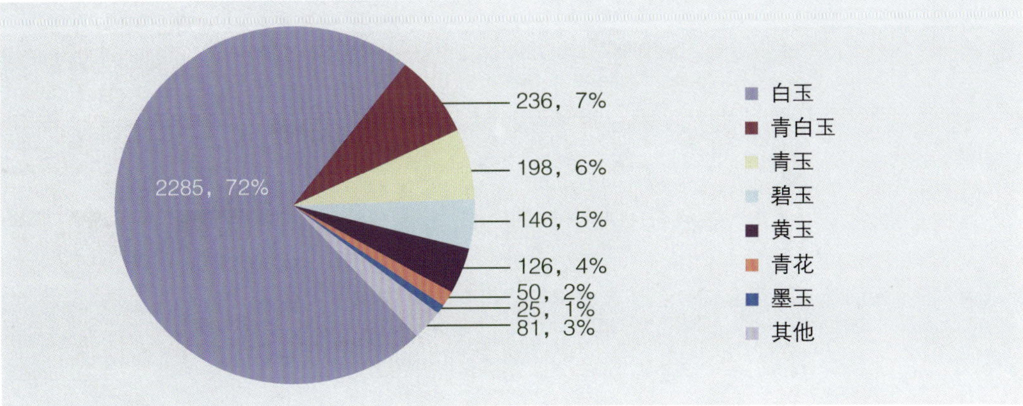

图4 和田玉分类成交数量及百分比对比图

如上图所示，在和田玉的成交记录中，七成以上都是白玉。在这些成交的白玉中，有山子等摆件，也有玉牌等手把件，更有挂件、首饰等佩件；有籽料，也有山流水、山料。

表3　不同题材白玉成交情况分类表

分类	成交量（件）	成交额（元）
把件	711	136, 846, 813
摆件	485	173, 431, 916
佩件	1048	74, 297, 931
印章	4	280, 600
原石	11	1, 651, 540
其他	26	785, 560

表4　不同材质白玉成交情况分类表

分类	成交量（件）	成交额（元）
籽料	741	117, 853, 924
其他	1544	209, 440, 436

虽然白玉的价值受雕工、市场状况等其他因素的影响，但材料的品质对于白玉的价值影响是十分大的，高品质的籽料虽然成交数量少，但成交额十分可观，平均价格是其他品种的几倍。

2012年，受缅甸政治形势和矿业政策的影响，翡翠的产出量有所下滑，再加上中国关税的限制，缅甸出口到中国市场上的翡翠数量有所下降。前几年兴起的翡翠热，也随着经济形势的严峻和翡翠知识的推广而逐渐降温，人们在购买翡翠时少了一分疯狂，多了一分理性。种种因素，使得翡翠的价格虽然仍高居不下，成交形势却并不乐观。成交的作品中绝大多数都是雕刻或者镶嵌的首饰成品，摆件和把件并不多，作为"玉石之王"，翡翠饰品已经走入了大多数中国人的生活中。

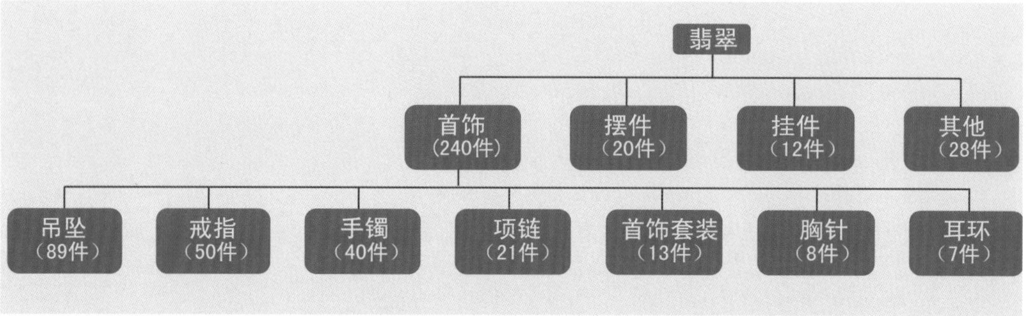

图5　2012年翡翠成交类别数量图

近几年来，玛瑙因为其颜色繁多、图案变化多样而受到越来越多人的喜爱，其中的南红玛瑙、战国红等品种更是成为珠宝市场上的新宠。在2012年拍卖成交的

199件玛瑙作品中，有97件是由南红玛瑙制成的，南红玛瑙基本上占据了玛瑙拍卖市场的半壁江山。玛瑙成交品还是主要集中在手串等佩件上，摆件和把件次之，成交额一般为几千元，少量只有几百元甚至几十元，可见与和田玉、翡翠等高档玉石相比，玛瑙的价值在人们心中还是处于低位。

与前几年的拍卖市场相比，2012年的玉器拍卖市场表现出了一些新特点。主要有：

①无底价拍卖十分流行。如果说拍卖是创作者和购买者之间的桥梁的话，那无底价拍卖无疑是比较快捷的一座小桥，让双方都心里有底、一拍即合。北京博观拍卖在一年的时间里相继推出了多场玉石名家作品无底价拍卖会，反响很强烈。对于对玉器收藏雾里看花的新晋买家来说，无底价拍卖无疑具有很大的吸引力，可以视为一个很好的锻炼机会；对于专业买家来说，无底价拍卖是淘宝捡漏的好时机；对于整个玉器拍卖市场来说，无底价拍卖有利于创作者和购买者正确认识市场价值，推动交易价格趋向合理。2012年拍卖成交的作品中，有1000多件作品是通过无底价拍卖的方式成功交易，其中也不乏蒋喜、杨曦、翟倚卫、俞艇、瞿利军等玉雕大师的作品。

②拍卖品种日趋多样化。随着人们对于玉器认识的扩展和玉器种类的认可，拍卖市场上也呈现出“百花齐放、百家争鸣”的现象。除了和田玉、翡翠、玛瑙等常见的玉石，独山玉、雅安绿等新型玉石也出现在拍卖会上。同时，老玉器也焕发出新生机，如玛瑙，之前出现在拍卖场的很多是古玩或者摆件，近几年随着新矿的发现，南红玛瑙、战国红等一系列新品种为玛瑙的拍卖增添了新的生机。

③拍卖场次专业化。随着交易市场的繁荣，人们对拍卖的信任度越来越高，希望自己手中持有的各类艺术品都可以通过拍卖这一途径进行流通。为了适应这种需求，各拍卖公司在进行拍品征集时就已经有意识地将艺术品分类继续细化，并争相推出玉器等专场拍卖会。福建国石在2012年5月举行了“2012春台湾重要藏家藏寿山石珍品拍卖会”，西泠印社拍卖也于同年10月份推出了“2012中国良渚玉文化园中国当代玉雕大师作品专场”拍卖会，专场拍卖会的拍品分类和目标人群十分明确，相对来说能更有效地分配资源，因此分别取得了高达96.54%和94.96%的成交率，成交情况十分不错。

④买家人群复杂化。近几年来，由于经济形势的变化和玉器价格的增长，越来越多的玉器圈外人开始关注、了解和收藏玉器，玉器交易市场也随之涌入了许多新面孔。新晋买家希望通过拍卖市场来了解玉器价格、观望玉器交易情况，老买家则相机而动、不肯错过物美价廉的作品。除了欣赏玉、佩戴玉的买家之外，还有一部分买家是出于收藏和增值的目的来参与拍卖。这部分买家往往手中有充足的资金，但入行时间相对较短，因此在拍卖前往往向专家进行详细的咨询或者直接委托专业机构进行代拍，成交品也大多是收藏价值较高的精品。

总体看来，2012年和田玉是玉器拍卖市场的主流，其中的白玉尤其是籽料成交价格十分可观；翡翠虽然上拍量不少，但受到各种因素的影响，成交率相对较低；玛瑙等中低档玉石作品的成交情况不错，但是成交价相对较低。竞拍者趋于冷静和理智，拍卖行定价也有据可循，玉器拍卖市场的投机情况相对减少，趋于公开和合理。

2012年玉器拍卖市场表现出的各种特征，都是对整体经济环境的反映，是经济规律的产物。那么玉器拍卖市场是遵循什么样的经济规律，这种规律是否又可以被总结和利用呢？

对于外行人来说，玉器的价格总是神秘莫测的，没有规律所循；对懂玉爱玉的人来说，玉器的价格总是随着市场在波动，且每次变动都有其动因；对于玉器市场来说，玉器的价格变动既是经济大环境的产物，也是某一个影响因素变化的反映。既然如此，我们可以尝试从玉器的成交记录中寻找规律，建立反映时间变化的玉器价格指数，从而为人们选择和购买玉器作品提供一定的借鉴。

玉器价格指数的建立，可以激发潜在买家对玉器的兴趣，可以增加新晋买家购买的信心，可以为资深买家和业内专家提供一定的借鉴，可以促进整个玉器交易市场的交流，使得玉器交易更加透明和对称，从而推动玉器交易市场的发展。

价格指数是反映不同时期商品价格水平的变化方向、趋势和程度的经济指标。在统计学中，价格指数属于质量指标指数，通常以报告期和基期平均价格对比的相对数来表示，而不是用货币表示的商品价格，它反映的是在一个时期内同类商品价格的综合变动情况，并可以帮助分析并测定现象变动中各个构成因素的变动及其对总变动的影响。

白玉同其他消费品一样，其价格不仅要受到宏观政策、经济周期、供求变化等因素的影响，而且还与其自身的品质有关。但与一般消费品不同的是，白玉的品质定级相对比较复杂，质地、尺寸、雕工，每一个方面都要凭借鉴定评估人员多年的经验和知识储备来确定，而每一件作品都有其唯一性，因此其价格估计相对困难。在所有的交易市场中，拍卖市场是相对比较透明和自由的交易方式，因此我们可以根据玉器拍卖市场的成交情况，尝试建立玉器拍卖价格指数。

价格指数是一个相对比值，因此首先要选择某一个年份作为基期。作为基期的年份，其数据要具有代表性，且之后的数据具有连续性。回首中国拍卖从无到有的20年，中国艺术品拍卖经历了从无到有、从零点到高峰的阶段。20世纪90年代中期是中国当代玉器拍卖的起步阶段，拍卖行业协会也才刚成立，玉器拍卖市场并不成熟，举行玉器拍卖的公司较少，且当代玉器的份额较小，因此数据资料较少、数据结构不具有代表性，在这一期间选择基期并不合适。之后玉器拍卖市场受到经济大环境的影响较大，因此成交价格、结构等都是在非常时期的表现，并不具有代表性。到21世纪初，玉器拍卖市场才开始步入正轨并繁荣发展。因此，可将玉器拍卖价格指数的基期定在2002—2007年中的一年，并根据统计的拍卖数据进行代表作品的选择。

基期数据选择之后，可以将其分类，并计算出每一类的平均价格，如白玉籽料的平均价格、工艺美术大师白玉作品的平均价格等。随后收集各年份的白玉成交记录，将其作为报告期数据，并依照基期的方法进行分类，计算出每一类的平均价格。分类的依据可以是作者，也可以是材料和工艺，但后两者相对比较复杂，要依托于白玉审美和评价标准才能确定分类依据。

将报告期和基期的平均价格都计算之后，得出个体的价格指数，即报告期的平均价格与基期平均价格之比。然后用这一类所占白玉份额对个体指数进行加权平均，得出白玉的拍卖综合价格指数。利用这种加权平均法，还可以计算出重点人物作品的价格指数以及整个市场的价格指数。

依据以上方法可以得到基期之后每一年的玉器价格指数，根据这部分数据我们可以进行进一步分析，如分析近10年来玉器价格的走势，并利用统计方法对未来的价格变化进行预测。

玉器价格指数的建立是一个复杂的过程，涉及美学、宝石学、统计学的多方面内容。上述的方法是基于连续几年的数据和明确的分类选择标准计算出来的，所以要验证这种计算方法是否科学有效，需要在收集大量数据、建立数据库之后才能够进一步探讨。目前我们已经收集了部分数据，数据库已初步成型，白玉价格指数的推出已指日可待。

评价当代和田玉器价格的一些思路

□于　明

中国玉器曾在历史上大放光彩，古玉特别是明清古玉作为艺术品引得市场喝彩，并以不断新高的价格为世人瞩目，成为当今收藏的重要品类，也是重要的投资工具。当今玉器艺术品在文化及技艺上都在不断创新和发展，在艺术品成为新的投资品的大潮中，玉器艺术品会成为新的投资品类，成为一种新的投资工具。

然而，玉器要成为新的投资工具，难点在于正确地评估其价格。当代玉器作为艺术品有别于其他艺术品，重点在其材料本身就有美的价值，这在当今艺术品中，很少有其他品类的艺术品在材料上能望其项背的。也正是材料的难读性及在玉上艺术创作的特殊性，使大多数人不能理解当代玉器的价格评价标准，从而望而却步，既阻碍了玉器的深入人心，又影响了玉器价格的提升，因而，将玉器价格评价数量化是我们急需解决的问题。如能建立一套正确评估当代玉器价格的体系，就可以指导人们正确评估玉器的价格，达到人们购买玉器成为一种金融工具的目的。

玉器作品有别于其他艺术品的重点是作品的材质不同，它是以玉为基础构成的艺术品。玉，简单地说就是美石，是符合中国人审美观点的美丽石头，将这些美丽的石头雕琢成器，成为了玉器艺术品。在自然界的千万种石头中，古人选定了几种石头为玉，主要有和田玉、翡翠等，其中和田玉是具有悠久历史的玉，最适合雕琢成器，最具有观赏性，我们今天评价的当代玉器价格，狭义的就是指当代和田玉的价格。

当代和田玉器价格评定是一个既简单又复杂的问题，说简单，一件和田玉器作品，行里的人估价都差不多，好像有规律可循，说复杂，外行人评价当代玉器价格简直无从下手，甚至出现一件作品行内行外人评价相差万倍的情况。其实，评价一件玉器的价格没那么难，关键是掌握要点：材料、工艺、利润。

一、材料价格的比重

目前，材料的价格是和田玉器作品的基础价格，材料是有不同等级与质量的，材料的等级与质量是人们认识及评定作品价格的首要标准，正确评价材料价格，并将其标准细化，是我们进行玉器价格评价的第一要务。

材料的评价分为两个部分，一是确定材料在这件玉器作品中的比重，二是确定材料的等级。

首先，要确定材料在玉器作品整体中所占的比重，这一比重并不是绝对比重，而是一个动态比重，以标准的材料为例，可以分为三种情况：① 玉器大师的作品，材料占整体价格的30%左右。② 中等玉工的雕件，材料占整体价格的50%左右。③ 普通玉工的产品，材料占整体价格的70%左右。一般来说，越低水平的玉工，所用材料也会比较低档，材料在价格中所占的比重就越大。

其次，要将材料分为若干品种及若干等级。和田玉材料的差别比较大，就产地而言有新疆料、青海料、韩料、俄料等，都是和田玉，每千克从低端的几百元到高端的上亿元都有，没有一定的专业知识是分不清的。材料的评价方法是将每一产地的材料区分开，每一种材料再分成若干等级，具体到每一等级都有标准，这些标准可以具体分解为白度、润度、纯度、密度等。每一等级材料的标准价格是多少，其他等级的材料上下浮动，这样材料的价格就有了。

材料的价格不断变化，大部分时间是在上涨的，近十年来，材料的价格上涨了近百倍。而评价材料的价格是以当年的材料价格为基准。

二、工艺价格的比重

玉器工艺水准实际上是作者艺术修养的表现，是作者思想、文化水准的表达，这既需要相当的美学功底，又需要相当的文化修养，又要有相当的技艺水准。作为玉器这种艺术品和画家的绘画艺术品是不一样的。画家绘画，只需在纸上进行，无需考虑材料因素，画家为了画好一幅画，可以重复几十次甚至是上百次，以求达到最佳效果。而玉器创作则不同，它是以玉为材料的，玉材基本没有相同的，特别是籽料，每一块的形状及质地都不尽相同，而且价格昂贵，浪费不起，这就要求玉工要根据材料的形状来设计图案，在雕刻过程中，还要根据材料内部的变化，不断调整原有的设计方案，以求达到最佳的效果。所以，一件好的玉雕作品，实际上是作者各种能力的积淀。正是由于玉雕作品的高难度要求，才使得玉雕作品达到的美，是一种特殊的美。

工艺在价格中所占的比重一般来说有三种情况：大师的工艺比重、中等玉工的工艺比重、普通玉工的工艺比重。

第一，大师作品的工艺比重。近些年来，玉工们经过不断的提升与提炼，开始了分化，好的玉雕作品不断涌现，顶级的玉雕大师开始出现，这些大师的水平代表了当今玉雕界的水准及未来方向，产生了这样几类玉雕大师：

（1）当代玉雕最具代表性的大师。他们传承了中国玉文化的理念，其艺术理念与创作方法具有时代意义，他们影响并推动了整个玉雕行业的发展，这些大师将作为当代玉器的代表人物而留名后世。如倪伟滨、刘忠荣、吴德昇等大师。

（2）主要流派的代表人物。这些大师在玉器地域流派、风格流派的形成与发展中起到关键作用，具有开宗立派的地位，他们在中国当代玉器史上占有一定的地位。目前中国当代玉雕大师主要分为三派：京派、海派和苏州扬州派。这三派的分法并不是依据作者所在地来划分，而是根据作品的风格来区分。京派以苏然大师为龙头；海派以倪伟滨、刘忠荣、吴德昇、易少勇、于泾、崔磊等大师为代表；苏州扬州派以蒋喜、杨曦、俞艇、顾永骏、汪德海等大师为领军人物。

（3）某些风格独特的玉雕师。这些玉雕师并不一定是当下著名大师，其风格不一定为所有人所喜爱，但其作品可能作为一种独特的玉器艺术现象而特立独行。

这些大师的作品实际上代表了当代玉器的最高水平，他们作品的工艺部分一般占到总价的40%，甚至占到整件作品价格的60%—70%，大师的工艺水平越高，工艺部分在整件作品中的比重就越高。

第二，中等玉工作品的工艺比重。这些玉工的作品稍有工艺水平，工艺部分在整体作品价格中的比例不大，一般占到整体价格的20%。

第三，普通玉工作品的价格比重。这些商品工艺较差，东西基本就是材料价格，工艺部分仅占到整体价格的10%。

工艺在作品价格中的比例与材料成反比，与大师的成就成正比，大师的成就越高，工艺费用所占的比重越高，材料所占的比重越低。玉工的水平越低，材料比重越高，工艺在整件作品价格中的比重就越低。

工艺的费用也是不断上涨的，近十年来，大师的工艺费用最多的上涨了近百倍，普通的工费也上涨了十倍之多。工艺的费用也是以当今的雕刻费用为准。

三、利润空间的比重

作品出售的市场最终价格受多种因素的影响，差距较大，一方面受作品的唯一性影响，不能与同类作品比较，价格没有可比性；另一方面，受买卖双方实际情况的影响，比如卖方急售或买方一定要买等因素的影响，剔除这些因素，无论是大师的作品还是一般的玉器商品，利润还是有一定规律可循的，高端作品一般占到售价的30%—40%，中端产品一般占到售价的10%—20%，低端作品一般占到售价的10%以内。

利润也是一个动态指标，主要是随前两项元素的变化而变化。

例如，一件售价100万元的高端大师玉雕作品，其中材料约占30%，工艺成本约占40%，利润约占30%。一件售价2万元的低端作品，其中材料约占70%—80%，工艺约占10%—15%，利润约占10%—15%。

我们将价格组成部分合理分解后，让多数人能运用这种方法进行有效评估当代玉器价格，使当代玉器成为更多种金融投资的一种工具。

理论动态

玉，润泽以温，坚韧细腻，集天地之精华与自然之奥妙，藏于山川流水之间，埋于万丈岩石之下。何以探寻她的踪迹，何以展现她的灵气与魅力？早在远古时代，就有了石与玉之分。玉，石之美者，玉质朦朦如雾，玉色熠熠生辉，玉光莹莹如水，玉音渺渺如歌。沧海桑田，世事变迁，不变的是人们对玉的追求与向往。玉，寓以德行——五德、九德，亦或是十一德，比于君子之德，因而君子得以佩玉。

现代人继承了古人对玉的喜爱，并不断扩宽玉的范围，不仅只是和田玉，还包含了翡翠、岫玉、南阳玉、玛瑙等多个品种，人们在追寻美玉的过程中，不禁追问道："何谓玉？"这是一个揭秘玉、了解玉之内秀美的新时代。

玉之组成。众所周知，玉为多晶矿物集合体，玉石的品种取决于其中的主矿物，而副矿物则千差万别，即使同一种玉石，不同产地其矿物组成也略有差异。这些副矿物的存在，引起了学者的广泛关注：是否具有产地意义，如何影响玉石的质量等等。近期有学者对缅甸翡翠的矿物组成进行了研究，发现其所含矿物非常丰富，包括五大族矿物，同时还有少量的其他矿物，甚至宇宙尘埃。此类种种都给玉石增添了更多的神秘色彩。

玉之成分。化学元素是世界物质的基础，而对玉石来说，更重要的是其中的微量元素，正是这些微量元素导致了玉的颜色千变万化，有洁白似云、青翠如茵，也有鲜红似火、乌黑如墨。由于玉的成分的变化，可区分为原生色、次生色。学者深入研究翡翠的"黄雾"、"蓝雾"，了解其发展变化，理解玉色的本质，并与人工烧色、染色相区分。

玉之结构。宏观上，玉石往往显隐晶结构，外观均匀一致、细腻温润。学者从微观的视角去观察，发现其矿物形成、大小及其排列组合关系，发现翡翠主要呈纤维状变晶结构，软玉主要为毛毡状结构。这就是玉之韧的本质，因而受力而不裂，落地而无缺。

玉形成于千万年前的地质构造活动中，其地质环境十分复杂。由于玉形成的不可复制性，学者需对玉进行全方位详尽地研究才能推测出当时形成的状态。这一问题极具复杂性，目前还有很多空白有待填补。

所谓玉器，兼具自然之工与匠心之独运，随玉形，俏玉色，表玉光，惊艳绝伦。早在春秋《礼记·学记》中便有"玉不琢，不成器"之说，而关于如何治玉，《说文解字》有云："理，治玉也。从玉里声"，古人认为，玉有天然纹理，而"治玉"要求首先必须把握玉的纹理，然后顺应玉的固有纹理并按照人的需要进行人工加工。自古至今，随着治玉工具的进步，对玉内涵理解的深入，当代玉器的形制、纹饰也在不断发展变化。琢玉之功非识玉、解玉之人难以胜任，如明末琢玉巨匠陆子冈，"碾玉录牧，造水仙簪，玲珑奇巧，花茎细如毫发"。当代玉器植根于传统，发展于自由的审美艺术，然而当代治玉还稍显浮躁，在真正体现玉器之美的方面尚有欠缺。学者们对玉器美学的研究仍未间断，其中包括玉器造型、纹饰等各个方面，相信这些努力可以进一步推动当代玉雕的繁荣发展。

我们今年年鉴的这一章节主要搜集总结近5年来关于和田玉、翡翠、南阳玉、玛瑙四种玉石与玉器的文章，文章中学者们从各个角度全方位探讨了玉的本质，并不断完善发展玉器制作的艺术理论，从而指导当代人认识玉的内秀美，同时为当代玉器的发展指明了前进的方向。

（张雪梅）

文化与市场

□ 张雪梅　吴璘洁　王　然　张侨恩 整理

简述中国玉文化——玉学的界定与玉文化的基因论与序列论　杨伯达

本文拟简述玉文化、玉学的界定，与“石”划清界线，并进而说明玉文化的文化基因——为人们有所感而赋予玉的内涵，包括玉之美（第一文化基因，也是基础性文化基因）、神物玉（信仰基因，也是核心基因）、事神玉（巫教基因）、鬼神食飨玉（也是巫教基因）、避不祥玉（习俗基因）、宝物玉（收藏的珍宝基因）、玉德（以玉比德的政治理念和伦理基因）。作者对玉的万年发展进行相关研究，认为玉文化经历了以下序列——巫玉、王玉（帝王玉）以及民玉三大阶段，每一阶段都是百花齐放，涵盖了宗教、政治、道德、玩赏等多种文化价值。玉文化有着强劲持久的生命力，永葆青春，前途辉煌，硕果累累。

（全文见：玉石学国际学术研讨会论文集，2011：276-287）

简论中国宝玉石文化的形成　李劲松

本文以时间为脉络，按历史进程梳理了中国宝玉石文化的起源与发展，并对中国宝玉石文化的形成进行了进一步探讨。玉文化在形成过程中被人们赋予了更为深刻的意义，本文对祭祀文化的形成、葬玉文化的形成、财富化的形成、龙凤呈祥文化的形成、人格化的形成、政治化的形成及道德化的形成进行了具体而详细地阐述。

（全文见：中华宝玉石文化产业高层论坛会议论文集，2012：2-6）

中国玉文化的特征及价值　赵朝洪

中华民族爱玉，尊玉，比德于玉，发展形成了内涵丰富、风格独特的玉文化——蕴含着深刻的哲学、伦理学思想与美学品格。近万年来，虽然中华大地上发生过无数次沧桑变化及不断的王朝更迭，但是玉文化却能够连绵不断地发展起来，并且随着时代的演进，不断拓展其内涵，丰富其表现形式，推陈出新，高潮迭起，显示了其独特的魅力和旺盛的生命力，这在世界物质文化史上也是十分罕见的。

中国玉文化的独特之处，在于治玉工具、制作技术、内容、形式及其功用等方面的突出特点，其中以种类丰富的“砣”来命名的颇富特征的治玉工具，以镂雕、微雕、大型山子雕、活环、抛光为突出特征的制作技术，以祭祀天地人祖、表明等级身份为主要内容的形式多样、制作精美的礼仪用器，以及广泛反映思想观念与现实生活的题材及其表现形式等，无一不体现出中华民族的创造力与智慧，文化与传统。作为一种有深刻内涵的传统文化，其最突出的特色还在于“以玉比德”的用玉观念。这一观念经过历代儒家学派的传承与发展，伴随着儒、释、道三家思想的不断融合，逐渐渗透到社会生活的各个方面，并且深刻在炎黄子孙的心里及语言文字系统中。而近万年未曾间断的玉器发展历史，以及不断吸纳、融合、发展、创新的玉文化发展模式，则铸就了其在世界民族文化史上的辉煌。

（全文见：玉石学国际学术研讨会论文集，2011：288-295）

当代中国玉文化内涵之探讨　奥岩　杨萍

中国玉文化的内涵在几千年的传承和发展中不断丰富，并具有鲜明的时代特征。当代玉雕艺术在当今宽松的政治文化环境中发展到了近百年来的顶峰，极大地丰富了中国玉文化的内涵，但当代玉雕艺术文化并不是当代中国玉文化的全部，当代出现了多种其他文化并存的现象。玉石原料文化，是人们对不同产地玉料的理解呈现多元化。雕刻艺术文化特征表现在雕刻工艺、表现内容及审美文化三方面，人们对待玉雕作品美的要求不仅仅是停留在具象上，抽象、写意、艺术等各种表现形式都被接纳。市场流通文化体现在批发市场及终端零售市场流通两方面，玉石作品通过各种销售渠道流通。寓意文化不仅是“玉德文化”更多的是民俗文化、礼尚文化、金融文化和投资文化等等。这些附加在玉石上的其他文化的新表现共同构成了当代玉石文化的新内涵。

（全文见：玉石学国际学术研讨会论文集，2011：296-298）

玉文化在不断传承与创新中演进　王艳敏

几千年来，玉文化在中国传统文化中被赋予了重要的角色。玉文化的创新也在不断的传承中被赋予新的内涵，成为一种人文的艺术的载体，更代表着中国几千年的文化传承。玉，承载了人们太多的情感与需求。文章中作者认为玉文化进入了历史上的又一个高峰期，并希望玉雕艺术作品要超越传统不断突破。近十年来，玉雕工艺无论在材料、工艺、题材、创新等方面都达到了很大的高度。同时天工奖奖项的评选，极大地推动了我国传统玉石文化的传承、发展和创新，国外各民族文化艺术的优秀理念和成果不断被消化吸收，使得当地玉石作品步入一个全新时期。中国玉雕行业进入了一个百年未曾有过的辉煌时期。

（全文见：中国黄金珠宝，2012，(1)：30-33）

关于中华玉文化与国际接轨的探讨　施加辛

中国玉的种类繁多，玉文化的内涵也很丰富。现今由于行话、传统文化等方面的影响导致玉文化无法很好的与国际接轨。本文主要针对以下两个方面进行阐述并提出建议：首先是翡翠的研究，包括翡翠定义、英译名、“种水色”行话及产地命名等造成外国人对玉理解障碍的问题；其次是对中国传统玉文化的某些认知方面的阐述。

（全文见：中华宝玉石文化产业高层论坛会议论文集，2012：42-56）

在与时代同步、与产业结合的进程中发展中国玉文化　戴涛明

文章提出了中国玉文化的概念，认为中国玉文化是华夏民族在长期的社会实践中创造的、以玉器为主要内容的物质财富与精神财富的总和，并对中国玉文化的主要内涵进行了归纳，论述了玉文化三大核心价值：物质的经济财富价值、美学的工艺美术价值、社会的道德象征价值。作者还论证了珠宝也属于特色文化产业，指出中国宝玉石文化要与时俱进，注入新的内容才能保存旺盛的生命力。文章还对丰富和提升中国玉文化的内涵进行了理性的思考，结合社会经济发展提出了十条意见和建议。

（全文见：中华宝玉石文化产业高层论坛会议论文集，2012：94-99）

是文化回归也是商业驱动——玉雕艺术繁荣发展之我见　林廉国

经过近十年的市场发展，当今玉雕艺术的繁荣程度、整体水平都达到了前所未有的高度。当今玉雕艺术的繁荣是中国国力增强的结果，是经济社会不断发展繁荣的结果，也是普通大众文化内涵、知识修养不断增深的结果。文章具体分析了玉雕繁荣发展的影响因素，认为是由于制玉工具效率的提高、玉雕行业门槛的降低、非专业人才进入此行业，给玉雕行业注入了新的活力。而上述只是玉雕艺术的发展与兴旺的外在表现形式，其本质为国人对于传统文化认同感增强的一种表现，加之商业利益的外力作用，直接推动了玉雕技术艺术水平的提升。

（全文见：中国黄金珠宝，2012，(1)：34-37）

论南阳玉文化产业的发展前景　江富建

南阳玉开发历史悠久，形成了独特的南阳玉文化，在中华玉文化占有重要的一席之地。南阳玉文化产业的动力来源于其悠久的历史以及玉文化的本身特征。本文总结了南阳玉雕产业的状况，包括改革开放后玉雕产业发展的三个阶段，以及取得的重大成就，在此基础上，作者提出以科技创新为突破口将南阳玉雕产业提升到玉文化产业的层次，并给出玉文化产业可持续发展的一些建议。

（全文见：中华宝玉石文化产业高层论坛会议论文集，2012：36-41）

独山玉雕历史地位及南阳玉文化产业发展战略研究　刘明阁

中国玉文化有着悠久历史，它既是人类文明史的一块奠基石，又是中华民族精神的载体。而作为我国四大名玉之一的独山玉雕更是名满华夏、声播海外，在中国玉雕史上占有重要的地位。它唯一的产地——南阳，现在已经发展成为集“探、采、工、贸、研”一条龙的产业链条，在玉文化及其产业中有着举足轻重的地位。作者认真分析独山玉雕与南阳玉文化产业，探讨它的发展战略问题，借以推动整个南阳地区经济的飞跃。

（全文见：南阳师范学院学报，2009，8(7)：78-82）

玉器行业网络团购营销策略的探讨　程丹

玉器行业具备高消费、高附加值、无污染、劳动密集型等特点，是国家鼓励、扶持的新兴产业，具有极大的市场开发空间。我国玉器行业以小作坊式生产为主，经营多处于分散无序的状态。玉器从业者营销方式千篇一律、产品同质化严重的特点又制约了玉器行业的发展，几家商家对玉器网络团购进行了短暂的尝试，均无果而终。本文基于玉器行业的特点，基于Web2.0网络团购营销模式下，结合实地调研及玉器行业的未来发展方向和趋势，对玉器行业的团购营销策略进行了探讨，提出①产品策略：产品差异化策略、特殊产品策略；②价格策略：针对不同的产品进行不同的战略，高价位策略——提供多重增值服务抵消高价格的负面影响，低价渗透策略——刺激市场需求，提高市场占有率；③促销战略：网络商城与实体店相结合——阶段性团购策略吸引客户，网站结构优化——留住客户，科学合理的网站推广——挖掘客户。作者认为玉器行业的团购营销模式既有优势也有劣势，既是机会，也具一定威胁。因而在玉器网站运营中期，在模式上应该有不断的创新，将玉器团购做成一个开放平台，提供更多的增值服务，不断突破网站的营销瓶颈。

（全文见：江苏商论，2012，(1)：8-11,20）

休闲经济理念的融入——中低档翡翠产品的市场走向　周维丽　罗安

目前，整个翡翠市场有着一个统一的较为传统且模糊的经营方式，但高档翡翠产品与中低档翡翠产品有着本质的区别——后者属于一种装饰品、文化产品或者艺术品，而不具有前者所特有的保值性和增值性，所以两种市场应该差别对待。炒作使得翡翠行业逐渐呈现出上阔下窄的产业链，中低档翡翠产品既无法追随高档翡翠产品的发展，又受到高档翡翠产品的经营模式的影响，加之受传统经营方式的影响，使得中低档翡翠产品的经营处于比较尴尬的位置，出现市场低迷现象，因而寻找中低档翡翠市场其特有的经营方式至关重要。作者认为根据中低档翡翠市场的特征，其完全符合发展休闲经济的条件，所以休闲经济将是中低档翡翠市场发展的最佳模式。文章中提出，休闲供给条件和社会保障制度是目前中低档翡翠市场发展最为欠缺的两方面，休闲供给条件的改善主要从翡翠所具有的属性特征方面着手，即中低档翡翠的文化产品、装饰品及艺术品三种身份特征，从而致力于加强产品的宣传、款式设计及品牌的建设。社会保障制度的完善能提高市场的信任度，从而扩大市场，促进市场的发展。

（全文见：中山大学研究生学刊（自然科学医学版），2012，33(1)：86-94）

翡翠文化与翡翠市场探释　徐孟军　李济

中国人几千年来对玉石有着特殊的爱好，翡翠融入了自古以来的玉石文化，它对中华民族的精神、意志、道德、哲理产生着巨大的影响。翡翠的探释是一门高雅的艺术，不但要从文化层面来认识翡翠，还要了解一些翡翠的专业知识和翡翠市场的发展现状。本文详细介绍了目前国内几大翡翠市场和各市场的特点以及中国翡翠市场的发展史。

（全文见：山东国土资源，2010，26(3)：60-62）

论玉与石的本质区别　曾卫胜

本文在考察大量出土玉器资料和古籍资料的基础上，运用矿物学和哲学文化学的方法，分析玉与石的本质区别是：功能上玉器是美物、神物、礼物；工艺上玉器运用切、磨、琢、钻、抛等；材料上玉有以温润为核心的“五德”；文化上玉以水比德；玉是中国文化核心价值观的载体。

（全文见：玉石学国际学术研讨会论文集，2011：344-352）

从河北玉器看中国古玉造型美　刘卫华

中国古代玉器造型式样世代相传、不断发展，成为自成体系的文化形态。玉器的造型从表面上看是繁复多样、不断变化的，透过表面看深层，在纷杂的、互不相同的造型中，则可以寻找到其潜在的联系。本文总结出其共有的造型特点，发掘出深蕴其中的共同的美学精神。一、象形取意的造型方法。是在既保留原型的基本特征，又不受原型的限制，对原型的形态和意味进行加工再创造。这种写意美学正是中国人的智慧所在，也是中国艺术的文化选择，反映着中国艺术一贯的美学追求。二、浑然天成的造型意识。玉器造型一般追求整体效果，不刻意求工、着意求细，有一种大而化之的整体美。其中俏色玉更是因材施艺、扬长避短、随机应变的典型。三、含蓄蕴藉的造型风格。古代玉器造型的轮廓线极少有较纯粹的几何形体，多为自由曲线，这种韵味是超乎自然的美的享受。四、诗情画意的造型韵味。中国艺术讲究“韵外之致”，讲究超越于形象之外、神采之上的韵味，这与中国一贯的艺术表现风格是相通的，其线条的表现力被发挥得淋漓尽致。这使读者从审美角度研究玉器造型，有助于加深对古玉的了解，也能进一步体会中国文化之精妙。

（全文见：东方收藏，2012，(2)：76-78）

浅析中国玉器吉祥图案　陈少炜

文章梳理了中国玉器吉祥图案的发展脉络，对玉器吉祥图案进行归类并分析图案的相关内涵与人文精神，为玉器的具体生产工作提供相关的参考材料。通过对传统玉器吉祥图案进行取“形”延“意” 的再创造，使之成为玉器设计生产可借鉴的造型资源库。文章还阐述了“变化统一”“对称均衡”“节奏韵律”“条理繁复”等造型规律，具有一定的生产指导价值。

（全文见：大众文艺，2012，(16)：286-287）

立像以尽意——玉器造型与纹样的意象特征　曾强

意象特征在玉器文化中有丰富的体现，通过造型和纹样的形式表达人们的意象观念。一直以来，意象特征的表达都是玉器造型和纹样中最为重要的观念。纵观玉器的发展历史， 玉器造型和纹样主要呈现出自然神化，等级、道德，宗教信仰，吉祥意愿的意象特征。由意象产生的意象审美特征应该成为玉器研究的一个重要方向，并且具有重要的现实意义。

（全文见：美与时代（中），2012，(6)：69-70）

玉器设计与制作中的“质”与“文”　曾强

玉文化精神影响着我国几千年来的社会意识形态，并深深地渗透到华夏民族的骨子里。先民从石中分离出玉，表现出他们对“质”的独特判断。玉器在设计与制作过程中，通过造型和纹饰的构思表现“文”，这不仅仅是指纹饰，而且还体现出人文内涵。玉器承载着当时人们对文化的理解，受宗教、政治尤其是神权的影响较大。其造型虽然受玉材的制约和限制，但玉器的装饰设计则受限较少，可以表现当时的政治、经济、社会伦理道德等等，玉器的设计与制作在不同的时期产生了不同的风格和特征，因而表现出丰富而多变的文化精神。同时，玉器因质而生、因文而发展的特征又对今天的玉器设计与制作有着重要的启示：应在传统中寻找创作灵感，并以民族文化积淀为依据，用一种现代的精神风貌对玉器进行艺术性的创新和表达。

（全文见：美与时代（中），2012，(12)：63-64）

美玉·丹青——玉雕造型艺术的探究　罗飞飞

中国传统绘画和玉雕艺术在中国有数千年的历史，在独特的民族文化精神的孕育下不断地发展和完善，成为中国造型文化上耀眼的奇葩，有着独特的审美价值和审美意义。本文以中国画为基石，侧重玉雕艺术，从意境、构图、线条三个方面阐述它们的共通之处——重意趣、重神韵，作者认为玉雕意境是玉雕题材的构图所要表达的文化内涵，是玉雕设计构思的中心内容。文中作者对几件玉雕艺术品进行品评，具体解释了作品的美与价值所在。

（全文见：玉石学国际学术研讨会论文集，2011：353-357）

海派玉雕消费者审美取向分析及发展对策研究　管秋语　傅蓉蓉

以“细腻精致”为特点的海派玉雕作为传统的民族艺术，在海内外享有盛誉。但是，在市场经济的大环境下，只有在挖掘海派玉雕独特性的同时深入研究消费者的偏好，才能采取适当方式使其符合现代人的审美取向，不断推陈出新，推动上海玉器市场的繁荣和发展。作者对海派玉雕消费者审美取向进行了调查，分析海派玉雕行业的现存问题，并做出了有关发展对策的研究。

(全文见：企业研究，2012，(6)：156-157)

翡翠选择和应用　赵永魁

本文主要叙述了翡翠的应用，并对翡翠宝石级的三档分类，针对不同造型要求对翡翠用料选择及设计方面进行了相关探讨。首饰花饰类较其他造型对色、质的要求较高，花饰类的可据翡翠原料的底子进行相关设计，设计翡翠件类大多使用一般料，翡翠人物、花卉、鸟、兽、器皿、山子在设计的时候，需把翡翠的色块及脏、绺认识清楚，按照色块的分布进行设计，并详细阐述了这几类大件的用料特点。翡翠的应用品种很多，为了体现美感，需把翡翠的质地美、色形美、透度美和造型有机的结合起来。

（全文见：玉石学国际学术研讨会论文集，2011：315-323）

管窥中国现代翡翠玉雕艺术的传承和流变　邱文珺　丘志力　吴　沫

通过追溯中国翡翠玉雕艺术的源流，本文探究了翡翠玉雕自清代以来的传承和演变。在对比翡翠玉雕与其他雕刻艺术之间的殊同、分析翡翠玉雕“进化历程”的基础上，首次将我国翡翠玉雕艺术的发展分为萌芽、崛起和爆发三个阶段。翡翠玉雕萌芽于清乾隆时期的宫廷玉雕，历经民国至改革开放的近百年崛起，在21世纪获得爆发。现代翡翠玉雕荟萃了独玉、寿山石雕，甚至木雕、牙（骨）雕的技艺精髓，并与现代建筑力学、油画、摄影、当代雕塑等艺术形式交汇流变，逐步形成了俏色设计为主导，宗教传统与现代艺术相互渗透，写实和夸张风格并存的玉雕艺术。以“天工奖”作品为代表的翡翠玉雕艺术进入多元化、创作化的百花齐放时期，凭借独特的俏色艺术和独具现代感的设计理念，在现代艺术世界中获得立足之地。

（全文见：中国珠宝首饰学术交流会议论文集，2011：247-254）

当代玉雕的分类与品评　朱怡芳

当代中国的玉雕市场规模巨大，但市场缺少真正意义的引导，即一种文化的，艺术的，伦理意义上的引导。因此，对当代玉雕品类的重新定位和认识，确立玉雕的品评标准是玉文化必然面对的现实。这对这一行业所涉及的矿、工、贸、学、研领域朝着健康、可持续方向发展有着重要的指导意义。本文提出玉雕品评标准的前提是对“玉”的重新认识和界定。在此基础上，对玉雕制品形成新的认识和定位，将当代玉雕制品划分为玉雕艺术品、玉雕工艺品和时尚消费品三大类别。根据这种“类”的新界定，从社会价值与个体价值观念层面对玉雕进行真、善、美的品评。

（全文见：中国珠宝首饰学术交流会，2009：292-296）

当代工艺品收藏攻略之北京玉器　康春娟

本文简述了北京玉器的发展历史、销售模式及玉器的品鉴要素。北京玉器兴盛于元代，明清两代发展到高峰，南北方琢玉相互融合，形成独特风格。清末至20世纪90年代，北京玉器行业几经起伏，直至2000年后，随着中国经济发展，再次进入蓬勃发展阶段。目前，北京玉器的销售模式主要包括以北京玉器一厂、二厂为代表的前店后厂直销模式，名家坐镇的工作室销售模式，大型商场的专柜销售以及古玩城私营店铺销售模式，面向不同的顾客及需求。本文总结了评价玉器价值的几个要素：玉质、题材及工艺，而通常优质玉质是奠定其价值的基础。由于玉石资源的不断减少以及工艺大师的人才稀缺，北京玉器行业中优秀作品仍有巨大的升值空间。

（全文见：艺术市场，2011，(14)：119-121）

古玉璧拍卖价格影响因素分析及估价方法初探　张莹　李立平

古玉评估一直是珠宝评估界棘手的问题。确定古玉的市场价格主要采用市场比较法。拍卖市场的古玉成交价是评估的主要资料来源。收集了近几年40多家拍卖公司的玉璧拍卖成交价和估价，通过分析不同时期，不同材质与工艺的古玉璧的拍卖成交价与估价，得出年代、形制、工艺、材质等因素对其价格的影响，为古玉璧的估价提供思路。

（全文见：宝石和宝石学杂志，2010，12(1)：43-49）

学术研究

□ 张雪梅 整理

缅甸翡翠的矿物学研究进展 崔文元 施光海

对缅甸翡翠（硬玉岩）及相关岩石的矿物学研究进展进行了综述。缅甸翡翠中所含矿物类别丰富，包括辉石族矿物，如硬玉、绿辉石、钠铬辉石、铬硬玉；闪石族矿物，如灰闪石、铝钠闪石、镁红闪石等六种角闪石矿物种；长石族矿物，如钠长石、钡钠长石、钡冰长石；沸石族矿物，如方沸石、钠沸石、镁沸石；石榴石族矿物，如钙铝榴石等；其他矿物，如针钠钙石、符山石、榍石、金云母、锆石、宇宙尘埃等。文中初步给出了这些矿物的产状与特征，这些矿物的存在对翡翠的质量评价十分重要，每一种次要矿物都有一定的宝石学意义。

（全文见：中华宝玉石文化产业高层论坛会议论文集，2012：208-219）

谈翡翠的命名及分类 欧阳秋眉 严军 吴飞洋 陈索翌

翡翠的定义是由三种单斜辉石——硬玉、绿辉石、钠铬辉石为主要矿物(可含有少量的非辉石类矿物)组成的具有粒状和纤维状紧密镶嵌结构的细粒多晶玉类矿物集合体。根据其主要矿物组成，可以进一步分为硬玉质翡器、钠铬辉石质翡翠、绿辉石质翡翠。

作者以三种单斜辉石——硬玉、钠铬辉石、绿辉石为主要矿物和次要矿物的三角形系列图作为分类的基础，进一步划分为九个小区：三角形的每个顶点90%点上为端员组分，分别为：I纯硬玉区、II纯钠铬辉石区、III纯透辉石区；再将三角形三个大区以50%为界限各分为一半，即Ⅰa、Ⅰb、Ⅱa、Ⅱb、Ⅲa、Ⅲb，共9个区。其宝石种属可以根据其颜色、透明度、结构粗细的不同及商业上的惯例进一步再划分。

（全文见：玉石学国际学术研讨会论文集，2011：23-34）

翡翠绿色的成因 张位及

具有鲜艳绿色、种水俱佳的缅甸翡翠最为珍贵、价值最高。鲜艳绿色的翡翠是由Cr元素致色的。通过研究认为，这种翡翠是富Na贫Si的超基性岩浆经过漫长时间的侵入分异作用，最终是由含Fe、Mg元素很低的铬尖晶石族矿物的分解、交代和扩散作用——三价铬部分或完全替代三价铝元素，形成钠铬辉石或含铬硬玉。油青种翡翠绿色的致色元素为二价铁，主要致色矿物为绿辉石，而三彩翡翠（黄加绿翡翠）的形成，通常都与褐铁矿化合绿泥石化有关。部分翡翠还经过风化剥蚀、搬运沉积，从而形成次生的砾岩矿床。多数赌石的内部情况根据皮壳的状况比较容易预测，少数情况下则很复杂。认识铬铁矿物在超基性岩中的分布状况对赌石有一些帮助，民间感性的赌石经验可以参考。

（全文见：玉石学国际学术研讨会论文集，2011：48-52）

紫色翡翠致色机理探讨　何　伟　王以群　毛　荐

本文通过X射线衍射、X荧光光谱等测试手段对紫色翡翠的致色机理进行讨论。紫色翡翠中Fe含量较高，Mn含量极低。在氧化气氛下，将紫色翡翠加热到650℃，其颜色变淡，认为是Fe^{2+}被氧化成Fe^{3+}所致。紫色翡翠热处理前后的紫外可见光谱图中缺乏Mn^{3+}在540nm的吸收峰，故Mn离子并非致色的主要原因。在还原气氛下，热处理可使紫色翡翠颜色加深变暗，这是因为Fe^{2+}含量增加，使得$Fe^{2+}\rightarrow Fe^{3+}$电荷转移跃迁的强度增大，导致其吸收带覆盖了整个可见光区。Fe^{2+}与Fe^{3+}之间的电子跃迁应为致色的主要原因。

（全文见：华东理工大学学报（自然科学版），2011，37(2)：182-185）

翡翠的皮壳组成及其与内部玉石质量关系初步研究　陈炳辉　罗劬侃　郝望姣

本文选取了具有黄色色调、白色和灰黑色皮壳的翡翠原石样品，经肉眼和仪器测试，研究了不同颜色系列翡翠原石皮壳的矿物组成和化学成分特征，探讨了皮壳与内部玉石质量的关系。结果表明，不同颜色翡翠皮壳的主要矿物均为硬玉，次要矿物则有所不同。黄色皮壳含高岭石、三水铝石、软锰矿和赤铁矿等，白色皮壳含高岭石和水钙铝榴石，黑色皮壳则含高岭石和绿泥石类矿物。与内部玉石成分相比，皮壳中的主要化学成分w（Na_2O）和w（SiO_2）有所降低，而w（CaO）和w（MgO）及Fe的质量分数则相对增加；黄色皮壳翡翠中Fe的质量分数越高，则皮壳的黄色色调越深，但皮壳的化学成分受环境影响较大，难以用于判断其内部玉石质量。在前人研究的基础上，结合上述研究，初步总结了翡翠皮壳矿物组成与其内部玉石质量的关系：皮壳矿物中若出现赤铁矿或褐铁矿，其内部可呈绿色、翡色和淡紫色；皮壳矿物中若含有较多的高岭石，其内部含钠长石较多，透明度较好；皮壳矿物中若出现蒙脱石，内部可含有绿辉石、辉石、钠铬辉石等，呈黑色、深绿色或鲜绿色；皮壳矿物中若出现绿泥石，其内部多呈蓝绿色，透明度往往较好；皮壳矿物中若发现钠长石和蓝闪石，则玉石整体质量差，如含钠长石多，透明度往往较好。

（全文见：宝石与宝石学杂志，2009，11(1)：16-19）

翡翠毛料皮壳鉴析　华国津

随着翡翠价格的疯狂上涨，“公盘”吸引了越来越多的中国商人，他们在公盘上接触到的毛料通常为明料或半明半赌料，如何通过翡翠毛料的皮壳来购买半明半赌料，买到价值高的翡翠，一般都是凭借商人的经验。文章通过对分析不同矿层毛料皮壳表现特征，结合皮壳结晶细腻程度、松花和蟒带表现情况等综合平衡分析，并对四类皮壳——黄沙皮壳类上蟒与松花表现、水翻皮和洋芋皮类皮壳表现、水石皮壳表现、黑乌沙皮进行分析介绍，从而鉴析相对较好的皮壳表现与底障直接关系，进一步掌握半明半赌料的内外联系，为商人“赌石”提供一定的参考意见。

（全文见：上海工艺美术，2012，(1)：114-115）

市场上常见的黑色玉石的宝石学特征及鉴别　唐雪莲　于杰　赵勤

由于台湾人和香港人对墨翠的钟爱，墨翠在市场上一度升温，近年来在市场上出现了一些黑色玉石品种，与墨翠在外观上非常相似，对于普通消费者具有一定的欺骗性。作者以收集到的昆明市场上的一些黑色玉石为研究对象，发现市场上品种主要为墨翠、蛇纹石玉、角闪石质玉石（含辉石的角闪岩），还有黑色玉髓。其中蛇纹石质玉石和角闪石质玉石和墨翠在反射光和透射光下均有很大的相似性。对比研究其常规宝石学特征、光谱特征、成分特征等，得出市场上常见的黑色玉石的宝石学特征及鉴别特征，达到有针对性的快速鉴别的目的。

（全文见：超硬材料与工程，2008，20(3)：59-62）

缅甸翡翠加热处理的特征研究　闫薇薇　王建华

文章主要研究了缅甸翡翠中的哪一部位适合做烧红处理以及其能被烧红的原因，采用加热实验、偏光显微镜、红外光谱及差热分析方法对缅甸翡翠样品的原生部位、雾部位的加热前、后的特征进行了测试与分析。结果显示，Fe^{2+} 的多少以及其发生氧化的难易程度制约和影响着可以用来做烧红处理的部位，翡翠中的蓝雾部位及黄雾部位适合做烧红处理，原生部位不适合烧红处理，蓝雾部位可以被烧成黄色及红色，黄雾部位可以被烧成红色。蓝雾部位与黄雾部位是由硬玉及充填在其中的绿泥石和针铁矿组成，在低温的加热条件下，蓝雾部位中大量Fe^{2+}发生价态变化，实现由绿泥石向针铁矿的转变，该过程由表及里逐步进行。原生部位的主要是由其表面Fe离子发生氧化反应，因而需被加热更高的温度，在破坏其晶格的情况下，才能呈现红色，且不具有褐色调。

（全文见：宝石与宝石学杂志，2012，14(1)：1-6）

再谈A、B、C翡翠鉴别中的一些特殊问题 施加辛

B货、C货翡翠在市场上出现已有60来年，在当今利益的驱动下，一些不法商家对翡翠的造假技术也越来越高超，出现了局部酸洗（去除关键部位的黑斑），色上加色（在原有天然色的基础上，在关键部位适当加色），还有局部或整体染浅紫色。本文仅就鉴定A、B、C货翡翠中遇到的特殊问题进行详细地探讨分析，发现B货翡翠的充填物——蜡较易鉴别，胶的类型难以定论，比较复杂；翡翠吸收光谱437nm的成因并不完善，还需进一步探讨；三者紫外荧光分析、密度测试及敲击声只是鉴定的参考；翡翠表面的孔隙、网纹结构也有可能是天然孔隙，还出现“隐形充填”，即样品表面并无大量孔隙，且孔隙中未见明显充填物，因此鉴定时还需结合其他方面进行验证。有些商家对翡翠是先染色后清洗，色较浅，类似天然翡翠，可以通过其典型光谱进行鉴别。“翠性” 不是翡翠独有的，不能作为天然翡翠的特征标志。文中提出可通过微粉末油浸法进行检测，较为简单、快速、直接。

（全文见：中华宝玉石文化产业高层论坛会议论文集，2012：311-319）

翡翠饰品质量评价及其意义 付宇 徐万臣

翡翠是玉中之王，文章通过对翡翠饰品质量影响因素——矿物组成、颜色、透明度、净度、结构、切工、质量等的分析，说明影响翡翠质量价值的因素很多，而翡翠的颜色、透明度和质地对翡翠饰品质量评价的影响更为明显。翡翠饰品颜色纯正、质地细腻、透明度好、工艺精、瑕疵少等其价值就昂贵；反之则相反，价值则降低。故此可言之：瑕疵少、工艺精、体透色艳者，乃佳品也。

（全文见：科协论坛（下），2012，(3)：128-129）

翡翠价值评估的重要性和方法 陈逸敏

翡翠也叫翠玉、硬玉、缅甸玉，是玉的一种，随着生活水平的提高，人们对于翡翠消费、投资、收藏和经营的需求也日渐增长，因此对于翡翠价值的认定和评估也是越来越重要。作者认为从颜色、种份、大小、工艺、文化等五个方面去判断翡翠是有效和易用的方法。文化是建筑于作品的工艺之上，它包含了人的创意、思想、审美和文化的诉求、寓意、道德等。

（全文见：上海工艺美术，2011，(3)： 52-53）

全新翡翠鉴赏系统　莫伟基

香港亚洲宝石学院，经过多年来对翡翠的鉴赏研究，提出了一条翡翠鉴赏的评级系统，即：种色透莹花大工（3C+TIPS），“种”即是种质，市场上主要是根据翡翠的颜色和透明度进行分类；“色”为色泽的深浅；“透”即为透明度；“莹”为莹光，是翡翠内部的反光；“花”，即花度、纯度；“大”大小；“工”，工艺，评定翡翠雕琢工艺的水平。本文介绍的翡翠鉴赏系统，沿用了传统的“种质”分类系统，并设计了用来记录绿色翡翠颜色的翠宝轮——包含了绿色、灰色及棕色的1330种由绿色到无色的组合，对翡翠的分级评估具有重要意义。

（全文见：中华宝玉石文化产业高层论坛会议论文集，2012：307-310）

和田软玉的化学成分和显微结构研究　李举子　吴瑞华　凌潇潇　李青会

采用场发射扫描电子显微镜（FE—SEM）系统对产自新疆和田的软玉样品的主要矿物组成、化学成分、显微结构等进行了较详细的研究，并与产自中国青海、辽宁、河南及韩国的软玉样品进行了比较。结果表明，各产地软玉样品的矿物组成、化学成分和显微结构有一定的差异。和田软玉样品中含有镁质绿泥石，而辽宁软玉样品中含有较多的闪锌矿，青海软玉样品中有含Zr元素的矿物颗粒，河南软玉样品中有含La与Ce元素较高矿物的颗粒；对纯度较高的软玉样品，仅依靠主成分很难区分其产地，但依靠其微量元素成分却能起到较好的鉴别作用；和田软玉样品中透闪石的显微结构较致密，纤维尺寸要小于其它产地软玉样品的。以上信息对确定软玉的产地具有较好的参考意义。

（全文见：宝石与宝石学杂志，2009，11(4)：9-14）

青海软玉（水线）的特征分析　胡葳　狄敬如　杨晔

“水线”是青海软玉的重要特征，分析青海软玉“水线”的结构特征，为进一步研究“水线”的地质成因及鉴别软玉的产地具有十分重要的意义。通过显微薄片，扫描电子显微镜观察及电子探针测试等方法对青海软玉“水线”的结构特征及矿物组成进行系统分析。结果显示，“水线”处的矿物组成均为透闪石。在偏光显微镜下，根据“水线”处的颗粒与主体矿物颗粒的相对大小和排列有序度，将青海软玉“水线”分为三种类型。扫描电子显微镜的测试结果显示，“水线”处的透闪石呈长纤维状平行排列，并有针状、粒状透闪石颗粒穿插其间，总体定向性优于主体矿物。

（全文见：宝石与宝石学杂志，2011，13(4)：14-18,25）

江苏溧阳软玉特征研究　李红军　蔡逸涛

作者利用电子探针、偏光显微镜、X射线粉末衍射、红外光谱、化学分析等测试方法对江苏溧阳地区所产软玉样品进行了深入细致的测试研究，从地质特征、矿物组分、结构构造及成因等方面与新疆产软玉进行了对比分析。结合前人的研究，证明了溧阳软玉的主要矿物组成为典型的透闪石，在产出特征、矿物组分及宝石学性质等方面与新疆软玉的有一定的区别。在宝石学性质方面，溧阳软玉样品的密度大于新疆软玉的，但硬度较小，具有一定的宝石学鉴定意义；但其质地较粗糙，不如新疆软玉的细腻。电子探针测试结果表明，溧阳软玉样品中的Al_2O_3 和Na_2O质量分数较高，这是区别于新疆软玉的一个较重要的特征。

（全文见：宝石与宝石学杂志，2008，10(3)：16-19,48）

贵州罗甸软玉矿的发现及岩石矿物学特征　支颖雪　廖冠琳　陈琼　李英哲　周征宇

贵州省境内近期发现了新玉石矿，玉石以白——浅绿色为主（占90%以上），其中浅绿色品种与青海绿色软玉相较颜色略嫩而不鲜艳，偶见糖色、青色，多呈蜡状——弱油脂光泽，较其他产地密度略低。通过对采自该矿玉石样品的镜下观察，配合FTIR及XRD等大型仪器分析，确定其主要矿物为透闪石，但含较多的灰岩杂质。SEM观测结果揭示，该矿软玉中透闪石矿物主要呈纤维状、柱状和片状变晶结构，晶粒（片）粒度小，结构致密。其中具纤维状交织结构的软玉质地最为细腻，质量较好，与新疆和田玉相似度较高。

（全文见：岩石矿物学杂志，2011，30：58-62）

浅谈四川龙溪玉和软玉猫眼的对比及市场前景　丁一

玉被认为是吉祥的象征，中国人常常喜好以玉护身、保平安、辟邪甚至陪葬。在中国悠久的用玉历史中，软玉（和田玉）凭借优质的玉质和重要的文化历史地位居于四大名玉之首。尽管人们对软玉寄予了大量关注，但产自我国四川的软玉（汶川县龙溪乡的龙溪玉和石棉县的软玉猫眼）却尚未得到足够重视。因此，本文对产于四川的软玉进行了初步探讨，旨在为四川软玉的开发提供建议。

（全文见：中山大学研究生学刊（自然科学医学版），2011，32(2)：79-84）

台湾软玉的显微结构研究　任戍明　张良钜　张杰

在前人研究的基础上，根据台湾软玉的地质产出及矿物组成特征，本文利用偏光显微镜对其样品的结构构造进行研究，结果表明：台湾软玉的主要矿物成分为透闪石，与其共同产出的还有少量铬铁矿、钙铝榴石等杂质矿物。透闪石主要呈毛毡状变晶结构，其中平行纤维变晶结构是台湾软玉形成猫眼效应的原因。透闪石形成可分为四个世代：第一世代为束状放射状，不定向排列；第二世代为柱状，穿插生长于第一世代透闪石中，在柱状透闪石间产出有碳酸盐矿物；第三世代为毛毡状集合体，它是质量较好的软玉的主要结构；第四世代为平行纤维状，具此结构的软玉能表现出良好的猫眼效应。

（全文见：中国非金属矿工导刊，2012，(1)：61-63）

台湾闪玉猫眼体色辨识　沈湄　方子良

台湾闪玉猫眼主要产于台湾东部花莲县丰田地区，现今由于其矿体太小，不再量产和开采。目前市场上，大多由西伯利亚的料子充当台湾闪石猫眼，作者通过肉眼及拉曼光谱仪测试，我们可以通过体色、透光性、眼线及样品背面裂隙等方面来鉴别真正的台湾闪玉猫眼。

（全文见：中华宝玉石文化产业高层论坛会议论文集，2012：224-230）

韩国软玉的宝石学特征及结构分析　白峰　赵凯

本文通过宝石学常规测试及其他测试方法，对韩国软玉的宝石学参数、结构特征进行了研究，并与其他产地软玉进行对比研究，探讨之间的差异。研究表明，韩国产软玉相对密度为2.88-2.95，摩氏硬度为5.45-6.17，相比来说，韩国软玉的密度和硬度偏小。偏光显微镜下观察，韩国软玉的主要结构为显微——隐晶质变晶结构，常见交代假像结构、交代残蚀结构、碎裂结构，表明其重结晶作用不强烈，其结构不如和田玉、青海软玉的细腻，与俄罗斯软玉相类似。扫描电镜分析表明，韩国软玉的矿物颗粒大小不均，以纤维状为主，同时粗纤维状、柱状斑晶含量较高，纤维状透闪石定向性排列较明显。韩国软玉好于江苏溧阳软玉，却不及新疆和田玉和青海软玉。

（全文见：岩石矿物学杂志，2011，30：83-88）

新西兰碧玉的宝石学特征　蔡青　朱勤文

本文通过多种手段对产自新西兰的碧玉的表面微观形貌、矿物组成、化学成分特征等进行系统的研究，发现新西兰碧玉的质地较纯，主要矿物为阳起石，但显微结构致密程度不高，矿物结晶颗粒粗细不一，局部具有定向性，其主要的矿物组成为角闪石，内含黑色的铬铁矿杂质。新西兰碧玉的FeO、SiO2含量较高，微量元素以Ni、Cr贫Rb、Be、Th、U为特征与新疆和田、玛纳斯所产的碧玉相区别。

（全文见：岩石矿物学杂志，2011，30：95-100）

和田玉赌石表面皮壳特征初探　买托乎提·阿布都瓦依提　张勇

和田玉市场上有一种特殊的和田玉，它的外表很像普通的石头，或者表面露出少部分玉，内部为玉石，业内人士将之称为“石包玉”，由于其产量很小，没有引起大家的关注。随着和田玉市场的繁荣，此种和田玉的交易变为将原石直接进行销售，有一定的“赌性”，我们称之为“和田玉赌石”。本文首先对和田玉次生表皮类型进行分类，包括：呈点片状存在的皮层、呈面状包裹式存在的表层、完全封闭包裹式存在的皮层。本文选取了典型的和田玉赌石磨制了各种切皮，进行了多种手段对赌石的表层及内部进行了研究。发现和田玉赌石表面皮层与内部玉石主要差异在于结构，前者结构较疏松，后者则相反，二者的主要组成物质较为一致，包括透闪石、透辉石、碳酸盐矿物等，这些特征的研究有助于解析其形成的地质环境。

（全文见：中国珠宝首饰学术交流会议论文集，2011：199-203）

中国新疆和田玉子料表面特征微结构的发现和成因探讨　陆太进　邓平　张勇　冯晓燕　陈华　柯捷　杨似三

在世界软玉矿产资源中，中国新疆和田玉矿床的成因、品种、品质、衍生文化等方面均具有独特地位和典型意义。然而，作为世界上唯一得到确认的河流次生矿床成因的和田玉矿石（俗称“籽料”），尽管其商业价值被市场充分利用，但对其材料的物理化学性质、岩石矿物特征、地质成因等学术研究甚少。本文首次对我国新疆玉龙喀什河和喀拉喀什河流域产出的数千块和田籽料样品，使用超景深三维显微系统对其表面微细结构特征进行了定量观察、统计和解析。研究结果显示和田子料表面的微细结构记录了与其形成有关的地质过程和作用，并据此对籽料上存在的裂隙分为两类：与剥蚀、碰撞、滚圆等流水地质作用有关的裂隙和与冰川刨蚀作用有关的裂隙。推断和田玉籽料表面常见的指甲纹、冰川划痕、断口等特征裂隙为昆仑山第四纪冰川刨蚀作用所致，可作为其产地鉴定特征。使用高倍率原位实时观察实验证实了部分和田籽料表面微细凹坑和“毛孔”的形成与和田玉内部化学成分不均匀性有关，即地质形成过程中，各类带有酸性的水溶液对和田玉中所含的碳酸盐颗粒的化学腐蚀所致。本文还简述了籽料表面粗糙度、裂隙、凹坑分布及其与表面颜色的关系。

（全文见：中国珠宝首饰学术交流会议论文集，2011：158-167）

和田白玉的产地特征及肉眼识别　包德清　卜玥文　黄超军

传统意义上，和田玉专指我国新疆和田地区玉龙喀什河产的优质玉料，其主要矿物组成为透闪石还有少量的其它矿物。除新疆和田玉外，还可见青海白玉及其它国家、地区产的白玉如俄罗斯白玉、韩国白玉等，其主要化学成分相似，但由于地质环境不同，其内部结构与外观特征均有一定的差别。作者通过对交易中心的实地考察并收集不同产地的白玉样品，总结了具产地意义的肉眼识别特征。

（全文见：宝石与宝石学杂志，2009，11(1)：49-51）

不同产地软玉的拉曼光谱分析及在古玉器无损研究中的应用　赵虹霞　干福熹

利用拉曼（Raman）光谱技术分别对中国新疆、青海、江苏、辽宁及韩国、俄罗斯、加拿大、新西兰和澳大利亚的软玉样品进行无损分析研究。首先利用拉曼光谱区分了透闪石型和阳起石型软玉，并对软玉双链结构中Na^{+}、K^{+}对Ca^{2+}以及Al^{3+}对Si^{2+}的不同置换程度引起低频区域特征峰的漂移进行分析，同时还研究了表面状态和显微结构对674cm^{-1}附近峰强的影响。最后利用拉曼（Raman）光谱技术结合质子激发X射线荧光（PIXE）和X射线衍射（XRD）对河南安阳殷墟遗址、河南省洛阳地区和浙江良渚遗址出土的9件中国古代玉器进行透闪石型软玉的矿相标定，证明拉曼光谱在中国古玉器结构测试和材质鉴定中是一种很好的无损分析手段。

（全文见：光散射学报，2009，12(4)：345-354）

中国三地软玉的矿物组成和成矿地质背景研究　韩磊　洪汉烈

本文采用偏光显微镜、电子探针、X射线粉末衍射等测试方法对新疆玛纳斯、青海格尔木、江苏溧阳3个产地的软玉样品进行了测试分析，从矿物成因特征、结构构造、矿物组成、化学成分等方面进行了对比分析。结果发现，新疆玛纳斯碧玉的成矿地质背景与格尔木和溧阳的有所差别，形成于蛇纹石化超镁铁岩中，富含FeO_T和MgO，而溧阳和格尔木软玉则产于中酸性火成岩与白云质大理岩的接触带中，其FeO_T的质量分数较低，因而玛纳斯碧玉的颜色相对较深。成分分析表明，三地的软玉虽然均由透闪石组成，但其晶体中Mg与Fe的离子数量明显不同，玛纳斯碧玉中的透闪石含有更多的Fe，其化学成分十分接近阳起石；软玉的韧性取决于其矿物组成的具体形态与排列方式，其矿物晶体形态和排列方式受成矿温度与压力等条件的控制。总而言之，软玉的颜色、韧性和透明度主要取决于其形成的地质背景条件。

（全文见：宝石与宝石学杂志，2009，11(3)：6-10）

碧玉的资源分布、开发历史及市场前景　张锦洪

本文介绍了碧玉在中国、欧洲、中美洲、太平洋地区及俄罗斯的发展简史，再进一步分析碧玉资源在世界各地的分布及储藏量，发现台湾花莲的碧玉基本已经枯竭，中国玛纳斯碧玉其质量远不如加拿大、俄罗斯。俄罗斯碧玉的油性不如加拿大的好，但颜色则比加拿大的要翠绿。目前加拿大每年开采约200吨，俄罗斯则约300吨。作者根据自己15年来对碧玉矿山的勘探及开采状况，提出资源储备的长远战略方针；并依据碧玉的物理特征提出通俗易懂的“碧玉质量评级标准”——色泽、通透性、内含物（杂质）的多少。

（全文见：玉石学国际学术研讨会论文集，2011：157-163）

软玉子料与染色山料的鉴别　李平　陆丁荣

本文通过对软玉子料和染色山料的对比检测，发现二者在皮色、形状、裂、气味、杂质、密度等多方面很相似，但也存在一定差别，发现籽料具有以下特征，但某些籽料原石加工后有些项目经常检测不到：色呈黄色或褐色或黑色，几乎均有黄皮色且黄皮色均见深浅渐变；中色向裂两侧略有扩散；边棱圆滑；裂形多呈稍折的线段；裂多平行边棱；裂中填充物断续；无明显气味；无宽度大于2cm的礓石；密度大于2.95g/cm^3；皮色处为蜡状光泽。一般发现5处以上相符就可区分籽料和染色山料。

（全文见：超硬材料工程，2008，20(4)：58-62）

和田玉的人工处理方法及鉴别　周素珍

近年来，和田玉市场发展迅速，由于需求增加，和田玉新的人工处理方法不断出现。文章认为目前和田玉的人工处理的目的主要有二：一是用来仿古玉，二是用来仿籽料。人工处理方法主要有：热处理、上蜡处理、染色处理、充填处理和拼合处理等，可以根据显微观察、热针实验、硬度实验、紫外荧光、红外吸收光谱等方法来快速相区分。

（全文见：玉石学国际学术研讨会论文集，2011：137-140）

贴片作假和田玉　李雪明　刘涛　管万宇

在实验室检测工作中，通过显微镜下观察、紫外荧光特征分析、红外光谱分析等手段，检测出一定比例的贴片作假和田玉样品。检测结果表明：此类作假样品主要有两种：一是在蛇纹石玉原料或石英岩玉原料的开窗处贴上一片和田玉，行业

中俗称为“掀盖子”。肉眼观察可发现其“窗口”形状规整，窗口与边缘具明显分界线，界线两侧组成矿物颗粒大小及结构有显著差异（窗口部位质地细腻，其他较为粗糙）。另一种是在和田玉雕件成品上贴上一片褐黄色或褐红色的和田玉，达到“俏色”的效果，并且仿籽料。肉眼及仪器测试发现俏色部位与主体颜色分界明显，可见拼合缝及气泡，紫外荧光灯下，拼合缝呈较强的蓝白色荧光。

（全文见：玉石学国际学术研讨会论文集，2011：141-143）

和田玉标准体系的建立和意义　李新岭　申晓萍

随着和田玉消费市场的快速发展，和田玉标准体系的建立就显得尤为重要。本文主要论述了和田玉标准建立所涉及的5个方面：①鉴定标准，判定真伪，主要根据颜色、光泽、透明度、结构、密度、折射率、红外图谱等来判断；②分类标准，划分类别，按颜色将和田玉分为羊脂白玉、白玉、青白玉、青玉、黄玉、墨玉、糖玉和碧玉8个品种，或按产出环境分原生矿、次生矿，及进一步细分；③质量标准，等级评价，主要从质地、颜色、产地和产状、形状、块度5方面评价；④加工标准，工艺评价；⑤综合评价，确定价格。建立和田玉标准体系具有重大的意义，对和田玉行业的发展所起保护促进作用。

（全文见：中国珠宝首饰学术交流会议论文集，2011：186-190）

玉石新品种——绿帘石透闪石玉　孙丽华　王时麒

绿帘石透闪石玉是市场上发现的一新品种，主体呈特征的黑绿色和黄绿色，商家称其为“青花玉”。采用薄片观察、电子探针、红外光谱等测试手段，对其样品的矿物学、宝石学、谱学特征进行了研究。结果显示，其主要矿物组成为透闪石和绿帘石（黄绿色部分的矿物组成为绿帘石，其间穿插的黑绿色部分为透闪石），且其质量分数几乎相当，同时含有少量的石英、方解石、绿泥石、褐铁矿和榍石等，因此，将其定名为“青花玉”不恰当，建议定名为“绿帘石透闪石玉”。该玉质结构致密，韧性大，磨光性好，硬度也较大，适宜加工成首饰，以特征的颜色和结构易与其它玉石相区分。

（全文见：宝石与宝石学杂志，2010，12(1)：23-25,42）

各色独山玉的矿物组合研究　肖启云　蔡克勤　江富建

我国河南南阳市郊独山所出产的独山玉是中国古代“四大名玉”之一，也是迄今为止世界上唯一发现达到宝石工艺要求的黝帘石化斜长岩质（少数为斜长黝帘岩或细粒斜长角闪岩等）玉种。独山玉属复杂的多矿物集合体，色杂是其重要特征之一，弄清各色（品种）独山玉矿物组合特征对全面研究独山玉具有十分重要的意义。本文查清了独山玉中的矿物种属及其相应的生成顺序，首次确认了独山玉中榍石、电气石和葡萄石的存在。此外，还对各色（品种）独山玉的外观特征、主要和次要矿物、结构等做了详尽的描述，特别是对其中的矿物组合特征做了具体的分析。

（全文见：岩石矿物学杂志，2011，30：95-100）

独山玉的鉴别及评价标准　张亚伟　黄前勇　方斌

独山玉产于河南南阳的独山，也称“南阳玉”或“河南玉”，也有简称为“独玉”的。独山玉由于色泽鲜艳、透明度好等优点，跻身我国“四大名玉”之列。本文主要从独山玉的结构形态、原石、成品、与相似玉石等四个方面进行对比鉴别；进而在独山玉的前人分级、销售分级、玉雕界评判分级的基础上，综合独山玉的颜色、品种、完美程度等因素，结合独山玉矿开采实际和独山玉市场消费趋势，并着眼其可持续发展，建立独山玉的综合评价标准。

（全文见：河南地球科学通报2010年卷（下册），2010：465-471）

拍卖记录

斗转星移，沧海桑田，自坚如磐石；惊风乱飐，密雨斜侵，更润如凝脂。时光渐渐老去，繁华与飘摇通通湮没在历史的红尘中，玉石却能够见证轮回，经历千年磨砺却仍温润有方。

几千年来，玉石与光阴的缠绵缱绻，诞生了中华独特的玉文化。玉石已经成为中华民族的情感寄托，也凝结了中华儿女的精神追求。曾几何时，玉石只是君主帝王的座上宾，只有权贵巨贾才可以玩玉赏玉，而其中的爱玉者遇到心仪的美玉时，常常会不惜重金，甚至可以将江山城池相让。太平盛世玉生辉，随着经济技术的进步和玉文化的普及，玉石已经不是“十五城方得价”的无价之宝，也不是殿堂高楼中被束之高阁的珍玩，而是深入平常百姓家的器物，是人们颈前指间的一抹装饰。玉石的交易也随之兴盛，除了专业交易市场等一对一的传统交易方式之外，网络营销、拍卖会等也成为人们交流与交易玉器的平台。

与前几年的高歌猛进、跨山压海之势相比，2012年的玉器拍卖市场相对平和了许多。受经济小寒流和泡沫破碎的影响，许多玉器价格有所下降，人们也不再躁动和盲目跟风，开始心平气和地品评玉器、思考玉器的价值。深受影响的是翡翠市场，前几年的疯狂造就了今天的“有价无市”，拍卖市场上呈现出翠待奁中最终却不幸流拍的现象。与翡翠价格的扶摇直上相比，和田玉的交易一直比较平稳，交易量占据了拍卖市场的大半江山，交易额也十分可观。玛瑙、岫玉、独山玉等玉石的成交量虽居于和田玉、翡翠之后，但也不可小觑。纵观拍卖市场，成交价较高的往往都是和田玉、翡翠等高档玉石品种，中低档玉石的价格仍有很大的上升空间。

随着经济环境和购买者思想的转变，玉器的拍卖方式、拍卖对象等都发生了微妙的变化，玉器拍卖市场更加合理和高效。公开有序的拍卖市场给购买者带来了更多的信心，引导人们更加理性地购买和收藏玉器。

(刘文丽)

2012年白玉成交记录表

□ 刘文丽 整理

名称	拍卖公司	拍卖场次	拍卖日期	拍卖号	成交价（元）
瞿利军 和田玉籽料富足有余手牌	北京博观	玲珑美玉——当代玉雕精品无底价拍卖会	2012/4/28	7634	25760
瞿利军 和田玉籽料竹节对佩	北京博观	玲珑美玉——当代玉雕精品无底价拍卖会	2012/4/28	7635	33600
邹作志 和田玉籽料弥勒佛挂件	北京博观	玲珑美玉——当代玉雕精品无底价拍卖会	2012/4/28	7636	28000
和田玉籽料灵猴献寿	北京博观	玲珑美玉——当代玉雕精品无底价拍卖会	2012/4/28	7637	26880
忠荣玉典 和田籽料弥勒佛牌	北京博观	玲珑美玉——当代玉雕精品无底价拍卖会	2012/4/28	7638	42560
范同生 和田玉籽料观音法相	北京博观	玲珑美玉——当代玉雕精品无底价拍卖会	2012/4/28	7639	40320
范同生 和田玉籽料一品清廉挂件	北京博观	玲珑美玉——当代玉雕精品无底价拍卖会	2012/4/28	7640	13440
赵显志 墨玉 和田玉籽料 南红玛瑙连中三甲挂件	北京博观	玲珑美玉——当代玉雕精品无底价拍卖会	2012/4/28	7641	33600
范同生 和田玉籽料观音牌	北京博观	玲珑美玉——当代玉雕精品无底价拍卖会	2012/4/28	7644	45920
中鼎元 和田玉籽料龙形玉佩	北京博观	玲珑美玉——当代玉雕精品无底价拍卖会	2012/4/28	7646	51520
白玉兽面纹手牌	北京博观	玲珑美玉——当代玉雕精品无底价拍卖会	2012/4/28	7647	7840
胡锡涛 和田玉籽料金蟾挂件	北京博观	玲珑美玉——当代玉雕精品无底价拍卖会	2012/4/28	7648	25760
中鼎元 和田玉籽料辟邪兽	北京博观	玲珑美玉——当代玉雕精品无底价拍卖会	2012/4/28	7653	17920
白玉弥勒	北京博观	玲珑美玉——当代玉雕精品无底价拍卖会	2012/4/28	7655	33600
瞿利军 和田玉籽料安居乐业挂件	北京博观	玲珑美玉——当代玉雕精品无底价拍卖会	2012/4/28	7658	44800
和田玉籽料一鸣惊人挂件	北京博观	玲珑美玉——当代玉雕精品无底价拍卖会	2012/4/28	7660	26880
白玉平安佩	北京博观	玲珑美玉——当代玉雕精品无底价拍卖会	2012/4/28	7662	7840
和田玉籽料弥勒佛挂件	北京博观	玲珑美玉——当代玉雕精品无底价拍卖会	2012/4/28	7667	11200
上海杰艺 和田玉佛佑对牌	北京博观	玲珑美玉——当代玉雕精品无底价拍卖会	2012/4/28	7668	14560
和田玉籽料松荫双驹佩	北京博观	玲珑美玉——当代玉雕精品无底价拍卖会	2012/4/28	7669	33600
和田玉籽料生生如意挂件	北京博观	玲珑美玉——当代玉雕精品无底价拍卖会	2012/4/28	7671	10080

名称	拍卖公司	拍卖场次	拍卖日期	拍卖号	成交价（元）
和田玉籽料龙凤纹带扣	北京博观	玲珑美玉——当代玉雕精品无底价拍卖会	2012/4/28	7673	57120
忠荣玉典 和田玉籽料弥勒佛牌	北京博观	玲珑美玉——当代玉雕精品无底价拍卖会	2012/4/28	7674	69440
白玉鹰挂件	北京博观	玲珑美玉——当代玉雕精品无底价拍卖会	2012/4/28	7676	14560
俞挺 和田玉籽料方杯	北京博观	玲珑美玉——当代玉雕精品无底价拍卖会	2012/4/28	7679	79520
中鼎元 和田玉籽料龙凤佩	北京博观	玲珑美玉——当代玉雕精品无底价拍卖会	2012/4/28	7680	44800
中鼎元 和田玉籽料龙首佩	北京博观	玲珑美玉——当代玉雕精品无底价拍卖会	2012/4/28	7681	32480
和田玉籽料貔貅	北京博观	玲珑美玉——当代玉雕精品无底价拍卖会	2012/4/28	7682	20160
和田玉籽料福禄牌	北京博观	玲珑美玉——当代玉雕精品无底价拍卖会	2012/4/28	7683	25760
和田玉籽料清廉把件	北京博观	玲珑美玉——当代玉雕精品无底价拍卖会	2012/4/28	7684	16800
和田玉籽料观音牌	北京博观	玲珑美玉——当代玉雕精品无底价拍卖会	2012/4/28	7685	17920
上海杰艺 和田玉兰香勒子	北京博观	玲珑美玉——当代玉雕精品无底价拍卖会	2012/4/28	7690	10080
上海杰艺 和田玉荷香勒子	北京博观	玲珑美玉——当代玉雕精品无底价拍卖会	2012/4/28	7694	17920
白玉鼠来宝挂件	北京博观	玲珑美玉——当代玉雕精品无底价拍卖会	2012/4/28	7695	10080
白玉手镯	北京博观	玲珑美玉——当代玉雕精品无底价拍卖会	2012/4/28	7700	22400
白玉手镯	北京博观	玲珑美玉——当代玉雕精品无底价拍卖会	2012/4/28	7702	7840
蒋喜 和田玉籽料铺首佩	北京博观	玲珑美玉——当代玉雕精品无底价拍卖会	2012/4/28	7705	42560
白玉镂空人物佩	北京博观	玲珑美玉——当代玉雕精品无底价拍卖会	2012/4/28	7706	3360
白玉镂空人物圆佩	北京博观	玲珑美玉——当代玉雕精品无底价拍卖会	2012/4/28	7707	4480
和田玉籽料招财童子挂件	北京博观	玲珑美玉——当代玉雕精品无底价拍卖会	2012/4/28	7708	15680
和田玉籽料钟馗把件	北京博观	玲珑美玉——当代玉雕精品无底价拍卖会	2012/4/28	7713	25760
白玉望子成龙把件	北京博观	玲珑美玉——当代玉雕精品无底价拍卖会	2012/4/28	7720	5600
白玉莲藕挂件	北京博观	玲珑美玉——当代玉雕精品无底价拍卖会	2012/4/28	7721	5600
白玉平安无事牌	北京博观	玲珑美玉——当代玉雕精品无底价拍卖会	2012/4/28	7722	7840
瞿利军 和田玉籽料玉兔挂件	北京博观	玲珑美玉——当代玉雕精品无底价拍卖会	2012/4/28	7724	48160
陈冠军 和田玉籽料龙牌	北京博观	玲珑美玉——当代玉雕精品无底价拍卖会	2012/4/28	7725	56000
白玉关公把件	北京博观	玲珑美玉——当代玉雕精品无底价拍卖会	2012/4/28	7728	15680

名称	拍卖公司	拍卖场次	拍卖日期	拍卖号	成交价（元）
和田玉籽料弥勒佛	北京博观	玲珑美玉——当代玉雕精品无底价拍卖会	2012/4/28	7729	8960
和田玉籽料府上有龙佩	北京博观	玲珑美玉——当代玉雕精品无底价拍卖会	2012/4/28	7730	22400
王平 和田玉籽料刘海戏金蟾	北京博观	玲珑美玉——当代玉雕精品无底价拍卖会	2012/4/28	7732	38080
王平 白玉仕女牌	北京博观	玲珑美玉——当代玉雕精品无底价拍卖会	2012/4/28	7733	45920
蒋喜 和田玉籽料必定如意牌	北京博观	玲珑美玉——当代玉雕精品无底价拍卖会	2012/4/28	7739	30240
蒋喜 和田玉籽料必定如意牌	北京博观	玲珑美玉——当代玉雕精品无底价拍卖会	2012/4/28	7740	25760
蒋喜 和田玉籽料凤牌	北京博观	玲珑美玉——当代玉雕精品无底价拍卖会	2012/4/28	7741	33600
蒋喜 和田玉籽料龙牌	北京博观	玲珑美玉——当代玉雕精品无底价拍卖会	2012/4/28	7742	42560
白玉祝福把件	北京博观	玲珑美玉——当代玉雕精品无底价拍卖会	2012/4/28	7744	4480
和田玉籽料荷塘情趣挂件	北京博观	玲珑美玉——当代玉雕精品无底价拍卖会	2012/4/28	7745	8960
白玉如意童子把件	北京博观	玲珑美玉——当代玉雕精品无底价拍卖会	2012/4/28	7746	8960
白玉松鹤延年把件	北京博观	玲珑美玉——当代玉雕精品无底价拍卖会	2012/4/28	7747	4480
瞿利军 和田玉籽料水乡牌	北京博观	玲珑美玉——当代玉雕精品无底价拍卖会（二）	2012/8/26	8015	19040
白玉太平有象把件	北京博观	玲珑美玉——当代玉雕精品无底价拍卖会（二）	2012/8/26	8019	42560
和田玉籽料清廉佩	北京博观	玲珑美玉——当代玉雕精品无底价拍卖会（二）	2012/8/26	8020	17920
瞿利军 和田玉籽料富贵手牌	北京博观	玲珑美玉——当代玉雕精品无底价拍卖会（二）	2012/8/26	8023	10080
葛洪 和田玉籽料虎虎生威挂件	北京博观	玲珑美玉——当代玉雕精品无底价拍卖会（二）	2012/8/26	8025	25760
和田玉籽料随形香插	北京博观	玲珑美玉——当代玉雕精品无底价拍卖会（二）	2012/8/26	8026	21280
瞿利军 和田玉籽料一鸣惊人挂件	北京博观	玲珑美玉——当代玉雕精品无底价拍卖会（二）	2012/8/26	8027	13440
吴灶发 和田玉籽料兔如意	北京博观	玲珑美玉——当代玉雕精品无底价拍卖会（二）	2012/8/26	8028	29120
白玉虾挂件	北京博观	玲珑美玉——当代玉雕精品无底价拍卖会（二）	2012/8/26	8029	13440

名称	拍卖公司	拍卖场次	拍卖日期	拍卖号	成交价（元）
瞿利军 和田玉籽料富贵有余	北京博观	玲珑美玉——当代玉雕精品无底价拍卖会（二）	2012/8/26	8031	11200
葛洪 和田玉籽料金蟾	北京博观	玲珑美玉——当代玉雕精品无底价拍卖会（二）	2012/8/26	8032	34720
葛洪 和田玉籽料福运挂件	北京博观	玲珑美玉——当代玉雕精品无底价拍卖会（二）	2012/8/26	8034	21280
瞿利军 和田玉籽料百合挂件	北京博观	玲珑美玉——当代玉雕精品无底价拍卖会（二）	2012/8/26	8035	13440
葛洪 和田玉籽料福寿双全	北京博观	玲珑美玉——当代玉雕精品无底价拍卖会（二）	2012/8/26	8037	39200
瞿利军 和田玉籽料独钓图牌子	北京博观	玲珑美玉——当代玉雕精品无底价拍卖会（二）	2012/8/26	8038	47040
王金忠 和田玉籽料瓜果坠	北京博观	玲珑美玉——当代玉雕精品无底价拍卖会（二）	2012/8/26	8039	11200
林金波 和田籽料观音牌	北京博观	玲珑美玉——当代玉雕精品无底价拍卖会（二）	2012/8/26	8040	35840
蒋喜 和田玉籽料必定成龙佩	北京博观	玲珑美玉——当代玉雕精品无底价拍卖会（二）	2012/8/26	8041	78400
瞿利军 和田玉籽料岁岁平安牌	北京博观	玲珑美玉——当代玉雕精品无底价拍卖会（二）	2012/8/26	8042	13440
和田玉籽料前程似锦牌	北京博观	玲珑美玉——当代玉雕精品无底价拍卖会（二）	2012/8/26	8043	23520
和田玉籽料原石	北京博观	玲珑美玉——当代玉雕精品无底价拍卖会（二）	2012/8/26	8044	47040
葛洪 和田玉籽料挂件	北京博观	玲珑美玉——当代玉雕精品无底价拍卖会（二）	2012/8/26	8045	39200
瞿利军 和田玉籽料招财进宝	北京博观	玲珑美玉——当代玉雕精品无底价拍卖会（二）	2012/8/26	8046	15680
瞿利军 和田玉籽料事业有成香插	北京博观	玲珑美玉——当代玉雕精品无底价拍卖会（二）	2012/8/26	8048	31360
白玉四灵扳指 勒子	北京博观	玲珑美玉——当代玉雕精品无底价拍卖会（二）	2012/8/26	8049	28000
瞿利军 和田玉籽料金蟾	北京博观	玲珑美玉——当代玉雕精品无底价拍卖会（二）	2012/8/26	8051	15680

名称	拍卖公司	拍卖场次	拍卖日期	拍卖号	成交价（元）
瞿利军 和田玉籽料一叶知秋香插	北京博观	玲珑美玉——当代玉雕精品无底价拍卖会（二）	2012/8/26	8053	15680
白玉如意有余把件	北京博观	玲珑美玉——当代玉雕精品无底价拍卖会（二）	2012/8/26	8054	16800
蒋喜 白玉鼓形手串	北京博观	玲珑美玉——当代玉雕精品无底价拍卖会（二）	2012/8/26	8055	44800
叶清 和田玉籽料我如意	北京博观	玲珑美玉——当代玉雕精品无底价拍卖会（二）	2012/8/26	8058	13440
叶清 和田玉籽料清廉佩	北京博观	玲珑美玉——当代玉雕精品无底价拍卖会（二）	2012/8/26	8059	13440
和田玉籽料蝉挂件	北京博观	玲珑美玉——当代玉雕精品无底价拍卖会（二）	2012/8/26	8061	31360
和田玉籽料财神挂件	北京博观	玲珑美玉——当代玉雕精品无底价拍卖会（二）	2012/8/26	8062	12320
杨曦 和田玉籽料样样如意挂件	北京博观	玲珑美玉——当代玉雕精品无底价拍卖会（二）	2012/8/26	8063	42560
上海杰艺 和田玉籽料兽面纹勒子	北京博观	玲珑美玉——当代玉雕精品无底价拍卖会（二）	2012/8/26	8065	14560
叶清 和田玉籽料荷塘春色	北京博观	玲珑美玉——当代玉雕精品无底价拍卖会（二）	2012/8/26	8066	16800
叶清 和田玉籽料一路连科	北京博观	玲珑美玉——当代玉雕精品无底价拍卖会（二）	2012/8/26	8067	28000
和田玉籽料龙牌	北京博观	玲珑美玉——当代玉雕精品无底价拍卖会（二）	2012/8/26	8068	22400
李剑 和田玉籽料平安坠	北京博观	玲珑美玉——当代玉雕精品无底价拍卖会（二）	2012/8/26	8070	16800
杨曦 和田玉籽料如意佩	北京博观	玲珑美玉——当代玉雕精品无底价拍卖会（二）	2012/8/26	8071	16800
李剑 和田玉籽料金蟾	北京博观	玲珑美玉——当代玉雕精品无底价拍卖会（二）	2012/8/26	8072	16800
林光 和田玉籽料如意佩	北京博观	玲珑美玉——当代玉雕精品无底价拍卖会（二）	2012/8/26	8073	17920
瞿利军 和田玉籽料荷塘情趣香插	北京博观	玲珑美玉——当代玉雕精品无底价拍卖会（二）	2012/8/26	8074	22400

名称	拍卖公司	拍卖场次	拍卖日期	拍卖号	成交价（元）
程磊 和田玉籽料五鼠运财	北京博观	玲珑美玉——当代玉雕精品无底价拍卖会（二）	2012/8/26	8075	42560
李剑 和田玉籽料花开富贵佩	北京博观	玲珑美玉——当代玉雕精品无底价拍卖会（二）	2012/8/26	8076	89600
李剑 和田玉籽料铺首佩	北京博观	玲珑美玉——当代玉雕精品无底价拍卖会（二）	2012/8/26	8077	13440
叶清 和田玉籽料和和美美	北京博观	玲珑美玉——当代玉雕精品无底价拍卖会（二）	2012/8/26	8078	24640
林光 和田玉籽料如意牌	北京博观	玲珑美玉——当代玉雕精品无底价拍卖会（二）	2012/8/26	8079	19040
蒋宏利 和田玉籽料富贵牡丹	北京博观	玲珑美玉——当代玉雕精品无底价拍卖会（二）	2012/8/26	8080	33600
白玉观音童子牌	北京博观	玲珑美玉——当代玉雕精品无底价拍卖会（二）	2012/8/26	8081	20160
杨曦 和田玉籽料如意挂件	北京博观	玲珑美玉——当代玉雕精品无底价拍卖会（二）	2012/8/26	8082	21280
和田玉籽料凤佩	北京博观	玲珑美玉——当代玉雕精品无底价拍卖会（二）	2012/8/26	8083	20160
中鼎元 和田玉籽料玉兰花坠	北京博观	玲珑美玉——当代玉雕精品无底价拍卖会（二）	2012/8/26	8085	11200
上海杰艺 和田玉籽料观音挂件	北京博观	玲珑美玉——当代玉雕精品无底价拍卖会（二）	2012/8/26	8086	17920
和田玉籽料八宝贵妃手镯	北京博观	玲珑美玉——当代玉雕精品无底价拍卖会（二）	2012/8/26	8088	42560
林光 和田玉籽料金玉满堂	北京博观	玲珑美玉——当代玉雕精品无底价拍卖会（二）	2012/8/26	8089	13440
李剑 和田玉籽料铺首牌	北京博观	玲珑美玉——当代玉雕精品无底价拍卖会（二）	2012/8/26	8091	22400
和田玉籽料龟把件	北京博观	玲珑美玉——当代玉雕精品无底价拍卖会（二）	2012/8/26	8092	28000
程磊 和田玉籽料凤佩	北京博观	玲珑美玉——当代玉雕精品无底价拍卖会（二）	2012/8/26	8093	28000
程磊 和田玉籽料双龙戏珠佩	北京博观	玲珑美玉——当代玉雕精品无底价拍卖会（二）	2012/8/26	8095	33600

名称	拍卖公司	拍卖场次	拍卖日期	拍卖号	成交价（元）
蒋喜 和田玉籽料龙凤佩	北京博观	玲珑美玉——当代玉雕精品无底价拍卖会（二）	2012/8/26	8096	33600
林光 和田玉籽料妙相观音挂件	北京博观	玲珑美玉——当代玉雕精品无底价拍卖会（二）	2012/8/26	8097	44800
叶清 和田玉籽料一路如意	北京博观	玲珑美玉——当代玉雕精品无底价拍卖会（二）	2012/8/26	8098	33600
林光 和田玉籽料如意佩	北京博观	玲珑美玉——当代玉雕精品无底价拍卖会（二）	2012/8/26	8101	31360
白玉连年有余摆件	北京博观	玲珑美玉——当代玉雕精品无底价拍卖会（二）	2012/8/26	8102	22400
李剑 和田玉籽料幽香牌	北京博观	玲珑美玉——当代玉雕精品无底价拍卖会（二）	2012/8/26	8103	21280
郭万龙 和田玉籽料一花一世界佩	北京博观	玲珑美玉——当代玉雕精品无底价拍卖会（二）	2012/8/26	8105	16800
郭万龙 和田玉籽料玉兔挂件	北京博观	玲珑美玉——当代玉雕精品无底价拍卖会（二）	2012/8/26	8106	24640
白玉貔貅把件	北京博观	玲珑美玉——当代玉雕精品无底价拍卖会（二）	2012/8/26	8108	33600
程磊 和田玉籽料含香佩	北京博观	玲珑美玉——当代玉雕精品无底价拍卖会（二）	2012/8/26	8110	22400
林金波 和田玉籽料龙德凤品牌	北京博观	玲珑美玉——当代玉雕精品无底价拍卖会（二）	2012/8/26	8113	56000
叶清 和田玉籽料花鸟牌	北京博观	玲珑美玉——当代玉雕精品无底价拍卖会（二）	2012/8/26	8118	33600
李剑 和田玉籽料翁仲	北京博观	玲珑美玉——当代玉雕精品无底价拍卖会（二）	2012/8/26	8119	47040
林光 和田玉籽料龙牌	北京博观	玲珑美玉——当代玉雕精品无底价拍卖会（二）	2012/8/26	8120	24640
蒋喜 和田玉籽料凤佩	北京博观	玲珑美玉——当代玉雕精品无底价拍卖会（二）	2012/8/26	8121	22400
和田玉籽料福寿如意佩	北京博观	玲珑美玉——当代玉雕精品无底价拍卖会（二）	2012/8/26	8123	67200
和田玉籽料和谐	北京博观	玲珑美玉——当代玉雕精品无底价拍卖会（二）	2012/8/26	8125	14560

名称	拍卖公司	拍卖场次	拍卖日期	拍卖号	成交价（元）
和田玉籽料加官进爵	北京博观	玲珑美玉——当代玉雕精品无底价拍卖会（二）	2012/8/26	8126	69440
和田玉籽料年年有余把件	北京博观	玲珑美玉——当代玉雕精品无底价拍卖会（二）	2012/8/26	8127	28000
杨曦 和田玉籽料福如意	北京博观	玲珑美玉——当代玉雕精品无底价拍卖会（二）	2012/8/26	8129	20160
赵显志 和田玉籽料灵猴献寿	北京博观	玲珑美玉——当代玉雕精品无底价拍卖会（二）	2012/8/26	8130	35840
白玉双獾把件	北京博观	玲珑美玉——当代玉雕精品无底价拍卖会（二）	2012/8/26	8131	7840
白玉龙璧挂件	北京博观	玲珑美玉——当代玉雕精品无底价拍卖会（二）	2012/8/26	8132	11200
和田玉籽料龙凤对牌	北京博观	玲珑美玉——当代玉雕精品无底价拍卖会（二）	2012/8/26	8134	42560
和田玉籽料钟馗纳福挂件	北京博观	玲珑美玉——当代玉雕精品无底价拍卖会（二）	2012/8/26	8137	39200
和田玉籽料福寿挂件	北京博观	玲珑美玉——当代玉雕精品无底价拍卖会（二）	2012/8/26	8139	11200
和田玉籽料代代有福挂件	北京博观	玲珑美玉——当代玉雕精品无底价拍卖会（二）	2012/8/26	8140	24640
和田玉籽料金玉满堂	北京博观	玲珑美玉——当代玉雕精品无底价拍卖会（二）	2012/8/26	8142	13440
和田玉籽料扳指	北京博观	玲珑美玉——当代玉雕精品无底价拍卖会（二）	2012/8/26	8143	16800
白玉龙凤对牌	北京博观	玲珑美玉——当代玉雕精品无底价拍卖会（二）	2012/8/26	8144	28000
白玉珊瑚冰清玉洁项链	北京博观	玲珑美玉——当代玉雕精品无底价拍卖会（二）	2012/8/26	8145	31360
上海杰艺 和田玉籽料四季勒子	北京博观	玲珑美玉——当代玉雕精品无底价拍卖会（二）	2012/8/26	8148	16800
和田玉籽料佛牌	北京博观	玲珑美玉——当代玉雕精品无底价拍卖会（二）	2012/8/26	8149	31360
和田玉籽料观音挂件	北京博观	玲珑美玉——当代玉雕精品无底价拍卖会（二）	2012/8/26	8150	20160

名称	拍卖公司	拍卖场次	拍卖日期	拍卖号	成交价（元）
叶清 和田玉籽料喜事连连	北京博观	玲珑美玉——当代玉雕精品无底价拍卖会（二）	2012/8/26	8152	28000
叶清 和田玉籽料年年有余	北京博观	玲珑美玉——当代玉雕精品无底价拍卖会（二）	2012/8/26	8153	10080
黄眼蓝纹老“贸易珠”	北京博观	玲珑美玉——当代玉雕精品无底价拍卖会（二）	2012/8/26	8157	5600
上海杰艺 和田玉籽料梅兰竹菊勒子	北京博观	玲珑美玉——当代玉雕精品无底价拍卖会（二）	2012/8/26	8158	14560
中鼎元 和田玉籽料福猪	北京博观	玲珑美玉——当代玉雕精品无底价拍卖会（二）	2012/8/26	8160	12320
上海杰艺 和田玉籽料佛牌	北京博观	玲珑美玉——当代玉雕精品无底价拍卖会（二）	2012/8/26	8161	30240
徐云栋 白玉佛牌	北京博观	玲珑美玉——当代玉雕精品无底价拍卖会（二）	2012/8/26	8162	22400
白玉弥勒佛	北京博观	玲珑美玉——当代玉雕精品无底价拍卖会（二）	2012/8/26	8163	11200
松石 白玉冰清玉洁项链	北京博观	玲珑美玉——当代玉雕精品无底价拍卖会（二）	2012/8/26	8164	28000
和田玉籽料如意挂件	北京博观	玲珑美玉——当代玉雕精品无底价拍卖会（二）	2012/8/26	8165	13440
和田玉籽料原石	北京博观	玲珑美玉——当代玉雕精品无底价拍卖会（二）	2012/8/26	8166	78400
和田玉籽料戒指	北京博观	玲珑美玉——当代玉雕精品无底价拍卖会（二）	2012/8/26	8167	22400
白玉虎牙（一对）	北京博观	玲珑美玉——当代玉雕精品无底价拍卖会（二）	2012/8/26	8168	11200
白玉汉八刀蝉	北京博观	玲珑美玉——当代玉雕精品无底价拍卖会（二）	2012/8/26	8169	8960
和田玉籽料项链	北京博观	玲珑美玉——当代玉雕精品无底价拍卖会（二）	2012/8/26	8172	80640
和田玉籽料龙把件	北京博观	玲珑美玉——当代玉雕精品无底价拍卖会（二）	2012/8/26	8173	26880
翟倚卫 和田玉籽料风定花犹落	北京博观	玲珑美玉——当代玉雕精品无底价拍卖会（二）	2012/8/26	8174	56000

名称	拍卖公司	拍卖场次	拍卖日期	拍卖号	成交价（元）
林金波 和田玉籽料兰香牌	北京博观	玲珑美玉——当代玉雕精品无底价拍卖会（二）	2012/8/26	8175	25760
于雪涛 和田玉籽料天官赐福	北京博观	玲珑美玉——当代玉雕精品无底价拍卖会（二）	2012/8/26	8176	47040
白玉翁仲	北京博观	玲珑美玉——当代玉雕精品无底价拍卖会（二）	2012/8/26	8177	13440
白玉手镯	北京博观	玲珑美玉——当代玉雕精品无底价拍卖会（二）	2012/8/26	8178	35840
吴金星 和田玉籽料仿古佩	北京博观	玲珑美玉——当代玉雕精品无底价拍卖会（二）	2012/8/26	8181	24640
胡锡涛 和田玉籽料金蟾挂件	北京博观	玲珑美玉——当代玉雕精品无底价拍卖会（二）	2012/8/26	8182	20160
瞿利军 和田玉籽料竹节对牌	北京博观	玲珑美玉——当代玉雕精品无底价拍卖会（二）	2012/8/26	8183	22400
白玉年年有余	北京博观	玲珑美玉——当代玉雕精品无底价拍卖会（二）	2012/8/26	8185	22400
白玉蝉把件	北京博观	玲珑美玉——当代玉雕精品无底价拍卖会（二）	2012/8/26	8186	11200
郭万龙 和田玉籽料喜上眉梢牌	北京博观	玲珑美玉——当代玉雕精品无底价拍卖会（二）	2012/8/26	8188	22400
和田玉籽料龙牌	北京博观	玲珑美玉——当代玉雕精品无底价拍卖会（二）	2012/8/26	8196	8960
李剑 和田玉籽料龙牌	北京博观	玲珑美玉——当代玉雕精品无底价拍卖会（二）	2012/8/26	8197	61600
颜桂明 和田玉籽料辟邪挂件	北京博观	玲珑美玉——当代玉雕精品无底价拍卖会（二）	2012/8/26	8199	61600
和田玉籽料观音牌	北京博观	玲珑美玉——当代玉雕精品无底价拍卖会（二）	2012/8/26	8200	64960
吴灶发 和田玉籽料如鱼得水	北京博观	玲珑美玉——当代玉雕精品无底价拍卖会（二）	2012/8/26	8202	28000
陈冠军 和田玉籽料瑞兽	北京博观	玲珑美玉——当代玉雕精品无底价拍卖会（二）	2012/8/26	8204	44800
郭万龙 和田玉籽料清廉牌	北京博观	玲珑美玉——当代玉雕精品无底价拍卖会（二）	2012/8/26	8205	17920

名称	拍卖公司	拍卖场次	拍卖日期	拍卖号	成交价（元）
赵显志 和田玉籽料年年有余	北京博观	玲珑美玉——当代玉雕精品无底价拍卖会（二）	2012/8/26	8206	22400
吴灶发 和田玉籽料扭转乾坤	北京博观	玲珑美玉——当代玉雕精品无底价拍卖会（二）	2012/8/26	8207	33600
和田玉籽料瑞兽把件	北京博观	玲珑美玉——当代玉雕精品无底价拍卖会（二）	2012/8/26	8209	42560
和田玉籽料莲佩	北京博观	玲珑美玉——当代玉雕精品无底价拍卖会（二）	2012/8/26	8210	5600
吴灶发 和田玉籽料两小无猜	北京博观	玲珑美玉——当代玉雕精品无底价拍卖会（二）	2012/8/26	8211	31360
郭万龙 和田玉籽料瑞兽挂件	北京博观	玲珑美玉——当代玉雕精品无底价拍卖会（二）	2012/8/26	8215	16800
李剑 和田玉籽料勒子	北京博观	玲珑美玉——当代玉雕精品无底价拍卖会（二）	2012/8/26	8216	5600
吴灶发 和田玉籽料鹅如意	北京博观	玲珑美玉——当代玉雕精品无底价拍卖会（二）	2012/8/26	8217	44800
叶清 和田玉籽料丹凤朝阳	北京博观	玲珑美玉——当代玉雕精品无底价拍卖会（二）	2012/8/26	8218	5600
白玉童子（一对）	北京博观	玲珑美玉——当代玉雕精品无底价拍卖会（二）	2012/8/26	8219	11200
和田玉籽料兰香坠	北京博观	玲珑美玉——当代玉雕精品无底价拍卖会（二）	2012/8/26	8221	8960
上海杰艺 和田玉籽料祝福勒子	北京博观	玲珑美玉——当代玉雕精品无底价拍卖会（二）	2012/8/26	8222	14560
瞿利军 和田玉籽料唯吾自在把件	北京博观	玲珑美玉——当代玉雕精品无底价拍卖会（二）	2012/8/26	8224	39200
白玉弥勒	北京博观	玲珑美玉——当代玉雕精品无底价拍卖会（二）	2012/8/26	8225	25760
白玉布袋弥勒	北京博观	玲珑美玉——当代玉雕精品无底价拍卖会（二）	2012/8/26	8226	30240
马洪伟 白玉三足炉	北京博观	玲珑美玉——当代玉雕精品无底价拍卖会（二）	2012/8/26	8227	33600
郭万龙 和田玉籽料长寿挂件	北京博观	玲珑美玉——当代玉雕精品无底价拍卖会（二）	2012/8/26	8228	14560

名称	拍卖公司	拍卖场次	拍卖日期	拍卖号	成交价（元）
李剑 和田玉籽料金鱼佩	北京博观	玲珑美玉——当代玉雕精品无底价拍卖会（二）	2012/8/26	8229	8960
瞿利军 和田玉籽料岁岁平安挂件	北京博观	玲珑美玉——当代玉雕精品无底价拍卖会（二）	2012/8/26	8231	33600
葛洪 和田玉籽料博古	北京博观	玲珑美玉——当代玉雕精品无底价拍卖会（二）	2012/8/26	8232	33600
上海杰艺 和田玉籽料莲花牌	北京博观	玲珑美玉——当代玉雕精品无底价拍卖会（二）	2012/8/26	8233	11200
瞿利军 和田玉籽料掌上明珠	北京博观	玲珑美玉——当代玉雕精品无底价拍卖会（二）	2012/8/26	8234	16800
和田玉籽料节节高升	北京博观	玲珑美玉——当代玉雕精品无底价拍卖会（二）	2012/8/26	8235	4480
王金忠 和田玉籽料金玉满堂挂件	北京博观	玲珑美玉——当代玉雕精品无底价拍卖会（二）	2012/8/26	8236	33600
黄利锦 黄龙玉江畔人家牌	北京博观	第五届“大玩家”拍卖会	2012/12/14	8296	8625
黄杨洪 青玉、白玉日夜平安牌	北京博观	第五届“大玩家”拍卖会	2012/12/14	8301	23000
黄杨洪 和田玉籽料如意佩	北京博观	第五届“大玩家”拍卖会	2012/12/14	8303	23000
黄杨洪 青玉 白玉金蝉（一对）	北京博观	第五届“大玩家”拍卖会	2012/12/14	8305	23000
卢智勇 和田玉籽料百邪莫侵把件	北京博观	第五届“大玩家”拍卖会	2012/12/14	8306	25300
卢智勇 和田玉籽料一路连科挂件	北京博观	第五届“大玩家”拍卖会	2012/12/14	8307	17250
卢智勇 和田玉籽料花仙子挂件	北京博观	第五届“大玩家”拍卖会	2012/12/14	8308	17250
万伟 和田玉籽料关公佩	北京博观	第五届“大玩家”拍卖会	2012/12/14	8309	17250
万伟 和田玉籽料龙佩	北京博观	第五届“大玩家”拍卖会	2012/12/14	8310	34500
王金忠 和田玉籽料弥勒挂件	北京博观	第五届“大玩家”拍卖会	2012/12/14	8311	89700
王金忠 和田玉籽料财神挂件	北京博观	第五届“大玩家”拍卖会	2012/12/14	8312	46000
王金忠 和田玉籽料荷塘情趣挂件	北京博观	第五届“大玩家”拍卖会	2012/12/14	8313	80500
徐志浩 和田玉籽料金蟾	北京博观	第五届“大玩家”拍卖会	2012/12/14	8320	34500
徐志浩 和田玉籽料童子击鼓挂件	北京博观	第五届“大玩家”拍卖会	2012/12/14	8321	25300
徐志浩 和田玉籽料和合二仙挂件	北京博观	第五届“大玩家”拍卖会	2012/12/14	8322	28750

名称	拍卖公司	拍卖场次	拍卖日期	拍卖号	成交价（元）
倪展勇 和田玉籽料弥勒	北京博观	第五届“大玩家”拍卖会	2012/12/14	8324	43700
倪展勇 和田玉籽料瑞兽挂件	北京博观	第五届“大玩家”拍卖会	2012/12/14	8326	36800
倪展勇 和田玉籽料玉龟挂件	北京博观	第五届“大玩家”拍卖会	2012/12/14	8327	28750
邹洪定 和田玉籽料荷塘情趣把件	北京博观	第五届“大玩家”拍卖会	2012/12/14	8328	13800
邹洪定 和田玉籽料仕女	北京博观	第五届“大玩家”拍卖会	2012/12/14	8329	20700
张焕庆 和田玉籽料祝福勒子	北京博观	第五届“大玩家”拍卖会	2012/12/14	8330	25300
张焕庆 和田玉籽料财神挂件	北京博观	第五届“大玩家”拍卖会	2012/12/14	8331	34500
张焕庆 和田玉籽料如意佩	北京博观	第五届“大玩家”拍卖会	2012/12/14	8332	20700
张焕庆 和田玉籽料飞黄腾达把件	北京博观	第五届“大玩家”拍卖会	2012/12/14	8333	40250
蒋建军 白玉锁形佩	北京博观	第五届“大玩家”拍卖会	2012/12/14	8334	32200
蒋建军 白玉琮形佩	北京博观	第五届“大玩家”拍卖会	2012/12/14	8335	48300
蒋建军 白玉代代封侯把件	北京博观	第五届“大玩家”拍卖会	2012/12/14	8336	28750
蒋建军 白玉龙牌	北京博观	第五届“大玩家”拍卖会	2012/12/14	8337	36800
蒋建军 白玉弥勒佛把件	北京博观	第五届“大玩家”拍卖会	2012/12/14	8338	20700
蒋建军 白玉瑞兽把件	北京博观	第五届“大玩家”拍卖会	2012/12/14	8339	20700
杨冰 和田玉籽料“玉宝贝”挂件	北京博观	第五届“大玩家”拍卖会	2012/12/14	8340	43700
马洪伟 青玉、白玉簋（一对）	北京博观	第五届“大玩家”拍卖会	2012/12/14	8342	43700
叶清 和田玉籽料冠上加冠	北京博观	第五届“大玩家”拍卖会	2012/12/14	8346	36800
叶清 和田玉籽料喜事连连	北京博观	第五届“大玩家”拍卖会	2012/12/14	8347	43700
叶清 和田玉籽料蝶恋花	北京博观	第五届“大玩家”拍卖会	2012/12/14	8348	51750
叶清 和田玉籽料龙佩	北京博观	第五届“大玩家”拍卖会	2012/12/14	8349	36800
侯晓锋 和田玉籽料佛牌	北京博观	第五届“大玩家”拍卖会	2012/12/14	8351	17250
林光 和田玉籽料如意佩	北京博观	第五届“大玩家”拍卖会	2012/12/14	8356	25300
林光 和田籽龙佩	北京博观	第五届“大玩家”拍卖会	2012/12/14	8357	40250
林光 和田籽料一鸣惊人挂件	北京博观	第五届“大玩家”拍卖会	2012/12/14	8358	32200
吕德 和田玉籽料佛	北京博观	第五届“大玩家”拍卖会	2012/12/14	8359	34500

名称	拍卖公司	拍卖场次	拍卖日期	拍卖号	成交价（元）
吕德 和田玉籽料财神	北京博观	第五届“大玩家”拍卖会	2012/12/14	8360	34500
吕德 和田玉籽料弥勒	北京博观	第五届“大玩家”拍卖会	2012/12/14	8361	34500
吕德 和田玉籽料弥勒	北京博观	第五届“大玩家”拍卖会	2012/12/14	8362	32200
唐伟琪 和田玉籽料荷香清韵挂件	北京博观	第五届“大玩家”拍卖会	2012/12/14	8365	34500
唐伟琪 和田玉籽料荷塘清趣挂件	北京博观	第五届“大玩家”拍卖会	2012/12/14	8367	32200
刘国皓 白玉弥勒佛	北京博观	第五届“大玩家”拍卖会	2012/12/14	8369	25300
刘国皓 白玉瑞兽	北京博观	第五届“大玩家”拍卖会	2012/12/14	8371	40250
刘国皓 白玉节节高	北京博观	第五届“大玩家”拍卖会	2012/12/14	8372	34500
刘国皓 白玉仕女头像	北京博观	第五届“大玩家”拍卖会	2012/12/14	8373	25300
程磊 和田玉籽料金蟾手串	北京博观	第五届“大玩家”拍卖会	2012/12/14	8374	51750
程磊 和田玉籽料平安有福挂件	北京博观	第五届“大玩家”拍卖会	2012/12/14	8375	28750
程磊 和田玉籽料富贵牌	北京博观	第五届“大玩家”拍卖会	2012/12/14	8376	32200
程磊 和田玉籽料月兔挂件	北京博观	第五届“大玩家”拍卖会	2012/12/14	8377	17250
程磊 和田玉籽料螭龙戒指	北京博观	第五届“大玩家”拍卖会	2012/12/14	8378	20700
陈冠军 和田玉籽料必定如意佩	北京博观	第五届“大玩家”拍卖会	2012/12/14	8381	28750
邹作志 和田玉籽料香蕉挂件	北京博观	第五届“大玩家”拍卖会	2012/12/14	8385	17250
邹作志 和田玉籽料连中三甲挂件	北京博观	第五届“大玩家”拍卖会	2012/12/14	8386	28750
郭万龙 和田玉籽料观音牌	北京博观	第五届“大玩家”拍卖会	2012/12/14	8388	25300
郭万龙 和田玉籽料双喜牌	北京博观	第五届“大玩家”拍卖会	2012/12/14	8389	32200
郭万龙 和田玉籽料瑞兽	北京博观	第五届“大玩家”拍卖会	2012/12/14	8390	20700
郭万龙 和田玉籽料灵猴佩	北京博观	第五届“大玩家”拍卖会	2012/12/14	8391	23000
王如东 和田玉籽料喜事连连挂件	北京博观	第五届“大玩家”拍卖会	2012/12/14	8392	59800
王如东 和田玉籽料喜上眉梢挂件	北京博观	第五届“大玩家”拍卖会	2012/12/14	8393	28750
王如东 和田玉籽料美人鱼挂件	北京博观	第五届“大玩家”拍卖会	2012/12/14	8394	25300
范佰成 和田玉籽料龙首带钩	北京博观	第五届“大玩家”拍卖会	2012/12/14	8395	9200

名称	拍卖公司	拍卖场次	拍卖日期	拍卖号	成交价（元）
范佰成 和田玉籽料瑞兽把件	北京博观	第五届“大玩家”拍卖会	2012/12/14	8396	43700
范柏成 和田玉籽料三犀望月	北京博观	第五届“大玩家”拍卖会	2012/12/14	8398	25300
范柏成 和田玉籽料和谐把件	北京博观	第五届“大玩家”拍卖会	2012/12/14	8399	17250
范柏成 和田玉籽料五子登科把件	北京博观	第五届“大玩家”拍卖会	2012/12/14	8400	25300
刘毅 和田玉籽料福相挂件	北京博观	第五届“大玩家”拍卖会	2012/12/14	8403	13800
刘毅 和田玉籽料鹤寿挂件	北京博观	第五届“大玩家”拍卖会	2012/12/14	8404	20700
顾铭 和田玉籽料鹤舞山子	北京博观	第五届“大玩家”拍卖会	2012/12/14	8406	92000
顾铭 和田玉籽料碧空远影把件	北京博观	第五届“大玩家”拍卖会	2012/12/14	8407	25300
杨云峰 和田玉籽料大业有福	北京博观	第五届“大玩家”拍卖会	2012/12/14	8410	48300
余勇 和田玉籽料金玉满堂挂件	北京博观	第五届“大玩家”拍卖会	2012/12/14	8413	43700
余勇 和田玉籽料老来福把件	北京博观	第五届“大玩家”拍卖会	2012/12/14	8414	20700
余勇 和田玉籽料高风亮节佩	北京博观	第五届“大玩家”拍卖会	2012/12/14	8415	17250
李剑 白玉铺首牌	北京博观	第五届“大玩家”拍卖会	2012/12/14	8418	32200
李剑 和田玉籽料福佩	北京博观	第五届“大玩家”拍卖会	2012/12/14	8420	28750
冯钤 白玉翠竹蝉韵挂件	北京博观	第五届“大玩家”拍卖会	2012/12/14	8421	34500
朱玉峰 白玉茶壶	北京博观	第五届“大玩家”拍卖会	2012/12/14	8429	55200
徐云栋 白玉鼓动中国之龙腾虎跃	北京博观	第五届“大玩家”拍卖会	2012/12/14	8434	25300
徐云栋 白玉香远手镯	北京博观	第五届“大玩家”拍卖会	2012/12/14	8435	20700
徐云栋 白玉空即是色挂件	北京博观	第五届“大玩家”拍卖会	2012/12/14	8436	17250
徐云栋 和田玉籽料“眼开则花明，眼闭则花寂”把件	北京博观	第五届“大玩家”拍卖会	2012/12/14	8437	48300
赵琦 和田玉籽料鹏霄万里把件	北京博观	第五届“大玩家”拍卖会	2012/12/14	8464	36800
赵琦 和田玉籽料观音挂件	北京博观	第五届“大玩家”拍卖会	2012/12/14	8467	40250
黄罕勇 和田玉籽料玉佩（三件套）	北京博观	第五届“大玩家”拍卖会	2012/12/14	8468	101200
吴金星 和田玉籽料有凤来仪佩	北京博观	第五届“大玩家”拍卖会	2012/12/14	8470	89700
吴金星 和田玉籽料戈形佩	北京博观	第五届“大玩家”拍卖会	2012/12/14	8471	57500

名称	拍卖公司	拍卖场次	拍卖日期	拍卖号	成交价（元）
吴金星 和田玉籽料守护佩	北京博观	第五届“大玩家”拍卖会	2012/12/14	8472	149500
沈水富 白玉事事如意挂件	北京博观	第五届“大玩家”拍卖会	2012/12/14	8473	13800
沈水富 白玉慎行挂件	北京博观	第五届“大玩家”拍卖会	2012/12/14	8474	13800
瞿利军 和田玉籽料喜事连至香插	北京博观	第五届“大玩家”拍卖会	2012/12/14	8476	43700
瞿利军 和田玉籽料双福坠	北京博观	第五届“大玩家”拍卖会	2012/12/14	8478	34500
瞿利军 和田玉籽料松荫茅亭牌	北京博观	第五届“大玩家”拍卖会	2012/12/14	8479	20700
瞿利军 和田玉籽料英明神武挂件	北京博观	第五届“大玩家”拍卖会	2012/12/14	8480	51750
瞿利军 和田玉籽料龙行天下把件	北京博观	第五届“大玩家”拍卖会	2012/12/14	8481	63250
周雁明 白玉一鸣惊人把件	北京博观	第五届“大玩家”拍卖会	2012/12/14	8482	20700
周雁明 和田玉籽料祝福佩	北京博观	第五届“大玩家”拍卖会	2012/12/14	8483	23000
蒋喜 和田玉籽料必定成龙佩	北京博观	第五届“大玩家”拍卖会	2012/12/14	8484	57500
蒋喜 和田玉籽料凤佩	北京博观	第五届“大玩家”拍卖会	2012/12/14	8485	32200
蒋喜 和田玉籽料龙把件	北京博观	第五届“大玩家”拍卖会	2012/12/14	8486	69000
蒋喜 和田玉籽料龙凤呈祥佩	北京博观	第五届“大玩家”拍卖会	2012/12/14	8487	103500
蒋喜 和田玉籽料龙凤对牌	北京博观	第五届“大玩家”拍卖会	2012/12/14	8488	55200
蒋喜 和田玉籽料守护手链	北京博观	第五届“大玩家”拍卖会	2012/12/14	8489	36800
陈国良 和田玉籽料观音牌	北京博观	第五届“大玩家”拍卖会	2012/12/14	8493	59800
陈国良 和田玉籽料山水牌	北京博观	第五届“大玩家”拍卖会	2012/12/14	8494	59800
陈国良 和田玉籽料佛牌	北京博观	第五届“大玩家”拍卖会	2012/12/14	8495	28750
翟倚卫 和田玉籽料四季平安佩	北京博观	第五届“大玩家”拍卖会	2012/12/14	8501	40250
翟倚卫 和田玉籽料雨后花容牌	北京博观	第五届“大玩家”拍卖会	2012/12/14	8502	55200
赵显志 和田玉籽料灵猴献寿挂件	北京博观	第五届“大玩家”拍卖会	2012/12/14	8504	34500
赵显志 和田玉籽料太平有象挂件	北京博观	第五届“大玩家”拍卖会	2012/12/14	8505	86250
尤志光 和田玉籽料招财童子把件	北京博观	第五届“大玩家”拍卖会	2012/12/14	8506	46000
尤志光 和田玉籽料兰花牌	北京博观	第五届“大玩家”拍卖会	2012/12/14	8507	46000
尤志光 和田玉籽料君临天下摆件	北京博观	第五届“大玩家”拍卖会	2012/12/14	8508	48300

名称	拍卖公司	拍卖场次	拍卖日期	拍卖号	成交价（元）
尤志光 和田玉籽料腰缠万贯把件	北京博观	第五届“大玩家”拍卖会	2012/12/14	8509	57500
葛洪 和田玉籽料龙牌	北京博观	第五届“大玩家”拍卖会	2012/12/14	8516	43700
葛洪 和田玉籽料代代封侯把件	北京博观	第五届“大玩家”拍卖会	2012/12/14	8518	63250
葛洪 和田玉籽料延年把件	北京博观	第五届“大玩家”拍卖会	2012/12/14	8519	66700
翁伟民 白玉灵芝佩	北京博观	第五届“大玩家”拍卖会	2012/12/14	8521	11500
翁伟民 和田玉籽料知音山子	北京博观	第五届“大玩家”拍卖会	2012/12/14	8524	23000
张红哲 白玉佛牌	北京博观	第五届“大玩家”拍卖会	2012/12/14	8530	34500
吴灶发 和田玉籽料大吉大利把件	北京博观	第五届“大玩家”拍卖会	2012/12/14	8531	126500
吴灶发 和田玉籽料平安有福挂件	北京博观	第五届“大玩家”拍卖会	2012/12/14	8532	55200
吴灶发 和田玉籽料大丰收把件	北京博观	第五届“大玩家”拍卖会	2012/12/14	8533	57500
孟庆东 和田玉籽料高枕无忧把件	北京博观	第五届“大玩家”拍卖会	2012/12/14	8534	63250
孟庆东 和田玉籽料仕女把件	北京博观	第五届“大玩家”拍卖会	2012/12/14	8535	57500
林金波 和田玉籽料福在身边牌	北京博观	第五届“大玩家”拍卖会	2012/12/14	8536	115000
林金波 和田玉籽料龙凤呈祥牌	北京博观	第五届“大玩家”拍卖会	2012/12/14	8537	43700
林金波 和田玉籽料凤佩	北京博观	第五届“大玩家”拍卖会	2012/12/14	8538	34500
林金波 和田玉籽料万寿无疆牌	北京博观	第五届“大玩家”拍卖会	2012/12/14	8539	103500
林金波 和田玉籽料春晓牌	北京博观	第五届“大玩家”拍卖会	2012/12/14	8540	92000
刘月川 白玉镂空香囊	北京博观	第五届“大玩家”拍卖会	2012/12/14	8546	20700
杨文双 白玉龙首壶	北京博观	第五届“大玩家”拍卖会	2012/12/14	8551	57500
苏然 和田玉籽料守护佩	北京博观	第五届“大玩家”拍卖会	2012/12/14	8552	34500
苏然 和田玉籽料静心佩	北京博观	第五届“大玩家”拍卖会	2012/12/14	8553	37950
王平 和田玉籽料刘海戏金蟾把件	北京博观	第五届“大玩家”拍卖会	2012/12/14	8558	57500
王平 和田玉籽料金蟾佩	北京博观	第五届“大玩家”拍卖会	2012/12/14	8561	34500
王平 和田玉籽料青莲佩	北京博观	第五届“大玩家”拍卖会	2012/12/14	8562	28750
范同生 和田玉籽料守护佩	北京博观	第五届“大玩家”拍卖会	2012/12/14	8563	25300
范同生 和田玉籽料玉猪龙挂件	北京博观	第五届“大玩家”拍卖会	2012/12/14	8564	17250

名称	拍卖公司	拍卖场次	拍卖日期	拍卖号	成交价（元）
吴德昇 和田玉籽料相拥把件	北京博观	第五届“大玩家”拍卖会	2012/12/14	8567	207000
陶虎 和田玉籽料刘海戏金蟾把件	北京博观	第五届“大玩家”拍卖会	2012/12/14	8568	46000
陶虎 和田玉籽料连年有余挂件	北京博观	第五届“大玩家”拍卖会	2012/12/14	8569	34500
郭海军 和田玉籽料君子之交佩	北京博观	第五届“大玩家”拍卖会	2012/12/14	8577	36800
郭海军 和田玉籽料金钱连连把件	北京博观	第五届“大玩家”拍卖会	2012/12/14	8578	28750
瞿利军 和田玉籽料富贵有余佩	北京博观	2012年秋季艺术品拍卖会	2012/12/23	8601	28750
瞿利军 和田玉籽料富贵佩	北京博观	2012年秋季艺术品拍卖会	2012/12/23	8602	11500
瞿利军 和田玉籽料芦雁图佩	北京博观	2012年秋季艺术品拍卖会	2012/12/23	8603	17250
瞿利军 和田玉籽料吴门风光牌	北京博观	2012年秋季艺术品拍卖会	2012/12/23	8604	36800
瞿利军 和田玉籽料独钓寒江把件	北京博观	2012年秋季艺术品拍卖会	2012/12/23	8606	138000
瞿利军 和田玉籽料孤舟独钓牌	北京博观	2012年秋季艺术品拍卖会	2012/12/23	8615	414000
瞿利军 和田玉籽料竹品兰香佩	北京博观	2012年秋季艺术品拍卖会	2012/12/23	8620	138000
瞿利军 白玉缠枝花纹万寿盖炉	北京博观	2012年秋季艺术品拍卖会	2012/12/23	8623	184000
瞿利军 和田玉籽料仿太湖石摆件	北京博观	2012年秋季艺术品拍卖会	2012/12/23	8625	55200
瞿利军 和田玉籽料清奇古怪笔筒	北京博观	2012年秋季艺术品拍卖会	2012/12/23	8627	552000
蒋喜 和田玉籽料猫蝶手牌	北京博观	2012年秋季艺术品拍卖会	2012/12/23	8632	57500
蒋喜 和田玉籽料镂空龙凤对牌	北京博观	2012年秋季艺术品拍卖会	2012/12/23	8642	97750
蒋喜 和田玉籽料“长乐富贵”铺首纹扳指	北京博观	2012年秋季艺术品拍卖会	2012/12/23	8646	402500
蒋喜 和田玉籽料吉祥三宝	北京博观	2012年秋季艺术品拍卖会	2012/12/23	8648	80500
蒋喜 和田玉籽料龙凤对牌	北京博观	2012年秋季艺术品拍卖会	2012/12/23	8650	172500
蒋喜 和田玉籽料必定辟邪把件	北京博观	2012年秋季艺术品拍卖会	2012/12/23	8651	276000
蒋喜 和田玉籽料“长乐未央”铺首纹扳指	北京博观	2012年秋季艺术品拍卖会	2012/12/23	8655	747500
黄罕勇 和田玉籽料镂空凤佩	北京博观	2012年秋季艺术品拍卖会	2012/12/23	8656	36800
黄罕勇 和田玉籽料齐寿佩	北京博观	2012年秋季艺术品拍卖会	2012/12/23	8657	32200
黄罕勇 和田玉籽料龙纹勒子	北京博观	2012年秋季艺术品拍卖会	2012/12/23	8658	25300

名称	拍卖公司	拍卖场次	拍卖日期	拍卖号	成交价（元）
黄罕勇 和田玉籽料龙凤佩	北京博观	2012年秋季艺术品拍卖会	2012/12/23	8660	69000
黄罕勇 和田玉籽料羊如意把件	北京博观	2012年秋季艺术品拍卖会	2012/12/23	8661	207000
黄罕勇 和田玉籽料扭转乾坤把件	北京博观	2012年秋季艺术品拍卖会	2012/12/23	8663	402500
黄罕勇 和田玉籽料风调雨顺	北京博观	2012年秋季艺术品拍卖会	2012/12/23	8665	94300
黄罕勇 和田玉籽料红皮瑞兽把件	北京博观	2012年秋季艺术品拍卖会	2012/12/23	8666	805000
黄罕勇 和田玉籽料平安如意佩	北京博观	2012年秋季艺术品拍卖会	2012/12/23	8668	32200
黄罕勇 和田玉籽料福寿把件	北京博观	2012年秋季艺术品拍卖会	2012/12/23	8676	483000
黄罕勇 和田玉籽料大吉佩	北京博观	2012年秋季艺术品拍卖会	2012/12/23	8677	25300
黄罕勇 和田玉籽料钱钱兽把件	北京博观	2012年秋季艺术品拍卖会	2012/12/23	8679	1092500
黄罕勇 和田玉籽料凤佩	北京博观	2012年秋季艺术品拍卖会	2012/12/23	8680	36800
黄罕勇 和田玉籽料吉祥如意挂件	北京博观	2012年秋季艺术品拍卖会	2012/12/23	8681	48300
杨曦 和田玉籽料牡丹手牌	北京博观	2012年秋季艺术品拍卖会	2012/12/23	8687	46000
杨曦 和田玉籽料勒子木手串	北京博观	2012年秋季艺术品拍卖会	2012/12/23	8688	34500
杨曦 和田玉籽料站观音牌	北京博观	2012年秋季艺术品拍卖会	2012/12/23	8689	253000
杨曦 和田玉籽料观音牌	北京博观	2012年秋季艺术品拍卖会	2012/12/23	8690	149500
杨曦 和田玉籽料手持莲花挂件	北京博观	2012年秋季艺术品拍卖会	2012/12/23	8692	51750
杨曦 和田玉籽料双莲挂件	北京博观	2012年秋季艺术品拍卖会	2012/12/23	8695	66700
杨曦 和田玉籽料荷花手牌	北京博观	2012年秋季艺术品拍卖会	2012/12/23	8699	46000
杨曦 和田玉籽料方勒子木手串	北京博观	2012年秋季艺术品拍卖会	2012/12/23	8700	40250
杨曦 和田玉籽料水乡牌	北京博观	2012年秋季艺术品拍卖会	2012/12/23	8701	161000
杨曦 和田玉籽料山水牌	北京博观	2012年秋季艺术品拍卖会	2012/12/23	8702	253000
杨曦 和田玉籽料马上有福把件	北京博观	2012年秋季艺术品拍卖会	2012/12/23	8703	517500
杨曦 和田玉籽料执莲观音佩	北京博观	2012年秋季艺术品拍卖会	2012/12/23	8709	540500
葛洪 和田玉籽料福运挂件	北京博观	2012年秋季艺术品拍卖会	2012/12/23	8717	20700
葛洪 和田玉籽料福运牌	北京博观	2012年秋季艺术品拍卖会	2012/12/23	8718	20700
葛洪 和田玉籽料乾隆挂件	北京博观	2012年秋季艺术品拍卖会	2012/12/23	8719	55200

名称	拍卖公司	拍卖场次	拍卖日期	拍卖号	成交价（元）
葛洪 和田玉籽料乾隆把件	北京博观	2012年秋季艺术品拍卖会	2012/12/23	8726	448500
葛洪 和田玉籽料月满清鸣把件	北京博观	2012年秋季艺术品拍卖会	2012/12/23	8727	356500
葛洪 和田玉籽料虎威把件	北京博观	2012年秋季艺术品拍卖会	2012/12/23	8728	943000
葛洪 和田玉籽料乾隆牌	北京博观	2012年秋季艺术品拍卖会	2012/12/23	8731	161000
葛洪 和田玉籽料蝉把件	北京博观	2012年秋季艺术品拍卖会	2012/12/23	8736	885500
葛洪 和田玉籽料虎虎生威把件	北京博观	2012年秋季艺术品拍卖会	2012/12/23	8739	299000
葛洪 和田玉籽料乾隆牌	北京博观	2012年秋季艺术品拍卖会	2012/12/23	8747	69000
葛洪 和田玉籽料山子牌	北京博观	2012年秋季艺术品拍卖会	2012/12/23	8749	82800
颜桂明 和田玉籽料知足常乐摆件	北京博观	2012年秋季艺术品拍卖会	2012/12/23	8764	89700
樊军民 青玉 白玉和合雁盒	北京博观	2012年秋季艺术品拍卖会	2012/12/23	8773	71300
樊军民 和田玉籽料耄耋富贵把件	北京博观	2012年秋季艺术品拍卖会	2012/12/23	8776	345000
樊军民 和田玉籽料瑞兽把件	北京博观	2012年秋季艺术品拍卖会	2012/12/23	8778	80500
樊军民 和田玉籽料羲之爱鹅把件	北京博观	2012年秋季艺术品拍卖会	2012/12/23	8779	172500
樊军民 和田玉籽料连年有余把件	北京博观	2012年秋季艺术品拍卖会	2012/12/23	8780	207000
樊军民 和田玉籽料佛挂件	北京博观	2012年秋季艺术品拍卖会	2012/12/23	8782	43700
樊军民 和田玉籽料大权在握把件	北京博观	2012年秋季艺术品拍卖会	2012/12/23	8783	126500
樊军民 和田玉籽料一品清廉把件	北京博观	2012年秋季艺术品拍卖会	2012/12/23	8784	126500
樊军民 和田玉籽料游戏佩	北京博观	2012年秋季艺术品拍卖会	2012/12/23	8785	55200
樊军民 和田玉籽料年年有余挂件	北京博观	2012年秋季艺术品拍卖会	2012/12/23	8787	36800
樊军民 和田玉籽料寻梅把件	北京博观	2012年秋季艺术品拍卖会	2012/12/23	8790	86250
樊军民 和田玉籽料金玉满堂把件	北京博观	2012年秋季艺术品拍卖会	2012/12/23	8792	23000
樊军民 和田玉籽料色即是空把件	北京博观	2012年秋季艺术品拍卖会	2012/12/23	8793	126500
刘仲龙 南红玛瑙蝶恋花挂件	北京博观	2012年秋季艺术品拍卖会	2012/12/23	8849	36800
刘仲龙 南红玛瑙喜相连把件	北京博观	2012年秋季艺术品拍卖会	2012/12/23	8869	32200
和田玉籽料四君子梅瓶	北京博观	2012年秋季艺术品拍卖会	2012/12/23	8875	32200
和田玉籽料祝福香插	北京博观	2012年秋季艺术品拍卖会	2012/12/23	8877	32200

名称	拍卖公司	拍卖场次	拍卖日期	拍卖号	成交价（元）
和田玉籽料香插	北京博观	2012年秋季艺术品拍卖会	2012/12/23	8878	20700
和田玉籽料玉贵人手串	北京博观	2012年秋季艺术品拍卖会	2012/12/23	8879	23000
和田玉籽料双耳三足炉	北京博观	2012年秋季艺术品拍卖会	2012/12/23	8880	36800
上海杰艺 和田玉籽料清廉佩	北京博观	2012年秋季艺术品拍卖会	2012/12/23	8881	25300
上海杰艺 和田玉籽料平安勒子	北京博观	2012年秋季艺术品拍卖会	2012/12/23	8882	25300
上海杰艺 和田玉籽料步步高升佩	北京博观	2012年秋季艺术品拍卖会	2012/12/23	8884	42550
陈冠军 和田玉籽料雪江渔 山水音对佩	北京博观	2012年秋季艺术品拍卖会	2012/12/23	8885	92000
吴金星 羊脂玉必定成龙佩	北京博观	2012年秋季艺术品拍卖会	2012/12/23	8891	195500
和田玉籽料兽面耳赏瓶	北京博观	2012年秋季艺术品拍卖会	2012/12/23	8897	57500
赵显志 羊脂玉籽料横空出世把件	北京博观	2012年秋季艺术品拍卖会	2012/12/23	8900	897000
蒋喜 和田玉籽料凤穿牡丹把件	北京博观	2012年秋季艺术品拍卖会	2012/12/23	8903	109250
蒋喜 和田玉籽料龙牌	北京博观	2012年秋季艺术品拍卖会	2012/12/23	8904	46000
蒋喜 和田玉籽料龙凤牌	北京博观	2012年秋季艺术品拍卖会	2012/12/23	8905	43700
唐伟琪 和田玉籽料兰香佩	北京博观	2012年秋季艺术品拍卖会	2012/12/23	8914	32200
叶清 和田玉籽料荷塘情趣	北京博观	2012年秋季艺术品拍卖会	2012/12/23	8916	25300
陈冠军 和田玉籽料子冈牌	北京博观	2012年秋季艺术品拍卖会	2012/12/23	8922	92000
叶清 和田玉籽料一路连科把件	北京博观	2012年秋季艺术品拍卖会	2012/12/23	8932	264500
叶清 和田玉籽料龙佩	北京博观	2012年秋季艺术品拍卖会	2012/12/23	8935	28750
叶清 和田玉籽料龙佩	北京博观	2012年秋季艺术品拍卖会	2012/12/23	8936	25300
和田玉籽料多子多福把件	北京博观	2012年秋季艺术品拍卖会	2012/12/23	8940	44850
杨万发 林文苑 和田玉籽料绿度母摆件	北京博观	2012年秋季艺术品拍卖会	2012/12/23	8943	184000
林文苑 和田玉籽料玉兔摆件	北京博观	2012年秋季艺术品拍卖会	2012/12/23	8944	43700
刘忠荣 和田玉籽料随愿皆生牌	北京博观	2012年秋季艺术品拍卖会	2012/12/23	8949	506000
杨曦 和田玉籽料龙形玉牌	北京博观	2012年秋季艺术品拍卖会	2012/12/23	8950	105800
孟庆东 和田玉籽料颜如玉把件	北京博观	2012年秋季艺术品拍卖会	2012/12/23	8955	103500

名称	拍卖公司	拍卖场次	拍卖日期	拍卖号	成交价（元）
林金波 和田玉籽料佛在心中牌	北京博观	2012年秋季艺术品拍卖会	2012/12/23	8965	36800
林金波 和田玉籽料弥勒牌	北京博观	2012年秋季艺术品拍卖会	2012/12/23	8966	46000
林金波 和田玉籽料凤佩	北京博观	2012年秋季艺术品拍卖会	2012/12/23	8967	28750
吴金星 和田玉籽料瑞兽把件	北京博观	2012年秋季艺术品拍卖会	2012/12/23	8970	632500
吴德昇 和田玉籽料裸女把件	北京博观	2012年秋季艺术品拍卖会	2012/12/23	8972	402500
和田玉籽料龙牌	北京博观	2012年秋季艺术品拍卖会	2012/12/23	8991	23000
白玉双鹅摆件	北京保利	2012年春季拍卖会	2012/6/7	7739	92000
罗启妍 和田白玉透雕花香囊配天然珊瑚、钻石吊坠	北京保利	2012年秋季拍卖会	2012/12/5	4907	115000
林芳朱 和田白玉配珊瑚吊坠	北京保利	2012年秋季拍卖会	2012/12/5	4916	36800
白玉鹰钮章料	北京保利	第18期精品拍卖会	2012/4/21	3670	51750
白玉牧牛童子挂件	北京保利	第18期精品拍卖会	2012/4/22	1262	17250
白玉镂雕螭龙佩	北京保利	第18期精品拍卖会	2012/4/23	1842	6900
白玉“三羊开泰”摆件	北京保利	第18期精品拍卖会	2012/4/23	1850	6900
白玉雕鹿摆件	北京保利	第18期精品拍卖会	2012/4/23	1853	32200
白玉福寿坠	北京保利	第18期精品拍卖会	2012/4/23	1868	1150
白玉灵兽坠	北京保利	第18期精品拍卖会	2012/4/23	1871	3450
白玉佛手挂件	北京保利	第18期精品拍卖会	2012/4/23	1873	4600
白玉佛手摆件	北京保利	第18期精品拍卖会	2012/4/23	1876	8050
白玉太狮少狮摆件	北京保利	第18期精品拍卖会	2012/4/23	1912	17250
白玉龙纹带钩（一对）	北京保利	第18期精品拍卖会	2012/4/23	1954	6900
白玉扳指	北京保利	第18期精品拍卖会	2012/4/23	1962	4600
白玉透雕童子双龙带扣	北京保利	第18期精品拍卖会	2012/4/23	1968	2300
白玉雕兽面纹挂件（一对）	北京保利	第18期精品拍卖会	2012/4/23	1971	9200
白玉香囊	北京保利	第18期精品拍卖会	2012/4/23	1977	3450
白玉牌（四件）	北京保利	第18期精品拍卖会	2012/4/23	1985	3450

名称	拍卖公司	拍卖场次	拍卖日期	拍卖号	成交价（元）
白玉经文、花卉牌（两件）	北京保利	第18期精品拍卖会	2012/4/23	2005	13800
白玉凤纹牌	北京保利	第18期精品拍卖会	2012/4/23	2008	8050
白玉人物牌	北京保利	第18期精品拍卖会	2012/4/23	2011	3450
白玉斋戒牌	北京保利	第18期精品拍卖会	2012/4/23	2016	2300
白玉人物牌	北京保利	第18期精品拍卖会	2012/4/23	2018	4600
白玉牌、扳指（三件）	北京保利	第18期精品拍卖会	2012/4/23	2023	6900
白玉雕山水人物诗文牌	北京保利	第18期精品拍卖会	2012/4/23	2030	1150
白玉婴戏诗文牌	北京保利	第18期精品拍卖会	2012/4/23	2031	5750
白玉持莲观音牌	北京保利	第18期精品拍卖会	2012/4/23	2036	4600
白玉小炉	北京保利	第18期精品拍卖会	2012/4/23	2041	3450
白玉太白醉酒摆件	北京保利	第18期精品拍卖会	2012/4/23	2067	6900
白玉雕刘海戏金蟾	北京保利	第18期精品拍卖会	2012/4/23	2068	6900
白玉寿星立像	北京保利	第18期精品拍卖会	2012/4/23	2081	17250
白玉童子献宝坠	北京保利	第18期精品拍卖会	2012/4/23	2088	3450
白玉双童击鼓挂件	北京保利	第18期精品拍卖会	2012/4/23	2089	3450
白玉雕三宝佛	北京保利	第18期精品拍卖会	2012/4/23	2090	48300
白玉佛	北京保利	第18期精品拍卖会	2012/4/23	2092	9200
白玉福禄寿把件	北京保利	第18期精品拍卖会	2012/4/23	2093	2300
白玉带皮巧雕人物把件	北京保利	第18期精品拍卖会	2012/4/23	2094	2300
白玉香炉（一对）	北京保利	第18期精品拍卖会	2012/4/23	2116	80500
白玉笔筒、笔架、仕女人物摆件（三件）	北京保利	第18期精品拍卖会	2012/4/23	2140	6900
白玉雕太狮少狮摆件	北京保利	第18期精品拍卖会	2012/4/23	2142	4600
白玉带糖白菜摆件	北京保利	第18期精品拍卖会	2012/4/23	2162	25300
白玉雕兽面纹执壶	北京保利	第18期精品拍卖会	2012/4/23	2167	8050
白玉山水纹笔筒	北京保利	第18期精品拍卖会	2012/4/23	2183	13800

名称	拍卖公司	拍卖场次	拍卖日期	拍卖号	成交价（元）
白玉手镯	北京保利	第18期精品拍卖会	2012/4/23	2216	3450
白玉贵妃镯（一对）	北京保利	第18期精品拍卖会	2012/4/23	2218	2300
白玉雕螺旋纹佩	北京保利	第19期精品拍卖会	2012/8/11	764	3450
白玉龙纹佩	北京保利	第19期精品拍卖会	2012/8/11	778	11500
白玉童子牧牛摆件	北京保利	第19期精品拍卖会	2012/8/11	804	4600
白玉雕双耳瓶	北京保利	第19期精品拍卖会	2012/8/11	840	74750
白玉一帆风顺摆件	北京保利	第19期精品拍卖会	2012/8/11	849	11500
白玉留皮瑞兽钮章料	北京保利	第19期精品拍卖会	2012/8/11	866	28750
白玉龙勾（两件）	北京保利	第19期精品拍卖会	2012/8/11	894	3450
白玉浮雕螭龙坠	北京保利	第19期精品拍卖会	2012/8/11	934	3450
白玉镂雕双龙佩	北京保利	第19期精品拍卖会	2012/8/11	935	4600
白玉葫芦万代坠	北京保利	第19期精品拍卖会	2012/8/11	937	5750
白玉藕形坠	北京保利	第19期精品拍卖会	2012/8/11	939	9200
白玉荷叶童子	北京保利	第19期精品拍卖会	2012/8/11	940	6900
白玉平安无事牌	北京保利	第19期精品拍卖会	2012/8/11	947	23000
白玉观音牌 福寿牌	北京保利	第19期精品拍卖会	2012/8/11	950	4600
白玉蝉挂坠 手串	北京保利	第19期精品拍卖会	2012/8/11	952	6900
白玉万寿无疆牌	北京保利	第19期精品拍卖会	2012/8/11	963	1150
白玉童子牌（两件）	北京保利	第19期精品拍卖会	2012/8/11	964	11500
白玉婴戏牌（两件）	北京保利	第19期精品拍卖会	2012/8/11	965	11500
白玉岁岁平安牌	北京保利	第19期精品拍卖会	2012/8/11	966	11500
白玉凤穿花牌	北京保利	第19期精品拍卖会	2012/8/11	967	9200
白玉巧雕福寿纹圆牌坠	北京保利	第19期精品拍卖会	2012/8/11	969	4600
白玉雕大吉大利云龙纹牌子	北京保利	第19期精品拍卖会	2012/8/11	971	4600
白玉牌 碧玉坠（两件）	北京保利	第19期精品拍卖会	2012/8/11	972	4600
白玉观音挂件	北京保利	第19期精品拍卖会	2012/8/11	973	1150

名称	拍卖公司	拍卖场次	拍卖日期	拍卖号	成交价（元）
白玉留皮喜鹊登梅坠	北京保利	第19期精品拍卖会	2012/8/11	976	6900
白玉瑞兽（两件）	北京保利	第19期精品拍卖会	2012/8/11	980	3105
白玉双羊摆件	北京保利	第19期精品拍卖会	2012/8/11	981	4600
白玉瑞兽	北京保利	第19期精品拍卖会	2012/8/11	982	4600
白玉牧牛童子	北京保利	第19期精品拍卖会	2012/8/11	983	6900
白玉瑞兽坠	北京保利	第19期精品拍卖会	2012/8/11	988	3450
白玉刘海戏金蟾	北京保利	第19期精品拍卖会	2012/8/11	991	3450
白玉观音	北京保利	第19期精品拍卖会	2012/8/11	993	25300
白玉观音立像	北京保利	第19期精品拍卖会	2012/8/11	994	23000
白玉和合二仙摆件	北京保利	第19期精品拍卖会	2012/8/11	996	17250
白玉带皮巧雕寿星挂件	北京保利	第19期精品拍卖会	2012/8/11	998	9200
白玉福禄寿把件	北京保利	第19期精品拍卖会	2012/8/11	999	5750
白玉童子（四件）	北京保利	第19期精品拍卖会	2012/8/11	1001	11500
白玉童子（五件）	北京保利	第19期精品拍卖会	2012/8/11	1002	11500
白玉雕松竹梅笔筒	北京保利	第19期精品拍卖会	2012/8/11	1006	20700
白玉雕螭龙带钩	北京保利	第19期精品拍卖会	2012/8/11	1010	1150
白玉兽面纹镯	北京保利	第19期精品拍卖会	2012/8/11	1012	4600
白玉双龙镯	北京保利	第19期精品拍卖会	2012/8/11	1014	1150
白玉绳纹镯	北京保利	第19期精品拍卖会	2012/8/11	1015	9200
白玉花卉镯	北京保利	第19期精品拍卖会	2012/8/11	1017	13800
白玉绳纹镯	北京保利	第19期精品拍卖会	2012/8/11	1018	4600
白玉双龙镯	北京保利	第19期精品拍卖会	2012/8/11	1019	1150
白玉镯	北京保利	第19期精品拍卖会	2012/8/11	1020	11500
白玉镯	北京保利	第19期精品拍卖会	2012/8/11	1021	17250
白玉镯子（一对）	北京保利	第19期精品拍卖会	2012/8/11	1023	1150

名称	拍卖公司	拍卖场次	拍卖日期	拍卖号	成交价（元）
白玉手镯（六件）	北京保利	第19期精品拍卖会	2012/8/11	1027	23000
白玉缠枝莲花卉瓶	北京保利	第19期精品拍卖会	2012/8/11	1034	23000
白玉竹纹瓶	北京保利	第19期精品拍卖会	2012/8/11	1035	20700
白玉雕缠枝牡丹香炉	北京保利	第19期精品拍卖会	2012/8/11	1036	20700
白玉雕童子戏水摆件	北京保利	第19期精品拍卖会	2012/8/11	1042	9200
白玉雕发财手把件	北京保利	第19期精品拍卖会	2012/8/11	1043	9200
白玉路路通摆件	北京保利	第19期精品拍卖会	2012/8/11	1046	11500
白玉镶金嵌宝透雕带动腰刀	北京保利	第20期精品拍卖会	2012/10/25	1356	86250
白玉金刚杵	北京保利	第20期精品拍卖会	2012/10/25	1435	14950
白玉兽面纹瓶	北京保利	第20期精品拍卖会	2012/10/25	1439	48300
白玉双骏山子	北京保利	第20期精品拍卖会	2012/10/25	1441	276000
白玉观音送子	北京保利	第20期精品拍卖会	2012/10/25	1442	63250
白玉松下人物摆件	北京保利	第20期精品拍卖会	2012/10/25	1443	23000
碧玉嵌白玉福寿如意	北京保利	第20期精品拍卖会	2012/10/25	1444	55200
白玉配碧玉座佛（一尊）	北京保利	第20期精品拍卖会	2012/10/25	1446	23000
白玉松下人物山子摆件	北京保利	第20期精品拍卖会	2012/10/25	1447	32200
白玉笛	北京保利	第20期精品拍卖会	2012/10/25	1450	11500
白玉龙凤佩	北京传是	2012秋季拍卖会	2012/12/16	311	43700
羊脂白玉螭龙佩	北京传是	2012秋季拍卖会	2012/12/16	319	184000
和田籽料弥勒随形牌	北京传是	2012秋季拍卖会	2012/12/16	490	103500
和田籽料幸福平安挂件	北京传是	2012秋季拍卖会	2012/12/16	492	23000
和田籽料钟馗纳福随形牌	北京传是	2012秋季拍卖会	2012/12/16	493	69000
和田籽料雕寿星摆件	北京传是	2012秋季拍卖会	2012/12/16	494	59800
和田籽料蒋喜对牌	北京传是	2012秋季拍卖会	2012/12/16	495	92000
和田籽料雕福禄寿喜果篮	北京传是	2012秋季拍卖会	2012/12/16	496	276000
和田籽料仿汉蝉挂件	北京传是	2012秋季拍卖会	2012/12/16	497	32200

名称	拍卖公司	拍卖场次	拍卖日期	拍卖号	成交价（元）
和田籽料寿上献寿摆件	北京传是	2012秋季拍卖会	2012/12/16	498	57500
和田籽料世代英名摆件	北京传是	2012秋季拍卖会	2012/12/16	499	172500
和田籽料马上封侯摆件	北京传是	2012秋季拍卖会	2012/12/16	500	195500
和田籽料活环观音牌	北京传是	2012秋季拍卖会	2012/12/16	501	46000
和田籽料貔貅摆件	北京传是	2012秋季拍卖会	2012/12/16	502	345000
和田籽料侍女牌子	北京传是	2012秋季拍卖会	2012/12/16	503	57500
和田籽料龙凤乾元牌	北京传是	2012秋季拍卖会	2012/12/16	504	97750
白玉三安牌	北京传是	2012秋季拍卖会	2012/12/16	505	8050
白玉观音挂件	北京传是	2012秋季拍卖会	2012/12/16	506	1150
白玉连升三级挂牌	北京传是	2012秋季拍卖会	2012/12/16	507	4600
白玉如意挂坠	北京传是	2012秋季拍卖会	2012/12/16	508	17250
白玉瑞兽挂件	北京传是	2012秋季拍卖会	2012/12/16	509	17250
白玉关公牌	北京传是	2012秋季拍卖会	2012/12/16	510	36800
白玉欢天喜地挂件	北京传是	2012秋季拍卖会	2012/12/16	512	5750
白玉手镯	北京传是	2012秋季拍卖会	2012/12/16	514	97750
白玉竹报平安牌	北京传是	2012秋季拍卖会	2012/12/16	517	4600
白玉乐在其中挂坠	北京传是	2012秋季拍卖会	2012/12/16	518	23000
白玉仿钺龙纹挂饰	北京传是	2012秋季拍卖会	2012/12/16	519	9200
紫檀三镶白玉龙纹如意	北京传是	2012秋季拍卖会	2012/12/16	520	3450
白玉八方来财摆件	北京传是	2012秋季拍卖会	2012/12/16	521	13800
白玉镯（两只）	北京传是	2012秋季拍卖会	2012/12/16	546	28750
白玉戒指	北京传是	2012秋季拍卖会	2012/12/16	552	1150
和田白玉手镯	北京鼎周	2012年“十全十美”大型艺术品拍卖会	2012/8/5	9082	74750
白玉雕福禄万代把件	北京歌德	2012春季艺术品拍卖会	2012/6/2	137	13800
白玉雕卧马挂件	北京歌德	2012春季艺术品拍卖会	2012/6/2	139	8050
白玉观音把件	北京歌德	2012春季艺术品拍卖会	2012/6/2	140	57500

名称	拍卖公司	拍卖场次	拍卖日期	拍卖号	成交价（元）
白玉鹅	北京歌德	2012春季艺术品拍卖会	2012/6/2	141	172500
白玉雕金蚕	北京歌德	2012春季艺术品拍卖会	2012/6/2	146	299000
白玉带皮扳指	北京歌德	2012春季艺术品拍卖会	2012/6/2	147	8050
白玉瓜瓞绵延	北京歌德	2012春季艺术品拍卖会	2012/6/3	2220	9200
白玉活环兽钮香炉	北京歌德	2012秋季艺术品拍卖会	2012/12/1	2097	1725000
白玉手镯（两件）	北京翰海	翰海四季（第75期）拍卖会	2012/3/23	1524	3450
白玉手镯	北京翰海	翰海四季（第75期）拍卖会	2012/3/23	1525	4600
白玉手镯	北京翰海	翰海四季（第75期）拍卖会	2012/3/23	1526	3450
白玉雕花卉链式瓶	北京翰海	2012春季拍卖会	2012/5/26	964	1725000
夏长馨 白玉活环耳花熏	北京翰海	2012春季拍卖会	2012/5/26	965	3450000
白玉雕人物诗文佩	北京翰海	翰海四季（第77期）拍卖会	2012/6/29	1311	4370
白玉雕松鹤延年佩	北京翰海	翰海四季（第77期）拍卖会	2012/6/29	1325	2530
白玉雕双鹿佩	北京翰海	翰海四季（第77期）拍卖会	2012/6/29	1331	14950
白玉雕花篮佩	北京翰海	翰海四季（第77期）拍卖会	2012/6/29	1332	23000
白玉雕诗文佩	北京翰海	翰海四季（第77期）拍卖会	2012/6/29	1333	28750
白玉雕清慎勤忍佩	北京翰海	翰海四季（第77期）拍卖会	2012/6/29	1334	36800
白玉雕灵猴献寿佩	北京翰海	翰海四季（第77期）拍卖会	2012/6/29	1373	57500
白玉雕链瓶	北京翰海	翰海四季（第77期）拍卖会	2012/6/29	1411	69000
白玉雕手镯	北京翰海	翰海四季（第77期）拍卖会	2012/6/29	1468	1150
白玉龙钩	北京翰海	翰海四季（第77期）拍卖会	2012/6/29	1551	2300
白玉雕螭龙纹带扣（两件）	北京翰海	翰海四季（第77期）拍卖会	2012/6/29	1553	1150
白玉五子登科佩	北京翰海	翰海四季（第78期）拍卖会	2012/9/28	1510	3450
白玉童子献寿诗文佩	北京翰海	翰海四季（第78期）拍卖会	2012/9/28	1511	575
白玉雕叶形坠	北京翰海	翰海四季（第78期）拍卖会	2012/9/28	1564	1150
白玉兽坠	北京翰海	翰海四季（第78期）拍卖会	2012/9/28	1574	5750
白玉瑞兽	北京翰海	翰海四季（第78期）拍卖会	2012/9/28	1577	4025

名称	拍卖公司	拍卖场次	拍卖日期	拍卖号	成交价（元）
白玉雕瑞兽	北京翰海	翰海四季（第78期）拍卖会	2012/9/28	1578	4025
白玉卧犬	北京翰海	翰海四季（第78期）拍卖会	2012/9/28	1581	2070
白玉马上封侯	北京翰海	翰海四季（第78期）拍卖会	2012/9/28	1583	4600
白玉雕瓜瓞连绵坠	北京翰海	翰海四季（第78期）拍卖会	2012/9/28	1588	6900
白玉发簪	北京翰海	翰海四季（第78期）拍卖会	2012/9/28	1664	6900
白玉雕蚩尤环	北京华辰	2012年秋季拍卖会	2012/10/30	206	69000
和田白玉籽料高浮雕双龙戏珠牌	北京九歌	2012年春季拍卖会	2012/6/29	2548	101200
白玉螭龙鼓丁纹璧	北京九歌	2012年春季拍卖会	2012/6/29	2550	16100
和田白玉红皮籽料喜上眉梢佩	北京九歌	2012年春季拍卖会	2012/6/29	2555	149500
和田白玉龙凤平安无事佩（一对）	北京九歌	2012年春季拍卖会	2012/6/29	2558	80500
白玉龙纹摆件	北京九歌	2012年春季拍卖会	2012/6/29	2567	425500
和田白玉籽料雕三娘教子佩	北京九歌	2012年春季拍卖会	2012/6/29	2575	276000
白玉雕玉蝉把件	北京九歌	2012年春季拍卖会	2012/6/29	2577	126500
白玉籽料雕山水人物玉摆件	北京九歌	2012年春季拍卖会	2012/6/29	2581	48300
白玉雕观音送子摆件	北京九歌	2012年春季拍卖会	2012/6/29	2587	138000
白玉籽料千手观音摆件	北京荣宝	2012迎春拍卖会（第72期）	2012/3/10	211	392000
一团和气白玉籽料弥勒佛	北京荣宝	2012迎春拍卖会（第72期）	2012/3/10	212	72800
白玉籽料琮	北京荣宝	2012迎春拍卖会（第72期）	2012/3/10	213	67200
白玉籽料福猪挂件	北京荣宝	2012迎春拍卖会（第72期）	2012/3/10	214	20160
府上有龙白玉籽料挂件	北京荣宝	2012迎春拍卖会（第72期）	2012/3/10	215	47040
白玉籽料兰花牌	北京荣宝	2012迎春拍卖会（第72期）	2012/3/10	216	123200
白玉籽料弥勒佛	北京荣宝	2012迎春拍卖会（第72期）	2012/3/10	217	53760
白玉籽料兽面纹对牌	北京荣宝	2012迎春拍卖会（第72期）	2012/3/10	218	78400
白玉籽料幽兰牌	北京荣宝	2012迎春拍卖会（第72期）	2012/3/10	219	123200
白玉籽料持莲观音牌	北京荣宝	2012迎春拍卖会（第72期）	2012/3/10	221	29120
白玉籽料马上封侯	北京荣宝	2012迎春拍卖会（第72期）	2012/3/10	222	313600

名称	拍卖公司	拍卖场次	拍卖日期	拍卖号	成交价（元）
江南水乡白玉籽料牌	北京荣宝	2012迎春拍卖会（第72期）	2012/3/10	223	336000
白玉籽料珠链	北京荣宝	2012迎春拍卖会（第72期）	2012/3/10	227	84000
白玉籽料竹节香筒	北京荣宝	2012迎春拍卖会（第72期）	2012/3/10	228	72800
刘海戏金蟾白玉籽料把件	北京荣宝	2012迎春拍卖会（第72期）	2012/3/10	231	207200
白玉籽料腰鼓竹牌	北京荣宝	2012迎春拍卖会（第72期）	2012/3/10	233	42560
白玉籽料寿星雕件	北京荣宝	2012迎春拍卖会（第72期）	2012/3/10	234	47040
白玉籽料手串	北京荣宝	2012迎春拍卖会（第72期）	2012/3/10	235	89600
瑞兽守财白玉籽料雕件	北京荣宝	2012迎春拍卖会（第72期）	2012/3/10	236	61600
白玉籽料福禄寿摆件	北京荣宝	2012迎春拍卖会（第72期）	2012/3/10	237	761600
白玉籽料安居乐业	北京荣宝	2012迎春拍卖会（第72期）	2012/3/10	242	33600
笑口常开白玉籽料弥勒	北京荣宝	2012迎春拍卖会（第72期）	2012/3/10	243	31360
古亭遗风白玉籽料牌	北京荣宝	2012迎春拍卖会（第72期）	2012/3/10	247	190400
一世英明白玉籽料牌	北京荣宝	2012迎春拍卖会（第72期）	2012/3/10	248	100800
荷塘清趣喜事连连白玉籽料链条瓶	北京荣宝	2012迎春拍卖会（第72期）	2012/3/10	249	1456000
现代花想容白玉籽料把件	北京荣宝	2012迎春拍卖会（第72期）	2012/3/10	251	268800
白玉籽料富贵镯	北京荣宝	2012迎春拍卖会（第72期）	2012/3/10	252	392000
白菜螳螂白玉籽料摆件	北京荣宝	2012迎春拍卖会（第72期）	2012/3/10	254	1041600
白玉籽料提梁壶	北京荣宝	2012迎春拍卖会（第72期）	2012/3/10	255	548800
高毅进白玉籽料兰花瓶	北京荣宝	2012迎春拍卖会（第72期）	2012/3/10	258	627200
白玉籽料玉兔挂件（一对）	北京荣宝	2012迎春拍卖会（第72期）	2012/3/10	259	33600
白玉籽料数钱挂件	北京荣宝	2012迎春拍卖会（第72期）	2012/3/10	260	35840
白玉籽料戌狗生肖挂件	北京荣宝	2012迎春拍卖会（第72期）	2012/3/10	261	17920
白玉籽料寿星挂件	北京荣宝	2012迎春拍卖会（第72期）	2012/3/10	263	58240
白玉籽料钟馗把件	北京荣宝	2012迎春拍卖会（第72期）	2012/3/10	264	106400
国色天香白玉籽料摆件	北京荣宝	2012迎春拍卖会（第72期）	2012/3/10	265	537600
白玉籽料仿古纹链条瓶	北京荣宝	2012迎春拍卖会（第72期）	2012/3/10	266	470400

名称	拍卖公司	拍卖场次	拍卖日期	拍卖号	成交价（元）
太白醉酒白玉籽料把件	北京荣宝	2012迎春拍卖会（第72期）	2012/3/10	267	246400
白玉籽料财神把件	北京荣宝	2012迎春拍卖会（第72期）	2012/3/10	268	246400
代代数钱白玉籽料雕件	北京荣宝	2012迎春拍卖会（第72期）	2012/3/10	270	28000
白玉籽料关公牌	北京荣宝	2012迎春拍卖会（第72期）	2012/3/10	271	84000
白玉籽料灵猴献寿	北京荣宝	2012迎春拍卖会（第72期）	2012/3/10	272	56000
白玉籽料持荷童子	北京荣宝	2012迎春拍卖会（第72期）	2012/3/10	273	42560
白玉籽料童子击鼓把件	北京荣宝	2012迎春拍卖会（第72期）	2012/3/10	274	51520
白玉籽料弥勒佛摆件	北京荣宝	2012迎春拍卖会（第72期）	2012/3/10	275	470400
白玉籽料金蟾	北京荣宝	2012迎春拍卖会（第72期）	2012/3/10	277	53760
白玉籽料自在观音摆件	北京荣宝	2012迎春拍卖会（第72期）	2012/3/10	278	537600
白玉雕灵芝昆虫挂件	北京荣宝	2012迎春拍卖会（第72期）	2012/3/10	352	13440
白玉雕鸳鸯挂件	北京荣宝	2012迎春拍卖会（第72期）	2012/3/10	353	6720
白玉雕指日高升挂件	北京荣宝	2012迎春拍卖会（第72期）	2012/3/10	356	10080
白玉雕观音坐像玉牌	北京荣宝	2012迎春拍卖会（第72期）	2012/3/10	357	28000
马上如意白玉挂件	北京荣宝	2012迎春拍卖会（第72期）	2012/3/10	363	50400
佛引福来白玉挂件	北京荣宝	2012迎春拍卖会（第72期）	2012/3/10	364	89600
吴德昇 玉贵人白玉挂件	北京荣宝	2012迎春拍卖会（第72期）	2012/3/10	365	280000
白玉兰	北京荣宝	2012清凉一夏艺术品拍卖会（第73期）	2012/8/26	806	22400
徐凯 和田白玉雕兽面纹琮	北京荣宝	2012春季艺术品拍卖会	2012/6/24	1613	61600
和田白玉雕观音坐像牌	北京荣宝	2012春季艺术品拍卖会	2012/6/24	1614	95200
白玉巧雕螭龙纹戒指	北京荣宝	2012春季艺术品拍卖会	2012/6/24	1620	11200
白玉巧雕“年年有余”挂坠	北京荣宝	2012春季艺术品拍卖会	2012/6/24	1621	89600
和田白玉原籽挂坠	北京荣宝	2012春季艺术品拍卖会	2012/6/24	1623	98560
和田白玉雕瑞兽挂件	北京荣宝	2012春季艺术品拍卖会	2012/6/24	1624	25760
和田白玉雕财神摆件	北京荣宝	2012春季艺术品拍卖会	2012/6/24	1626	44800
和田白玉雕云纹“平安无事”牌	北京荣宝	2012春季艺术品拍卖会	2012/6/24	1627	31360

名称	拍卖公司	拍卖场次	拍卖日期	拍卖号	成交价（元）
和田白玉雕福猪挂坠	北京荣宝	2012春季艺术品拍卖会	2012/6/24	1631	3360
和田白玉雕貔貅出廓璧	北京荣宝	2012春季艺术品拍卖会	2012/6/24	1633	7840
和田白玉雕螭虎出廓璧	北京荣宝	2012春季艺术品拍卖会	2012/6/24	1634	5600
白玉雕老子出关图山子	北京荣宝	2012春季艺术品拍卖会	2012/6/24	1635	280000
一团和气白玉籽料弥勒佛	北京荣宝	2012春季艺术品拍卖会	2012/6/24	1701	100800
如意有福籽料白玉钺形牌	北京荣宝	2012春季艺术品拍卖会	2012/6/24	1702	31360
富贵牡丹籽料白玉牌	北京荣宝	2012春季艺术品拍卖会	2012/6/24	1703	61600
齐眉双寿图籽料白玉牌	北京荣宝	2012春季艺术品拍卖会	2012/6/24	1704	84000
白玉籽料八宝吉祥莲	北京荣宝	2012春季艺术品拍卖会	2012/6/24	1705	95200
白玉籽料招财罗汉把件	北京荣宝	2012春季艺术品拍卖会	2012/6/24	1706	78400
白玉籽料满皮飞天把件	北京荣宝	2012春季艺术品拍卖会	2012/6/24	1707	84000
白玉籽料代代封侯把件	北京荣宝	2012春季艺术品拍卖会	2012/6/24	1708	56000
白玉籽料一路连科把件	北京荣宝	2012春季艺术品拍卖会	2012/6/24	1709	224000
和田白玉籽料饕餮纹辅首牌	北京荣宝	2012春季艺术品拍卖会	2012/6/24	1711	47040
平安是福白玉籽料如意环耳瓶	北京荣宝	2012春季艺术品拍卖会	2012/6/24	1713	392000
白玉籽料弥勒佛摆件	北京荣宝	2012春季艺术品拍卖会	2012/6/24	1715	280000
白玉籽料如意链条扁瓶	北京荣宝	2012春季艺术品拍卖会	2012/6/24	1716	280000
和田白玉 碧玉情侣手钏（二条）	北京荣宝	2012春季艺术品拍卖会	2012/6/24	1717	50400
白玉籽料八仙手链	北京荣宝	2012春季艺术品拍卖会	2012/6/24	1718	84000
白玉籽料女士手钏	北京荣宝	2012春季艺术品拍卖会	2012/6/24	1719	39200
白玉籽料山水牌	北京荣宝	2012春季艺术品拍卖会	2012/6/24	1720	44800
独占鳌头籽料白玉牌	北京荣宝	2012春季艺术品拍卖会	2012/6/24	1721	44800
白玉籽料人物山水牌	北京荣宝	2012春季艺术品拍卖会	2012/6/24	1722	40320
白玉籽料薄意山水牌	北京荣宝	2012春季艺术品拍卖会	2012/6/24	1723	84000
白玉籽料宝莲座观音牌	北京荣宝	2012春季艺术品拍卖会	2012/6/24	1725	224000

名称	拍卖公司	拍卖场次	拍卖日期	拍卖号	成交价（元）
白玉籽料英明连升把件	北京荣宝	2012春季艺术品拍卖会	2012/6/24	1727	47040
籽料白玉兰	北京荣宝	2012春季艺术品拍卖会	2012/6/24	1729	64960
白玉籽料飞黄腾达	北京荣宝	2012春季艺术品拍卖会	2012/6/24	1730	28000
白玉籽料金蟾	北京荣宝	2012春季艺术品拍卖会	2012/6/24	1731	28000
渔翁得利白玉籽料挂件	北京荣宝	2012春季艺术品拍卖会	2012/6/24	1732	28000
白玉籽料满皮关公挂件	北京荣宝	2012春季艺术品拍卖会	2012/6/24	1733	44800
白玉独籽天官赐福	北京荣宝	2012春季艺术品拍卖会	2012/6/24	1736	24640
白玉籽料富贵牡丹瓶	北京荣宝	2012春季艺术品拍卖会	2012/6/24	1738	1176000
白玉籽料巧雕辈辈封侯	北京荣宝	2012春季艺术品拍卖会	2012/6/24	1741	38080
白玉籽料兔儿爷	北京荣宝	2012春季艺术品拍卖会	2012/6/24	1743	44800
和田白玉籽料镶金女士福寿八仙手链	北京荣宝	2012春季艺术品拍卖会	2012/6/24	1744	61600
白玉籽料福猪挂件	北京荣宝	2012春季艺术品拍卖会	2012/6/24	1746	28000
白玉籽料双龙护主牌	北京荣宝	2012春季艺术品拍卖会	2012/6/24	1747	58240
连连得财白玉籽料把件	北京荣宝	2012春季艺术品拍卖会	2012/6/24	1748	11200
白玉籽料龙挂件	北京荣宝	2012春季艺术品拍卖会	2012/6/24	1749	78400
籽料白玉满皮仿古饕餮纹挂件	北京荣宝	2012春季艺术品拍卖会	2012/6/24	1750	145600
平湖秋月籽料白玉牌	北京荣宝	2012春季艺术品拍卖会	2012/6/24	1753	87360
白玉籽料鹅如意	北京荣宝	2012春季艺术品拍卖会	2012/6/24	1754	1176000
秋水伊人籽料白玉牌	北京荣宝	2012春季艺术品拍卖会	2012/6/24	1757	112000
白玉籽料活环竹牌	北京荣宝	2012春季艺术品拍卖会	2012/6/24	1758	47040
白玉籽料岁岁平安牌	北京荣宝	2012春季艺术品拍卖会	2012/6/24	1759	43680
白玉籽料龙行天下平安牌	北京荣宝	2012春季艺术品拍卖会	2012/6/24	1760	98560
白玉籽料山水牌	北京荣宝	2012春季艺术品拍卖会	2012/6/24	1761	112000
白玉籽料九五之尊把件	北京荣宝	2012春季艺术品拍卖会	2012/6/24	1762	246400
白玉籽料弥勒佛	北京荣宝	2012春季艺术品拍卖会	2012/6/24	1763	67200
白玉籽料布袋弥勒	北京荣宝	2012春季艺术品拍卖会	2012/6/24	1764	76160

名称	拍卖公司	拍卖场次	拍卖日期	拍卖号	成交价（元）
白玉籽料刘海戏金蟾	北京荣宝	2012春季艺术品拍卖会	2012/6/24	1765	257600
白玉籽料龙牌	北京荣宝	2012春季艺术品拍卖会	2012/6/24	1767	246400
白玉籽料龙游太极把件	北京荣宝	2012春季艺术品拍卖会	2012/6/24	1768	145600
籽料白玉圆镯	北京荣宝	2012春季艺术品拍卖会	2012/6/24	1769	336000
白玉籽料男士手钏	北京荣宝	2012春季艺术品拍卖会	2012/6/24	1770	91840
如意三才籽料白玉镯	北京荣宝	2012春季艺术品拍卖会	2012/6/24	1771	470400
白玉籽料把玩壶	北京荣宝	2012春季艺术品拍卖会	2012/6/24	1773	560000
白玉籽料九歌摆件	北京荣宝	2012春季艺术品拍卖会	2012/6/24	1774	616000
籽料蝶恋花白玉牌	北京荣宝	2012春季艺术品拍卖会	2012/6/24	1778	53760
白玉籽料财神把件	北京荣宝	2012春季艺术品拍卖会	2012/6/24	1780	79520
猛虎下山籽料白玉牌	北京荣宝	2012春季艺术品拍卖会	2012/6/24	1781	47040
白玉籽料净瓶观音摆件	北京荣宝	2012春季艺术品拍卖会	2012/6/24	1782	246400
官上加官籽料白玉牌	北京荣宝	2012春季艺术品拍卖会	2012/6/24	1783	22400
白玉籽料封侯拜相把件	北京荣宝	2012春季艺术品拍卖会	2012/6/24	1784	246400
岁岁平安籽料白玉牌	北京荣宝	2012春季艺术品拍卖会	2012/6/24	1786	38080
持宝弥勒白玉籽料挂件	北京荣宝	2012春季艺术品拍卖会	2012/6/24	1787	26880
白玉籽料金玉满堂把件	北京荣宝	2012春季艺术品拍卖会	2012/6/24	1788	84000
和田籽料白玉鱼化龙	北京荣宝	2012春季艺术品拍卖会	2012/6/24	1789	33600
一路连科籽料白玉牌	北京荣宝	2012春季艺术品拍卖会	2012/6/24	1790	53760
白玉籽料虎威牌	北京荣宝	2012春季艺术品拍卖会	2012/6/24	1791	20160
白玉籽料龙牌	北京荣宝	2012春季艺术品拍卖会	2012/6/24	1792	62720
白玉籽料五福临门挂件	北京荣宝	2012春季艺术品拍卖会	2012/6/24	1793	50400
白玉籽料兰花牌	北京荣宝	2012春季艺术品拍卖会	2012/6/24	1794	79520
白玉籽料鹅如意把件	北京荣宝	2012春季艺术品拍卖会	2012/6/24	1795	190400
白玉雕观音瓶	北京荣宝	2012秋季艺术品拍卖会	2012/11/25	1366	33600
白玉扳指	北京荣宝	2012秋季艺术品拍卖会	2012/11/25	1727	31360

名称	拍卖公司	拍卖场次	拍卖日期	拍卖号	成交价（元）
白玉平安镯	北京荣宝	2012秋季艺术品拍卖会	2012/11/25	1747	358400
白玉素镯	北京荣宝	2012秋季艺术品拍卖会	2012/11/25	1748	616000
羊脂玉镯	北京荣宝	2012秋季艺术品拍卖会	2012/11/25	1749	952000
白玉福镯	北京荣宝	2012秋季艺术品拍卖会	2012/11/25	1793	224000
白玉腰鼓镯	北京荣宝	2012秋季艺术品拍卖会	2012/11/25	1794	313600
白玉平安镯	北京荣宝	2012秋季艺术品拍卖会	2012/11/25	1795	156800
白玉镯	北京荣宝	2012秋季艺术品拍卖会	2012/11/25	1796	728000
无上清心 佛链	北京荣宝	2012秋季艺术品拍卖会	2012/11/25	1858	33600
和田白玉籽料万寿无疆子冈牌	博古斋	2012春季拍卖会	2012/4/28	381	57500
蒋宏利 和田白玉籽料福瓜挂件	博古斋	2012春季拍卖会	2012/4/28	382	172500
蒋宏利 和田白玉籽料龙马精手把件	博古斋	2012春季拍卖会	2012/4/28	384	230000
苏然 和田白玉籽料观音牌	博古斋	2012春季拍卖会	2012/4/28	385	115000
倪伟滨（雅园） 和田白玉籽料连生贵子手把件	博古斋	2012春季拍卖会	2012/4/28	387	1610000
芦开飞 和田白玉籽料龟鹤延年手把件	博古斋	2012春季拍卖会	2012/4/28	389	580750
白玉摆件	长春金鼎	2012年秋季艺术品拍卖会	2012/12/16	509	11200
白玉雕人物牌	德润古今	2012春季艺术品拍卖会	2012/3/25	2	3300
和田白玉福从天降	德润古今	2012春季艺术品拍卖会	2012/3/25	5	16500
白玉山子	德润古今	2012春季艺术品拍卖会	2012/3/25	15	49500
和田白玉人物童子	德润古今	2012春季艺术品拍卖会	2012/3/25	17	3850
和田白玉童子	德润古今	2012春季艺术品拍卖会	2012/3/25	18	4950
和田白玉人物	德润古今	2012春季艺术品拍卖会	2012/3/25	19	6600
和田白玉童子	德润古今	2012春季艺术品拍卖会	2012/3/25	20	3080
和田白玉童子	德润古今	2012春季艺术品拍卖会	2012/3/25	21	2750
白玉哪吒童子摆件	德润古今	2012春季艺术品拍卖会	2012/3/25	23	11000

名称	拍卖公司	拍卖场次	拍卖日期	拍卖号	成交价（元）
和田白玉瓜叠连连	德润古今	2012春季艺术品拍卖会	2012/3/25	24	4400
和田白玉双鹅	德润古今	2012春季艺术品拍卖会	2012/3/25	25	2200
和田白玉双鹅把件	德润古今	2012春季艺术品拍卖会	2012/3/25	29	7150
和田仔料瑞兽把件	德润古今	2012春季艺术品拍卖会	2012/3/25	31	1650
和田白玉獾	德润古今	2012春季艺术品拍卖会	2012/3/25	33	2200
白玉山子	德润古今	2012春季艺术品拍卖会	2012/3/25	35	6600
白玉马上封侯	德润古今	2012春季艺术品拍卖会	2012/3/25	38	2200
白玉莲生贵子	德润古今	2012春季艺术品拍卖会	2012/3/25	39	8800
白玉凤纹饰件	德润古今	2012春季艺术品拍卖会	2012/3/25	42	3300
白玉麒麟佩饰	德润古今	2012春季艺术品拍卖会	2012/3/25	44	3850
白玉兽	德润古今	2012春季艺术品拍卖会	2012/3/25	53	8800
白玉羊羊得意	德润古今	2012春季艺术品拍卖会	2012/3/25	59	4400
和田白玉山子人物	德润古今	2012春季艺术品拍卖会	2012/3/25	60	5500
白玉胡人骑马摆件（一对）	鼎时国际	2012春季艺术品大型拍卖会	2012/8/5	1077	1150
白玉雕连年有余摆件	鼎时国际	2012春季艺术品大型拍卖会	2012/8/5	1078	4025
白玉飞天侍女	鼎时国际	2012春季艺术品大型拍卖会	2012/8/5	1087	1150
白玉双喜佩	鼎时国际	2012春季艺术品大型拍卖会	2012/8/5	1098	3450
白玉转心佩	鼎时国际	2012春季艺术品大型拍卖会	2012/8/5	1101	1150
白玉和合二仙佩	鼎时国际	2012春季艺术品大型拍卖会	2012/8/5	1102	2300
白玉牛挂件	鼎时国际	2012春季艺术品大型拍卖会	2012/8/5	1106	1150
白玉荷花手串	鼎时国际	2012春季艺术品大型拍卖会	2012/8/5	1141	1150
白玉勒子	蚨第雅	2012首届艺术品拍卖会	2012/8/19	552	22400
白玉雕“连年有余”佩	蚨第雅	2012首届艺术品拍卖会	2012/8/19	554	99000
白玉雕琵琶扣	蚨第雅	2012首届艺术品拍卖会	2012/8/19	556	66000
白玉籽料鱼化龙佩	蚨第雅	2012首届艺术品拍卖会	2012/8/19	562	224000

名称	拍卖公司	拍卖场次	拍卖日期	拍卖号	成交价（元）
白玉雕炉顶	蚨第雅	2012首届艺术品拍卖会	2012/8/19	571	22000
白玉螭龙环组佩	古天一	2012秋季拍卖会	2012/12/2	1020	195500
“子冈”款玉勒子 白玉印组佩	古天一	2012秋季拍卖会	2012/12/2	1024	109250
白玉鸳鸯坠	古天一	2012秋季拍卖会	2012/12/2	1028	368000
白玉印 碧玺猴多宝串	古天一	2012秋季拍卖会	2012/12/2	1039	36800
白玉善财童子坠	古天一	2012秋季拍卖会	2012/12/2	1040	71300
白玉刘海戏蟾坠	古天一	2012秋季拍卖会	2012/12/2	1041	64400
白玉龙纹佩	古天一	2012秋季拍卖会	2012/12/2	1042	310500
白玉“吉庆有余” 翡翠环多宝串	古天一	2012秋季拍卖会	2012/12/2	1043	385250
白玉镂雕龙凤纹佩	古天一	2012秋季拍卖会	2012/12/2	1049	109250
白玉镶金勒多宝串	古天一	2012秋季拍卖会	2012/12/2	1051	86250
白玉福至心灵牌串饰	古天一	2012秋季拍卖会	2012/12/2	1054	80500
和田白玉勾云如意螭璧	广东衡益	2012春季艺术品拍卖会	2012/3/4	88	115000
和田白玉蝉	广东衡益	2012春季艺术品拍卖会	2012/3/4	90	28750
和田白玉透雕四福龙纹佩	广东衡益	2012春季艺术品拍卖会	2012/3/4	102	17250
和田白玉天上人间画图山子	广东衡益	2012春季艺术品拍卖会	2012/3/4	104	74750
白玉弥勒佛把件	广东汇誉	2012年首届艺术品拍卖会	2012/12/23	72	60500
和田籽玉鹅如意挂件	广东汇誉	2012年首届艺术品拍卖会	2012/12/23	73	44000
和田白玉貔貅挂件	广东汇誉	2012年首届艺术品拍卖会	2012/12/23	75	33000
和田籽玉交好运壶	广东汇誉	2012年首届艺术品拍卖会	2012/12/23	77	77000
和田白玉雕龙纹挂件连架	广东益诚	2012艺术品迎春拍卖会	2012/1/8	236	46000
白玉雕瓜瓞绵绵佩	广东益诚	2012艺术品迎春拍卖会	2012/1/8	249	23000
白玉雕龙牌	广东益诚	2012艺术品迎春拍卖会	2012/1/8	254	28750
白玉双寿挂件	北京翰海	翰海四季（第79期）拍卖会	2012/12/20	1390	17250
白玉双龙花卉锁	北京翰海	翰海四季（第79期）拍卖会	2012/12/20	1396	1150
白玉螭龙勒子	北京翰海	翰海四季（第79期）拍卖会	2012/12/20	1404	6900

名称	拍卖公司	拍卖场次	拍卖日期	拍卖号	成交价（元）
白玉手镯（两件）	北京翰海	翰海四季（第79期）拍卖会	2012/12/20	1409	3450
白玉蘑菇	北京翰海	翰海四季（第79期）拍卖会	2012/12/20	1418	5750
白玉人物诗文佩	北京翰海	翰海四季（第79期）拍卖会	2012/12/20	1435	4370
白玉喜字佩	北京翰海	翰海四季（第79期）拍卖会	2012/12/20	1438	2070
和田籽料挂件	华夏传承	2012春季艺术品拍卖会	2012/5/28	390	63250
和田籽料挂件	华夏传承	2012春季艺术品拍卖会	2012/5/28	391	63250
白玉梅兰竹菊（四块）	华夏传承	2012春季艺术品拍卖会	2012/5/28	400	414000
白玉喜事连连挂件	华夏传承	2012春季艺术品拍卖会	2012/5/28	406	1127000
白玉平步青云挂件	华夏传承	2012春季艺术品拍卖会	2012/5/28	407	1667500
白玉观音挂件	华夏传承	2012春季艺术品拍卖会	2012/5/28	408	1955000
白玉手镯	华夏传承	2012春季艺术品拍卖会	2012/5/28	413	287500
白玉手镯·和田红皮籽玉手镯	迦南国拍	2012年首届艺术品拍卖会	2012/9/8	601	644000
白玉手镯·和田羊脂籽料手镯	迦南国拍	2012年首届艺术品拍卖会	2012/9/8	602	345000
白玉牌·和田籽玉步步高升	迦南国拍	2012年首届艺术品拍卖会	2012/9/8	603	126500
白玉把件·和田俏色籽玉母子情深	迦南国拍	2012年首届艺术品拍卖会	2012/9/8	604	109250
白玉把件·和田俏色羊脂籽玉辈辈当官	迦南国拍	2012年首届艺术品拍卖会	2012/9/8	605	172500
白玉把件·和田俏色羊脂籽玉财神	迦南国拍	2012年首届艺术品拍卖会	2012/9/8	607	126500
白玉牌·和田籽玉观音牌	迦南国拍	2012年首届艺术品拍卖会	2012/9/8	608	414000
白玉手链·和田俏色籽玉手链	迦南国拍	2012年首届艺术品拍卖会	2012/9/8	609	48300
白玉把件·和田红皮籽玉金包银罗汉	迦南国拍	2012年首届艺术品拍卖会	2012/9/8	610	4600000
白玉项链·和田籽玉观音加链	迦南国拍	2012年首届艺术品拍卖会	2012/9/8	611	575000
白玉手链·和田红皮籽玉饕餮纹手链	迦南国拍	2012年首届艺术品拍卖会	2012/9/8	612	103500
白玉把件·和田俏色籽玉福禄	迦南国拍	2012年首届艺术品拍卖会	2012/9/8	614	575000
白玉项链·和田俏色籽玉项链	迦南国拍	2012年首届艺术品拍卖会	2012/9/8	615	34500

名称	拍卖公司	拍卖场次	拍卖日期	拍卖号	成交价（元）
白玉把件・和田羊脂魁星点斗	迦南国拍	2012年首届艺术品拍卖会	2012/9/8	616	575000
白玉把件・和田羊脂原籽观音	迦南国拍	2012年首届艺术品拍卖会	2012/9/8	618	575000
白玉把件・和田俏色籽玉降龙罗汉	迦南国拍	2012年首届艺术品拍卖会	2012/9/8	619	828000
白玉把件・和田红皮羊脂籽玉扭转乾坤	迦南国拍	2012年首届艺术品拍卖会	2012/9/8	620	2990000
白玉把件・和田金包银莲年有余	迦南国拍	2012年首届艺术品拍卖会	2012/9/8	621	920000
白玉把件・和田俏色籽玉观音	迦南国拍	2012年首届艺术品拍卖会	2012/9/8	622	644000
白玉把件・和田红皮羊脂籽玉长眉大仙	迦南国拍	2012年首届艺术品拍卖会	2012/9/8	623	690000
白玉手链・和田籽玉手链	迦南国拍	2012年首届艺术品拍卖会	2012/9/8	624	98900
白玉把件・和田俏色籽玉喜上眉梢	迦南国拍	2012年首届艺术品拍卖会	2012/9/8	625	333500
白玉把件・和田俏色羊脂封侯拜相	迦南国拍	2012年首届艺术品拍卖会	2012/9/8	626	368000
白玉把件・和田俏色羊脂籽玉大福眼前	迦南国拍	2012年首届艺术品拍卖会	2012/9/8	627	310500
白玉把件・和田俏色籽玉人财两旺	迦南国拍	2012年首届艺术品拍卖会	2012/9/8	628	299000
白玉把件・和田籽玉钟馗	迦南国拍	2012年首届艺术品拍卖会	2012/9/8	629	402500
白玉把件・和田俏色籽玉一路莲科	迦南国拍	2012年首届艺术品拍卖会	2012/9/8	630	287500
白玉把件・和田俏色籽玉刘海戏金蟾	迦南国拍	2012年首届艺术品拍卖会	2012/9/8	631	437000
白玉把件・和田俏色羊脂籽玉官上加官	迦南国拍	2012年首届艺术品拍卖会	2012/9/8	632	264500
白玉把件・和田俏色羊脂籽玉鹰	迦南国拍	2012年首届艺术品拍卖会	2012/9/8	633	193200
白玉把件・和田俏色羊脂籽玉半壁江山	迦南国拍	2012年首届艺术品拍卖会	2012/9/8	634	184000
白玉把件・和田俏色籽玉莲年有余	迦南国拍	2012年首届艺术品拍卖会	2012/9/8	635	207000
白玉牌・和田白玉籽料花开富贵	迦南国拍	2012年首届艺术品拍卖会	2012/9/8	637	193200
白玉挂件・和田籽玉佛	迦南国拍	2012年首届艺术品拍卖会	2012/9/8	638	46000
白玉挂件・和田俏色籽玉佛	迦南国拍	2012年首届艺术品拍卖会	2012/9/8	639	64400

名称	拍卖公司	拍卖场次	拍卖日期	拍卖号	成交价（元）
白玉把件・和田籽玉小财神	迦南国拍	2012年首届艺术品拍卖会	2012/9/8	640	109250
白玉牌・和田俏色籽玉牌–龙凤吉祥	迦南国拍	2012年首届艺术品拍卖会	2012/9/8	641	218500
白玉把件・和田俏色籽玉事事如意	迦南国拍	2012年首届艺术品拍卖会	2012/9/8	642	97750
白玉把件・和田俏色籽玉年年有余	迦南国拍	2012年首届艺术品拍卖会	2012/9/8	643	75900
白玉手链・和田原籽手串	迦南国拍	2012年首届艺术品拍卖会	2012/9/8	644	33350
白玉牌・和田俏色籽玉喜上眉梢	迦南国拍	2012年首届艺术品拍卖会	2012/9/8	646	322000
白玉把件・和田俏色籽玉人生富贵	迦南国拍	2012年首届艺术品拍卖会	2012/9/8	648	103500
白玉把件・和田籽玉和合二仙	迦南国拍	2012年首届艺术品拍卖会	2012/9/8	649	63250
白玉把件・和田俏色白玉籽料节节高	迦南国拍	2012年首届艺术品拍卖会	2012/9/8	650	44850
白玉瓶・和田青白籽玉小玉瓶	迦南国拍	2012年首届艺术品拍卖会	2012/9/8	654	138000
白玉原籽・和田白玉原籽	迦南国拍	2012年首届艺术品拍卖会	2012/9/8	655	23000
白玉原籽・和田红皮原籽	迦南国拍	2012年首届艺术品拍卖会	2012/9/8	656	29900
白玉原籽・和田带皮原籽	迦南国拍	2012年首届艺术品拍卖会	2012/9/8	657	28750
白玉手镯・和田青白籽玉手镯	迦南国拍	2012年首届艺术品拍卖会	2012/9/8	658	759000
白玉持莲童子坠	中国嘉德	嘉德四季第三十期拍卖会	2012/6/16	3364	5750
白玉胡人献宝摆件	中国嘉德	嘉德四季第三十期拍卖会	2012/6/16	3369	11500
白玉鲶鱼如意佩	中国嘉德	嘉德四季第三十期拍卖会	2012/6/16	3370	4600
白玉描金云龙诗文帽架（一对）	中国嘉德	嘉德四季第三十期拍卖会	2012/6/16	3377	9200
白玉人物纹笔筒	中国嘉德	嘉德四季第三十期拍卖会	2012/6/16	3382	11500
白玉狗	中国嘉德	嘉德四季第三十期拍卖会	2012/6/16	3392	12650
白玉龙纹佩	中国嘉德	嘉德四季第三十期拍卖会	2012/6/16	3399	2300
白玉留皮观音图牌	中国嘉德	嘉德四季第三十期拍卖会	2012/6/16	3404	5750
白玉一路连科坠	中国嘉德	嘉德四季第三十期拍卖会	2012/6/16	3405	5750
白玉婴戏图牌 青玉十二生肖牌各一件	中国嘉德	嘉德四季第三十期拍卖会	2012/6/16	3409	2300

名称	拍卖公司	拍卖场次	拍卖日期	拍卖号	成交价（元）
白玉册页带掐丝珐琅盒	中国嘉德	嘉德四季第三十期拍卖会	2012/6/16	3410	59800
白玉福寿牌 青白玉人物诗文牌各一件	中国嘉德	嘉德四季第三十期拍卖会	2012/6/16	3425	4600
白玉人物纹牌	中国嘉德	嘉德四季第三十期拍卖会	2012/6/16	3426	3450
白玉蝶耳衔环炉	中国嘉德	嘉德四季第三十期拍卖会	2012/6/16	3432	28750
白玉狗 白玉鸳鸯各一件	中国嘉德	嘉德四季第三十期拍卖会	2012/6/16	3433	11500
白玉米芾拜石图牌	中国嘉德	嘉德四季第三十期拍卖会	2012/6/16	3437	3450
白玉关公像牌	中国嘉德	嘉德四季第三十期拍卖会	2012/6/16	3438	4600
白玉松下高士图牌	中国嘉德	嘉德四季第三十期拍卖会	2012/6/16	3439	4600
白玉佛像	中国嘉德	嘉德四季第三十期拍卖会	2012/6/16	3449	16100
白玉佛像	中国嘉德	嘉德四季第三十期拍卖会	2012/6/16	3455	25300
白玉一帆风顺图牌	中国嘉德	嘉德四季第三十期拍卖会	2012/6/16	3465	8050
白玉观音图牌	中国嘉德	嘉德四季第三十期拍卖会	2012/6/16	3466	9200
白玉佛手	中国嘉德	嘉德四季第三十期拍卖会	2012/6/16	3479	5750
白玉牌（两件）	中国嘉德	嘉德四季第三十期拍卖会	2012/6/16	3483	3450
白玉观音图牌	中国嘉德	嘉德四季第三十期拍卖会	2012/6/16	3501	6900
白玉弥勒图牌	中国嘉德	嘉德四季第三十期拍卖会	2012/6/16	3506	9200
白玉喜鹊登梅图牌	中国嘉德	嘉德四季第三十期拍卖会	2012/6/16	3507	6900
白玉吉庆有余图牌	中国嘉德	嘉德四季第三十期拍卖会	2012/6/16	3508	6900
白玉观音图牌	中国嘉德	嘉德四季第三十期拍卖会	2012/6/16	3513	5750
白玉渔家乐摆件	中国嘉德	嘉德四季第三十期拍卖会	2012/6/16	3515	17250
白玉观音坠 青白玉弥勒坠各一件	中国嘉德	嘉德四季第三十期拍卖会	2012/6/16	3534	2300
白玉狗 白玉三羊开泰摆件各一件	中国嘉德	嘉德四季第三十期拍卖会	2012/6/16	3538	6900
白玉山子	中国嘉德	嘉德四季第三十期拍卖会	2012/6/16	3548	11500
白玉八仙瓶	中国嘉德	嘉德四季第三十期拍卖会	2012/6/16	3553	9200
白玉留皮瑞兽（两件）	中国嘉德	嘉德四季第三十期拍卖会	2012/6/16	3554	4600

名称	拍卖公司	拍卖场次	拍卖日期	拍卖号	成交价（元）
白玉多子多福牌	中国嘉德	嘉德四季第三十期拍卖会	2012/6/16	3560	5750
白玉半壁江山牌	中国嘉德	嘉德四季第三十期拍卖会	2012/6/16	3561	11500
白玉花卉人物纹牌（一对）	中国嘉德	嘉德四季第三十期拍卖会	2012/6/16	3565	9200
白玉佛像	中国嘉德	嘉德四季第三十期拍卖会	2012/6/16	3566	11500
白玉大吉牌	中国嘉德	嘉德四季第三十期拍卖会	2012/6/16	3571	6900
白玉螭龙佩	中国嘉德	嘉德四季第三十期拍卖会	2012/6/16	3576	2300
白玉观音坠	中国嘉德	嘉德四季第三十期拍卖会	2012/6/16	3579	10350
白玉留皮蝠纹牌	中国嘉德	嘉德四季第三十期拍卖会	2012/6/16	3584	6900
白玉白菜	中国嘉德	嘉德四季第三十期拍卖会	2012/6/16	3591	3450
白玉籽料（六块）	中国嘉德	嘉德四季第三十期拍卖会	2012/6/16	3594	5750
白玉元宝坠	中国嘉德	嘉德四季第三十期拍卖会	2012/6/16	3595	3450
白玉观音像	中国嘉德	嘉德四季第三十期拍卖会	2012/6/16	3598	8050
白玉刘海戏金蟾坠	中国嘉德	嘉德四季第三十期拍卖会	2012/6/16	3599	8050
白玉观音像	中国嘉德	嘉德四季第三十期拍卖会	2012/6/16	3601	10350
白玉佩（三件）	中国嘉德	嘉德四季第三十期拍卖会	2012/6/16	3608	11500
白玉吉祥佩（一对）	中国嘉德	嘉德四季第三十期拍卖会	2012/6/16	3610	3450
白玉花鸟纹香囊	中国嘉德	嘉德四季第三十期拍卖会	2012/6/16	3613	1150
白玉米芾拜石图牌（两件）	中国嘉德	嘉德四季第三十期拍卖会	2012/6/16	3616	6900
白玉叶形笔舔 白玉花卉纹香筒各一件	中国嘉德	嘉德四季第三十期拍卖会	2012/6/16	3618	3450
白玉菊瓣碗	中国嘉德	嘉德四季第三十期拍卖会	2012/6/16	3624	32200
白玉花卉摆件	中国嘉德	嘉德四季第三十期拍卖会	2012/6/16	3628	1150
白玉镯（一对）	中国嘉德	嘉德四季第三十期拍卖会	2012/6/16	3705	13800
白玉龙纹镯	中国嘉德	嘉德四季第三十期拍卖会	2012/6/16	3707	3450
白玉镯（一对）	中国嘉德	嘉德四季第三十期拍卖会	2012/6/16	3709	13800
白玉镯（一对）	中国嘉德	嘉德四季第三十期拍卖会	2012/6/16	3716	13800

名称	拍卖公司	拍卖场次	拍卖日期	拍卖号	成交价（元）
白玉镯	中国嘉德	嘉德四季第三十期拍卖会	2012/6/16	3718	6900
白玉扳指 青白玉花卉诗文扳指各一只	中国嘉德	嘉德四季第三十期拍卖会	2012/6/16	3749	6900
白玉镯（一对）	中国嘉德	嘉德四季第三十期拍卖会	2012/6/16	3750	11500
白玉手串	中国嘉德	嘉德四季第三十期拍卖会	2012/6/16	3763	3450
白玉手串	中国嘉德	嘉德四季第三十期拍卖会	2012/6/16	3764	6900
白玉寿字发簪	中国嘉德	嘉德四季第三十期拍卖会	2012/6/16	3770	5750
白玉龙钩 白玉簪各一件	中国嘉德	嘉德四季第三十期拍卖会	2012/6/16	3775	3450
白玉穿花龙纹瓦子	中国嘉德	嘉德四季第三十期拍卖会	2012/6/16	3848	2300
白玉岁岁平安佩 白玉福寿坠各一件	中国嘉德	嘉德四季第三十期拍卖会	2012/6/16	3862	1150
白玉弥勒坠	中国嘉德	嘉德四季第三十期拍卖会	2012/6/16	3869	2300
白玉 黄玉摆件各一件	中国嘉德	嘉德四季第三十期拍卖会	2012/6/16	3875	6900
白玉梅花纹牌	中国嘉德	嘉德四季第三十期拍卖会	2012/6/16	3881	5750
白玉牌（两件）	中国嘉德	嘉德四季第三十期拍卖会	2012/6/16	3882	3450
白玉留皮金蟾坠	中国嘉德	嘉德四季第三十期拍卖会	2012/6/16	3891	4600
白玉双鹰坠	中国嘉德	嘉德四季第三十期拍卖会	2012/6/16	3894	1150
青玉 白玉狗各一件	中国嘉德	嘉德四季第三十期拍卖会	2012/6/16	3907	2300
白玉蝠纹寿字佩	中国嘉德	嘉德四季第三十期拍卖会	2012/6/16	3909	5750
白玉人物诗文牌 黄玉螭龙佩各一件	中国嘉德	嘉德四季第三十期拍卖会	2012/6/16	3913	11500
白玉弥勒坠（一对）	中国嘉德	嘉德四季第三十期拍卖会	2012/6/16	3917	5750
白玉佩（两件）	中国嘉德	嘉德四季第三十期拍卖会	2012/6/16	3927	2300
白玉 青玉坠（四件）	中国嘉德	嘉德四季第三十期拍卖会	2012/6/16	3929	1150
白玉留皮花生坠	中国嘉德	嘉德四季第三十期拍卖会	2012/6/16	3931	3450
白玉留皮一路连科坠	中国嘉德	嘉德四季第三十期拍卖会	2012/6/16	3932	1150
白玉仕女坠 青白玉佛像坠各一件	中国嘉德	嘉德四季第三十期拍卖会	2012/6/16	3933	3450

名称	拍卖公司	拍卖场次	拍卖日期	拍卖号	成交价（元）
白玉螭龙璧（一对）	中国嘉德	嘉德四季第三十期拍卖会	2012/6/16	3934	3450
白玉高士图牌 白玉扁豆童子佩各一件	中国嘉德	嘉德四季第三十期拍卖会	2012/6/16	3948	5750
白玉留皮瑞兽	中国嘉德	嘉德四季第三十一期拍卖会	2012/9/16	2851	10350
白玉太平有象摆件	中国嘉德	嘉德四季第三十一期拍卖会	2012/9/16	2852	13800
白玉平安无事牌	中国嘉德	嘉德四季第三十一期拍卖会	2012/9/16	2853	6900
白玉螭龙佩	中国嘉德	嘉德四季第三十一期拍卖会	2012/9/16	2856	25300
白玉凤纹佩	中国嘉德	嘉德四季第三十一期拍卖会	2012/9/16	2859	2300
白玉观音图牌	中国嘉德	嘉德四季第三十一期拍卖会	2012/9/16	2860	3450
白玉子辰佩	中国嘉德	嘉德四季第三十一期拍卖会	2012/9/16	2861	3450
白玉平安无事牌	中国嘉德	嘉德四季第三十一期拍卖会	2012/9/16	2862	4600
白玉螭龙佩	中国嘉德	嘉德四季第三十一期拍卖会	2012/9/16	2870	4600
白玉四君子图牌（四件）	中国嘉德	嘉德四季第三十一期拍卖会	2012/9/16	2874	5750
白玉人物诗文牌（两件）	中国嘉德	嘉德四季第三十一期拍卖会	2012/9/16	2875	11500
白玉观音图牌（一对）	中国嘉德	嘉德四季第三十一期拍卖会	2012/9/16	2876	13800
白玉观音图牌	中国嘉德	嘉德四季第三十一期拍卖会	2012/9/16	2879	28750
白玉太白醉酒诗文牌	中国嘉德	嘉德四季第三十一期拍卖会	2012/9/16	2884	10350
白玉留皮莲蓬把件	中国嘉德	嘉德四季第三十一期拍卖会	2012/9/16	2893	28750
白玉籽料	中国嘉德	嘉德四季第三十一期拍卖会	2012/9/16	2897	6900
白玉弥勒坠	中国嘉德	嘉德四季第三十一期拍卖会	2012/9/16	2901	25300
白玉狗	中国嘉德	嘉德四季第三十一期拍卖会	2012/9/16	2904	36800
白玉留皮鸳鸯坠	中国嘉德	嘉德四季第三十一期拍卖会	2012/9/16	2923	5750
白玉婴戏摆件	中国嘉德	嘉德四季第三十一期拍卖会	2012/9/16	2932	36800
白玉螭龙佩	中国嘉德	嘉德四季第三十一期拍卖会	2012/9/16	2936	13800
白玉观音图牌	中国嘉德	嘉德四季第三十一期拍卖会	2012/9/16	2955	11500
白玉双獾	中国嘉德	嘉德四季第三十一期拍卖会	2012/9/16	2960	2300

名称	拍卖公司	拍卖场次	拍卖日期	拍卖号	成交价（元）
白玉莲瓣瓶	中国嘉德	嘉德四季第三十一期拍卖会	2012/9/16	2966	17250
白玉卧狗	中国嘉德	嘉德四季第三十一期拍卖会	2012/9/16	3012	32200
白玉三阳开泰摆件	中国嘉德	嘉德四季第三十一期拍卖会	2012/9/16	3014	74750
白玉三多佩	中国嘉德	嘉德四季第三十一期拍卖会	2012/9/16	3021	6900
白玉熊	中国嘉德	嘉德四季第三十一期拍卖会	2012/9/16	3026	1150
白玉观音图牌	中国嘉德	嘉德四季第三十一期拍卖会	2012/9/16	3030	5750
白玉留皮一路连科把件	中国嘉德	嘉德四季第三十一期拍卖会	2012/9/16	3031	3450
白玉兽面纹牌	中国嘉德	嘉德四季第三十一期拍卖会	2012/9/16	3032	17250
白玉观音摆件	中国嘉德	嘉德四季第三十一期拍卖会	2012/9/16	3042	51750
白玉佛手坠（两件）	中国嘉德	嘉德四季第三十一期拍卖会	2012/9/16	3046	3450
白玉瑞兽（两件）	中国嘉德	嘉德四季第三十一期拍卖会	2012/9/16	3050	1150
白玉四喜童子坠 白玉财神童子把件各一件	中国嘉德	嘉德四季第三十一期拍卖会	2012/9/16	3058	5750
白玉洗象图诗文牌	中国嘉德	嘉德四季第三十一期拍卖会	2012/9/16	3060	9200
白玉山水人物山子	中国嘉德	嘉德四季第三十一期拍卖会	2012/9/16	3061	13800
白玉翎管 勒子各一件	中国嘉德	嘉德四季第三十一期拍卖会	2012/9/16	3068	3450
白玉螭龙纹勒子	中国嘉德	嘉德四季第三十一期拍卖会	2012/9/16	3075	4600
白玉双鹤佩	中国嘉德	嘉德四季第三十一期拍卖会	2012/9/16	3077	4600
白玉灵芝坠	中国嘉德	嘉德四季第三十一期拍卖会	2012/9/16	3176	3450
白玉兽面纹斧形佩	中国嘉德	嘉德四季第三十一期拍卖会	2012/9/16	3181	2300
白玉坠（两件）	中国嘉德	嘉德四季第三十一期拍卖会	2012/9/16	3192	2300
白牌（两件）	中国嘉德	嘉德四季第三十一期拍卖会	2012/9/16	3193	3450
白玉子孙万代坠 白玉人物纹牌各一件	中国嘉德	嘉德四季第三十一期拍卖会	2012/9/16	3200	2300
白牌（两件）	中国嘉德	嘉德四季第三十一期拍卖会	2012/9/16	3201	2300
白玉高士诗文牌	中国嘉德	嘉德四季第三十一期拍卖会	2012/9/16	3207	3450
白玉弥勒佩	中国嘉德	嘉德四季第三十一期拍卖会	2012/9/16	3211	1150

名称	拍卖公司	拍卖场次	拍卖日期	拍卖号	成交价（元）
白玉烟壶 白玉盒（一对）	中国嘉德	嘉德四季第三十一期拍卖会	2012/9/16	3213	13800
白玉万寿无疆牌 白玉斧形佩各一件	中国嘉德	嘉德四季第三十一期拍卖会	2012/9/16	3215	2300
白玉镯	中国嘉德	嘉德四季第三十一期拍卖会	2012/9/16	3218	13800
白玉绞丝镯	中国嘉德	嘉德四季第三十一期拍卖会	2012/9/16	3219	6900
白玉镯	中国嘉德	嘉德四季第三十一期拍卖会	2012/9/16	3221	9200
白玉绳纹镯（一对）	中国嘉德	嘉德四季第三十一期拍卖会	2012/9/16	3223	20700
白玉镯（一对）	中国嘉德	嘉德四季第三十一期拍卖会	2012/9/16	3224	25300
白玉诗文扳指	中国嘉德	嘉德四季第三十一期拍卖会	2012/9/16	3225	4600
白玉留皮诗文扳指	中国嘉德	嘉德四季第三十一期拍卖会	2012/9/16	3226	9200
白玉扳指	中国嘉德	嘉德四季第三十一期拍卖会	2012/9/16	3227	5750
白玉镯 青玉留皮扳指（三只）	中国嘉德	嘉德四季第三十一期拍卖会	2012/9/16	3232	3450
白玉串饰（两串）	中国嘉德	嘉德四季第三十一期拍卖会	2012/9/16	3236	4600
白玉项链（两串）	中国嘉德	嘉德四季第三十一期拍卖会	2012/9/16	3237	2300
白玉镯	中国嘉德	嘉德四季第三十一期拍卖会	2012/9/16	3241	32200
白玉坠（三件）	中国嘉德	嘉德四季第三十一期拍卖会	2012/9/16	3244	11500
白玉留皮花卉纹牌	中国嘉德	嘉德四季第三十一期拍卖会	2012/9/16	3246	9200
白玉穿花龙纹带扣	中国嘉德	嘉德四季第三十一期拍卖会	2012/9/16	3251	3450
白玉小件（三件）	中国嘉德	嘉德四季第三十一期拍卖会	2012/9/16	3272	1150
白玉比翼双飞佩 白玉竹节佩各一件	中国嘉德	嘉德四季第三十一期拍卖会	2012/9/16	3279	1150
白玉谷纹璧 白玉叶形笔舔各一件	中国嘉德	嘉德四季第三十一期拍卖会	2012/9/16	3285	6900
白玉扳指 白玉鹅各一件	中国嘉德	嘉德四季第三十一期拍卖会	2012/9/16	3302	28750
白玉印盒 白玉钱形佩各一件	中国嘉德	嘉德四季第三十一期拍卖会	2012/9/16	3305	6900
白玉牌 青白玉带板各一件	中国嘉德	嘉德四季第三十一期拍卖会	2012/9/16	3306	3450
白玉佩（两件）	中国嘉德	嘉德四季第三十一期拍卖会	2012/9/16	3307	6900
白玉螭龙斧形佩	中国嘉德	嘉德四季第三十二期拍卖会	2012/12/15	2202	3450
白玉一路连科图牌	中国嘉德	嘉德四季第三十二期拍卖会	2012/12/15	2203	3450

名称	拍卖公司	拍卖场次	拍卖日期	拍卖号	成交价（元）
白玉留皮财神坠	中国嘉德	嘉德四季第三十二期拍卖会	2012/12/15	2204	6900
白玉平升三级图牌	中国嘉德	嘉德四季第三十二期拍卖会	2012/12/15	2205	10350
白玉观音牌	中国嘉德	嘉德四季第三十二期拍卖会	2012/12/15	2206	2300
白玉马上封侯摆件	中国嘉德	嘉德四季第三十二期拍卖会	2012/12/15	2211	2300
白玉山水人物纹笔筒	中国嘉德	嘉德四季第三十二期拍卖会	2012/12/15	2216	6900
白玉观音像	中国嘉德	嘉德四季第三十二期拍卖会	2012/12/15	2217	17250
白玉鹅衔灵芝摆件	中国嘉德	嘉德四季第三十二期拍卖会	2012/12/15	2218	4600
白玉长寿龟	中国嘉德	嘉德四季第三十二期拍卖会	2012/12/15	2225	4600
白玉和顺牌	中国嘉德	嘉德四季第三十二期拍卖会	2012/12/15	2233	2300
白玉香囊	中国嘉德	嘉德四季第三十二期拍卖会	2012/12/15	2239	8050
白玉嵌百宝花卉诗文笔筒	中国嘉德	嘉德四季第三十二期拍卖会	2012/12/15	2243	13800
白玉狗	中国嘉德	嘉德四季第三十二期拍卖会	2012/12/15	2258	10350
白玉留皮财神坠	中国嘉德	嘉德四季第三十二期拍卖会	2012/12/15	2263	6900
白玉山水人物诗文瓶	中国嘉德	嘉德四季第三十二期拍卖会	2012/12/15	2267	5750
白玉鹿衔灵芝挂件	中国嘉德	嘉德四季第三十二期拍卖会	2012/12/15	2278	6900
白玉观音牌	中国嘉德	嘉德四季第三十二期拍卖会	2012/12/15	2283	1150
白玉凤凰牡丹佩	中国嘉德	嘉德四季第三十二期拍卖会	2012/12/15	2285	11500
白玉羊	中国嘉德	嘉德四季第三十二期拍卖会	2012/12/15	2289	11500
白玉留皮蝉形坠	中国嘉德	嘉德四季第三十二期拍卖会	2012/12/15	2291	20700
白玉山水纹笔筒	中国嘉德	嘉德四季第三十二期拍卖会	2012/12/15	2300	11500
白玉金刚杵	中国嘉德	嘉德四季第三十二期拍卖会	2012/12/15	2307	8050
白玉喜鹊登梅图牌	中国嘉德	嘉德四季第三十二期拍卖会	2012/12/15	2308	11500
白玉瑞兽坠	中国嘉德	嘉德四季第三十二期拍卖会	2012/12/15	2316	5750
紫檀白玉婴戏摆件	中国嘉德	嘉德四季第三十二期拍卖会	2012/12/15	2322	13800
白玉佛像	中国嘉德	嘉德四季第三十二期拍卖会	2012/12/15	2332	5750
白玉鸳鸯	中国嘉德	嘉德四季第三十二期拍卖会	2012/12/15	2344	8050
白玉谷纹佩	中国嘉德	嘉德四季第三十二期拍卖会	2012/12/15	2347	5750
白玉弥勒坠	中国嘉德	嘉德四季第三十二期拍卖会	2012/12/15	2349	4600
白玉龙凤对牌	中国嘉德	嘉德四季第三十二期拍卖会	2012/12/15	2350	13800

名称	拍卖公司	拍卖场次	拍卖日期	拍卖号	成交价（元）
白玉一鸣惊人佩	中国嘉德	嘉德四季第三十二期拍卖会	2012/12/15	2379	9200
白玉螭龙坠	中国嘉德	嘉德四季第三十二期拍卖会	2012/12/15	2387	8050
白玉人物诗文牌	中国嘉德	嘉德四季第三十二期拍卖会	2012/12/15	2389	13800
白玉云纹扳指	中国嘉德	嘉德四季第三十二期拍卖会	2012/12/15	2393	1150
白玉镯	中国嘉德	嘉德四季第三十二期拍卖会	2012/12/15	2398	13800
白玉绞丝镯	中国嘉德	嘉德四季第三十二期拍卖会	2012/12/15	2399	23000
白玉镯	中国嘉德	嘉德四季第三十二期拍卖会	2012/12/15	2400	13800
白玉镯 碧玉镯各一只	中国嘉德	嘉德四季第三十二期拍卖会	2012/12/15	2402	36800
银镶白玉项链 耳坠 戒指	中国嘉德	嘉德四季第三十二期拍卖会	2012/12/15	2467	2300
银镶白玉项链 耳坠 戒指	中国嘉德	嘉德四季第三十二期拍卖会	2012/12/15	2468	3450
白玉瓜果坠	中国嘉德	嘉德四季第三十二期拍卖会	2012/12/15	2491	5750
白玉花鸟佩	中国嘉德	嘉德四季第三十二期拍卖会	2012/12/15	2493	3450
白玉佩	中国嘉德	嘉德四季第三十二期拍卖会	2012/12/15	2495	2300
白玉佩	中国嘉德	嘉德四季第三十二期拍卖会	2012/12/15	2496	2300
白玉佩	中国嘉德	嘉德四季第三十二期拍卖会	2012/12/15	2500	2300
白玉佩	中国嘉德	嘉德四季第三十二期拍卖会	2012/12/15	2501	1150
白玉观音坠 白玉佛像坠各一件	中国嘉德	嘉德四季第三十二期拍卖会	2012/12/15	2504	3450
白玉佩	中国嘉德	嘉德四季第三十二期拍卖会	2012/12/15	2506	10350
白玉留皮鹅衔灵芝把件 青玉留皮寿星把件各一件	中国嘉德	嘉德四季第三十二期拍卖会	2012/12/15	2508	3450
白玉松下高士摆件 青白玉婴戏花插各一件	中国嘉德	嘉德四季第三十二期拍卖会	2012/12/15	2509	8050
白玉马 白玉平安牌各一件	中国嘉德	嘉德四季第三十二期拍卖会	2012/12/15	2510	5750
白玉坠	中国嘉德	嘉德四季第三十二期拍卖会	2012/12/15	2512	11500
白玉牌	中国嘉德	嘉德四季第三十二期拍卖会	2012/12/15	2513	8050
白玉观音牌 弥勒牌各一件	中国嘉德	嘉德四季第三十二期拍卖会	2012/12/15	2514	5750
白玉牌 白玉佩	中国嘉德	嘉德四季第三十二期拍卖会	2012/12/15	2517	5750
白玉螭钮章 白玉螭龙璧各一件	中国嘉德	嘉德四季第三十二期拍卖会	2012/12/15	2520	6900
白玉瑞兽	中国嘉德	嘉德四季第三十二期拍卖会	2012/12/15	2522	10350
白玉桃蝠坠 白玉花果坠各一件	中国嘉德	嘉德四季第三十二期拍卖会	2012/12/15	2525	1150

名称	拍卖公司	拍卖场次	拍卖日期	拍卖号	成交价（元）
白玉瑞兽	中国嘉德	嘉德四季第三十二期拍卖会	2012/12/15	2526	5750
白玉观音佩	中国嘉德	嘉德四季第三十二期拍卖会	2012/12/15	2529	6900
白玉蝉形佩	中国嘉德	嘉德四季第三十二期拍卖会	2012/12/15	2531	5750
白玉梅花纹牌	中国嘉德	嘉德四季第三十二期拍卖会	2012/12/15	2532	10350
白玉刘海戏金蟾佩	中国嘉德	嘉德四季第三十二期拍卖会	2012/12/15	2533	1150
白玉诗文勒子	中国嘉德	嘉德四季第三十二期拍卖会	2012/12/15	2534	2300
白玉桃蝠坠	中国嘉德	嘉德四季第三十二期拍卖会	2012/12/15	2547	3450
白玉兽面纹斧形佩	中国嘉德	嘉德四季第三十二期拍卖会	2012/12/15	2550	9200
白玉莲蓬坠 白玉鱼各一件	中国嘉德	嘉德四季第三十二期拍卖会	2012/12/15	2551	4600
白玉桃蝠把件青白玉春水图佩各一件	中国嘉德	嘉德四季第三十二期拍卖会	2012/12/15	2554	4600
白玉璧 青玉翎管各一件	中国嘉德	嘉德四季第三十二期拍卖会	2012/12/15	2558	1150
白玉松鼠葡萄坠 白玉鼠财坠各一件	中国嘉德	嘉德四季第三十二期拍卖会	2012/12/15	2560	5750
白玉老子出关山子	中国嘉德	嘉德四季第三十二期拍卖会	2012/12/15	2989	5750
白玉渔家乐图牌	中国嘉德	嘉德四季第三十二期拍卖会	2012/12/15	2996	3450
白玉蜻蜓佩	中国嘉德	嘉德四季第三十二期拍卖会	2012/12/15	3003	43700
白玉大吉平安牌	中国嘉德	嘉德四季第三十二期拍卖会	2012/12/15	3007	25300
白玉螭龙璧	中国嘉德	嘉德四季第三十二期拍卖会	2012/12/15	3013	11500
白玉山水人物诗文牌	中国嘉德	嘉德四季第三十二期拍卖会	2012/12/16	3025	25300
白玉婴戏图兽耳衔环瓶	中国嘉德	嘉德四季第三十二期拍卖会	2012/12/16	3033	57500
白玉花鸟纹插屏	中国嘉德	嘉德四季第三十二期拍卖会	2012/12/16	3037	20700
白玉瑞兽（带盒）	中国嘉德	嘉德四季第三十二期拍卖会	2012/12/16	3041	11500
白玉留皮籽料	中国嘉德	嘉德四季第三十二期拍卖会	2012/12/16	3044	3450
白玉籽料	中国嘉德	嘉德四季第三十二期拍卖会	2012/12/16	3045	3450
白玉籽料	中国嘉德	嘉德四季第三十二期拍卖会	2012/12/16	3046	3450
白玉籽料	中国嘉德	嘉德四季第三十二期拍卖会	2012/12/16	3047	1150
白玉籽料	中国嘉德	嘉德四季第三十二期拍卖会	2012/12/16	3049	3450
白玉籽料手串、项链各一串	中国嘉德	嘉德四季第三十二期拍卖会	2012/12/16	3052	3450

名称	拍卖公司	拍卖场次	拍卖日期	拍卖号	成交价（元）
白玉籽料	中国嘉德	嘉德四季第三十二期拍卖会	2012/12/16	3053	2300
白玉籽料	中国嘉德	嘉德四季第三十二期拍卖会	2012/12/16	3055	1150
白玉神兽佩	中国嘉德	嘉德四季第三十二期拍卖会	2012/12/16	3072	4600
白玉佛手花插	中国嘉德	嘉德四季第三十二期拍卖会	2012/12/16	3094	17250
白玉山水人物山子（带座）	中国嘉德	嘉德四季第三十二期拍卖会	2012/12/16	3096	4600
白玉瑞兽	中国嘉德	嘉德四季第三十二期拍卖会	2012/12/16	3105	11500
三镶玉如意两件	中国嘉德	嘉德四季第三十二期拍卖会	2012/12/16	3106	17250
白玉平安牌	中国嘉德	嘉德四季第三十二期拍卖会	2012/12/16	3110	2300
白玉人物纹牌	中国嘉德	嘉德四季第三十二期拍卖会	2012/12/16	3112	13800
白玉观音牌	中国嘉德	嘉德四季第三十二期拍卖会	2012/12/16	3117	6900
白玉留皮吉庆有余佩一对	中国嘉德	嘉德四季第三十二期拍卖会	2012/12/16	3118	25300
白玉松下高士诗文牌	中国嘉德	嘉德四季第三十二期拍卖会	2012/12/16	3123	13800
白玉人物诗文牌两件	中国嘉德	嘉德四季第三十二期拍卖会	2012/12/16	3127	17250
白玉牌两件	中国嘉德	嘉德四季第三十二期拍卖会	2012/12/16	3130	17250
白玉兽面纹佩	中国嘉德	嘉德四季第三十二期拍卖会	2012/12/16	3142	11500
白玉平安牌	中国嘉德	嘉德四季第三十二期拍卖会	2012/12/16	3146	13800
白玉螭龙坠（一对）	中国嘉德	嘉德四季第三十二期拍卖会	2012/12/16	3150	6900
白玉留皮螭龙鸡心佩	中国嘉德	嘉德四季第三十二期拍卖会	2012/12/16	3151	8050
白玉佩（三件）	中国嘉德	嘉德四季第三十二期拍卖会	2012/12/16	3154	9200
白玉花卉佩	中国嘉德	嘉德四季第三十二期拍卖会	2012/12/16	3163	10350
白玉诗文书卷式佩	中国嘉德	嘉德四季第三十二期拍卖会	2012/12/16	3173	8050
白玉、黄玉人物纹牌各一件	中国嘉德	嘉德四季第三十二期拍卖会	2012/12/16	3183	40250
白玉佩（三件）	中国嘉德	嘉德四季第三十二期拍卖会	2012/12/16	3184	11500
白玉指日高升牌、白玉竹报平安坠各一件	中国嘉德	嘉德四季第三十二期拍卖会	2012/12/16	3189	13800
白玉步步高升镯	中国嘉德	嘉德四季第三十二期拍卖会	2012/12/16	3218	1150
白玉二龙戏珠镯	中国嘉德	嘉德四季第三十二期拍卖会	2012/12/16	3220	25300
白玉镯两件	中国嘉德	嘉德四季第三十二期拍卖会	2012/12/16	3221	11500
白玉八仙手串	中国嘉德	嘉德四季第三十二期拍卖会	2012/12/16	3297	6900
旧玉瑞兽坠 黑白玉麒麟佩各一件	中国嘉德	嘉德四季第三十二期拍卖会	2012/12/16	4304	2300

名称	拍卖公司	拍卖场次	拍卖日期	拍卖号	成交价（元）
白玉留皮狗	中国嘉德	嘉德四季第二十九期拍卖会	2012/3/26	4380	17250
白玉羊衔灵芝摆件	中国嘉德	嘉德四季第二十九期拍卖会	2012/3/26	4381	5750
白玉留皮龙行天下图牌	中国嘉德	嘉德四季第二十九期拍卖会	2012/3/26	4384	11500
白玉留皮螭龙纹牌	中国嘉德	嘉德四季第二十九期拍卖会	2012/3/26	4385	9200
白玉龙凤纹牌	中国嘉德	嘉德四季第二十九期拍卖会	2012/3/26	4387	9200
白玉童子坠	中国嘉德	嘉德四季第二十九期拍卖会	2012/3/26	4389	8050
白玉留皮缠枝莲纹瓶	中国嘉德	嘉德四季第二十九期拍卖会	2012/3/26	4399	17250
白玉狗	中国嘉德	嘉德四季第二十九期拍卖会	2012/3/26	4402	11500
白玉炉	中国嘉德	嘉德四季第二十九期拍卖会	2012/3/26	4407	55200
白玉山水人物纹笔筒	中国嘉德	嘉德四季第二十九期拍卖会	2012/3/26	4408	11500
白玉龙凤纹佩（一对）	中国嘉德	嘉德四季第二十九期拍卖会	2012/3/26	4421	13800
白玉链瓶	中国嘉德	嘉德四季第二十九期拍卖会	2012/3/26	4429	13800
白玉花鸟纹坠	中国嘉德	嘉德四季第二十九期拍卖会	2012/3/26	4431	5750
白玉螭龙纹系	中国嘉德	嘉德四季第二十九期拍卖会	2012/3/26	4432	2300
白玉龙凤纹牌	中国嘉德	嘉德四季第二十九期拍卖会	2012/3/26	4433	3450
白玉望子成龙佩	中国嘉德	嘉德四季第二十九期拍卖会	2012/3/26	4435	4600
白玉留皮灵芝坠	中国嘉德	嘉德四季第二十九期拍卖会	2012/3/26	4439	32200
白玉留皮年年有余坠	中国嘉德	嘉德四季第二十九期拍卖会	2012/3/26	4441	17250
白玉螭龙纹如意	中国嘉德	嘉德四季第二十九期拍卖会	2012/3/26	4442	11500
白玉弥勒把件	中国嘉德	嘉德四季第二十九期拍卖会	2012/3/26	4450	29900
白玉籽料留皮罗汉山子	中国嘉德	嘉德四季第二十九期拍卖会	2012/3/26	4451	23000
白玉籽料童子洗象摆件	中国嘉德	嘉德四季第二十九期拍卖会	2012/3/26	4454	109250
白玉籽料留皮刘海戏金蟾摆件	中国嘉德	嘉德四季第二十九期拍卖会	2012/3/26	4462	126500
白玉籽料童子献寿像	中国嘉德	嘉德四季第二十九期拍卖会	2012/3/26	4465	92000
白玉籽料红皮龙纹坠	中国嘉德	嘉德四季第二十九期拍卖会	2012/3/26	4467	105800
白玉达摩把件	中国嘉德	嘉德四季第二十九期拍卖会	2012/3/26	4485	5750
白玉观音像	中国嘉德	嘉德四季第二十九期拍卖会	2012/3/26	4487	5750
白玉婴戏摆件	中国嘉德	嘉德四季第二十九期拍卖会	2012/3/26	4488	11500
白玉人物纹勒子	中国嘉德	嘉德四季第二十九期拍卖会	2012/3/26	4495	2300

名称	拍卖公司	拍卖场次	拍卖日期	拍卖号	成交价（元）
白玉高士诗文牌	中国嘉德	嘉德四季第二十九期拍卖会	2012/3/26	4497	3450
白玉平安无事牌	中国嘉德	嘉德四季第二十九期拍卖会	2012/3/26	4510	8050
白玉观音图牌	中国嘉德	嘉德四季第二十九期拍卖会	2012/3/26	4511	10350
白玉凤纹佩（一对）	中国嘉德	嘉德四季第二十九期拍卖会	2012/3/26	4543	6900
白玉人物诗文佩	中国嘉德	嘉德四季第二十九期拍卖会	2012/3/26	4545	6900
白玉牌（四件）	中国嘉德	嘉德四季第二十九期拍卖会	2012/3/26	4552	6900
白玉 黄玉人物纹牌各一件	中国嘉德	嘉德四季第二十九期拍卖会	2012/3/26	4553	5750
白玉观音图牌	中国嘉德	嘉德四季第二十九期拍卖会	2012/3/26	4557	9200
白玉扭转乾坤坠	中国嘉德	嘉德四季第二十九期拍卖会	2012/3/26	4560	10350
白玉螭龙纹镯（两只）	中国嘉德	嘉德四季第二十九期拍卖会	2012/3/26	4565	4600
白玉镯（一对）	中国嘉德	嘉德四季第二十九期拍卖会	2012/3/26	4566	10350
白玉串饰（四串）	中国嘉德	嘉德四季第二十九期拍卖会	2012/3/26	4594	3450
白玉串饰 扳指（四件）	中国嘉德	嘉德四季第二十九期拍卖会	2012/3/26	4595	3450
白玉兽（三件）	中国嘉德	嘉德四季第二十九期拍卖会	2012/3/26	4604	11500
白玉螭龙纹璧	中国嘉德	嘉德四季第二十九期拍卖会	2012/3/26	4609	5750
白玉 青玉人物纹牌各一件	中国嘉德	嘉德四季第二十九期拍卖会	2012/3/26	4676	2300
白玉螭龙纹璧 碧玉观音图佩各一件	中国嘉德	嘉德四季第二十九期拍卖会	2012/3/26	4678	2300
白玉吉祥如意牌	中国嘉德	嘉德四季第二十九期拍卖会	2012/3/26	4502	4600
白玉牌（两件）	中国嘉德	嘉德四季第二十九期拍卖会	2012/3/26	4504	8050
白玉人物纹牌（两件）	中国嘉德	嘉德四季第二十九期拍卖会	2012/3/26	4505	13800
白玉螭龙纹牌	中国嘉德	嘉德四季第二十九期拍卖会	2012/3/26	4507	10350
白玉鼠财坠	中国嘉德	嘉德四季第二十九期拍卖会	2012/3/26	4679	9200
白玉平安无事牌（两件）	中国嘉德	嘉德四季第二十九期拍卖会	2012/3/26	4681	34500
白玉观音图牌	中国嘉德	嘉德四季第二十九期拍卖会	2012/3/26	4682	3450
白玉岁岁平安佩	中国嘉德	嘉德四季第二十九期拍卖会	2012/3/26	4683	3450
白玉白菜摆件	中国嘉德	嘉德四季第二十九期拍卖会	2012/3/26	4700	4600
白玉大吉摆件	中国嘉德	嘉德四季第二十九期拍卖会	2012/3/26	4701	5750
白玉螭龙纹佩	中国嘉德	嘉德四季第二十九期拍卖会	2012/3/26	4711	20700
白玉瓜形盒	中国嘉德	嘉德四季第二十九期拍卖会	2012/3/26	4725	1150

名称	拍卖公司	拍卖场次	拍卖日期	拍卖号	成交价（元）
白玉童子坠（两件）	中国嘉德	嘉德四季第二十九期拍卖会	2012/3/26	4743	4600
玉兔挂件	北京匡时	2012年春季艺术品拍卖会	2012/6/5	2501	36800
仙女侍鹤手件	北京匡时	2012年春季艺术品拍卖会	2012/6/5	2505	20700
仿古诗文人物白玉牌	北京匡时	2012年春季艺术品拍卖会	2012/6/5	2506	368000
曹国斌 子孙万代把件	北京匡时	2012年春季艺术品拍卖会	2012/6/5	2510	1207500
崔磊 带皮福禄寿把件	北京匡时	2012年春季艺术品拍卖会	2012/6/5	2512	494500
崔磊 福禄寿把件	北京匡时	2012年春季艺术品拍卖会	2012/6/5	2513	667000
崔磊 加官进爵摆件	北京匡时	2012年春季艺术品拍卖会	2012/6/5	2515	2530000
代胜坤 招财进宝摆件	北京匡时	2012年春季艺术品拍卖会	2012/6/5	2516	3680000
葛洪 观音牌	北京匡时	2012年春季艺术品拍卖会	2012/6/5	2519	782000
郭万龙 龙腾盛世	北京匡时	2012年春季艺术品拍卖会	2012/6/5	2523	517500
郭万龙 三羊开泰	北京匡时	2012年春季艺术品拍卖会	2012/6/5	2524	1081000
郭万龙 传承扳指	北京匡时	2012年春季艺术品拍卖会	2012/6/5	2525	2242500
黄扬洪 待茶牌	北京匡时	2012年春季艺术品拍卖会	2012/6/5	2526	632500
黄扬洪 王者把件	北京匡时	2012年春季艺术品拍卖会	2012/6/5	2528	1955000
黄扬洪 瑞兽把件	北京匡时	2012年春季艺术品拍卖会	2012/6/5	2529	1840000
蒋喜 带皮扳指	北京匡时	2012年春季艺术品拍卖会	2012/6/5	2530	1265000
蒋喜 白玉蝉挂件	北京匡时	2012年春季艺术品拍卖会	2012/6/5	2531	690000
倪伟滨 裸女摆件	北京匡时	2012年春季艺术品拍卖会	2012/6/5	2532	552000
陶乃祥 螭龙腰佩	北京匡时	2012年春季艺术品拍卖会	2012/6/5	2548	184000
万德旭 龙瑞把件	北京匡时	2012年春季艺术品拍卖会	2012/6/5	2551	253000
万德旭 籽料花瓶	北京匡时	2012年春季艺术品拍卖会	2012/6/5	2552	2530000
万伟 龙凤呈祥挂件	北京匡时	2012年春季艺术品拍卖会	2012/6/5	2557	149500
王金忠 弥勒佛	北京匡时	2012年春季艺术品拍卖会	2012/6/5	2561	1058000
王金忠 金玉满堂把件	北京匡时	2012年春季艺术品拍卖会	2012/6/5	2562	1288000
王金忠 仙翁送福	北京匡时	2012年春季艺术品拍卖会	2012/6/5	2563	2242500
王金忠 子辰佩	北京匡时	2012年春季艺术品拍卖会	2012/6/5	2564	1495000
王平 钟馗把件	北京匡时	2012年春季艺术品拍卖会	2012/6/5	2567	2760000
吴德昇 春把件	北京匡时	2012年春季艺术品拍卖会	2012/6/5	2569	1322500

名称	拍卖公司	拍卖场次	拍卖日期	拍卖号	成交价（元）
吴德昇 寿极无限摆件	北京匡时	2012年春季艺术品拍卖会	2012/6/5	2570	10580000
吴德昇 双娇摆件	北京匡时	2012年春季艺术品拍卖会	2012/6/5	2571	10925000
吴灶发 鹤骨松姿	北京匡时	2012年春季艺术品拍卖会	2012/6/5	2573	1035000
吴灶发 池娇	北京匡时	2012年春季艺术品拍卖会	2012/6/5	2574	1495000
吴灶发 路路连科摆件	北京匡时	2012年春季艺术品拍卖会	2012/6/5	2575	10867500
叶清 玄机在握把件	北京匡时	2012年春季艺术品拍卖会	2012/6/5	2579	1897500
于雪涛 金银财神摆件（一对）	北京匡时	2012年春季艺术品拍卖会	2012/6/5	2584	2875000
郁志刚 白玉香炉	北京匡时	2012年春季艺术品拍卖会	2012/6/5	2586	97750
郁志刚 观音	北京匡时	2012年春季艺术品拍卖会	2012/6/5	2588	230000
赵显志 花魁	北京匡时	2012年春季艺术品拍卖会	2012/6/5	2590	736000
和田籽料雕山水松树人物山子	蓝天国拍	2012春季艺术品拍卖会	2012/6/29	376	6160
白玉手镯	隆荣国际	2012春季拍卖会	2012/7/27	424	2000
白玉手镯	隆荣国际	2012春季拍卖会	2012/7/27	425	3000
白玉二龙戏珠纹手镯	隆荣国际	2012春季拍卖会	2012/7/27	427	8000
白玉贵妃镯	隆荣国际	2012春季拍卖会	2012/7/27	428	40000
白玉素面手镯（一对）	隆荣国际	2012春季拍卖会	2012/7/27	429	4000
白玉手镯（一对）	隆荣国际	2012春季拍卖会	2012/7/27	431	2000
白玉松下老人牌	隆荣国际	2012春季拍卖会	2012/7/27	434	10000
白玉和合如意牌	隆荣国际	2012春季拍卖会	2012/7/27	435	3000
白玉岁岁平安牌	隆荣国际	2012春季拍卖会	2012/7/27	437	3000
白玉松下问童子牌	隆荣国际	2012春季拍卖会	2012/7/27	439	200000
白玉三羊开泰牌	隆荣国际	2012春季拍卖会	2012/7/27	440	120000
白玉夔龙纹透雕牌	隆荣国际	2012春季拍卖会	2012/7/27	441	150000
白玉荣华富贵牌	隆荣国际	2012春季拍卖会	2012/7/27	442	20000
白玉平安牌	隆荣国际	2012春季拍卖会	2012/7/27	443	50000
白玉但愿人长久牌	隆荣国际	2012春季拍卖会	2012/7/27	444	90000
白玉但愿人长久牌	隆荣国际	2012春季拍卖会	2012/7/27	446	150000
白玉连年有余牌	隆荣国际	2012春季拍卖会	2012/7/27	447	22000
白玉天鹅挂件	隆荣国际	2012春季拍卖会	2012/7/27	450	8000

名称	拍卖公司	拍卖场次	拍卖日期	拍卖号	成交价（元）
白玉鱼形摆件	隆荣国际	2012春季拍卖会	2012/7/27	453	50000
白玉螭龙纹佩	隆荣国际	2012春季拍卖会	2012/7/27	454	22000
白玉童子戏荷连年有余把件	隆荣国际	2012春季拍卖会	2012/7/27	455	200000
白玉瑞兽把件	隆荣国际	2012春季拍卖会	2012/7/27	456	150000
白玉辈辈封侯把件	隆荣国际	2012春季拍卖会	2012/7/27	460	180000
白玉祥瑞摆件	隆荣国际	2012春季拍卖会	2012/7/27	462	150000
白玉瑞兽把件	隆荣国际	2012春季拍卖会	2012/7/27	463	80000
白玉龙形带钩	隆荣国际	2012春季拍卖会	2012/7/27	470	60000
白玉鸿运当头弥勒挂件	隆荣国际	2012春季拍卖会	2012/7/27	475	200000
籽料带皮合家大吉雕件	隆荣国际	2012春季拍卖会	2012/7/27	481	60000
白玉随形把件	隆荣国际	2012春季拍卖会	2012/7/27	488	20000
金包银和田白玉红皮籽料随形把件	隆荣国际	2012春季拍卖会	2012/7/27	489	110000
籽料带皮财神	隆荣国际	2012春季拍卖会	2012/7/27	490	15000
籽料带皮观音	隆荣国际	2012春季拍卖会	2012/7/27	492	30000
白玉平步生云摆件	隆荣国际	2012春季拍卖会	2012/7/27	504	650000
白玉香炉	隆荣国际	2012春季拍卖会	2012/7/27	517	600000
白玉田园人物图小笔筒	隆荣国际	2012春季拍卖会	2012/7/27	518	460000
白玉龙纹把件	隆荣国际	2012春季拍卖会	2012/7/27	559	62000
和田籽料龙纹白玉挂件	南京嘉信	2012春季艺术品拍卖会	2012/6/24	55	23000
吉祥如意纹白玉牌	南京嘉信	2012春季艺术品拍卖会	2012/6/24	56	11500
和田白玉鼓钉佩	品盛国际	2012年首届艺术品拍卖会	2012/9/15	542	3360
和田白玉鸿运当头瑞兽挂件	品盛国际	2012年首届艺术品拍卖会	2012/9/15	546	89600
和田白玉仿古活环双耳瓶	品盛国际	2012年首届艺术品拍卖会	2012/9/15	549	33600
和田白玉素扳指	品盛国际	2012年首届艺术品拍卖会	2012/9/15	553	1120
和田白玉扳指	品盛国际	2012年首届艺术品拍卖会	2012/9/15	554	5040
和田白玉松鼠葡萄把件	品盛国际	2012年首届艺术品拍卖会	2012/9/15	560	1120
和田白玉袈裟环	品盛国际	2012年首届艺术品拍卖会	2012/9/15	567	1120
和田白玉白菜把件	品盛国际	2012年首届艺术品拍卖会	2012/9/15	571	56000
白玉辈辈封侯挂件	品盛国际	2012年首届艺术品拍卖会	2012/9/15	572	22400

名称	拍卖公司	拍卖场次	拍卖日期	拍卖号	成交价（元）
和田白玉和合二仙摆件	品盛国际	2012年首届艺术品拍卖会	2012/9/15	574	3920
和田白玉瑞兽把件	品盛国际	2012年首届艺术品拍卖会	2012/9/15	579	22400
和田白玉雕府上有龙牌	品盛国际	2012年首届艺术品拍卖会	2012/9/15	586	67200
和田白玉童子挂件	品盛国际	2012年首届艺术品拍卖会	2012/9/15	588	3360
和田白玉福豆把件	品盛国际	2012年首届艺术品拍卖会	2012/9/15	595	5600
和田白玉松下高士牌	品盛国际	2012年首届艺术品拍卖会	2012/9/15	597	6720
和田白玉随形手串	品盛国际	2012年首届艺术品拍卖会	2012/9/15	598	1120
白玉扳指	琴岛荣德	2012春季拍卖会	2012/5/27	1	11200
白玉鹅挂件	琴岛荣德	2012春季拍卖会	2012/5/27	32	8960
和田玉籽料	琴岛荣德	2012春季拍卖会	2012/5/27	63	2240000
平安豆 白玉把件	琴岛荣德	2012秋季拍卖会	2012/12/16	1011	40250
魁星点斗 白玉把件	琴岛荣德	2012秋季拍卖会	2012/12/16	1012	575000
福禄 白玉把件	琴岛荣德	2012秋季拍卖会	2012/12/16	1013	517500
观音大士 白玉挂件	琴岛荣德	2012秋季拍卖会	2012/12/16	1014	460000
白玉鸡兔纹圆牌	琴岛荣德	2012秋季拍卖会	2012/12/16	1016	5750
白玉狗把件	琴岛荣德	2012秋季拍卖会	2012/12/16	1032	6900
白玉鹰	琴岛荣德	2012秋季拍卖会	2012/12/16	1040	3450
白玉福禄寿嵌饰板	琴岛荣德	2012秋季拍卖会	2012/12/16	1052	9200
白玉吉祥如意摆件	琴岛荣德	2012秋季拍卖会	2012/12/16	1070	11500
白玉如意观音立件	琴岛荣德	2012秋季拍卖会	2012/12/16	1078	11500
白玉雕文殊菩萨插牌	琴岛荣德	2012秋季拍卖会	2012/12/16	1081	287500
和田玉籽料	琴岛荣德	2012秋季拍卖会	2012/12/16	1084	1840000
和田玉籽料	琴岛荣德	2012秋季拍卖会	2012/12/16	1085	3220000
白玉手镯	琴岛荣德	2012秋季拍卖会	2012/12/16	1113	3450
和田白玉链条瓶	青岛中艺	2012春季艺术品拍卖会	2012/5/10	199	55200
蒋喜 白玉访友图诗文插牌	荣宝斋（上海）	2012年春季大型艺术品拍卖会	2012/6/17	1286	230000
旧子冈款仙人乘槎白玉牌	荣宝斋（上海）	四季拍卖会 2012之夏	2012/9/9	976	86250
旧白玉诗文山子	荣宝斋（上海）	四季拍卖会 2012之夏	2012/9/9	985	57500

名称	拍卖公司	拍卖场次	拍卖日期	拍卖号	成交价（元）
白玉籽料兰花链条瓶	荣宝斋（上海）	四季拍卖会 2012之夏	2012/9/9	1012	713000
蒋喜 白玉籽料爱的足迹玉牌	荣宝斋（上海）	四季拍卖会 2012之夏	2012/9/9	1013	126500
彭志勇 白玉平安无事牌	荣宝斋（上海）	四季拍卖会 2012之夏	2012/9/9	1016	103500
白玉籽料净瓶坐观音	荣宝斋（上海）	四季拍卖会 2012之夏	2012/9/9	1020	184000
葛洪 白玉籽料佛公	荣宝斋（上海）	四季拍卖会 2012之夏	2012/9/9	1025	402500
白玉籽料布袋弥佛	荣宝斋（上海）	四季拍卖会 2012之夏	2012/9/9	1026	80500
张红哲 白玉籽料貔貅	荣宝斋（上海）	四季拍卖会 2012之夏	2012/9/9	1027	195500
刘国皓 白玉籽料高瞻远瞩	荣宝斋（上海）	四季拍卖会 2012之夏	2012/9/9	1028	598000
白玉鲑鱼手把件	荣宝斋（上海）	四季拍卖会 2012之夏	2012/9/9	1030	86250
白玉籽料山水牌	荣宝斋（上海）	四季拍卖会 2012之夏	2012/9/9	1031	92000
白玉籽料荷花牌	荣宝斋（上海）	四季拍卖会 2012之夏	2012/9/9	1033	40250
俞艇 白玉扳指	荣宝斋（上海）	四季拍卖会 2012之夏	2012/9/9	1036	92000
白玉籽料手镯	荣宝斋（上海）	四季拍卖会 2012之夏	2012/9/9	1037	483000
和田白玉观音摆件	瑞平国际	2012春季艺术精品（第12期）拍卖会	2012/4/28	8	89600
和田白玉雕赏瓶	瑞平国际	2012春季艺术精品（第12期）拍卖会	2012/4/28	24	6720
白玉手镯	瑞平国际	2012春季艺术精品（第12期）拍卖会	2012/4/28	154	3920
和田白玉籽料龙纹牌子	瑞平国际	2012春季艺术精品（第12期）拍卖会	2012/4/28	175	31920
和田白玉籽料观音挂件	瑞平国际	2012春季艺术精品（第12期）拍卖会	2012/4/28	178	8960
和田白玉籽料戒指	瑞平国际	2012春季艺术精品（第12期）拍卖会	2012/4/28	180	2240
和田白玉籽料雕济公挂件	瑞平国际	2012春季艺术精品（第12期）拍卖会	2012/4/28	181	6720
和田白玉籽料雕平安牌	瑞平国际	2012春季艺术精品（第12期）拍卖会	2012/4/28	184	72800
和田白玉籽料雕观音挂件	瑞平国际	2012春季艺术精品（第12期）拍卖会	2012/4/28	187	5600

名称	拍卖公司	拍卖场次	拍卖日期	拍卖号	成交价（元）
和田玉籽料巧雕把件	瑞平国际	2012春季艺术精品（第12期）拍卖会	2012/4/28	188	20160
白玉雕弥勒手把件	瑞平国际	2012春季艺术精品（第12期）拍卖会	2012/4/28	200	6720
白玉雕寿星挂件	瑞平国际	2012春季艺术精品（第12期）拍卖会	2012/4/28	204	1680
和田白玉雕童子挂件	瑞平国际	2012春季艺术精品（第12期）拍卖会	2012/4/28	207	2240
和田白玉雕弥勒挂件	瑞平国际	2012春季艺术精品（第12期）拍卖会	2012/4/28	209	2800
和田白玉雕美人鱼挂件	瑞平国际	2012春季艺术精品（第12期）拍卖会	2012/4/28	211	3360
白玉雕喜上眉梢牌子	瑞平国际	2012春季艺术精品（第12期）拍卖会	2012/4/28	213	2240
白玉雕观音牌子	瑞平国际	2012春季艺术精品（第12期）拍卖会	2012/4/28	214	5040
白玉雕万代侯子冈牌	瑞平国际	2012春季艺术精品（第12期）拍卖会	2012/4/28	217	3584
白玉雕和合二仙纹牌子	瑞平国际	2012春季艺术精品（第12期）拍卖会	2012/4/28	221	5600
白玉雕龙纹挂件	瑞平国际	2012春季艺术精品（第12期）拍卖会	2012/4/28	222	6720
白玉镂雕带板	瑞平国际	2012春季艺术精品（第12期）拍卖会	2012/4/28	227	6160
白玉凤纹牌子	瑞平国际	2012春季艺术精品（第12期）拍卖会	2012/4/28	229	5376
白玉雕人物牌子	瑞平国际	2012春季艺术精品（第12期）拍卖会	2012/4/28	230	2240
和田白玉雕人物手把件	瑞平国际	2012春季艺术精品（第12期）拍卖会	2012/4/28	231	1120
白玉镂雕寿字纹挂件	瑞平国际	2012春季艺术精品（第12期）拍卖会	2012/4/28	232	3920
白玉雕人物纹牌子	瑞平国际	2012春季艺术精品（第12期）拍卖会	2012/4/28	245	1680
白玉透雕路路通挂件	瑞平国际	2012春季艺术精品（第12期）拍卖会	2012/4/28	253	3360
白玉雕观音摆件	瑞平国际	2012春季艺术精品（第12期）拍卖会	2012/4/28	259	1904
白玉巧雕弥勒挂件	瑞平国际	2012春季艺术精品（第12期）拍卖会	2012/4/28	268	8960
白玉雕弥勒佛	瑞平国际	2012秋季艺术品拍卖会	2012/12/10	2064	560
白玉雕如意观音坐像	瑞平国际	2012秋季艺术品拍卖会	2012/12/10	2066	8960
白玉雕财神手把件	瑞平国际	2012秋季艺术品拍卖会	2012/12/10	2068	56000
虎啸纹白玉子冈牌	瑞平国际	2012秋季艺术品拍卖会	2012/12/10	2082	560
白玉雕回头狮	瑞平国际	2012秋季艺术品拍卖会	2012/12/10	2085	560
和田白玉关公挂件	山东茂恒	2012年首场艺术品春季拍卖会	2012/5/13	1053	2833
和田白玉观音挂件	山东茂恒	2012年首场艺术品春季拍卖会	2012/5/13	1054	1700
和田籽料观音把件	山东茂恒	2012年首场艺术品春季拍卖会	2012/5/13	1055	567
和田白玉透雕方牌	山东茂恒	2012年首场艺术品春季拍卖会	2012/5/13	1057	1133

名称	拍卖公司	拍卖场次	拍卖日期	拍卖号	成交价（元）
和田白玉透雕连年有余挂牌	山东茂恒	2012年首场艺术品春季拍卖会	2012/5/13	1063	567
和田白玉巧雕生肖狗挂件	山东茂恒	2012年首场艺术品春季拍卖会	2012/5/13	1064	1700
和田白玉观音站像	山东茂恒	2012年首场艺术品春季拍卖会	2012/5/13	1065	2266
和田白玉如意把件	山东茂恒	2012年首场艺术品春季拍卖会	2012/5/13	1066	567
和田籽料吉庆有余挂件	山东茂恒	2012年首场艺术品春季拍卖会	2012/5/13	1067	3399
和田黑皮籽料把件	山东茂恒	2012年首场艺术品春季拍卖会	2012/5/13	1071	9064
和田籽料随形手串	山东茂恒	2012年首场艺术品春季拍卖会	2012/5/13	1072	3966
和田籽料随形手串	山东茂恒	2012年首场艺术品春季拍卖会	2012/5/13	1073	6798
和田白玉透雕花卉小盖盒	山东茂恒	2012年首场艺术品春季拍卖会	2012/5/13	1074	2266
和田白玉透雕龙纹方牌	山东茂恒	2012年首场艺术品春季拍卖会	2012/5/13	1075	2266
和田白玉镂雕海东青挂件	山东茂恒	2012年首场艺术品春季拍卖会	2012/5/13	1077	567
和田白玉转心链条瓶	山东茂恒	2012年首场艺术品春季拍卖会	2012/5/13	1083	45320
和田白玉铺首诗文链条瓶	山东茂恒	2012年首场艺术品春季拍卖会	2012/5/13	1084	54384
白玉出戟链条瓶	山东茂恒	2012年首场艺术品春季拍卖会	2012/5/13	1086	113300
和田白玉寿星摆件	山东茂恒	2012年首场艺术品春季拍卖会	2012/5/13	1088	20394
和田白玉刘海戏金蟾摆件	山东茂恒	2012年首场艺术品春季拍卖会	2012/5/13	1089	13596
和田白玉刘海戏金蟾摆件	山东茂恒	2012年首场艺术品春季拍卖会	2012/5/13	1090	3399
和田籽料观音摆件	山东茂恒	2012年首场艺术品春季拍卖会	2012/5/13	1092	9064
和田白玉松鹤延年透雕盖瓶	山东茂恒	2012年首场艺术品春季拍卖会	2012/5/13	1094	54384
和田白玉观音摆件	山东茂恒	2012年首场艺术品春季拍卖会	2012/5/13	1095	36256
和田白玉送子观音坐像	山东茂恒	2012年首场艺术品春季拍卖会	2012/5/13	1096	24926
和田白玉五子闹佛摆件	山东茂恒	2012年首场艺术品春季拍卖会	2012/5/13	1097	13596
和田白玉原皮籽料	山东茂恒	2012年首场艺术品春季拍卖会	2012/5/13	1099	3059100
和田白玉秋梨皮原皮原色籽料	山东茂恒	2012年首场艺术品春季拍卖会	2012/5/13	1100	124630
和田籽料辈辈封侯摆件	山东茂恒	2012年首场艺术品春季拍卖会	2012/5/13	1104	2266
和田籽料和合二仙摆件	山东茂恒	2012年首场艺术品春季拍卖会	2012/5/13	1108	33990
和田白玉高士图方牌	山东茂恒	2012年首场艺术品春季拍卖会	2012/5/13	1437	1133
和田白玉司马光砸缸子冈牌	山东茂恒	2012年首场艺术品春季拍卖会	2012/5/13	1438	1700
和田白玉刘海戏金蟾花边诗文方牌	山东茂恒	2012年首场艺术品春季拍卖会	2012/5/13	1439	2266

名称	拍卖公司	拍卖场次	拍卖日期	拍卖号	成交价（元）
和田黑皮籽料龙凤呈祥对牌	山东茂恒	2012年首场艺术品春季拍卖会	2012/5/13	1441	11330
和田白玉老子出关大方牌	山东茂恒	2012年首场艺术品春季拍卖会	2012/5/13	1442	5665
和田白玉观音圆牌	山东茂恒	2012年首场艺术品春季拍卖会	2012/5/13	1446	2266
和田白玉观音椭圆挂件	山东茂恒	2012年首场艺术品春季拍卖会	2012/5/13	1450	1133
籽料鹅纹把件	山东茂恒	2012年首场艺术品春季拍卖会	2012/5/13	1453	1700
和田白玉貔貅大把件	山东茂恒	2012年首场艺术品春季拍卖会	2012/5/13	1458	4532
和田白玉镶金镶钻水滴形挂件	山东茂恒	2012年首场艺术品春季拍卖会	2012/5/13	1466	2833
和田白玉镶金镶红宝石挂件	山东茂恒	2012年首场艺术品春季拍卖会	2012/5/13	1467	4532
和田白玉镶金兽面纹小方牌	山东茂恒	2012年首场艺术品春季拍卖会	2012/5/13	1469	1700
和田白玉籽料	陕西公正	2012年春季艺术品拍卖会	2012/4/22	406	1344000
松下问童子 摆件	陕西中宝	2012春季艺术品拍卖会	2012/6/24	384	392000
籽料白玉手镯	上海宝龙	2012年春季艺术品拍卖会	2012/6/26	801	483000
籽料白玉贵妃手镯	上海宝龙	2012年春季艺术品拍卖会	2012/6/26	803	103500
籽料白玉春耕牌挂件	上海宝龙	2012年春季艺术品拍卖会	2012/6/26	808	86250
籽料白玉忆花香把件	上海宝龙	2012年春季艺术品拍卖会	2012/6/26	809	149500
籽料白玉持宝弥勒把件	上海宝龙	2012年春季艺术品拍卖会	2012/6/26	810	92000
籽料白玉醉芳姿把件	上海宝龙	2012年春季艺术品拍卖会	2012/6/26	811	161000
籽料白玉平安牌挂件	上海宝龙	2012年春季艺术品拍卖会	2012/6/26	814	20700
籽料白玉金鸡报晓挂件	上海宝龙	2012年春季艺术品拍卖会	2012/6/26	816	20700
籽料白玉竹兰对牌挂件	上海宝龙	2012年春季艺术品拍卖会	2012/6/26	819	109250
籽料白玉兰花牌挂件	上海宝龙	2012年春季艺术品拍卖会	2012/6/26	820	51750
籽料白玉山水牌挂件	上海宝龙	2012年春季艺术品拍卖会	2012/6/26	822	57500
籽料白玉青云直上挂件	上海宝龙	2012年春季艺术品拍卖会	2012/6/26	826	20700
籽料白玉钟馗牌挂件	上海宝龙	2012年春季艺术品拍卖会	2012/6/26	827	20700
籽料白玉玉琮挂件	上海宝龙	2012年春季艺术品拍卖会	2012/6/26	832	36800
籽料白玉18k金金镶玉手链	上海宝龙	2012年春季艺术品拍卖会	2012/6/26	833	36800
籽料白玉生肖猪挂件	上海宝龙	2012年春季艺术品拍卖会	2012/6/26	835	17250
籽料白玉竹福挂件	上海宝龙	2012年春季艺术品拍卖会	2012/6/26	838	13800
籽料白玉乐在其中挂件	上海宝龙	2012年春季艺术品拍卖会	2012/6/26	840	10350

名称	拍卖公司	拍卖场次	拍卖日期	拍卖号	成交价（元）
籽料白玉合家欢挂件	上海宝龙	2012年春季艺术品拍卖会	2012/6/26	841	23000
籽料子刚牌挂件	上海宝龙	2012年春季艺术品拍卖会	2012/6/26	850	92000
籽料旭日东升挂件	上海宝龙	2012年春季艺术品拍卖会	2012/6/26	852	253000
籽料白玉双鱼摆件	上海宝龙	2012年春季艺术品拍卖会	2012/6/26	856	92000
籽料贺寿把件	上海宝龙	2012年春季艺术品拍卖会	2012/6/26	857	143750
籽料白玉方形茶壶摆件	上海宝龙	2012年春季艺术品拍卖会	2012/6/26	860	80500
籽料白玉提梁壶摆件	上海宝龙	2012年春季艺术品拍卖会	2012/6/26	861	368000
籽料白玉百财摆件	上海宝龙	2012年春季艺术品拍卖会	2012/6/26	867	276000
籽料白玉富甲一方挂件	上海宝龙	2012年春季艺术品拍卖会	2012/6/26	869	632500
籽料江山如画挂件	上海宝龙	2012年春季艺术品拍卖会	2012/6/26	873	782000
籽料白玉龙头双耳三足炉摆件	上海宝龙	2012年春季艺术品拍卖会	2012/6/26	884	1380000
白玉雕吉祥如意玉牌	上海驰翰	第四届书画文玩专场拍卖会	2012/2/18	264	2240
白玉雕平安无事牌	上海驰翰	第四届书画文玩专场拍卖会	2012/2/18	265	3360
白玉雕和合玉牌	上海驰翰	第四届书画文玩专场拍卖会	2012/2/18	266	1680
白玉雕龙云纹平安无事牌	上海驰翰	第四届书画文玩专场拍卖会	2012/2/18	267	560
白玉雕三足炉	上海驰翰	第四届书画文玩专场拍卖会	2012/2/18	268	4480
白玉雕金玉满堂吊坠	上海驰翰	2012年春季大型艺术品拍卖会	2012/4/27	162	40250
白玉佛手手串	上海驰翰	2012年春季大型艺术品拍卖会	2012/4/27	163	11500
彭志勇 白玉雕山水人物把件	上海驰翰	2012年春季大型艺术品拍卖会	2012/4/27	164	368000
彭志勇 白玉雕佛手把件	上海驰翰	2012年春季大型艺术品拍卖会	2012/4/27	166	51750
白玉巧雕五吉图把件	上海驰翰	2012年春季大型艺术品拍卖会	2012/4/27	168	483000
白玉雕游龙戏珠牌	上海驰翰	2012年春季大型艺术品拍卖会	2012/4/27	170	18400
白玉雕凤摆件	上海驰翰	2012年春季大型艺术品拍卖会	2012/4/27	171	20700
白玉雕观音摆件	上海驰翰	2012年春季大型艺术品拍卖会	2012/4/27	172	34500
彭志勇 白玉雕三娘教子牌	上海驰翰	2012年春季大型艺术品拍卖会	2012/4/27	176	253000
白玉雕人物故事扳指	上海驰翰	2012年春季大型艺术品拍卖会	2012/4/27	186	17250
白玉螭龙护印摆件	上海驰翰	2012年春季大型艺术品拍卖会	2012/4/27	188	66700
白玉雕宝月瓶	上海驰翰	2012年春季大型艺术品拍卖会	2012/4/27	191	517500
白玉雕荷花鸳鸯炉顶	上海驰翰	2012年春季大型艺术品拍卖会	2012/4/27	193	5750

名称	拍卖公司	拍卖场次	拍卖日期	拍卖号	成交价（元）
白玉雕麻姑献寿摆件	上海驰翰	2012年春季大型艺术品拍卖会	2012/4/27	194	43700
白玉雕凌霄花坠	上海驰翰	2012年春季大型艺术品拍卖会	2012/4/27	196	12650
白玉雕螭龙摆件	上海驰翰	2012年春季大型艺术品拍卖会	2012/4/27	197	69000
白玉雕天凤佩	上海驰翰	2012年春季大型艺术品拍卖会	2012/4/27	198	32200
白玉夔龙璧	上海驰翰	2012年春季大型艺术品拍卖会	2012/4/27	199	51750
白玉雕双欢挂件	上海驰翰	2012年春季大型艺术品拍卖会	2012/4/27	200	16100
白玉辟邪兽	上海驰翰	2012年春季大型艺术品拍卖会	2012/4/27	201	16100
白玉饕餮纹双耳扁瓶	上海驰翰	2012年春季大型艺术品拍卖会	2012/4/27	202	115000
和田籽料如意挂件	上海驰翰	第五届书画文玩专场拍卖会	2012/6/24	217	4480
蒋喜白玉雕金蟾	上海驰翰	第五届书画文玩专场拍卖会	2012/6/24	218	14560
白玉雕双禽嬉戏摆件	上海驰翰	第五届书画文玩专场拍卖会	2012/6/24	219	8960
和田籽料福猪	上海驰翰	第五届书画文玩专场拍卖会	2012/6/24	221	12320
和田籽料“洋洋如意”	上海驰翰	第五届书画文玩专场拍卖会	2012/6/24	222	8400
白玉雕蟾把件	上海驰翰	第五届书画文玩专场拍卖会	2012/6/24	225	13440
白玉观音	上海驰翰	第五届书画文玩专场拍卖会	2012/6/24	226	560
和田籽料“洋洋得意”挂件	上海驰翰	第五届书画文玩专场拍卖会	2012/6/24	227	20160
白玉雕龙佩	上海驰翰	第五届书画文玩专场拍卖会	2012/6/24	228	5600
白玉童子把件	上海驰翰	第五届书画文玩专场拍卖会	2012/6/24	229	2240
和田籽料双寿桃	上海驰翰	第五届书画文玩专场拍卖会	2012/6/24	234	7280
和田籽料如意佛像挂件	上海驰翰	第五届书画文玩专场拍卖会	2012/6/24	235	13440
白玉花瓶	上海驰翰	第六届书画文玩专场拍卖会	2012/6/30	1201	1500
白玉雕仕女玉牌	上海驰翰	第六届书画文玩专场拍卖会	2012/6/30	1211	11000
白玉老鼠	上海驰翰	第六届书画文玩专场拍卖会	2012/6/30	1212	2500
白玉雕牛把件	上海驰翰	第六届书画文玩专场拍卖会	2012/6/30	1213	6000
白玉雕天鹅把件	上海驰翰	第六届书画文玩专场拍卖会	2012/6/30	1374	5500
白玉雕童子牧牛把件	上海驰翰	第六届书画文玩专场拍卖会	2012/6/30	1376	2500
白玉雕童子嬉戏把件	上海驰翰	第六届书画文玩专场拍卖会	2012/6/30	1378	2000
白玉雕虬龙摆件	上海驰翰	第六届书画文玩专场拍卖会	2012/6/30	1380	1000
白玉炉顶	上海驰翰	第六届书画文玩专场拍卖会	2012/6/30	1387	3500

名称	拍卖公司	拍卖场次	拍卖日期	拍卖号	成交价（元）
白玉雕动物摆件（两件）	上海驰翰	第六届书画文玩专场拍卖会	2012/6/30	1388	5000
白玉达摩一苇渡江	上海驰翰	第七届书画文玩专场拍卖会	2012/8/12	45	20000
胡锡涛 和田籽料雕仿古兽牌	上海驰翰	第七届书画文玩专场拍卖会	2012/8/12	237	8000
胡锡涛 和田籽料雕喜上眉梢挂件	上海驰翰	第七届书画文玩专场拍卖会	2012/8/12	238	13000
胡锡涛 和田籽料雕仿古兽面挂件	上海驰翰	第七届书画文玩专场拍卖会	2012/8/12	239	8800
胡锡涛 和田籽料雕观音牌	上海驰翰	第七届书画文玩专场拍卖会	2012/8/12	240	26000
胡锡涛 和田籽料亭亭玉立挂件	上海驰翰	第七届书画文玩专场拍卖会	2012/8/12	242	6000
胡锡涛 和田籽料雕仿古凤挂件	上海驰翰	第七届书画文玩专场拍卖会	2012/8/12	243	6600
和田籽料雕牡丹手牌	上海驰翰	第七届书画文玩专场拍卖会	2012/8/12	244	14000
和田籽料长寿玉龟（两件）	上海驰翰	第七届书画文玩专场拍卖会	2012/8/12	245	2500
和田籽料动物、黄玉雕动物（四件）	上海驰翰	第七届书画文玩专场拍卖会	2012/8/12	246	4500
和田籽料福在眼前挂件（两件)	上海驰翰	第七届书画文玩专场拍卖会	2012/8/12	247	3500
和田籽料翁仲、黄玉翁仲(两件）	上海驰翰	第七届书画文玩专场拍卖会	2012/8/12	249	2500
和田籽料雕荷花手牌	上海驰翰	第七届书画文玩专场拍卖会	2012/8/12	250	7500
张克山 和田籽料雕仿古龙挂件	上海驰翰	第七届书画文玩专场拍卖会	2012/8/12	252	11000
张克山 和田籽料雕一路登科挂件	上海驰翰	第七届书画文玩专场拍卖会	2012/8/12	253	16000
吴金星 和田籽料雕龙凤吉祥挂件	上海驰翰	第七届书画文玩专场拍卖会	2012/8/12	254	60000
胡锡涛 俄籽仔料雕喜临门挂件	上海驰翰	第七届书画文玩专场拍卖会	2012/8/12	255	80000
胡锡涛 和田籽料雕金枝玉叶挂件	上海驰翰	第七届书画文玩专场拍卖会	2012/8/12	256	40000
胡锡涛 俄籽仔料雕龙牌	上海驰翰	第七届书画文玩专场拍卖会	2012/8/12	257	36000
吴金星 和田籽料雕仿古龙牌	上海驰翰	第七届书画文玩专场拍卖会	2012/8/12	258	75000
裘军毅 和田籽料雕玉虎挂件	上海驰翰	第七届书画文玩专场拍卖会	2012/8/12	260	15000
裘军毅 和田籽料雕玉龙挂件	上海驰翰	第七届书画文玩专场拍卖会	2012/8/12	261	50000
裘军毅 和田籽料雕玉腾龙挂件	上海驰翰	第七届书画文玩专场拍卖会	2012/8/12	262	80000
裘军毅 和田籽料雕小豹	上海驰翰	第七届书画文玩专场拍卖会	2012/8/12	263	11000
胡锡涛 和田籽料雕山水人物山子	上海驰翰	第七届书画文玩专场拍卖会	2012/8/12	264	50000
郁劲松 和田籽料雕“祝福”挂件	上海驰翰	第七届书画文玩专场拍卖会	2012/8/12	265	18000
郁劲松 和田籽料雕龙飞佩	上海驰翰	第七届书画文玩专场拍卖会	2012/8/12	270	70000
张永春 和田籽料雕如意童子	上海驰翰	第七届书画文玩专场拍卖会	2012/8/12	273	13000

名称	拍卖公司	拍卖场次	拍卖日期	拍卖号	成交价（元）
张永春 和田籽料雕亭亭玉立牌	上海驰翰	第七届书画文玩专场拍卖会	2012/8/12	276	8500
张永春 和田籽料雕猫蝶富贵	上海驰翰	第七届书画文玩专场拍卖会	2012/8/12	277	12000
唐伟琪 和田籽料雕荷塘清趣牌	上海驰翰	第七届书画文玩专场拍卖会	2012/8/12	278	75000
黄盖 和田仔料茶壶	上海驰翰	第七届书画文玩专场拍卖会	2012/8/12	281	50000
胡锡涛 和田籽料带黄沁高士月游图山子	上海驰翰	第七届书画文玩专场拍卖会	2012/8/12	283	50000
张永春 和田籽料雕莲蓬挂件	上海驰翰	第七届书画文玩专场拍卖会	2012/8/12	284	5000
张永春 和田籽料雕观音牌	上海驰翰	第七届书画文玩专场拍卖会	2012/8/12	286	33000
张永春 和田籽料雕龙凤挂件	上海驰翰	第七届书画文玩专场拍卖会	2012/8/12	287	9000
吕德 和田籽料雕花开富贵挂件	上海驰翰	第七届书画文玩专场拍卖会	2012/8/12	292	16000
吕德 和田籽料雕龙牌	上海驰翰	第七届书画文玩专场拍卖会	2012/8/12	293	16000
吕德 和田籽料雕江南水乡挂件	上海驰翰	第七届书画文玩专场拍卖会	2012/8/12	294	20000
吕德 和田籽料雕甲壳虫挂件	上海驰翰	第七届书画文玩专场拍卖会	2012/8/12	295	20000
黄盖 白玉扳指	上海驰翰	2012年金秋大型艺术品拍卖会	2012/10/10	11	25000
葛洪 新疆和田籽料雕龙凤配挂件	上海驰翰	2012年金秋大型艺术品拍卖会	2012/10/10	52	120000
白玉圆雕辟邪兽摆件	上海驰翰	2012年金秋大型艺术品拍卖会	2012/10/10	122	8000
蒋宏利 和田白玉雕伯乐相马摆件	上海驰翰	2012年金秋大型艺术品拍卖会	2012/10/10	123	95000
子冈款 白玉雕闺人赠远牌	上海驰翰	2012年金秋大型艺术品拍卖会	2012/10/10	125	75000
白玉雕嫦娥抱兔立像	上海驰翰	2012年金秋大型艺术品拍卖会	2012/10/10	129	95000
白玉籽料雕如意把件	上海驰翰	2012年金秋大型艺术品拍卖会	2012/10/10	133	75000
白玉籽料雕鹰型挂件	上海驰翰	2012年金秋大型艺术品拍卖会	2012/10/10	134	95000
白玉籽料雕无事牌	上海驰翰	2012年金秋大型艺术品拍卖会	2012/10/10	135	140000
子冈款 白玉雕梅兰竹菊牌	上海驰翰	2012年金秋大型艺术品拍卖会	2012/10/10	136	60000
白玉籽料雕指日高升把件	上海驰翰	2012年金秋大型艺术品拍卖会	2012/10/10	139	110000
白玉雕寿碗	上海驰翰	第八届书画文玩专场拍卖会	2012/10/27	227	2000
白玉透雕玉花	上海驰翰	第八届书画文玩专场拍卖会	2012/10/27	231	5000
白玉圆雕如意摆件	上海驰翰	第八届书画文玩专场拍卖会	2012/10/27	232	6000
白玉雕文玩玉牌	上海驰翰	第八届书画文玩专场拍卖会	2012/10/27	236	11000
和田白玉透雕龙形云纹转心佩	上海驰翰	第八届书画文玩专场拍卖会	2012/10/27	237	10000
白玉雕祥和瑞兽（一件）	上海驰翰	第八届书画文玩专场拍卖会	2012/10/27	238	9500

名称	拍卖公司	拍卖场次	拍卖日期	拍卖号	成交价（元）
文玩款 白玉浮雕书画牌	上海驰翰	第八届书画文玩专场拍卖会	2012/10/27	239	9500
白玉圆雕狮子把件	上海驰翰	第八届书画文玩专场拍卖会	2012/10/27	242	6000
张克山 籽料雕寿桃	上海驰翰	第九届书画文玩专场拍卖会	2012/12/9	4	6000
张克山 籽料雕守护	上海驰翰	第九届书画文玩专场拍卖会	2012/12/9	5	11000
籽料雕长寿龟、如意挂件（各一件）	上海驰翰	第九届书画文玩专场拍卖会	2012/12/9	6	2000
籽料雕小件（三件一组）	上海驰翰	第九届书画文玩专场拍卖会	2012/12/9	7	3600
籽料雕小件（六件一组）	上海驰翰	第九届书画文玩专场拍卖会	2012/12/9	8	3500
裘军毅 籽料雕翁仲	上海驰翰	第九届书画文玩专场拍卖会	2012/12/9	10	2000
裘军毅 籽料雕满园春色挂件	上海驰翰	第九届书画文玩专场拍卖会	2012/12/9	11	5000
范同生 籽料雕弥勒佛	上海驰翰	第九届书画文玩专场拍卖会	2012/12/9	21	20600
范同生 籽料雕侧脸观音	上海驰翰	第九届书画文玩专场拍卖会	2012/12/9	22	28000
白玉浮雕生龙活虎牌	上海驰翰	第九届书画文玩专场拍卖会	2012/12/9	28	3000
白玉圆雕鹅芝图	上海驰翰	第十届书画文玩专场拍卖会	2012/12/29	97	24000
白玉圆雕童子骑鹅	上海驰翰	第十届书画文玩专场拍卖会	2012/12/29	99	4000
白玉圆雕福寿万代	上海驰翰	第十届书画文玩专场拍卖会	2012/12/29	100	5000
白玉圆雕童子抱葫芦	上海驰翰	第十届书画文玩专场拍卖会	2012/12/29	101	4000
白玉圆雕卧羊	上海驰翰	第十届书画文玩专场拍卖会	2012/12/29	103	6000
白玉圆雕佛手	上海驰翰	第十届书画文玩专场拍卖会	2012/12/29	107	8000
和田籽料玉石三颗（一组）	上海大众	新海上雅集2012大型艺术品拍卖会	2012/8/4	1090	57500
崔磊 俄料留皮巧雕招财童子牌	上海大众	新海上雅集2012大型艺术品拍卖会	2012/8/4	1095	115000
范同生 和田白玉籽料留红皮巧雕“如意观音”随形牌	上海大众	新海上雅集2012大型艺术品拍卖会	2012/8/4	1096	287500
曹阳 和田白玉雕喜鹊登梅挂坠	上海大众	新海上雅集2012大型艺术品拍卖会	2012/8/4	1097	138000
曹阳 和田白玉籽料留红皮巧雕“轻舟已过万重山”坠形牌	上海大众	新海上雅集2012大型艺术品拍卖会	2012/8/4	1098	172500
曹阳 和田白玉留皮巧雕月下缓带诗文牌	上海大众	新海上雅集2012大型艺术品拍卖会	2012/8/4	1099	207000
翟倚卫 和田白玉籽料留红皮巧雕“早春”玉牌	上海大众	新海上雅集2012大型艺术品拍卖会	2012/8/4	1100	2185000
刘忠荣 和田籽料雕赏画玉牌	上海大众	新海上雅集2012大型艺术品拍卖会	2012/8/4	1101	920000
白玉瑞兽	上海道明	2012春季拍卖会	2012/6/29	327	57500

名称	拍卖公司	拍卖场次	拍卖日期	拍卖号	成交价（元）
白玉山水人物纹佩（一件）	上海国拍	2012年秋季艺术品拍卖会	2012/12/7	104	16800
白玉观音佩牌	上海嘉泰	2012迎春艺术品拍卖会	2012/3/11	1552	6325
白玉大吉福临佩	上海嘉泰	2012春季艺术品拍卖会	2012/6/23	1198	20700
白玉山鬼佩	上海嘉泰	2012春季艺术品拍卖会	2012/6/23	1199	14950
白玉仙桃槎	上海嘉泰	2012春季艺术品拍卖会	2012/6/23	1304	5750
白玉籽料福寿坠	上海嘉泰	2012春季艺术品拍卖会	2012/6/23	1308	43700
白玉金皮人参如意坠	上海嘉泰	2012春季艺术品拍卖会	2012/6/23	1311	43700
童健松 白玉籽高山流水山子	上海嘉泰	2012秋季艺术品拍卖会	2012/10/25	1563	161000
白玉雕岁寒三友花插	上海嘉泰	2012秋季艺术品拍卖会	2012/10/25	1564	55200
薛春梅 和田籽料祝福壶	上海阳浩	2012年春季拍卖会	2012/7/15	174	2016000
薛春梅 和田籽料“玉人何处教吹萧”山子摆件	上海阳浩	2012年春季拍卖会	2012/7/15	175	5488000
白玉吉祥如意牌	十竹斋	2012春季艺术品拍卖会	2012/6/10	169	11200
白玉雕子冈款人物牌	十竹斋	2012春季艺术品拍卖会	2012/6/10	171	44800
白玉持荷童子挂件	十竹斋	2012春季艺术品拍卖会	2012/6/10	178	22400
白玉刻和合二仙人物牌	十竹斋	2012春季艺术品拍卖会	2012/6/10	199	8960
白玉鱼挂件	十竹斋	2012春季艺术品拍卖会	2012/6/10	204	2240
白玉弥勒佛牌	十竹斋	2012春季艺术品拍卖会	2012/6/10	222	94080
白玉刻麒麟送宝摆件	十竹斋	2012春季艺术品拍卖会	2012/6/10	225	35840
白玉刻福寿牌	十竹斋	2012春季艺术品拍卖会	2012/6/10	240	31360
白玉观音	十竹斋	2012春季艺术品拍卖会	2012/6/10	260	44800
白玉安居乐业摆件	十竹斋	2012秋季艺术品拍卖会	2012/12/23	69	224000
白玉人物诗文牌	十竹斋	2012秋季艺术品拍卖会	2012/12/23	73	22400
白玉璧	十竹斋	2012秋季艺术品拍卖会	2012/12/23	78	33600
白玉无字牌	十竹斋	2012秋季艺术品拍卖会	2012/12/23	194	20160
白玉山水诗文牌	十竹斋	2012秋季艺术品拍卖会	2012/12/23	220	24640
白玉山子	十竹斋	2012秋季艺术品拍卖会	2012/12/23	230	44800
白玉人物牌	十竹斋	2012秋季艺术品拍卖会	2012/12/23	233	56000
白玉刻福寿挂坠	十竹斋	2012秋季艺术品拍卖会	2012/12/23	260	11200
白玉雕童子佩	太平洋	2012第二季艺术品拍卖会	2012/6/16	502	27600

名称	拍卖公司	拍卖场次	拍卖日期	拍卖号	成交价（元）
白玉雕人物诗文佩（一对）	太平洋	2012第二季艺术品拍卖会	2012/6/16	503	27600
白玉童子闹春佩（一对）	太平洋	2012第二季艺术品拍卖会	2012/6/16	505	59800
白玉双耳三足炉	太平洋	2012第二季艺术品拍卖会	2012/6/16	507	89700
白玉雕西番莲纹双耳盖炉	太平洋	2012第二季艺术品拍卖会	2012/6/16	513	103500
樊军民 羊脂玉雕貔貅把件	太平洋	2012第二季艺术品拍卖会	2012/6/16	611	204930
郭海军 籽料雕富贵吉祥摆件	太平洋	2012第二季艺术品拍卖会	2012/6/16	619	92000
郭海军 籽料雕指日高升把件	太平洋	2012第二季艺术品拍卖会	2012/6/16	621	92000
周雁明 籽料女娲补天佩	太平洋	2012第二季艺术品拍卖会	2012/6/16	695	144900
碧玉嵌白玉诗文如意	太平洋	2012第二季艺术品拍卖会	2012/6/16	784	44850
白玉雕平安无事佩	太平洋	2012第二季艺术品拍卖会	2012/6/16	797	10350
白玉雕仕女诗文佩	太平洋	2012第二季艺术品拍卖会	2012/6/16	798	18400
白玉雕五福佩	太平洋	2012第二季艺术品拍卖会	2012/6/16	799	8050
白玉竹报平安佩	太平洋	2012第二季艺术品拍卖会	2012/6/16	800	3450
白玉嵌碧玉佩	太平洋	2012第二季艺术品拍卖会	2012/6/16	802	10350
白玉雕观音山子	太平洋	2012第二季艺术品拍卖会	2012/6/16	807	37950
白玉雕人物手把件	太平洋	2012第二季艺术品拍卖会	2012/6/16	816	23000
白玉瑞兽	太平洋	2012第二季艺术品拍卖会	2012/6/16	817	6900
白玉小链子瓶	太平洋	2012第二季艺术品拍卖会	2012/6/16	820	575
白玉手镯（一对）	太平洋	2012第二季艺术品拍卖会	2012/6/16	895	2875
白玉蝉挂件	天麒阁	2012青岛之夏艺术品拍卖会	2012/7/21	707	8960
白玉山子连座	天麒阁	2012青岛之夏艺术品拍卖会	2012/7/21	708	8960
双鹅白玉挂件	天麒阁	2012青岛之夏艺术品拍卖会	2012/7/21	714	6720
白玉弥陀佛挂件	天麒阁	2012青岛之夏艺术品拍卖会	2012/7/21	716	10080
和田白玉雕莲纹牌	未来四方	2012春（北京）文物艺术品拍卖会	2012/6/5	450	16800
和田白玉籽料雕观音挂件	未来四方	2012春（北京）文物艺术品拍卖会	2012/6/5	460	6720
和田白玉籽料雕富甲一方挂件	未来四方	2012春（北京）文物艺术品拍卖会	2012/6/5	464	6720
和田籽料带皮包金挂件	未来四方	2012春（北京）文物艺术品拍卖会	2012/6/5	494	16800
和田籽料带皮包金挂件	未来四方	2012春（北京）文物艺术品拍卖会	2012/6/5	495	8960
白玉糖料戒指	未来四方	2012春（北京）文物艺术品拍卖会	2012/6/5	500	1120

名称	拍卖公司	拍卖场次	拍卖日期	拍卖号	成交价（元）
白玉雕福禄寿摆件	未来四方	2012秋（北京）文物艺术品拍卖会	2012/12/14	507	20160
白玉雕代代有福挂件	未来四方	2012秋（北京）文物艺术品拍卖会	2012/12/14	513	6720
和田白玉雕兽钮荷叶纹壶	未来四方	2012秋（北京）文物艺术品拍卖会	2012/12/14	518	300000
白玉如意纹扳指	未来四方	2012秋（北京）文物艺术品拍卖会	2012/12/14	526	11200
和田白玉雕松下高士摆件	未来四方	2012秋（北京）文物艺术品拍卖会	2012/12/14	528	20160
白玉雕连年有余纹牌	未来四方	2012秋（北京）文物艺术品拍卖会	2012/12/14	530	3360
白玉雕寿字牌	未来四方	2012秋（北京）文物艺术品拍卖会	2012/12/14	531	53760
白玉雕瑞兽挂件	未来四方	2012秋（北京）文物艺术品拍卖会	2012/12/14	534	13440
白玉雕童子把件	未来四方	2012秋（北京）文物艺术品拍卖会	2012/12/14	538	61600
和田白玉雕提梁壶	未来四方	2012秋（北京）文物艺术品拍卖会	2012/12/14	539	168000
倪伟滨 麻姑献寿 白玉摆件	西泠拍卖	2012年春季拍卖会	2012/7/7	1912	207000
倪伟滨 风竹弄影 白玉牌	西泠拍卖	2012年春季拍卖会	2012/7/7	1913	149500
倪伟滨 永恒 白玉挂件	西泠拍卖	2012年春季拍卖会	2012/7/7	1914	34500
王平 慈怀无量 白玉挂件	西泠拍卖	2012年春季拍卖会	2012/7/7	1915	575000
王平 观音 白玉摆件	西泠拍卖	2012年春季拍卖会	2012/7/7	1916	379500
黄罕勇 龙凤镇 白玉摆件	西泠拍卖	2012年春季拍卖会	2012/7/7	1918	28750
黄罕勇 凤 白玉挂件	西泠拍卖	2012年春季拍卖会	2012/7/7	1919	28750
黄罕勇 五行 白玉挂件	西泠拍卖	2012年春季拍卖会	2012/7/7	1920	34500
黄罕勇 云 白玉挂件	西泠拍卖	2012年春季拍卖会	2012/7/7	1921	28750
黄罕勇 龙镇 白玉摆件	西泠拍卖	2012年春季拍卖会	2012/7/7	1922	103500
黄罕勇 禅定 白玉挂件	西泠拍卖	2012年春季拍卖会	2012/7/7	1923	80500
黄罕勇 鹤鹿同春 白玉把件	西泠拍卖	2012年春季拍卖会	2012/7/7	1924	1380000
杨曦 等闲书字满芭蕉 白玉香插	西泠拍卖	2012年春季拍卖会	2012/7/7	1925	43700
杨曦 连年有余 白玉挂件	西泠拍卖	2012年春季拍卖会	2012/7/7	1926	51750
杨曦 春风带露 白玉挂件	西泠拍卖	2012年春季拍卖会	2012/7/7	1927	126500
杨曦 处处如意 白玉挂件	西泠拍卖	2012年春季拍卖会	2012/7/7	1928	57500
杨曦 香远益清 白玉挂件	西泠拍卖	2012年春季拍卖会	2012/7/7	1929	43700
杨曦 钟馗 白玉牌	西泠拍卖	2012年春季拍卖会	2012/7/7	1930	483000
杨曦 善化众生 白玉牌	西泠拍卖	2012年春季拍卖会	2012/7/7	1931	402500

名称	拍卖公司	拍卖场次	拍卖日期	拍卖号	成交价（元）
杨曦 净面忠勇 白玉对牌	西泠拍卖	2012年春季拍卖会	2012/7/7	1932	4600000
瞿利军 竹报平安 白玉香插	西泠拍卖	2012年春季拍卖会	2012/7/7	1935	23000
瞿利军 迎风有声 白玉香插	西泠拍卖	2012年春季拍卖会	2012/7/7	1936	23000
瞿利军 皓态清芳 白玉香插	西泠拍卖	2012年春季拍卖会	2012/7/7	1937	13800
瞿利军 三叶 白玉香插	西泠拍卖	2012年春季拍卖会	2012/7/7	1938	25300
瞿利军 清风送香远 白玉香插	西泠拍卖	2012年春季拍卖会	2012/7/7	1939	25300
瞿利军 芳韵 白玉香炉	西泠拍卖	2012年春季拍卖会	2012/7/7	1940	184000
瞿利军 才子佳人 白玉对牌	西泠拍卖	2012年春季拍卖会	2012/7/7	1941	149500
瞿利军 遥知非雪 白玉牌	西泠拍卖	2012年春季拍卖会	2012/7/7	1943	230000
瞿利军 不竞华美 白玉牌	西泠拍卖	2012年春季拍卖会	2012/7/7	1944	184000
瞿利军 暮云转玉 白玉牌	西泠拍卖	2012年春季拍卖会	2012/7/7	1945	345000
瞿利军 独钓江雪 白玉挂件	西泠拍卖	2012年春季拍卖会	2012/7/7	1946	172500
刘忠荣 今正是时 白玉牌	西泠拍卖	2012年春季拍卖会	2012/7/7	1948	805000
刘忠荣 金莲开法界 白玉牌	西泠拍卖	2012年春季拍卖会	2012/7/7	1949	1150000
洪新华 我如意 白玉挂件	西泠拍卖	2012年春季拍卖会	2012/7/7	1952	115000
洪新华 松鹤延年 白玉挂件	西泠拍卖	2012年春季拍卖会	2012/7/7	1953	207000
范同生 吉祥如意 白玉挂件	西泠拍卖	2012年春季拍卖会	2012/7/7	1954	23000
崔磊 通钱 白玉挂件	西泠拍卖	2012年春季拍卖会	2012/7/7	1955	74750
崔磊 攻守兼备 白玉把件	西泠拍卖	2012年春季拍卖会	2012/7/7	1956	414000
崔磊 金榜题名 白玉把件	西泠拍卖	2012年春季拍卖会	2012/7/7	1957	287500
崔磊 鞍前马后 白玉挂件	西泠拍卖	2012年春季拍卖会	2012/7/7	1958	230000
崔磊 左右逢缘 白玉把件	西泠拍卖	2012年春季拍卖会	2012/7/7	1959	552000
樊军民 游鱼图 白玉把件	西泠拍卖	2012年春季拍卖会	2012/7/7	1960	172500
崔磊 大富贵 白玉摆件	西泠拍卖	2012年春季拍卖会	2012/7/7	1961	1437500
于雪涛 高枕无忧 白玉把件	西泠拍卖	2012年春季拍卖会	2012/7/7	1962	1725000
于雪涛 财神 白玉把件	西泠拍卖	2012年春季拍卖会	2012/7/7	1963	690000
颜桂明 妙法圆通 白玉挂件	西泠拍卖	2012年春季拍卖会	2012/7/7	1964	97750
徐志浩 观自在 白玉挂件	西泠拍卖	2012年春季拍卖会	2012/7/7	1966	34500
徐志浩 傲雪 白玉挂件	西泠拍卖	2012年春季拍卖会	2012/7/7	1967	23000

名称	拍卖公司	拍卖场次	拍卖日期	拍卖号	成交价（元）
徐志浩 财运连连 白玉挂件	西泠拍卖	2012年春季拍卖会	2012/7/7	1968	57500
徐志浩 路路通 白玉挂件	西泠拍卖	2012年春季拍卖会	2012/7/7	1969	28750
许馨互 顶顶吉祥 白玉摆件	西泠拍卖	2012年春季拍卖会	2012/7/7	1970	20700
翟倚卫 桃花依旧 白玉牌	西泠拍卖	2012年春季拍卖会	2012/7/7	1978	1265000
翟倚卫 把酒临轩 白玉牌	西泠拍卖	2012年春季拍卖会	2012/7/7	1979	1495000
翟倚卫 一枕秋声 白玉挂件	西泠拍卖	2012年春季拍卖会	2012/7/7	1981	28750
郭万龙 貔貅 白玉把件	西泠拍卖	2012年春季拍卖会	2012/7/7	1983	218500
李宜钧 幽芳依云 白玉牌	西泠拍卖	2012年春季拍卖会	2012/7/7	1984	80500
苏然 三不猴 白玉把件	西泠拍卖	2012年春季拍卖会	2012/7/7	1985	253000
苏然 节节高升 白玉把件	西泠拍卖	2012年春季拍卖会	2012/7/7	1986	172500
苏然 多福多寿 白玉把件	西泠拍卖	2012年春季拍卖会	2012/7/7	1987	1265000
宋世义 觅仙图 白玉山子	西泠拍卖	2012年春季拍卖会	2012/7/7	1988	126500
顾永骏 孤山韵事 白玉山子	西泠拍卖	2012年春季拍卖会	2012/7/7	1990	368000
顾永骏 把酒问青天 白玉山子	西泠拍卖	2012年春季拍卖会	2012/7/7	1991	920000
顾永骏 三酸 白玉摆件	西泠拍卖	2012年春季拍卖会	2012/7/7	1992	322000
顾铭 君子之交 白玉壶	西泠拍卖	2012年春季拍卖会	2012/7/7	1995	97750
顾铭 一路连科 白玉山子	西泠拍卖	2012年春季拍卖会	2012/7/7	1996	172500
顾铭 悟道 白玉山子	西泠拍卖	2012年春季拍卖会	2012/7/7	1997	161000
吴德昇 露姿 白玉把件	西泠拍卖	2012年春季拍卖会	2012/7/7	1999	414000
吴德昇 芳泽 白玉把件	西泠拍卖	2012年春季拍卖会	2012/7/7	2000	632500
吴德昇 相拥 白玉摆件	西泠拍卖	2012年春季拍卖会	2012/7/7	2001	3220000
吴金星 龙印 白玉挂件	西泠拍卖	2012年春季拍卖会	2012/7/7	2003	34500
吴金星 螭龙纹 白玉挂件	西泠拍卖	2012年春季拍卖会	2012/7/7	2004	46000
吴金星 瑞兽 白玉把件	西泠拍卖	2012年春季拍卖会	2012/7/7	2006	805000
俞艇 白玉扳指	西泠拍卖	2012年春季拍卖会	2012/7/7	2008	40250
付雪飞 羲之爱鹅 白玉牌	西泠拍卖	2012年春季拍卖会	2012/7/7	2012	253000
付雪飞 画圣 白玉牌	西泠拍卖	2012年春季拍卖会	2012/7/7	2013	276000
付雪飞 渔翁得利 白玉牌	西泠拍卖	2012年春季拍卖会	2012/7/7	2014	161000
宋鸣放 白玉瓜棱壶	西泠拍卖	2012年春季拍卖会	2012/7/7	2016	690000

名称	拍卖公司	拍卖场次	拍卖日期	拍卖号	成交价（元）
高毅进 蕙质兰心 白玉瓶	西泠拍卖	2012年春季拍卖会	2012/7/7	2017	747500
高毅进 金玉满堂 白玉链瓶	西泠拍卖	2012年春季拍卖会	2012/7/7	2019	460000
葛洪 神威远震 白玉牌	西泠拍卖	2012年春季拍卖会	2012/7/7	2020	437000
赵显志 博古纹 白玉牌	西泠拍卖	2012年春季拍卖会	2012/7/7	2024	34500
顾忠华 龙翔凤翥 白玉对牌	西泠拍卖	2012年春季拍卖会	2012/7/7	2034	287500
徐凯 天道酬勤 白玉挂件	西泠拍卖	2012年春季拍卖会	2012/7/7	2040	161000
徐凯 龙腾四海 白玉牌	西泠拍卖	2012年春季拍卖会	2012/7/7	2043	218500
徐凯 天马行空 白玉牌	西泠拍卖	2012年春季拍卖会	2012/7/7	2044	345000
吴灶发 路路如意 白玉把件	西泠拍卖	2012年春季拍卖会	2012/7/7	2045	437000
吴灶发 我如意 白玉把件	西泠拍卖	2012年春季拍卖会	2012/7/7	2046	368000
赵显志 洋洋如意 白玉挂件	西泠拍卖	2012年春季拍卖会	2012/7/7	2047	46000
葛洪 长生延年 白玉挂件	西泠拍卖	2012年春季拍卖会	2012/7/7	2048	32200
张良 花好月圆 白玉插牌	西泠拍卖	2012年春季拍卖会	2012/7/7	2050	977500
张良 金陵十二钗 白玉插牌	西泠拍卖	2012年春季拍卖会	2012/7/7	2051	1035000
程磊 我如意 白玉把件	西泠拍卖	2012年春季拍卖会	2012/7/7	2052	345000
程磊 福禄双全 白玉挂件	西泠拍卖	2012年春季拍卖会	2012/7/7	2053	287500
程磊 一夜封侯 白玉挂件	西泠拍卖	2012年春季拍卖会	2012/7/7	2054	97750
程磊 真水无香 白玉耳坠	西泠拍卖	2012年春季拍卖会	2012/7/7	2055	17250
陈健 兰香 白玉牌	西泠拍卖	2012年春季拍卖会	2012/7/7	2056	48300
陈健 香径风和 白玉牌	西泠拍卖	2012年春季拍卖会	2012/7/7	2058	230000
范同生 武财神 白玉牌	西泠拍卖	2012年春季拍卖会	2012/7/7	2059	402500
范同生 观音 白玉牌	西泠拍卖	2012年春季拍卖会	2012/7/7	2061	460000
范同生 遇百财 白玉把件	西泠拍卖	2012年春季拍卖会	2012/7/7	2062	529000
蒋喜 白玉龙凤对牌	西泠拍卖	2012年春季拍卖会	2012/7/7	2063	207000
侯晓锋 引福 白玉挂件	西泠拍卖	2012年春季拍卖会	2012/7/7	2067	575000
李剑 寿字纹勒子 白玉挂件	西泠拍卖	2012年春季拍卖会	2012/7/7	2068	20700
李剑 翁仲 白玉挂件	西泠拍卖	2012年春季拍卖会	2012/7/7	2069	20700
李剑 莲蕊香尘 白玉挂件	西泠拍卖	2012年春季拍卖会	2012/7/7	2070	40250
李剑 福禄双至 白玉牌	西泠拍卖	2012年春季拍卖会	2012/7/7	2071	437000

名称	拍卖公司	拍卖场次	拍卖日期	拍卖号	成交价（元）
杨万发、林文苑 药师琉璃光如来白玉摆件	西泠拍卖	2012年春季拍卖会	2012/7/7	2073	805000
林文苑 天禄 白玉摆件	西泠拍卖	2012年春季拍卖会	2012/7/7	2074	920000
叶清 梅兰竹菊 白玉套牌	西泠拍卖	2012年春季拍卖会	2012/7/7	2075	575000
叶清 月晓风清 白玉挂件	西泠拍卖	2012年春季拍卖会	2012/7/7	2076	103500
邹作志 饮中仙 青花酒杯	西泠拍卖	2012年春季拍卖会	2012/7/7	2079	32200
邹作志 玄武 白玉把件	西泠拍卖	2012年春季拍卖会	2012/7/7	2080	253000
赵琦 太平有象 白玉把件	西泠拍卖	2012年春季拍卖会	2012/7/7	2082	34500
赵琦 一路连科 白玉挂件	西泠拍卖	2012年春季拍卖会	2012/7/7	2083	34500
赵琦 一路连科 白玉挂件	西泠拍卖	2012年春季拍卖会	2012/7/7	2084	34500
赵琦 一路连科 白玉把件	西泠拍卖	2012年春季拍卖会	2012/7/7	2085	218500
张晓玲 闲云 白玉牌	西泠拍卖	2012年春季拍卖会	2012/7/7	2086	51750
陈静 骑龙观音 白玉牌	西泠拍卖	2012年春季拍卖会	2012/7/7	2088	184000
唐伟琪 谁识清意 白玉牌	西泠拍卖	2012年春季拍卖会	2012/7/7	2089	80500
唐伟琪 花边春风 白玉牌	西泠拍卖	2012年春季拍卖会	2012/7/7	2090	287500
佚名 赑屃 白玉把件	西泠拍卖	2012年春季拍卖会	2012/7/7	2093	161000
刘国皓 文武财神 白玉把件	西泠拍卖	2012年春季拍卖会	2012/7/7	2095	517500
孙永 溪山清远 白玉把件	西泠拍卖	2012年春季拍卖会	2012/7/7	2097	34500
天佑 白玉项链	西泠拍卖	2012年春季拍卖会	2012/7/7	2099	55200
绿度母 白玉项链	西泠拍卖	2012年春季拍卖会	2012/7/7	2103	138000
瞿利军 喜事连至 白玉笔洗	西泠拍卖	2012中国良渚玉文化园中国当代玉雕大师作品专场	2012/10/21	1	40250
瞿利军 晨露 白玉香插	西泠拍卖	2012中国良渚玉文化园中国当代玉雕大师作品专场	2012/10/21	2	8050
瞿利军 清韵拔俗 白玉香插	西泠拍卖	2012中国良渚玉文化园中国当代玉雕大师作品专场	2012/10/21	3	6900
瞿利军 湖庄消夏 白玉牌	西泠拍卖	2012中国良渚玉文化园中国当代玉雕大师作品专场	2012/10/21	4	20700
瞿利军 虚心劲节 白玉香插	西泠拍卖	2012中国良渚玉文化园中国当代玉雕大师作品专场	2012/10/21	5	13800
瞿利军 如鱼得水 白玉挂件	西泠拍卖	2012中国良渚玉文化园中国当代玉雕大师作品专场	2012/10/21	6	13800

名称	拍卖公司	拍卖场次	拍卖日期	拍卖号	成交价（元）
瞿利军 年年有余 白玉挂件	西泠拍卖	2012中国良渚玉文化园中国当代玉雕大师作品专场	2012/10/21	7	25300
瞿利军 节节高升 白玉挂件	西泠拍卖	2012中国良渚玉文化园中国当代玉雕大师作品专场	2012/10/21	8	9200
瞿利军 江山归舟 白玉牌	西泠拍卖	2012中国良渚玉文化园中国当代玉雕大师作品专场	2012/10/21	9	11500
瞿利军 祝福满满 白玉挂件	西泠拍卖	2012中国良渚玉文化园中国当代玉雕大师作品专场	2012/10/21	10	23000
瞿利军 知足常乐 白玉挂件	西泠拍卖	2012中国良渚玉文化园中国当代玉雕大师作品专场	2012/10/21	11	17250
瞿利军 一鸣惊人 白玉挂件	西泠拍卖	2012中国良渚玉文化园中国当代玉雕大师作品专场	2012/10/21	12	20700
瞿利军 一鸣惊人 白玉挂件	西泠拍卖	2012中国良渚玉文化园中国当代玉雕大师作品专场	2012/10/21	13	149500
瞿利军 螭龙佩 白玉把件	西泠拍卖	2012中国良渚玉文化园中国当代玉雕大师作品专场	2012/10/21	15	138000
瞿利军 海纳百川 白玉挂件	西泠拍卖	2012中国良渚玉文化园中国当代玉雕大师作品专场	2012/10/21	16	517500
瞿利军 金枫一叶 白玉挂件	西泠拍卖	2012中国良渚玉文化园中国当代玉雕大师作品专场	2012/10/21	17	126500
瞿利军 江上枫 白玉牌	西泠拍卖	2012中国良渚玉文化园中国当代玉雕大师作品专场	2012/10/21	18	920000
瞿利军 瑞兽钮 白玉印	西泠拍卖	2012中国良渚玉文化园中国当代玉雕大师作品专场	2012/10/21	20	184000
瞿利军 幽栖 白玉笔洗	西泠拍卖	2012中国良渚玉文化园中国当代玉雕大师作品专场	2012/10/21	21	17250
瞿利军 乘风破浪 白玉印	西泠拍卖	2012中国良渚玉文化园中国当代玉雕大师作品专场	2012/10/21	22	34500
许馨互 笑口常开 白玉挂件一组	西泠拍卖	2012中国良渚玉文化园中国当代玉雕大师作品专场	2012/10/21	24	63250
许馨互 安居乐业 白玉挂件	西泠拍卖	2012中国良渚玉文化园中国当代玉雕大师作品专场	2012/10/21	27	6900
许馨互 府上有龙 白玉挂件	西泠拍卖	2012中国良渚玉文化园中国当代玉雕大师作品专场	2012/10/21	28	80500
许馨互 辟邪牌 白玉挂件	西泠拍卖	2012中国良渚玉文化园中国当代玉雕大师作品专场	2012/10/21	29	17250
许馨互 大吉祥 白玉挂件	西泠拍卖	2012中国良渚玉文化园中国当代玉雕大师作品专场	2012/10/21	30	6900

名称	拍卖公司	拍卖场次	拍卖日期	拍卖号	成交价（元）
许馨互 貔貅 白玉挂件	西泠拍卖	2012中国良渚玉文化园中国当代玉雕大师作品专场	2012/10/21	31	8050
许馨互 荷风清韵 白玉挂件	西泠拍卖	2012中国良渚玉文化园中国当代玉雕大师作品专场	2012/10/21	32	10350
许馨互 悠然自得 白玉挂件	西泠拍卖	2012中国良渚玉文化园中国当代玉雕大师作品专场	2012/10/21	33	10350
许馨互 富贵花开 白玉挂件	西泠拍卖	2012中国良渚玉文化园中国当代玉雕大师作品专场	2012/10/21	34	6900
许馨互 佛手 白玉挂件	西泠拍卖	2012中国良渚玉文化园中国当代玉雕大师作品专场	2012/10/21	35	11500
王平 大自在 白玉挂件	西泠拍卖	2012中国良渚玉文化园中国当代玉雕大师作品专场	2012/10/21	36	172500
张晓玲 瑞兽 白玉挂件	西泠拍卖	2012中国良渚玉文化园中国当代玉雕大师作品专场	2012/10/21	37	6900
张晓玲 希逸 白玉壶	西泠拍卖	2012中国良渚玉文化园中国当代玉雕大师作品专场	2012/10/21	38	43700
张晓玲 玉琮 白玉挂件	西泠拍卖	2012中国良渚玉文化园中国当代玉雕大师作品专场	2012/10/21	39	5750
赵琦 府上有龙 白玉挂件	西泠拍卖	2012中国良渚玉文化园中国当代玉雕大师作品专场	2012/10/21	49	11500
赵琦 一路连科 白玉挂件	西泠拍卖	2012中国良渚玉文化园中国当代玉雕大师作品专场	2012/10/21	50	8050
赵琦 福在眼前 白玉挂件	西泠拍卖	2012中国良渚玉文化园中国当代玉雕大师作品专场	2012/10/21	51	6900
赵琦 福在手心 白玉挂件	西泠拍卖	2012中国良渚玉文化园中国当代玉雕大师作品专场	2012/10/21	52	23000
赵琦 代代封侯 白玉挂件	西泠拍卖	2012中国良渚玉文化园中国当代玉雕大师作品专场	2012/10/21	53	9200
赵琦 福禄 白玉挂件	西泠拍卖	2012中国良渚玉文化园中国当代玉雕大师作品专场	2012/10/21	54	13800
赵琦 鹰击长空 白玉把件	西泠拍卖	2012中国良渚玉文化园中国当代玉雕大师作品专场	2012/10/21	56	5750
赵琦 观音 白玉挂件	西泠拍卖	2012中国良渚玉文化园中国当代玉雕大师作品专场	2012/10/21	57	13800
赵琦 升龙出海 白玉挂件	西泠拍卖	2012中国良渚玉文化园中国当代玉雕大师作品专场	2012/10/21	60	17250
赵琦 云霄万里 白玉把件	西泠拍卖	2012中国良渚玉文化园中国当代玉雕大师作品专场	2012/10/21	61	103500

名称	拍卖公司	拍卖场次	拍卖日期	拍卖号	成交价（元）
徐志浩 旺财 白玉、青花挂件	西泠拍卖	2012中国良渚玉文化园中国当代玉雕大师作品专场	2012/10/21	62	5750
徐志浩 三足金蟾 白玉挂件	西泠拍卖	2012中国良渚玉文化园中国当代玉雕大师作品专场	2012/10/21	63	6900
徐志浩 慈怀无量 白玉挂件	西泠拍卖	2012中国良渚玉文化园中国当代玉雕大师作品专场	2012/10/21	64	13800
徐志浩 双娇 白玉摆件	西泠拍卖	2012中国良渚玉文化园中国当代玉雕大师作品专场	2012/10/21	65	253000
洪新华 童子拜观音 白玉摆件	西泠拍卖	2012中国良渚玉文化园中国当代玉雕大师作品专场	2012/10/21	67	253000
黄罕勇 双龙戏珠 白玉扳指	西泠拍卖	2012中国良渚玉文化园中国当代玉雕大师作品专场	2012/10/21	68	17250
黄罕勇 龙行天下 白玉镇纸	西泠拍卖	2012中国良渚玉文化园中国当代玉雕大师作品专场	2012/10/21	69	48300
黄罕勇 平安无事 白玉牌	西泠拍卖	2012中国良渚玉文化园中国当代玉雕大师作品专场	2012/10/21	70	126500
黄罕勇 吉祥如意 白玉把件	西泠拍卖	2012中国良渚玉文化园中国当代玉雕大师作品专场	2012/10/21	71	195500
黄罕勇 福寿绵长 白玉把件	西泠拍卖	2012中国良渚玉文化园中国当代玉雕大师作品专场	2012/10/21	72	460000
程磊 福上加福 白玉挂件	西泠拍卖	2012中国良渚玉文化园中国当代玉雕大师作品专场	2012/10/21	73	253000
程磊 福气 白玉牌	西泠拍卖	2012中国良渚玉文化园中国当代玉雕大师作品专场	2012/10/21	74	32200
程磊 福双至 白玉手链	西泠拍卖	2012中国良渚玉文化园中国当代玉雕大师作品专场	2012/10/21	75	8050
程磊 月未央 白玉耳坠	西泠拍卖	2012中国良渚玉文化园中国当代玉雕大师作品专场	2012/10/21	76	6900
程磊 国色天香 白玉牌	西泠拍卖	2012中国良渚玉文化园中国当代玉雕大师作品专场	2012/10/21	77	80500
程磊 喜上眉梢 白玉挂件	西泠拍卖	2012中国良渚玉文化园中国当代玉雕大师作品专场	2012/10/21	78	80500
程磊 路路连科 白玉挂件	西泠拍卖	2012中国良渚玉文化园中国当代玉雕大师作品专场	2012/10/21	79	86250
程磊 纳福 白玉牌	西泠拍卖	2012中国良渚玉文化园中国当代玉雕大师作品专场	2012/10/21	81	57500
程磊 腾跃 白玉挂件	西泠拍卖	2012中国良渚玉文化园中国当代玉雕大师作品专场	2012/10/21	82	207000

名称	拍卖公司	拍卖场次	拍卖日期	拍卖号	成交价（元）
崔磊 腾龙 白玉对牌	西泠拍卖	2012中国良渚玉文化园中国当代玉雕大师作品专场	2012/10/21	83	184000
崔磊 能使鬼推磨 白玉把件	西泠拍卖	2012中国良渚玉文化园中国当代玉雕大师作品专场	2012/10/21	84	92000
陈冠军 访友图 白玉牌	西泠拍卖	2012中国良渚玉文化园中国当代玉雕大师作品专场	2012/10/21	85	20700
陈冠军 教子成名 白玉牌	西泠拍卖	2012中国良渚玉文化园中国当代玉雕大师作品专场	2012/10/21	86	17250
陈冠军 塘畔天伦 白玉牌	西泠拍卖	2012中国良渚玉文化园中国当代玉雕大师作品专场	2012/10/21	87	20700
陈冠军 送友图 白玉牌	西泠拍卖	2012中国良渚玉文化园中国当代玉雕大师作品专场	2012/10/21	88	17250
陈冠军 农耕 白玉牌	西泠拍卖	2012中国良渚玉文化园中国当代玉雕大师作品专场	2012/10/21	91	126500
陈冠军 龙凤子佩 白玉挂件	西泠拍卖	2012中国良渚玉文化园中国当代玉雕大师作品专场	2012/10/21	92	25300
赵显志 天伦 白玉把件	西泠拍卖	2012中国良渚玉文化园中国当代玉雕大师作品专场	2012/10/21	106	10350
赵显志 天禄 白玉挂件	西泠拍卖	2012中国良渚玉文化园中国当代玉雕大师作品专场	2012/10/21	107	184000
赵显志 龙牙 白玉挂件	西泠拍卖	2012中国良渚玉文化园中国当代玉雕大师作品专场	2012/10/21	108	11500
赵显志 吉祥如意 白玉挂件	西泠拍卖	2012中国良渚玉文化园中国当代玉雕大师作品专场	2012/10/21	109	8050
赵显志 事事如意 白玉挂件	西泠拍卖	2012中国良渚玉文化园中国当代玉雕大师作品专场	2012/10/21	110	10350
范同生 多宝串 白玉挂件	西泠拍卖	2012中国良渚玉文化园中国当代玉雕大师作品专场	2012/10/21	118	4600
范同生 子孙万代 白玉挂件	西泠拍卖	2012中国良渚玉文化园中国当代玉雕大师作品专场	2012/10/21	119	4600
范同生 鹤寿 白玉挂件	西泠拍卖	2012中国良渚玉文化园中国当代玉雕大师作品专场	2012/10/21	120	80500
范同生 弥勒 白玉挂件	西泠拍卖	2012中国良渚玉文化园中国当代玉雕大师作品专场	2012/10/21	122	40250
邹作志 君子 白玉把件	西泠拍卖	2012中国良渚玉文化园中国当代玉雕大师作品专场	2012/10/21	126	5750
李剑 云纹勒子 白玉挂件	西泠拍卖	2012中国良渚玉文化园中国当代玉雕大师作品专场	2012/10/21	129	63250

名称	拍卖公司	拍卖场次	拍卖日期	拍卖号	成交价（元）
李剑 如意引福 白玉手链	西泠拍卖	2012中国良渚玉文化园中国当代玉雕大师作品专场	2012/10/21	130	6900
李剑 莲华 白玉挂件	西泠拍卖	2012中国良渚玉文化园中国当代玉雕大师作品专场	2012/10/21	131	43700
李剑 铺首 白玉挂件	西泠拍卖	2012中国良渚玉文化园中国当代玉雕大师作品专场	2012/10/21	134	5750
李剑 龙游云深处 白玉挂件	西泠拍卖	2012中国良渚玉文化园中国当代玉雕大师作品专场	2012/10/21	135	23000
李剑 如意随身 白玉挂件	西泠拍卖	2012中国良渚玉文化园中国当代玉雕大师作品专场	2012/10/21	136	17250
李剑 花开富贵 白玉挂件	西泠拍卖	2012中国良渚玉文化园中国当代玉雕大师作品专场	2012/10/21	137	17250
李剑 且听蝉唱 白玉挂件	西泠拍卖	2012中国良渚玉文化园中国当代玉雕大师作品专场	2012/10/21	140	36800
李剑 静思一泓 白玉壶一套	西泠拍卖	2012中国良渚玉文化园中国当代玉雕大师作品专场	2012/10/21	141	43700
葛洪 博古 白玉牌	西泠拍卖	2012中国良渚玉文化园中国当代玉雕大师作品专场	2012/10/21	143	10350
葛洪 守护 白玉挂件	西泠拍卖	2012中国良渚玉文化园中国当代玉雕大师作品专场	2012/10/21	144	17250
叶清 龙牙 白玉挂件	西泠拍卖	2012中国良渚玉文化园中国当代玉雕大师作品专场	2012/10/21	147	9200
叶清 清莲 白玉挂件	西泠拍卖	2012中国良渚玉文化园中国当代玉雕大师作品专场	2012/10/21	148	25300
叶清 一路如意 白玉挂件	西泠拍卖	2012中国良渚玉文化园中国当代玉雕大师作品专场	2012/10/21	149	11500
叶清 果熟禽来 白玉把件	西泠拍卖	2012中国良渚玉文化园中国当代玉雕大师作品专场	2012/10/21	150	32200
叶清 蝶恋花 白玉牌	西泠拍卖	2012中国良渚玉文化园中国当代玉雕大师作品专场	2012/10/21	151	13800
叶清 龙璧 白玉挂件	西泠拍卖	2012中国良渚玉文化园中国当代玉雕大师作品专场	2012/10/21	152	10350
叶清 连连有余 白玉牌	西泠拍卖	2012中国良渚玉文化园中国当代玉雕大师作品专场	2012/10/21	153	13800
叶清 五福捧寿 白玉把件	西泠拍卖	2012中国良渚玉文化园中国当代玉雕大师作品专场	2012/10/21	154	25300
叶清 路路如意 白玉把件	西泠拍卖	2012中国良渚玉文化园中国当代玉雕大师作品专场	2012/10/21	155	517500

名称	拍卖公司	拍卖场次	拍卖日期	拍卖号	成交价（元）
杨曦 莲心 白玉挂件	西泠拍卖	2012中国良渚玉文化园中国当代玉雕大师作品专场	2012/10/21	156	322000
杨曦 龙飞凤舞 白玉对牌	西泠拍卖	2012中国良渚玉文化园中国当代玉雕大师作品专场	2012/10/21	157	92000
杨曦 飞鸽报福 白玉挂件	西泠拍卖	2012中国良渚玉文化园中国当代玉雕大师作品专场	2012/10/21	158	4600
杨曦 诸事如意 白玉挂件	西泠拍卖	2012中国良渚玉文化园中国当代玉雕大师作品专场	2012/10/21	159	6900
杨曦 吉祥平安 白玉挂件	西泠拍卖	2012中国良渚玉文化园中国当代玉雕大师作品专场	2012/10/21	160	23000
杨曦 佛手拈花 白玉手链	西泠拍卖	2012中国良渚玉文化园中国当代玉雕大师作品专场	2012/10/21	161	63250
于雪涛 母慈子孝 白玉摆件	西泠拍卖	2012中国良渚玉文化园中国当代玉雕大师作品专场	2012/10/21	162	2070000
于雪涛 唯吾自在 白玉挂件	西泠拍卖	2012中国良渚玉文化园中国当代玉雕大师作品专场	2012/10/21	163	8050
于雪涛 连年有余 白玉挂件	西泠拍卖	2012中国良渚玉文化园中国当代玉雕大师作品专场	2012/10/21	164	103500
李宜钧（b.1971）岁寒有贞姿 白玉牌	西泠拍卖	2012中国良渚玉文化园中国当代玉雕大师作品专场	2012/10/21	167	92000
朱玉峰 致虚者 白玉摆件	西泠拍卖	2012中国良渚玉文化园中国当代玉雕大师作品专场	2012/10/21	177	17250
朱玉峰 俞 艇 双环耳香草纹白玉瓶	西泠拍卖	2012中国良渚玉文化园中国当代玉雕大师作品专场	2012/10/21	178	805000
吴德昇 芙蓉出水 白玉把件	西泠拍卖	2012中国良渚玉文化园中国当代玉雕大师作品专场	2012/10/21	179	218500
吴德昇 荷池仙韵 白玉把件	西泠拍卖	2012中国良渚玉文化园中国当代玉雕大师作品专场	2012/10/21	180	552000
吴德昇 凤眠 白玉把件	西泠拍卖	2012中国良渚玉文化园中国当代玉雕大师作品专场	2012/10/21	181	1265000
吴金星 龙腾四海 白玉牌	西泠拍卖	2012中国良渚玉文化园中国当代玉雕大师作品专场	2012/10/21	185	161000
陈健 瓜瓞绵绵 白玉把件	西泠拍卖	2012中国良渚玉文化园中国当代玉雕大师作品专场	2012/10/21	189	48300
陈健 任逍遥 白玉把件	西泠拍卖	2012中国良渚玉文化园中国当代玉雕大师作品专场	2012/10/21	190	13800
陈健 花好月圆 白玉把件	西泠拍卖	2012中国良渚玉文化园中国当代玉雕大师作品专场	2012/10/21	191	253000

名称	拍卖公司	拍卖场次	拍卖日期	拍卖号	成交价（元）
李东 劲节 白玉挂件	西泠拍卖	2012中国良渚玉文化园中国当代玉雕大师作品专场	2012/10/21	193	4600
李东 和顺 白玉牌	西泠拍卖	2012中国良渚玉文化园中国当代玉雕大师作品专场	2012/10/21	194	3450
李东 玄武 白玉把件	西泠拍卖	2012中国良渚玉文化园中国当代玉雕大师作品专场	2012/10/21	196	11500
颜桂明 绰绰有余 白玉挂件	西泠拍卖	2012中国良渚玉文化园中国当代玉雕大师作品专场	2012/10/21	198	11500
吴银福 平安无事白玉牌	西泠拍卖	2012中国良渚玉文化园中国当代玉雕大师作品专场	2012/10/21	199	28750
吴银福 祝告祈福 白玉挂件	西泠拍卖	2012中国良渚玉文化园中国当代玉雕大师作品专场	2012/10/21	200	13800
吴银福 佛佑吾身 白玉挂件	西泠拍卖	2012中国良渚玉文化园中国当代玉雕大师作品专场	2012/10/21	201	13800
吴银福 一鸣惊人 白玉挂件	西泠拍卖	2012中国良渚玉文化园中国当代玉雕大师作品专场	2012/10/21	202	11500
吴银福 仿古瑞兽 白玉把件	西泠拍卖	2012中国良渚玉文化园中国当代玉雕大师作品专场	2012/10/21	203	20700
唐伟琪 一鸣惊人 白玉挂件	西泠拍卖	2012中国良渚玉文化园中国当代玉雕大师作品专场	2012/10/21	208	4600
唐伟琪 祥瑞 白玉挂件	西泠拍卖	2012中国良渚玉文化园中国当代玉雕大师作品专场	2012/10/21	209	9200
唐伟琪 荷趣 白玉挂件	西泠拍卖	2012中国良渚玉文化园中国当代玉雕大师作品专场	2012/10/21	210	8050
唐伟琪 天趣 白玉挂件	西泠拍卖	2012中国良渚玉文化园中国当代玉雕大师作品专场	2012/10/21	211	6900
唐伟琪 有福 白玉挂件	西泠拍卖	2012中国良渚玉文化园中国当代玉雕大师作品专场	2012/10/21	212	8050
唐伟琪 佛光再现 白玉挂件一对	西泠拍卖	2012中国良渚玉文化园中国当代玉雕大师作品专场	2012/10/21	214	25300
刘洋 瑞兽祥鹅 白玉印对章	西泠拍卖	2012中国良渚玉文化园中国当代玉雕大师作品专场	2012/10/21	215	10350
刘洋 青山秀水 白玉牌	西泠拍卖	2012中国良渚玉文化园中国当代玉雕大师作品专场	2012/10/21	216	10350
佚名 荷莲掩映 白玉牌	西泠拍卖	2012中国良渚玉文化园中国当代玉雕大师作品专场	2012/10/21	228	25300
佚名 牛气冲天 白玉把件	西泠拍卖	2012中国良渚玉文化园中国当代玉雕大师作品专场	2012/10/21	231	32200

名称	拍卖公司	拍卖场次	拍卖日期	拍卖号	成交价（元）
佚名 平平安安 白玉牌	西泠拍卖	2012中国良渚玉文化园中国当代玉雕大师作品专场	2012/10/21	232	43700
佚名 貔貅 白玉挂件	西泠拍卖	2012中国良渚玉文化园中国当代玉雕大师作品专场	2012/10/21	233	13800
佚名 招财金蟾 白玉把件	西泠拍卖	2012中国良渚玉文化园中国当代玉雕大师作品专场	2012/10/21	234	20700
佚名 双骏 白玉摆件	西泠拍卖	2012中国良渚玉文化园中国当代玉雕大师作品专场	2012/10/21	235	57500
佚名 马到成功 白玉把件一对	西泠拍卖	2012中国良渚玉文化园中国当代玉雕大师作品专场	2012/10/21	238	138000
瞿利军 湖山佳趣 白玉牌	西泠拍卖	2012秋季拍卖会	2012/12/29	1161	74750
瞿利军 年年有余 白玉牌	西泠拍卖	2012秋季拍卖会	2012/12/29	1162	51750
瞿利军 一生相随 白玉对牌	西泠拍卖	2012秋季拍卖会	2012/12/29	1163	149500
瞿利军 百禄 白玉把件	西泠拍卖	2012秋季拍卖会	2012/12/29	1164	218500
瞿利军 江枫夜泊 白玉牌	西泠拍卖	2012秋季拍卖会	2012/12/29	1166	172500
瞿利军 白玉朝冠尔富贵瓶	西泠拍卖	2012秋季拍卖会	2012/12/29	1167	97750
瞿利军 仙风飞步 白玉牌	西泠拍卖	2012秋季拍卖会	2012/12/29	1168	287500
瞿利军 松风山斋 白玉把件	西泠拍卖	2012秋季拍卖会	2012/12/29	1169	103500
瞿利军 节节高升 白玉牌	西泠拍卖	2012秋季拍卖会	2012/12/29	1171	207000
瞿利军 旭日东升 白玉牌	西泠拍卖	2012秋季拍卖会	2012/12/29	1172	575000
许简亦 琳琅 白玉挂件（一组四件）	西泠拍卖	2012秋季拍卖会	2012/12/29	1175	86250
李剑 包你长寿 白玉挂件	西泠拍卖	2012秋季拍卖会	2012/12/29	1176	80500
李剑 一帆风顺 白玉牌	西泠拍卖	2012秋季拍卖会	2012/12/29	1177	25300
李剑 日暖晴风 白玉香炉	西泠拍卖	2012秋季拍卖会	2012/12/29	1178	184000
李剑 辟邪 白玉把件	西泠拍卖	2012秋季拍卖会	2012/12/29	1179	368000
李剑 绝对吉祥 白玉摆件	西泠拍卖	2012秋季拍卖会	2012/12/29	1181	1322500
洪新华 皆大欢喜 白玉挂件（一组五件）	西泠拍卖	2012秋季拍卖会	2012/12/29	1182	34500
洪新华 福寿万代 白玉把件	西泠拍卖	2012秋季拍卖会	2012/12/29	1183	161000
洪新华 金猴献瑞 白玉挂件	西泠拍卖	2012秋季拍卖会	2012/12/29	1184	97750
洪新华 乐逍遥 白玉把件	西泠拍卖	2012秋季拍卖会	2012/12/29	1185	207000

名称	拍卖公司	拍卖场次	拍卖日期	拍卖号	成交价（元）
崔磊 财神 白玉挂件	西泠拍卖	2012秋季拍卖会	2012/12/29	1188	13800
崔磊 天伦 白玉挂件	西泠拍卖	2012秋季拍卖会	2012/12/29	1189	25300
崔磊 君子之道 白玉把件	西泠拍卖	2012秋季拍卖会	2012/12/29	1190	632500
崔磊 福禄寿 白玉把件	西泠拍卖	2012秋季拍卖会	2012/12/29	1191	402500
崔磊 法无定相 白玉摆件	西泠拍卖	2012秋季拍卖会	2012/12/29	1192	4485000
倪伟滨 林花着雨 白玉手镯	西泠拍卖	2012秋季拍卖会	2012/12/29	1194	149500
苏然 佛光普照 白玉牌	西泠拍卖	2012秋季拍卖会	2012/12/29	1196	207000
苏然 兽面玉琮 白玉把件	西泠拍卖	2012秋季拍卖会	2012/12/29	1197	253000
苏然 德者必得 白玉牌	西泠拍卖	2012秋季拍卖会	2012/12/29	1198	862500
苏然 三星图 白玉牌	西泠拍卖	2012秋季拍卖会	2012/12/29	1199	1265000
樊军民 大帅 白玉牌	西泠拍卖	2012秋季拍卖会	2012/12/29	1200	897000
黄罕勇 阴阳和合 玉饰（一组）	西泠拍卖	2012秋季拍卖会	2012/12/29	1201	40250
黄罕勇 瑞兽献福 白玉挂件	西泠拍卖	2012秋季拍卖会	2012/12/29	1202	115000
黄罕勇 吉祥如意 白玉挂件	西泠拍卖	2012秋季拍卖会	2012/12/29	1203	69000
黄罕勇 龙凤子佩 白玉挂件（一组）	西泠拍卖	2012秋季拍卖会	2012/12/29	1204	51750
黄罕勇 辟邪 白玉把件	西泠拍卖	2012秋季拍卖会	2012/12/29	1205	368000
黄罕勇 龟鹤延年 白玉把件	西泠拍卖	2012秋季拍卖会	2012/12/29	1206	2875000
颜桂明 节节高升 白玉把件	西泠拍卖	2012秋季拍卖会	2012/12/29	1208	16100
颜桂明 金蟾吐财 白玉把件	西泠拍卖	2012秋季拍卖会	2012/12/29	1209	63250
颜桂明 鼓宝包 白玉把件	西泠拍卖	2012秋季拍卖会	2012/12/29	1212	690000
颜桂明 三羊开泰 白玉山子	西泠拍卖	2012秋季拍卖会	2012/12/29	1213	1265000
杨曦 请上座 白玉牌	西泠拍卖	2012秋季拍卖会	2012/12/29	1216	437000
杨曦 石鼓声声 白玉牌	西泠拍卖	2012秋季拍卖会	2012/12/29	1217	437000
杨曦 龙焰 白玉牌	西泠拍卖	2012秋季拍卖会	2012/12/29	1218	2070000
顾铭 故乡 白玉挂件	西泠拍卖	2012秋季拍卖会	2012/12/29	1219	9200
顾铭 彩云追月 白玉山子	西泠拍卖	2012秋季拍卖会	2012/12/29	1222	920000
叶清 金玉满堂 白玉挂件	西泠拍卖	2012秋季拍卖会	2012/12/29	1226	92000
叶清 白玉龙凤觥	西泠拍卖	2012秋季拍卖会	2012/12/29	1228	1610000
瞿利军 白玉万寿纹簋式炉	西泠拍卖	2012秋季拍卖会	2012/12/29	1229	10925000

名称	拍卖公司	拍卖场次	拍卖日期	拍卖号	成交价（元）
程磊 知足常乐 白玉牌	西泠拍卖	2012秋季拍卖会	2012/12/29	1230	23000
程磊 我如意 白玉挂件	西泠拍卖	2012秋季拍卖会	2012/12/29	1231	74750
程磊 平安无事 白玉牌	西泠拍卖	2012秋季拍卖会	2012/12/29	1232	109250
程磊 平安无事 白玉牌	西泠拍卖	2012秋季拍卖会	2012/12/29	1233	138000
吴灶发 我如意 白玉挂件	西泠拍卖	2012秋季拍卖会	2012/12/29	1235	97750
赵显志 溪山幽游 白玉牌	西泠拍卖	2012秋季拍卖会	2012/12/29	1241	195500
赵显志 多子多福 白玉把件	西泠拍卖	2012秋季拍卖会	2012/12/29	1244	460000
翟倚卫 烟波泛舟 白玉牌	西泠拍卖	2012秋季拍卖会	2012/12/29	1245	55200
翟倚卫 悠游寻芳 白玉牌	西泠拍卖	2012秋季拍卖会	2012/12/29	1246	57500
翟倚卫 竹醉红处 白玉牌	西泠拍卖	2012秋季拍卖会	2012/12/29	1247	690000
翟倚卫 最是一年春好处 白玉牌	西泠拍卖	2012秋季拍卖会	2012/12/29	1248	1610000
付雪飞 苏武牧羊 白玉对牌	西泠拍卖	2012秋季拍卖会	2012/12/29	1249	575000
葛洪 妙法莲华 白玉挂件	西泠拍卖	2012秋季拍卖会	2012/12/29	1254	287500
葛洪 天龙地虎 白玉挂件	西泠拍卖	2012秋季拍卖会	2012/12/29	1255	126500
葛洪 神威 白玉挂件	西泠拍卖	2012秋季拍卖会	2012/12/29	1256	92000
葛洪 双喜 白玉挂件	西泠拍卖	2012秋季拍卖会	2012/12/29	1257	57500
葛洪 飞黄腾达 白玉牌	西泠拍卖	2012秋季拍卖会	2012/12/29	1258	322000
陈健 代代有福 白玉牌	西泠拍卖	2012秋季拍卖会	2012/12/29	1261	402500
陈健 十二元辰 白玉套牌	西泠拍卖	2012秋季拍卖会	2012/12/29	1262	2875000
王平 妙法莲华 白玉摆件	西泠拍卖	2012秋季拍卖会	2012/12/29	1264	1265000
范同生 螭龙佩 白玉挂件	西泠拍卖	2012秋季拍卖会	2012/12/29	1266	13800
范同生 多子多福 白玉挂件	西泠拍卖	2012秋季拍卖会	2012/12/29	1267	57500
范同生 佛在心中 白玉牌	西泠拍卖	2012秋季拍卖会	2012/12/29	1268	115000
范同生 福寿安康 白玉把件	西泠拍卖	2012秋季拍卖会	2012/12/29	1269	230000
范同生 年年有余 白玉把件	西泠拍卖	2012秋季拍卖会	2012/12/29	1270	149500
范同生 盖世英雄 白玉把件	西泠拍卖	2012秋季拍卖会	2012/12/29	1272	805000
宋鸣放 点睛 白玉壶	西泠拍卖	2012秋季拍卖会	2012/12/29	1274	51750
宋鸣放 胡了 白玉挂件	西泠拍卖	2012秋季拍卖会	2012/12/29	1276	25300
宋鸣放 生香 白玉香炉	西泠拍卖	2012秋季拍卖会	2012/12/29	1277	109250

名称	拍卖公司	拍卖场次	拍卖日期	拍卖号	成交价（元）
宋鸣放 玄月梦影 白玉壶	西泠拍卖	2012秋季拍卖会	2012/12/29	1279	690000
宋鸣放 白玉活环如意耳瓜棱瓶	西泠拍卖	2012秋季拍卖会	2012/12/29	1280	1955000
林文苑 寿比南山 白玉摆件	西泠拍卖	2012秋季拍卖会	2012/12/29	1284	828000
林文苑 杨万发 天官赐福 白玉摆件	西泠拍卖	2012秋季拍卖会	2012/12/29	1285	862500
吴德昇 华滋春满 白玉摆件	西泠拍卖	2012秋季拍卖会	2012/12/29	1286	2760000
吴德昇 平步青云 白玉把件	西泠拍卖	2012秋季拍卖会	2012/12/29	1288	2875000
侯晓锋 欢喜弥勒 白玉把件	西泠拍卖	2012秋季拍卖会	2012/12/29	1293	368000
侯晓锋 佛引福至 白玉挂件	西泠拍卖	2012秋季拍卖会	2012/12/29	1295	977500
侯晓锋 纳福 白玉把件	西泠拍卖	2012秋季拍卖会	2012/12/29	1296	172500
吴金星 封侯挂印 白玉挂件	西泠拍卖	2012秋季拍卖会	2012/12/29	1299	115000
吴金星 玄武 白玉把件	西泠拍卖	2012秋季拍卖会	2012/12/29	1301	575000
徐志浩 哥俩好 白玉把件	西泠拍卖	2012秋季拍卖会	2012/12/29	1307	345000
徐志浩 欢天喜地 白玉把件	西泠拍卖	2012秋季拍卖会	2012/12/29	1308	218500
徐志浩 麻姑献寿 白玉摆件	西泠拍卖	2012秋季拍卖会	2012/12/29	1309	2070000
赵琦 如意观音 白玉挂件	西泠拍卖	2012秋季拍卖会	2012/12/29	1312	24150
赵琦 江中渔者 白玉把件	西泠拍卖	2012秋季拍卖会	2012/12/29	1314	172500
张晓玲 放牧图 白玉牌	西泠拍卖	2012秋季拍卖会	2012/12/29	1317	345000
俞艇 白玉薄胎香草纹梅瓶（一对）	西泠拍卖	2012秋季拍卖会	2012/12/29	1321	5175000
蒋喜 福寿如意迎喜富贵 白玉手链	西泠拍卖	2012秋季拍卖会	2012/12/29	1323	13800
蒋喜 龙凤呈祥 白玉对牌	西泠拍卖	2012秋季拍卖会	2012/12/29	1325	115000
蒋喜 长乐未央 白玉牌	西泠拍卖	2012秋季拍卖会	2012/12/29	1326	218500
蒋喜 瑞兽 白玉把件	西泠拍卖	2012秋季拍卖会	2012/12/29	1327	517500
唐伟琪 远山入书窗 白玉牌	西泠拍卖	2012秋季拍卖会	2012/12/29	1346	287500
林光 金蟾 白玉挂件	西泠拍卖	2012秋季拍卖会	2012/12/29	1348	11500
林光 步步成帅 白玉挂件	西泠拍卖	2012秋季拍卖会	2012/12/29	1349	17250
林光 苍龙逐日 白玉把件	西泠拍卖	2012秋季拍卖会	2012/12/29	1353	391000
刘国皓 妙相观音 白玉挂件	西泠拍卖	2012秋季拍卖会	2012/12/29	1358	12650
仵强 金毛吼 白玉把件	西泠拍卖	2012秋季拍卖会	2012/12/29	1362	20700
吴银福 平安无事 白玉牌	西泠拍卖	2012秋季拍卖会	2012/12/29	1363	48300

名称	拍卖公司	拍卖场次	拍卖日期	拍卖号	成交价（元）
吴银福 一路连科 白玉把件	西泠拍卖	2012秋季拍卖会	2012/12/29	1365	253000
杨三喜 武财神 白玉把件	西泠拍卖	2012秋季拍卖会	2012/12/29	1368	103500
孙永 听松图 白玉山子	西泠拍卖	2012秋季拍卖会	2012/12/29	1371	36800
佚名 太平有象 白玉佛珠	西泠拍卖	2012秋季拍卖会	2012/12/29	1374	109250
佚名 凤逸 白玉项链	西泠拍卖	2012秋季拍卖会	2012/12/29	1376	184000
“子冈”款白玉开光诗文活环瓶	宣石国际	2012年春季拍卖会	2012/6/6	401	63250
白玉龙钩（一对）	宣石国际	2012年春季拍卖会	2012/6/6	402	74750
白玉雕双螭龙蒲纹璧	宣石国际	2012年春季拍卖会	2012/6/6	403	97750
白玉镂空雕花卉牌	宣石国际	2012年春季拍卖会	2012/6/6	404	40250
白玉云龙纹炉顶	宣石国际	2012年春季拍卖会	2012/6/6	405	80500
白玉杯 托盘（一套）	宣石国际	2012年春季拍卖会	2012/6/6	409	299000
白玉素碗	宣石国际	2012年春季拍卖会	2012/6/6	410	552000
白玉红皮瓜果坠	宣石国际	2012年春季拍卖会	2012/6/6	412	86250
白玉童子	宣石国际	2012年春季拍卖会	2012/6/6	414	115000
白玉雕老子出关图山子	宣石国际	2012年春季拍卖会	2012/6/6	417	1725000
白玉龙纹璧	宣石国际	2012年春季拍卖会	2012/6/6	420	46000
白玉扳指	宣石国际	2012年春季拍卖会	2012/6/6	421	40250
白玉刻兰亭序带扣	宣石国际	2012年春季拍卖会	2012/6/6	422	184000
白玉菱角佩	宣石国际	2012年春季拍卖会	2012/6/6	423	36800
白玉雕龙纽炉盖	宣石国际	2012年春季拍卖会	2012/6/6	424	218500
白玉雕西番莲纹活环瓶	宣石国际	2012年春季拍卖会	2012/6/6	426	207000
子冈款白玉雕山水人物牌	宣石国际	2012年春季拍卖会	2012/6/6	428	241500
白玉带皮双鱼形挂坠	宣石国际	2012年春季拍卖会	2012/6/6	431	138000
白玉双耳铺首方盖瓶	宣石国际	2012年春季拍卖会	2012/6/6	432	368000
白玉螭龙纹璧瓶	宣石国际	2012年春季拍卖会	2012/6/6	433	253000
白玉雕兽耳活环瓶	宣石国际	2012年春季拍卖会	2012/6/6	434	2760000
白玉带皮龙头带钩	宣石国际	2012年春季拍卖会	2012/6/6	435	109250
白玉龙纹炉顶	宣石国际	2012年春季拍卖会	2012/6/6	438	63250
白玉雕童子人物牌	宣石国际	2012年春季拍卖会	2012/6/6	440	368000

名称	拍卖公司	拍卖场次	拍卖日期	拍卖号	成交价（元）
白玉卧牛摆件	宣石国际	2012年春季拍卖会	2012/6/6	442	2990000
清银烧兰镶和田白玉财色双归耳坠（一对）	雍和嘉诚	2012年春季艺术品拍卖会	2012/5/17	1885	1135
白玉福寿牌	云南典藏	2012春季文物艺术品拍卖会	2012/5/26	1323	3360
白玉高士诗文牌	云南典藏	2012春季文物艺术品拍卖会	2012/5/26	1325	5040
白玉素面牌	云南典藏	2012春季文物艺术品拍卖会	2012/5/26	1326	5040
白玉松下童子牌	云南典藏	2012春季文物艺术品拍卖会	2012/5/26	1327	3360
白玉雕拜石图牌	云南典藏	2012春季文物艺术品拍卖会	2012/5/26	1328	2240
白玉雕花佩	云南典藏	2012春季文物艺术品拍卖会	2012/5/26	1330	1680
白玉雕松下人物牌	云南典藏	2012春季文物艺术品拍卖会	2012/5/26	1331	2240
白玉雕人物牌	云南典藏	2012春季文物艺术品拍卖会	2012/5/26	1333	2240
白玉吉祥如意牌	云南典藏	2012春季文物艺术品拍卖会	2012/5/26	1334	2800
白玉宫扇	云南典藏	2012春季文物艺术品拍卖会	2012/5/26	1336	3920
白玉雕鲤鱼跃龙门摆件	云南典藏	2012春季文物艺术品拍卖会	2012/5/27	887	2240
白玉素面牌	云南典藏	2012春季文物艺术品拍卖会	2012/5/27	902	33600
白玉雕狮纹牌	云南典藏	2012春季文物艺术品拍卖会	2012/5/27	906	33600
白玉雕花鸟挂件	云南典藏	2012春季文物艺术品拍卖会	2012/5/27	1142	560
白玉雕水鸟挂件	云南典藏	2012春季文物艺术品拍卖会	2012/5/27	1143	1120
白玉雕瑞兽摆件	云南典藏	2012春季文物艺术品拍卖会	2012/5/27	1174	560
白玉雕人物挂坠	云南典藏	2012春季文物艺术品拍卖会	2012/5/27	1177	1680
白玉雕人物把件	云南典藏	2012春季文物艺术品拍卖会	2012/5/27	1180	560
白玉雕卧虎挂件	云南典藏	2012春季文物艺术品拍卖会	2012/5/27	1187	560
白玉雕罗汉挂件	云南典藏	2012春季文物艺术品拍卖会	2012/5/27	1194	1680
和田玉籽料金色皮原石	中都国际	2012夏季大型艺术品拍卖会	2012/7/8	164	4480
和田玉籽料俏色雕云鹤纹摆件	中都国际	2012夏季大型艺术品拍卖会	2012/7/8	170	134400
和田玉籽料雕节节高挂件	中都国际	2012夏季大型艺术品拍卖会	2012/7/8	205	11200
和田玉籽料留皮雕龙凤佩	中都国际	2012夏季大型艺术品拍卖会	2012/7/8	581	22400
白玉高浮雕加官进爵手把件	中都国际	2012夏季大型艺术品拍卖会	2012/7/8	634	67200
和田玉白玉摆件	中都国际	2012年秋季艺术精品厦门专场拍卖会第一场	2012/11/25	486	2300
和田玉籽料蝙蝠纹挂件	中都国际	2012年秋季艺术精品拍卖会	2012/12/16	1219	4480

名称	拍卖公司	拍卖场次	拍卖日期	拍卖号	成交价（元）
和田玉籽料金色皮原石	中都国际	2012年秋季艺术精品拍卖会	2012/12/16	1280	2240
和田玉籽料留皮雕路路通手把件	中都国际	2012年秋季艺术精品拍卖会	2012/12/16	1668	31360
白玉貔貅如意纹佩	中都国际	2012年秋季艺术精品拍卖会	2012/12/16	1671	10080
和田玉籽料子母鹅把件	中都国际	2012年秋季艺术精品拍卖会	2012/12/16	1674	42560
白玉雕观音像挂件	中都国际	2012年秋季艺术精品拍卖会	2012/12/16	1691	2240
和田玉籽料留皮雕貔貅手把件	中都国际	2012年秋季艺术精品拍卖会	2012/12/16	1703	20160
白玉眼前封侯佩件	中翰清花	2012“繁花似金”春季大拍	2012/4/22	10	4600
白玉灵芝佩件	中翰清花	2012“繁花似金”春季大拍	2012/4/22	13	4370
白玉佛手	中翰清花	2012“繁花似金”春季大拍	2012/4/22	20	4370
白玉关羽横刀牌子	中翰清花	2012“繁花似金”春季大拍	2012/4/22	30	4600
白玉观音立像	中鸿信	2012年春季艺术品拍卖会	2012/3/18	53	179200
白玉螭龙纹把件	中鸿信	2012年春季艺术品拍卖会	2012/3/18	56	42560
白玉兽耳三足炉	中鸿信	2012年春季艺术品拍卖会	2012/3/18	57	22400
金镶白玉巧色福海寿山佩	中鸿信	2012年春季艺术品拍卖会	2012/3/18	59	42560
白玉螭纹钺形佩	中鸿信	2012年春季艺术品拍卖会	2012/3/18	61	20160
白玉象耳盖瓶	中鸿信	2012年春季艺术品拍卖会	2012/3/18	62	280000
白玉观音坠	中鸿信	2012年春季艺术品拍卖会	2012/3/18	64	28000
白玉西番莲纹方壶	中鸿信	2012年春季艺术品拍卖会	2012/3/18	69	168000
白玉如意福寿把件	中鸿信	2012年春季艺术品拍卖会	2012/3/18	70	89600
金镶白玉富海寿山佩	中鸿信	2012年春季艺术品拍卖会	2012/3/18	73	29120
金镶白玉巧色事事有喜佩	中鸿信	2012年春季艺术品拍卖会	2012/3/18	75	58240
白玉羲之爱鹅三清佩	中鸿信	2012年春季艺术品拍卖会	2012/3/18	79	33600
白玉西番莲纹双耳三足盖炉	中鸿信	2012年春季艺术品拍卖会	2012/3/18	80	1232000
白玉巧色马头带扣	中鸿信	2012年春季艺术品拍卖会	2012/3/18	81	72800
白玉巧色虎头带扣	中鸿信	2012年春季艺术品拍卖会	2012/3/18	82	67200
白玉巧色奔牛带扣	中鸿信	2012年春季艺术品拍卖会	2012/3/18	83	280000
仔玉桃园三结义佩	中鸿信	2012年春季艺术品拍卖会	2012/3/18	85	33600
白玉福禄寿喜手镯	中鸿信	2012年春季艺术品拍卖会	2012/3/18	86	168000
白玉悟道佩	中鸿信	2012年春季艺术品拍卖会	2012/3/18	88	56000

名称	拍卖公司	拍卖场次	拍卖日期	拍卖号	成交价（元）
白玉西番莲纹双环耳瓶	中鸿信	2012年春季艺术品拍卖会	2012/3/18	90	403200
白玉指日高升“喜”字佩	中鸿信	2012年春季艺术品拍卖会	2012/3/18	93	19040
白玉瑞兽把件	中鸿信	2012年春季艺术品拍卖会	2012/3/18	99	16800
白玉巧色一世如意把件	中鸿信	2012年春季艺术品拍卖会	2012/3/18	102	44800
白玉病不缠身人不负重佩	中鸿信	2012年春季艺术品拍卖会	2012/3/18	104	16800
白玉病不缠身人不负重佩	中鸿信	2012年春季艺术品拍卖会	2012/3/18	105	16800
白玉雕罗汉	中鸿信	2012年春季艺术品拍卖会	2012/3/18	111	16800
白玉双螭摆件	中鸿信	2012年春季艺术品拍卖会	2012/3/18	112	28000
白玉卧狮把件	中鸿信	2012年春季艺术品拍卖会	2012/3/18	113	3920
白玉五毒手串（五粒）	中鸿信	2012年春季艺术品拍卖会	2012/3/18	115	39200
白玉雕福寿牌	中贸圣佳	2012年迎春精品拍卖会	2012/3/4	2336	34500
白玉雕独占鳌头牌	中贸圣佳	2012年迎春精品拍卖会	2012/3/4	2337	13800
白玉雕清慎勤忍牌	中贸圣佳	2012年迎春精品拍卖会	2012/3/4	2338	11500
白玉雕观音牌	中贸圣佳	2012年迎春精品拍卖会	2012/3/4	2339	25300
白玉雕婴戏牌	中贸圣佳	2012年迎春精品拍卖会	2012/3/4	2340	6900
白玉雕一路平安佩	中贸圣佳	2012年迎春精品拍卖会	2012/3/4	2344	13800
白玉雕福寿佩	中贸圣佳	2012年迎春精品拍卖会	2012/3/4	2345	7475
白玉雕斧型佩	中贸圣佳	2012年迎春精品拍卖会	2012/3/4	2346	9200
白玉雕包金弥勒牌	中贸圣佳	2012年迎春精品拍卖会	2012/3/4	2353	25300
白玉雕人物牌	中贸圣佳	2012年迎春精品拍卖会	2012/3/4	2355	32200
白玉雕连升三级牌	中贸圣佳	2012年迎春精品拍卖会	2012/3/4	2357	17250
白玉雕和合二仙牌	中贸圣佳	2012年迎春精品拍卖会	2012/3/4	2362	32200
白玉雕松荫仕女牌	中贸圣佳	2012年迎春精品拍卖会	2012/3/4	2364	17250
白玉雕宝相花瓶	中贸圣佳	2012年迎春精品拍卖会	2012/3/4	2388	34500
白玉雕梅兰竹菊笔筒	中贸圣佳	2012年迎春精品拍卖会	2012/3/4	2472	55200
白玉雕兰花花插	中贸圣佳	2012年迎春精品拍卖会	2012/3/4	2473	10350
白玉雕人物山子	中贸圣佳	2012年迎春精品拍卖会	2012/3/4	2476	34500
白玉雕深山访友山子	中贸圣佳	2012年迎春精品拍卖会	2012/3/4	2479	55200
白玉雕双耳素瓶	中贸圣佳	2012年迎春精品拍卖会	2012/3/4	2483	32200

名称	拍卖公司	拍卖场次	拍卖日期	拍卖号	成交价（元）
白玉雕山水人物香筒（一对）	中贸圣佳	2012年迎春精品拍卖会	2012/3/4	2493	57500
白玉雕观音立像	中贸圣佳	2012年迎春精品拍卖会	2012/3/4	2499	55200
白玉雕鹤寿摆件	中贸圣佳	2012年迎春精品拍卖会	2012/3/4	2575	28750
白玉雕教子把件	中贸圣佳	2012年迎春精品拍卖会	2012/3/4	2580	28750
白玉雕松鼠葡萄坠	中贸圣佳	2012年迎春精品拍卖会	2012/3/4	2581	11500
白玉瑞兽坠	中贸圣佳	2012年迎春精品拍卖会	2012/3/4	2585	32200
白玉瑞兽钮坠	中贸圣佳	2012年迎春精品拍卖会	2012/3/4	2586	32200
白玉瑞兽	中贸圣佳	2012年迎春精品拍卖会	2012/3/4	2588	32200
白玉雕螭龙璧	中贸圣佳	2012年迎春精品拍卖会	2012/3/4	2601	11500
白玉雕福禄童子	中贸圣佳	2012年迎春精品拍卖会	2012/3/4	2602	9200
白玉雕松鹤勒子	中贸圣佳	2012年迎春精品拍卖会	2012/3/4	2612	5750
白玉喜字带扣	中贸圣佳	2012年迎春精品拍卖会	2012/3/4	2617	48300
白玉雕年年有余坠 福禄万代佩（两件）	中贸圣佳	2012年迎春精品拍卖会	2012/3/4	2618	2300
白玉雕龙纹链壶	中贸圣佳	2012年迎春精品拍卖会	2012/3/4	2623	69000
白玉雕罗汉摆件	中贸圣佳	2012春季艺术品拍卖会	2012/7/22	2001	345000
白玉雕龙纹佩	中贸圣佳	2012秋季艺术品拍卖会	2012/12/16	1637	287500
白玉雕福寿三多壶	中贸圣佳	2012秋季艺术品拍卖会	2012/12/16	1663	86250
白玉升龙把件	中拍国际	2012年春季拍卖会	2012/5/19	3142	36800
和田籽料墨玉手镯	中拍国际	2012年春季拍卖会	2012/5/19	3232	11500
白玉巧雕太师少保摆件	中拍国际	2012年春季拍卖会	2012/5/19	3245	46000
白玉犬	中拍国际	2012年春季拍卖会	2012/5/19	3247	6900
白玉平安无事佩	中拍国际	2012年春季拍卖会	2012/5/19	3270	5750
白玉羲之爱鹅纹牌	中拍国际	2012年春季拍卖会	2012/5/19	3280	17250
白玉楼阁人物纹牌	中拍国际	2012年春季拍卖会	2012/5/19	3282	23000
白玉人物纹牌	中拍国际	2012年春季拍卖会	2012/5/19	3283	23000
籽玉节节高升挂件	中拍国际	“惟真”首期拍卖会	2012/9/15	3003	34500
白玉籽料羲之爱鹅把件	中拍国际	“惟真”首期拍卖会	2012/9/15	3030	34500
白玉狮子	中拍国际	“惟真”首期拍卖会	2012/9/15	3035	17250
白玉雕仙人乘槎纹把件	中拍国际	“惟真”首期拍卖会	2012/9/15	3075	34500

名称	拍卖公司	拍卖场次	拍卖日期	拍卖号	成交价（元）
白玉子冈款人物牌	中拍国际	“惟真”首期拍卖会	2012/9/15	3086	21850
籽玉雕抚琴图牌	中拍国际	“惟真”首期拍卖会	2012/9/15	3087	40250
白玉松下老者牌	中拍国际	“惟真”首期拍卖会	2012/9/15	3088	20700
白玉松下抚琴图纹牌	中拍国际	“惟真”首期拍卖会	2012/9/15	3090	26450
白玉巧雕童子牧牛图纹牌	中拍国际	“惟真”首期拍卖会	2012/9/15	3091	5175
白玉平安大吉牌	中拍国际	“惟真”首期拍卖会	2012/9/15	3092	18400
白玉雕访友图纹牌	中拍国际	“惟真”首期拍卖会	2012/9/15	3095	26450
白玉松下对饮图纹牌	中拍国际	“惟真”首期拍卖会	2012/9/15	3096	16100
白玉童子引福纹牌	中拍国际	“惟真”首期拍卖会	2012/9/15	3098	13800
白玉松下抚琴纹牌	中拍国际	“惟真”首期拍卖会	2012/9/15	3099	13800
白玉子冈牌	中拍国际	“惟真”首期拍卖会	2012/9/15	3100	6900
白玉清勤慎忍牌	中拍国际	“惟真”首期拍卖会	2012/9/15	3101	5750
白玉黄皮观音牌	中拍国际	“惟真”首期拍卖会	2012/9/15	3106	2875
白玉寿星牌	中拍国际	“惟真”首期拍卖会	2012/9/15	3107	9775
白玉松鹤延年牌	中拍国际	“惟真”首期拍卖会	2012/9/15	3108	11500
白玉松下老者教子图纹牌	中拍国际	“惟真”首期拍卖会	2012/9/15	3109	40250
白玉松鼠葡萄纹挂件	中拍国际	“惟真”首期拍卖会	2012/9/15	3113	4600
白玉带皮花开富贵纹牌	中拍国际	“惟真”首期拍卖会	2012/9/15	3115	1150
白玉福寿双全纹提链瓶	中拍国际	“惟真”首期拍卖会	2012/9/15	3124	74750
白玉携幼登高纹山子	中拍国际	“惟真”首期拍卖会	2012/9/15	3126	20700
白玉镂雕吊链瓶	中拍国际	“惟真”首期拍卖会	2012/9/15	3133	43700
白玉雕如意纹摆件	中拍国际	“惟真”首期拍卖会	2012/9/15	3148	9200
白玉子刚牌	中拍国际	2012年秋季拍卖会	2012/12/5	2062	46000
白玉描金花卉诗文提链瓶	中拍国际	2012年秋季拍卖会	2012/12/5	3331	63250
白玉描金兰花提链瓶	中拍国际	2012年秋季拍卖会	2012/12/5	3332	11500
白玉垂钓图纹牌	中拍国际	2012年秋季拍卖会	2012/12/5	3337	4600
白玉五子登科牌	中拍国际	2012年秋季拍卖会	2012/12/5	3338	4600
白玉秋山行旅纹牌	中拍国际	2012年秋季拍卖会	2012/12/5	3341	3450
白玉喜上眉梢纹牌	中拍国际	2012年秋季拍卖会	2012/12/5	3342	2300

名称	拍卖公司	拍卖场次	拍卖日期	拍卖号	成交价（元）
白玉麻姑献寿牌	中拍国际	2012年秋季拍卖会	2012/12/5	3343	8960
白玉双寿纳福纹牌	中拍国际	2012年秋季拍卖会	2012/12/5	3344	3450
白玉雕仕女纹牌	中拍国际	2012年秋季拍卖会	2012/12/5	3346	5750
白玉麒麟送子纹牌	中拍国际	2012年秋季拍卖会	2012/12/5	3347	3450
白玉听琴图纹牌	中拍国际	2012年秋季拍卖会	2012/12/5	3349	4600
白玉游园纹牌	中拍国际	2012年秋季拍卖会	2012/12/5	3352	3450
白玉带皮群仙献寿牌	中拍国际	2012年秋季拍卖会	2012/12/5	3355	9200
白玉麒麟纳福牌	中拍国际	2012年秋季拍卖会	2012/12/5	3357	5750
白玉童子拜寿牌	中拍国际	2012年秋季拍卖会	2012/12/5	3359	3450
白玉观音	中拍国际	2012年秋季拍卖会	2012/12/5	3361	138000
白玉仕女赏花纹牌	中拍国际	2012年秋季拍卖会	2012/12/5	3364	3450
白玉松鹤延年牌	中拍国际	2012年秋季拍卖会	2012/12/5	3365	3450
白玉婴戏图牌	中拍国际	2012年秋季拍卖会	2012/12/5	3366	2300
白玉引福纹牌	中拍国际	2012年秋季拍卖会	2012/12/5	3367	10350
白玉西厢记纹牌	中拍国际	2012年秋季拍卖会	2012/12/5	3369	3450
白玉佛手	中拍国际	2012年秋季拍卖会	2012/12/5	3370	4600
白玉净瓶观音	中拍国际	2012年秋季拍卖会	2012/12/5	3371	920000
白玉童子阅卷挂件	中拍国际	2012年秋季拍卖会	2012/12/5	3372	4600
白玉大权在握把件	中拍国际	2012年秋季拍卖会	2012/12/5	3375	4600
籽玉海冬青把件	中拍国际	2012年秋季拍卖会	2012/12/5	3382	9200
白玉带皮飞天	中拍国际	2012年秋季拍卖会	2012/12/5	3383	8050